《华中学术》第38辑编委会

国家“双一流”建设学科“华中师范大学中国语言文学”资助项目
中文社会科学引文索引（CSSCI）来源集刊
华中师范大学文学院　主办

華中學術

Central China Humanities

第38辑

主编　汤江浩

2022/2
VOL.14 NO.2

華中师範大学出版社

新出图证(鄂)字 10 号

图书在版编目(CIP)数据

华中学术.第 38 辑/汤江浩主编.—武汉:华中师范大学出版社,2022.6
ISBN 978-7-5622-9837-3

Ⅰ.①华… Ⅱ.①汤… Ⅲ.①社会科学—文集 Ⅳ.①C53

中国版本图书馆 CIP 数据核字(2022)第 118992 号

华中学术(第 38 辑)

©汤江浩 主编

责任编辑:王中宝 **责任校对:**罗 艺 **封面设计:**罗明波

编 辑 室:学术出版中心 **电话:**027-67867792

出版发行:华中师范大学出版社

社址:湖北省武汉市洪山区珞喻路 152 号 **邮编:**430079

电话:027-67863426(发行部)

传真:027-67863291

网址:http://press.ccnu.edu.cn **电子邮箱:**press@mail.ccnu.edu.cn

印刷:湖北新华印务有限公司 **督印:**刘 敏

字数:416 千字

开本:787mm×1092mm 1/16 **印张:**18.5

版次:2022 年 6 月第 1 版 **印次:**2022 年 6 月第 1 次印刷

定价:78.00 元

欢迎上网查询、购书

目　录

【文学伦理学批评的理论资源研究】

亚当·纽顿的“面对面”伦理批评理论与实践

熊　卉

（江西师范大学外国语学院，江西南昌，330027）

内容摘要：美国当代批评家亚当·纽顿在《面对黑人和犹太人：文学作为20世纪美国的公共空间》一书中提出了“面对面”的伦理批评模式。“面对面”伦理批评不仅包括文本之间的面对面和文本与读者之间的面对面，同时也是文学虚构与历史真实之间的面对面。纽顿运用“面对面”的方式解读美国黑人文学和美国犹太文学，形成了对美国黑人-犹太人关系全新的伦理认识。虽然美国黑人和犹太人共存于美国文学的公共空间，但是他们之间是一种不可还原的不对称关系。“面对面”的解读同时还体现了文学作为寓言的救赎作用。

关键词：亚当·纽顿；“面对面”；伦理批评

亚当·纽顿一直为国内学者所熟悉的是他在哈佛大学的博士毕业论文——《叙事伦理》(*Narrative Ethics*, 1995)。这本书一经出版，就引起了中西方学者对“叙事伦理”的关注。但就笔者掌握的文献资料来看，遗憾的是，国内学者对纽顿的推介和引述几乎止步于《叙事伦理》一书，止步于他的“叙事即伦理”(narrative as ethics)的定义，止步于将他在书中提出的叙述伦理(narrational ethics)、再现伦理(representational ethics)和阐释伦理(hermeneutic ethics)运用于文学作品的分析。事实上，纽顿在他后来的研究中，发展了对“叙事伦理”的认识。确切地说，叙事伦理只是构成他的伦理批评的一个组成部分。2004年，纽顿撰写的由剑桥大学出版社出版的《面对黑人和犹太人：文学作为20世纪美国的公共空间》(*Facing Black and Jew: Literature as Public Space in Twentieth-Century America*，以下简称《面对》)一书就体现了他对伦理批评理论的发展。在这本书中，他以族裔文学为对象，构建了基于列维纳斯面容理论的“面对面”伦理批评模式。

一、“面对面”伦理批评的理论来源与内涵

对纽顿来说，“面对面”（facing）是一个理论术语，它意味着“伦理批评的可能性”，具体地说，“面对面”有两层内涵，一是“文本之间相互面对”；二是“文本被读者面对，意即文本被阅读并被赋予特征”[1]。除此以外，笔者认为纽顿论述的“面对面”还有一个内涵，即文学虚构与历史真实的面对面。在纽顿的批评体系中，“面对面”一词的根本来源是“面容”（face）。《面对》开篇，纽顿就引述了列维纳斯《总体与无限》中的一句话：“事物是否也有面容？艺术难道不是一个赋予事物面容的活动吗？”[2]他对面容的理解是多维度的，主要吸收了列维纳斯在哲学层面的解读，欧文·戈夫曼（Erving Goffman）在社会学层面的定义以及查尔斯·泰勒（Charles Taylor）从文化角度进行的阐释。在列维纳斯的哲学体系中，面容被描述为“一种无限的外在”，“一种他人的不可侵犯和神圣性”[3]。所以西恩·汉德（Sean Hand）认为，“面容以伦理的方式满足了列维纳斯哲学的总体目标，它……从一开始就清楚地和不可置疑地指示了一种绝对的伦理学知识”[4]。戈夫曼认为面容就是“以被认可了的社会特征描绘的自我形象”[5]。泰勒则提出面容即身份，他将身份尤其是种族身份，与在共享的世界中被承认的经历相联系，也就是说，泰勒认为“身份在某种程度上是由他人的认可来确定或改变的”[6]。除此之外，纽顿还结合自身的宗教背景对面容的寓言性作出了解释：

> “面容”在希伯来语中就是复数形式，它必须包括四个方面，即经文，密西拿（Mishna 口头律法），塔木德（Talmud 口头律法的评注）和阿加达（Aggadah 说教故事）。每一个方面都有它自己的面貌。这也就是说，文本也有自己的面容，当它被看的时候必将回看过去。那么，文本的读者和作者不仅是文本面对面时的第三方，也是文本所面对的他者。因此，同时兼备被看和看的属性的读者和作者就能看到被建构的面容的力量。[7]

纽顿把“面对面”作为审视美国黑人文学和美国犹太文学以及黑人-犹太人关系的批评模式，其本质是一种伦理政治批评，从源头上可以追溯到列维纳斯和本雅明的相关理论。

首先，列维纳斯在他的伦理学思想中提出了“面对面”的原初性，他认为“人总是处于与他人的特定社会性关系中，而不是处于社会之外的旁观者”，因此，“伦理是发生在人与人之间的视见（vision）中的：伦理首先要求人与人之间要直接地面对面”[8]。他者的面容因绝对他者的存在也是绝对的。纽顿认为列维纳斯伦理哲学的内核就是：“召唤的面容，与自我的面容形成不对称关系的面容，裸露在外的面容”[9]。因此，如列维纳斯所说，“在面对面这里，则寓居着伦理关系的和语言的理性特征”[10]。当然，“面对面”并非简单的对应，它是发生在语言内部的。文本呼唤读者，读者做出反应。虽然文本可以保持彼此之间的陌生性，但是文本不能完全代表或是呈现人物。

其次，纽顿“面对面”伦理批评还源自本雅明关于寓言（allegory）的相关论述。本雅明的寓言理论最初出现在《德国悲剧的起源》一书，本雅明通过对巴罗克悲悼剧中寓

言家的角色进行评论而展开论述。他认为寓言不同于象征，“是一种表达方式，正如言语是一种表达，而实际上，书写也是一种表达一样”[11]。悲悼剧中具有忧郁沉思本质的寓言“填充和否定了它们所代表的那个空隙，正如其意图最终并非在于忠实地思考那些尸骨，而背信弃义飞跃到复活的观念一样”[12]。之后，在《历史哲学论纲》中，本雅明描绘了寓言永恒面对着的特征。他把保罗·克利(Paul Klee)的画作“新天使”(Angelus Novus)喻指历史的天使。在这幅画作中，历史的天使一直凝视着过去，背对未来，“进步”带来的风暴使它无法合上翅膀，因此呈现出永恒地面对着的形象。在本雅明看来，寓言能起到救赎性的作用，它填补了再现人物时的空白。因此，寓言成为历史与物质之间辩证的调节物。本雅明这样的解读给了纽顿以启示，纽顿才得以在构建“面对面”含义的时候借鉴本雅明的思想。他认为，“本雅明文字的核心就是一张永远面对着的面容的形象”[13]。“面对面”表明了面容的比喻与寓言的作用之间的协同作用。寓言是一个思辨的概念，它有两张“面容”：正面的面容和负面的面容。其中，正面面容指的就是寓言的救赎作用，负面面容则是寓言的“取代”(displacement)作用[14]。

在纽顿看来，本雅明的寓言与列维纳斯的伦理是有共通之处的，他们观照的都是一个“被施魅的世界”[15]。列维纳斯也提到，“他人的在场打破了事实之无端的魅幻”[16]。从这个角度来看黑人-犹太人关系，能对它产生一种新的认识。从历史上看，黑人-犹太人关系就像是被各自的形象施了魔法，充满比喻义，他们都沦为各自面容的奴隶。让他们“面对面”，即伦理意义上的面对他者，其目的是解开魔法，化解魔咒。因此，纽顿认为以这种“面对面”的方式来观照美国黑人文学和美国犹太文学的批评模式是伦理的，同时也是寓言式的。他使两个文本面对面，通过一个文本来解读另一个文本，超越文学传统的单一发展模式，解析在美国文化中如何共同想象和批评各自象征性的地位，并且呈现它们之间的差别和联系。这样，两个文本能够“相互折射”，文本之间相互的呼吁与反应也能产生对文本更加深刻的理解。纽顿认为，这样可以一种全新的方式想象文学的公共空间，在这个空间中能呈现从伦理到政治的自我超越的变量，而且黑人文化与犹太文化能更好地融合。

二、黑人文学和犹太文学的“面对面”与伦理政治批评

“面对面”的批评既是伦理的又是寓言式的，纽顿将它运用于美国黑人文学和美国犹太文学的解读。在纽顿看来，美国黑人文学和美国犹太文学各自都对民族身份有根深蒂固的执着，都重复着关于灾难、流放和回归的寓言，因此，当它们在美国文学的公共空间面对面时，象征黑人文化的“闪耀之星”和象征犹太文化的“神圣之光”相碰撞[17]，它们不仅能产生一种特别的“呼唤与回应”(call-and-response)的效果，而且还表现出对“承认”(recognition)主题的共同关注。通过他们的“面对面”，纽顿辩证地审视了黑人和犹太人之间的关系，他还进一步论证了关于承认的伦理政治，因此，他的伦理批评实质上是一种伦理政治批评。

在具体的批评实践中，纽顿共选取了四组黑人作家和犹太作家的作品，使它们“面对面”。这四组作品分别是拉尔夫·埃里森(Ralph Ellison)的《隐身人》(*Invisible*

Man)和亨利·罗斯(Henry Roth)的《就说是睡着了》(*Call It Sleep*),切斯特·海姆斯(Chester Himes)的《如果他大喊,让他去吧》(*If He Hollers Let Him Go*)和索尔·贝娄(Saul Bellow)的《受害者》(*The Victim*),大卫·布拉德利(David Bradley)的《昌耐斯维尔事件》(*The Chaneysville Incident*)和菲利普·罗斯(Philip Roth)的《夏洛克行动》(*Operation Shylock*)以及约翰·埃德加·怀德曼(John Edgar Wideman)的三个短篇小说和伯纳德·马拉默德(Bernard Malamud)的三个短篇小说。针对这些作品的选择,纽顿提出了两个观点。首先,他认为"现代小说演绎了一场去中心化运动,它主要表现为文本是在语言和社会的意识形态变革中形成的",从这个意义上说,《隐身人》和《就说是睡着了》是代表性的作品。其次,他指出"这些文本都置身于广阔的跨文化范围内"[18]。很显然,纽顿的这些观点是受到巴赫金关于小说语言理论的影响。他提出的"去中心化运动"和巴赫金所说的现代小说的"伽利略式"(Galilean)语言观是一致的。在巴赫金看来,伽利略式的语言是用来指称小说的杂语现象,而小说的杂语现象则表现为话语的解放,具体说来,就是"语言和神话思维的告别,打破将语言和具体事物融为一体。与其它民族的文化语言发生联系,这必将导致语言和意图、思想以及表述的分离"[19]。

纽顿一再强调,让文本"面对面",尤其是黑人文学和犹太文学"面对面",并不是要消除它们的差异。让它们进行面对面的对话,产生的对唱效果是一种全新的阅读体验。这种体验就像是在演奏交响乐时,使用两种不同质的乐器同时进行演奏,二者的结合能产生第三种美妙的声音。以《隐身人》和《就说是睡着了》为例,纽顿并不否认埃里森和罗斯分别是非裔美国作家和犹太裔美国作家的事实。但他认为,更重要的是,他们都是在特定的文化背景下进行写作的,正如福克纳所说,写《隐身人》的"埃里森在努力摆脱首先作为一名黑人,他首先是一位作家"[20]。虽然,从叙事的形式来说,两个文本几乎没有可比性:《隐身人》以第一人称视角描写成年人的故事,《就说是睡着了》则是以第三人称儿童视角进行叙述。但是,正如纽顿在《叙事伦理》中指出的,"叙述伦理"是指叙述故事时的形式设计,而小说中的声音及视觉形象的选择是包含在讲故事的形式中的。在语言和包括实物、视觉形象和声音在内的物品等符号方面,它们产生了呼应。首先,《隐身人》的开篇第一句话"我是一个隐身人"和《就说是睡着了》的结尾"他闭上了双眼"形成了呼应。其次,两个文本在物品符号方面也有很多相互呼应之处。纽顿通过分析它们如何相互呼应,论证了"黑人-犹太人文学"并非是简单地由一个连字符连接起来的两个对等的主体,论证了他们如何共同关注"承认"这一主题。在纽顿看来,"承认"远不仅是充斥于两本小说中的各种眼神交流,而是发生于充满表达力的景观之中。在小说中,它分别通过祈使句式"call me"和"call it"实现,主人公渴望被作品中和作品外的人看见和听见,因此隐身人不断发出"看着我!看着我!"的呼喊,大卫在被警察电击击晕之后无意识间不断发出"先生,快吹口哨呀!快吹口哨!"[21]的喊声。《就说是睡着了》坚持以生活实物作为符号语言,为小说的语言提供了最丰富的物质基础。从这个意义上说,纽顿认为,《就说是睡着了》和写于它之后的《隐身人》也形成了呼应[22]。《就说是睡着了》四个部分都是以实物为标题,它们行使着相同的连接功能,第一部分"图画"(the picture)是一块玉米地,它联系着家族历史、幽会和求爱；第二部分“地下室”(the cellar)联系着恐惧、私会和性；第三部分“煤”(thecoal)连接演讲、污点和净化；第四部分“铁轨”(the rail)连接能量、光和神奇的转变。大卫在渐渐了解这些之后更是对自己的出生充满疑惑，所以当他在橱窗中看到自己的样子不断被折断，他表达了对自己能看却看不见的无奈。纽顿指出这种“能看却看不见”是《隐身人》和《就说是睡着了》关于族裔身份和个人身份的问题的表达，即在文化和情感的重负之下自我如何丧失的。《隐身人》中则表现为，如何使自我解脱，如何寻找一个声音，如何彰显个性化[23]。小说集中表现这一主题的是在兄弟会的塔普兄弟(Brother Tarp)给隐身人的一条表链，它成了隐身人希望获得承认的重要标志。文本间的这种呼应表达了主人公对身份流动性的关注，它不仅表现了对民族性固有观念的不满，也表现了对文学历史和文学传统固有观念的不满。

在《叙事伦理》中，纽顿提出“政治问题是与伦理差异和承认密切相连的”[24]，因此在《面对》中，他在列维纳斯关于面容的理论的基础上阐述了关于承认的伦理政治。其中，纽顿所理解的“政治”源于查尔斯·泰勒(Charles Taylor)提出的“承认的政治”，是指主体间相互承认时，为强调各自的独特性而不可避免地产生的身份剩余[25]。纽顿还进一步提出，承认的政治是基于这样的假定而存在的：个人所属的集体的历史是对个人自尊不足的修正，但是身份表达不应仅仅表现为个人对文化认同的渴求。在论及政治和伦理的关系时，纽顿还引述了本尼迪克特·安德森(Benedict Anderson)在《想象的共同体》中提到的，“民族性是和政治意识息息相关的”[26]。因此，作为民族和群体意识的政治是和伦理直接相关的。纽顿通过海姆斯的《如果他大喊，让他去吧》和贝娄的《受害者》中主人公经历的不同层面的看来表现他们的种族、民族意识：一方面是静态的看，即主人公面相等外形的呈现；另一方面是动态的看，即主人公经历的看与被看。值得注意的是，纽顿对于“看”的理解和列维纳斯关于面容的论述是有区别的。列维纳斯强调面容的直接性，他说：“遇见他人最好的方式就是甚至连他的眼睛的颜色都不注意！当我们观察眼睛的颜色时，我们就不是处在和他人的社会关系中了。”[27]在《受害者》中就有一段关于主人公利文撒尔(Leventhal)的面相描写：

> 利文撒尔的个头很结实，脑袋大大的，鼻子也很大。他的头发是粗粗的黑卷发，在杂乱的眉毛下的双眼黝黑黝黑的，而且按一般成年人的脸来看，显得尤其大……它们似乎彰显了一种对它的力量的冷漠，就像是不想为它们所困，而且这种冷漠还延伸至了其它东西。他并没有不高兴，就是特别的不随和、冷漠。[28]

如引文所述，贝娄通过描写主人公眼睛的颜色引起了读者的注意，这是一双极其冷漠的眼睛，而导致它们冷漠的原因恰恰是小说的伦理内涵。根据列维纳斯关于面容的伦理，“与人的面容相关的话语(speech)和观看(vision)都具有伦理紧迫性，分别表达了请求和命令”[29]，这个请求和命令就是列维纳斯那句著名的“汝勿杀”。然而，纽顿则认为在《如果他大喊，让他去吧》和《受害者》中，面容成为种族主义的武器和靶子，他通过引述小说中主人公经历的不一样的看与被看进行了阐释。《受害者》中多次出现犹太主人利文撒尔和他的死对头非犹太人欧比(Allbee)的四目相对：

> 利文撒尔透过树叶的光冷冷地看着他(欧比),他意识到那个人一直在偷看他。问题是为什么?他这么被监视有多久了?到底是什么奇怪的原因让那个人那么做?那个人回看了他一眼,同样审视着他,很认真也很严肃……由于沙滩上的人群把他俩挤到了一起,在他们彼此目光渐渐逼近时,他在脸上感觉到那个人的呼气,突然间他感到自己是某个怪异疯狂计划的目标。一瞬间,他充满了恐惧。[30]

同样,在《如果他大喊,让他去吧》中,黑人主人公鲍勃·琼斯(Bob Jones)也是不止一次地经历过白人的种种目光:

> 曼彻斯特的红灯照到我身上,这让我感到温暖。我屡试不爽,每一次我匆忙中总是能被一种交通灯捕捉到……变成绿灯的时候,它照在了马路中间的一对白人夫妻……但当他们抬头发现我们是黑人的时候他们就不紧不慢起来,同时还给我投来冰冷的厌恶的眼神……我坐在车上看着他们直到他们走过了人行道,我要以牙还牙,以眼还眼。[31]

纽顿认为,利文撒尔和鲍勃·琼斯所经历的是"现代文化悲剧:美国黑人和犹太人成为根深蒂固的种族主义中具体的主体,被困住,异常愤怒,从本体意义上就是受害者"[32]。小说中表现出的"自我的种族特权和他者的力量之间的张力"正是前文所提到的"身份剩余"的具体表现[33]。因此,纽顿提出,"面容已经转变为看"[34],而看与被看的双方都不可避免地带着一种表演,正如《受害者》的叙述者所言,"我认出她(白人女孩)的瞬间我就知道她要表演了,我们都要表演"[35]。这样的表演必然渗透着意识形态等政治因素。纽顿通过这两个文本的"面对面"的解读,挖掘它们对承认主题的共同关注,说明使作品"面对面"的批评不仅仅是一种伦理批评,当面容是由某种种族或宗教特征区分的时候,它就是一种伦理政治批评了。

三、文学虚构与历史真实的面对面:黑人-犹太人关系再审视

在纽顿看来,黑人和犹太人关系不是简单地由一个连字符连接,所以他在《面对》中用"和"字取代了连字符,将"Black-Jewish relations"这一关系表达为"black and jewish relations"。纽顿这么做,是对列维纳斯关于"面对面"是一种不可还原的关系的呼应。虽然,列维纳斯的"面对面"指的是我与他者,纽顿也没有明确在《面对》中说明谁是"我",谁是"他者",但他借鉴这一表达用于表现黑人和犹太人之间是一种不可还原的不对称的关系[36]。纽顿不仅通过文本与文本的"面对面"来呈现这一关系,他还使文学文本与真实历史事件"面对面",进而思考文学虚构与历史真实的关系。他不仅分析了寓言的救赎作用,还论证了寓言的取代作用。

纽顿关于文学虚构与历史真实关系的论述是通过《夏洛克行动》和《昌耐斯维尔事件》两个文本的"面对面"进行。他认为,在文学虚构中,文本中的叙述者在处理历史

真实的时候必须面对事实真相，在这一过程中，无论是事还是人都通过自愿的故事叙述者获得了某种救赎。在这两个文本中的主人公除了是小说的叙述者这一身份，还分别担任了小说家和历史学家的身份。除此以外，两本小说中都出现了历史上的真实事件。《昌耐斯维尔》中的“昌耐斯维尔事件”就是美国“地下铁道”运动中 13 位黑奴出逃后惧怕再次被捕而集体自杀的事件。《夏洛克行动》中第九章出现的庭审案件原型是约翰·德米扬鲁克(John Demjanjuk)因 1942 年至 1943 年间在特雷卡布林卡集中营看守犹太人期间犯下的屠杀二万多犹太人的反人道罪行而于 1988 年在以色列接受审判。在对这两个小说进行并置解读时，确切地说，纽顿是通过一个文本阅读另一个文本，综合以下几个因素：“(1)当小说把历史引入其情节就有了寓言性；(2)当叙述者经历了作者的考验时带来的模仿的回声效果；(3)这两个文本引起的多层面的反射；(4)以及由此带来的承认的不同利害关系”得出结论，这种方式能“产生一个任何小说自身都无法提供的双重的关于承认的故事”[37]。纽顿认为，小说的主人公“罗斯”(Philip Roth)和华盛顿(John Washington)都经历了尼采所说的“历史过剩”，却又都缺乏尼采所论及的“非历史的面纱”，即缺乏一种遗忘的力量。在《夏洛克行动》中，身为小说家的罗斯把对德米扬鲁克审判时的审判词一字不漏地复述出来，就是为了表明“历史事件不仅仅是作家罗斯写作的素材，它同样发出自己的声音”。这种声音是对美国的犹太政策及离散政策的批判。在《昌耐斯维尔事件》中，布拉德利也借作为历史学家的主人公华盛顿之口表达了对历史的认识：“历史是一长串的暴行……你可以说历史是残暴的，找出他的所作所为的最好方式就是找出他们埋尸体的地方。”[38]

如本雅明所言，救赎是通过寓言的形式完成的。在解读这两本小说的时候，纽顿分别指出了小说中寓言式的人物和物品。其中，在分析《夏洛克行动》中主人公罗斯的表兄阿普特(Apter)存在的意义时，纽顿提出了以下三点：“第一，为了重申文学叙事为那些被时光伤害的人保留了位置……第二……真实的事件勿需纠正想象的过度，但他们会留下痕迹。第三，文学虚构作品缺乏将其控制进入事实的指点，其它虚构可以提供暂时的停泊点。”[39]因此，阿普特就成了本雅明所说的“历史的天使”，彰显了寓言的辩证性：一方面是成人时期的毁灭；另一方面是一种仍受缚于童年的救赎。《夏洛克行动》中华盛顿的父亲留给他的小账本也具有这样的寓言意义，重要的不是它里面的内容，而是它引起了他父亲和他之间身份的转化，以及过去的重负与当下重构之间的转化。但是，“本雅明的历史的天使面对的是灾难，而由黑人-犹太人寓言所协调的黑人-犹太人作品和黑人-犹太人历史则是在相互的面对面带来的想象性的后果”，因此，“历史是由人去面对的，而不是任其悄悄溜走”[40]。

纽顿不仅通过文本与文本的“面对面”表现黑人和犹太人之间是一种不可还原的不对称的关系，他还通过文本内部和真实历史事件中黑人和犹太人的“面对面”，也就是“犹太性和黑人性相互混淆”[41]的情况来论证寓言的“取代”作用。他分别选取了美国犹太作家伯纳德·马拉默德 1958 年出版的短篇小说集《魔桶》(*The Magic Barrel*)中的三个短篇：《犹太鸟》(*The Jewbird*)，《天使莱文》(*Angel Levine*)和《黑色是我最喜欢的颜色》(*Black Is My Favorite Color*)和美国黑人作家约翰·埃德加·怀德曼的三个短篇：《瓦莱达》(*Valaida*)，《发热》(*Fever*)和《人质》(*Hostages*)。纽顿借助犹太文化中的魔像(golem)和黑人文化中的柏油娃娃(Tar Baby)对这几个文本展开了寓言式的解读，其目的是为了“探讨作者如何实现他者性？当种族话语被赋予声音之后有什么特殊之处？”[42]在《犹太鸟》《天使莱文》和《黑色是我最喜欢的颜色》这三个短篇故事中，作家笔下的黑人都是犹太人的秘密分享者。巴赫金在论及审美活动中的作者与主人公关系时说道：“为了看清与我们关系很近的，而且显然是我们很了解的某个人的真实全貌，想一想我们必须从他脸上揭下多少层面罩，这层层面罩是我们对他的反应以及偶然的生活情境在他脸上留下的。”[43]据此，纽顿认为巴赫金的“审美客观性”与列维纳斯对艺术作品的伦理关怀的诉求是相似的，强调了作者的位置：主人公只是拥有说话的潜力；作者则有责任为他们输入表达力。在解读怀德曼的三个短篇故事时，纽顿将作者-主人公关系拓展到作者-主人公-读者的关系。尤其是在解读《人质》时，他引用了列维纳斯晚期哲学思想中的人质比喻，即主体是他者的人质，人质是为他者忍受痛苦，为他者补过赎罪，并为他者负责，而对于公正的要求来自第三方的出现。和列维纳斯的观点一致，纽顿认为在文学批评中的第三方即读者。

在对大卫·马梅特(David Mamet)的电影《杀人拼图》(*Homicide*)和前美式橄榄球运动员辛普森(O. J. Simpson)杀妻案的审判过程中黑人-犹太人关系的寓言式解读中，纽顿分析了寓言如何发挥它的负面作用——取代。《杀人拼图》有两条故事线，主人公鲍勃·戈尔德(Bob Gold)在追查黑人犯罪嫌疑人的过程中被迫开始调查一位犹太店主被杀身亡的案子。在两个纠缠不清的案子中，戈尔德经历了犹太身份的失去、寻找和再次失去的过程。陷入了身份危机的戈尔德最终在抓捕黑人犯罪嫌疑人兰多夫(Randolph)的过程中释放出所有的仇恨。辛普森案的审判是由黑人和犹太人共同参与的，纽顿尤其关注了在黑人辩护律师科克伦(Johnnie Cochran)的辩词中黑犹关系如何被一方所取代，也就是说，当“非裔美国律师比较美国种族主义和民族的仇犹情绪时，会自动忽略‘犹太’一词及其所有相关的内容”[44]。

纽顿在《面对》一书中提出的“面对面”伦理批评是在借鉴列维纳斯哲学理论、本雅明的寓言理论和巴赫金的小说语言理论的基础上，形成了独具特色的文学批评理论并运用于批评实践中。通过使用文本“面对面”这一策略，纽顿在批评实践中实现了三个层面的“面对面”，分别是文学文本之间的“面对面”，文学虚构与历史真实的“面对面”以及作者、人物与读者的面对面。除了《面对》一书，他还将“面对面”策略用于《叙事伦理》和《在别处：属于不远处》(*The Elsewhere: On Belonging at A Near Distance*, 2005)两本专著的文学批评实践中。

通过“面对面”的解读，纽顿把列维纳斯伦理学中抽象的“面容”具象化，是为了表明当“面容”由某种种族或宗教来区分时，恰如黑人和犹太人关系中的双方，那么“面对面”的双方就是一种不可还原的不对称关系。当文学虚构与历史真实“面对面”时，文学就有了寓言性，也就有了本雅明所说的救赎作用。此外，文学作品是作者赋予作品中人物面容的活动，“面对面”地阅读和阐释文学作品就是使文学作品之间的面容互相暴露，同时也是读者身份认同的方式和途径。

由是观之，纽顿的“面对面”批评理论有着深刻的伦理思考和政治考量。“面对面”理论能有效阐释文学作品的伦理价值，对文学批评实践有重要的指导意义。尤为重要的是，纽顿的“面对面”批评理论构建了一种伦理批评的新范式——它将不同语境、不同历史和不同文化的文本并置起来，进行立体的、多维的“面对面”对话，这就丰富了批评的内涵，拓宽了批评的视界。

＊本文为国家社科基金重大项目“文学伦理学批评的理论资源与对外传播研究”【21&ZD264】的阶段性成果。

注释：

［1］A. Z. Newton, *Facing Black and Jew: Literature as Public Space in Twentieth-century America*, Cambridge: Cambridge University Press, 1999, p. xii.

［2］E. Levinas, *Totality and Infinity: An Essay on Exteriority*, in A. Z. Newton, *Facing Black and Jew: Literature as Public Space in Twentieth-century America*, Cambridge: Cambridge University Press, 1999, p. xi.

［3］［英］西恩·汉德：《导读列维纳斯》，王嘉军译，重庆：重庆大学出版社，2014 年，第 52 页。

［4］［英］西恩·汉德：《导读列维纳斯》，王嘉军译，重庆：重庆大学出版社，2014 年，第 53 页。

［5］E. Goffman, *Interaction Ritual: Essays in Face-to-Face Behavior*, New York: Pantheon Books, 1982, p. 5.

［6］A. Z. Newton, *Facing Black and Jew: Literature as Public Space in Twentieth-century America*. Cambridge: Cambridge University Press, 1999, p. 176.

［7］A. Z. Newton, *Facing Black and Jew: Literature as Public Space in Twentieth-century America*, Cambridge: Cambridge University Press, 1999, p. 157.

［8］［法］伊曼纽尔·列维纳斯：《总体与无限：论外在性》，朱刚译，北京：北京大学出版社，2019 年，前言第 5 页。

［9］A. Z. Newton, *Facing Black and Jew: Literature as Public Space in Twentieth-century America*, Cambridge: Cambridge University Press, 1999, p. xii.

［10］［法］伊曼纽尔·列维纳斯：《总体与无限：论外在性》，朱刚译，北京：北京大学出版社，2019 年，第 187 页。

［11］［德］瓦尔特·本雅明：《德国悲剧的起源》，陈永国译，北京：文化艺术出版社，2001 年，第 133 页。

［12］［德］瓦尔特·本雅明：《德国悲剧的起源》，陈永国译，北京：文化艺术出版社，2001 年，第 194 页。

［13］A. Z. Newton, *Facing Black and Jew: Literature as Public Space in Twentieth-century America*, Cambridge: Cambridge University Press, 1999, p. xiii.

［14］A. Z. Newton, *Facing Black and Jew: Literature as Public Space in Twentieth-century America*, Cambridge: Cambridge University Press, 1999, p. 143.

［15］A. Z. Newton, *Facing Black and Jew: Literature as Public Space in Twentieth-century America*, Cambridge: Cambridge University Press, 1999, p. xiv.

［16］［法］伊曼纽尔·列维纳斯：《总体与无限：论外在性》，朱刚译，北京：北京大学出版社，2019 年，第 77 页。

［17］这两个词分别源于黑人作家杜波依斯的诗“Bright Sparkles in the Churchyard”和犹太哈西德教派的教义。杜波依斯用“闪耀之星”讲述关于黑人牺牲和救赎的命运，哈西德教派用“神圣之光”

喻指犹太人流放途中的希望。参见 A. Z. Newton, *Facing Black and Jew: Literature as Public Space in Twentieth-century America*, Cambridge: Cambridge University Press, 1999, pp. 1-3.

[18] A. Z. Newton, *Facing Black and Jew: Literature as Public Space in Twentieth-century America*, Cambridge: Cambridge University Press, 1999, p. 30.

[19] M. Bakhtin, M. Holquist ed., "Discourse and the Novel", in *The Dialogic Imagination: Four Essays*, Austin: University of Texas Press, 1981, p. 367.

[20] A. Z. Newton, *Facing Black and Jew: Literature as Public Space in Twentieth-century America*, Cambridge: Cambridge University Press, 1999, p. 30.

[21] R. Ellison, *Invisible Man*, in A. Z. Newton, *Facing Black and Jew: Literature as Public Space in Twentieth-century America*, Cambridge: Cambridge University Press, 1999, p. 33.

[22] A. Z. Newton, *Facing Black and Jew: Literature as Public Space in Twentieth-century America*, Cambridge: Cambridge University Press, 1999, p. 39.

[23] A. Z. Newton, *Facing Black and Jew: Literature as Public Space in Twentieth-century America*, Cambridge: Cambridge University Press, 1999, pp. 39-40.

[24] A. Z. Newton, *Narrative Ethics*, 2nd edition, Cambridge: Harvard University Press, 1997, p. 180.

[25] C. Taylor, *Multiculturalism and the Politics of Recognition: An Essay*, in A. Z. Newton, *Facing Black and Jew: Literature as Public Space in Twentieth-century America*, Cambridge: Cambridge University Press, 1999, p. 186.

[26] B. Anderson, *Imagined Communities*, in A. Z. Newton, *Facing Black and Jew: Literature as Public Space in Twentieth-century America*, Cambridge: Cambridge University Press, 1999, p. 187.

[27] [法] 伊曼纽尔·列维纳斯:《伦理与无限:与菲利普·尼莫的对话》,王士盛译,王恒校译,南京:南京大学出版社,2020年,第49页。

[28] S. Bellow, *The Victim*, in A. Z. Newton, *Facing Black and Jew: Literature as Public Space in Twentieth-century America*, Cambridge: Cambridge University Press, 1999, p. 67.

[29] A. Z. Newton, *Facing Black and Jew: Literature as Public Space in Twentieth-century America*, Cambridge: Cambridge University Press, 1999, p. 69.

[30] S. Bellow, *The Victim*, in A. Z. Newton, *Facing Black and Jew: Literature as Public Space in Twentieth-century America*, Cambridge: Cambridge University Press, 1999, p. 68.

[31] C. Himes, *If He Hollers Let Him Go*, in A. Z. Newton, *Facing Black and Jew: Literature as Public Space in Twentieth-century America*, Cambridge: Cambridge University Press, 1999, p. 69.

[32] A. Z. Newton, *Facing Black and Jew: Literature as Public Space in Twentieth-century America*, Cambridge: Cambridge University Press, 1999, p. 70.

[33] A. Z. Newton, *Facing Black and Jew: Literature as Public Space in Twentieth-century America*, Cambridge: Cambridge University Press, 1999, p. 71.

[34] A. Z. Newton, *Facing Black and Jew: Literature as Public Space in Twentieth-century America*, Cambridge: Cambridge University Press, 1999, p. 73.

[35] S. Bellow, *The Victim*, in A. Z. Newton, *Facing Black and Jew: Literature as Public Space in Twentieth-century America*, Cambridge: Cambridge University Press, 1999, p. 74.

[36] 列维纳斯在《总体与无限》中也讨论了人之间的不对称性,具体可见[法]伊曼纽尔·列维纳

斯:《总体与无限:论外在性》,朱刚译,北京:北京大学出版社,2019 年,第 201～203 页。

[37] A. Z. Newton, *Facing Black and Jew: Literature as Public Space in Twentieth-century America*, Cambridge: Cambridge University Press, 1999, p. 83.

[38] D. Bradley, *The Chaneysville Incident*, in A. Z. Newton, *Facing Black and Jew: Literature as Public Space in Twentieth-century America*, Cambridge: Cambridge University Press, 1999, p. 87.

[39] A. Z. Newton, *Facing Black and Jew: Literature as Public Space in Twentieth-century America*, Cambridge: Cambridge University Press, 1999, p. 98.

[40] A. Z. Newton, *Facing Black and Jew: Literature as Public Space in Twentieth-century America*, Cambridge: Cambridge University Press, 1999, p. 106.

[41] A. Z. Newton, *Facing Black and Jew: Literature as Public Space in Twentieth-century America*, Cambridge: Cambridge University Press, 1999, p. 146.

[42] A. Z. Newton, *Facing Black and Jew: Literature as Public Space in Twentieth-century America*, Cambridge: Cambridge University Press, 1999, p. 113.

[43] M. Bakhtin, *Art and Answerability: Early Philosophical Essays*, Trans. V. Liapunov, in A. Z. Newton, *Facing Black and Jew: Literature as Public Space in Twentieth-century America*, Cambridge: Cambridge University Press, 1999, p. 119.

[44] A. Z. Newton, *Facing Black and Jew: Literature as Public Space in Twentieth-century America*, Cambridge: Cambridge University Press, 1999, p.155.

当代西方伦理批评与反伦理批评关于喜剧与道德关系的论争

边文君

（华中师范大学文学院，湖北武汉，430079）

内容摘要： 对于喜剧作品的伦理价值与审美价值的关系，当代西方学者们在伦理批评与反伦理批评的论战中形成了三大主要理论派别，即主张两种价值互不干涉的“喜剧非道德主义”，主张喜剧作品中的道德缺陷会增加其幽默效果即审美价值的“喜剧背德主义”，以及主张道德缺陷会降低审美价值的“喜剧道德主义”。道德主义阵营中又分为贝尔斯·高特提出的“喜剧伦理主义”和诺埃尔·卡罗尔提出的“适度的喜剧道德主义”。由于“喜剧非道德主义”“喜剧背德主义”和“喜剧伦理主义”没有考虑到审美活动的互动性，忽略了创作主体的道德态度或审美主体的道德水平，使得理论本身缺乏坚实基础与普适性，因此本文倾向于“适度的喜剧道德主义”这一立场。这场论争虽然存在一些弊病，但它扩大了西方当代学界对伦理问题探讨的领域，进一步加强了对伦理问题的重视，同时在对喜剧和笑这一哲学命题的探讨上也复归由康德开始抛弃的伦理道德维度的审视，并在此基础上以一种更包容和全面的视角对该命题进行了新的思考。

关键词： 伦理批评；反伦理批评；喜剧；道德；审美

西方哲学家们对喜剧和笑的探讨可以溯源至古希腊时期，柏拉图认为，“当我们嘲笑我们朋友的那些可笑的事情时，我们这时候混杂着心怀恶意”[1]，并由此得出结论：笑的幸灾乐祸的性质无法创造出纯粹的快乐，甚至可能演变为人身攻击。他的理性主义笑论也深深影响了其弟子亚里士多德。而后17世纪的霍布斯提出的“突然荣耀说”与柏拉图的笑论一脉相承，都极具伦理主义色彩。然而，一百多年后，康德的“期待落空说”又引发了革命性的广泛支持，他不再强调喜剧和笑的伦理性，而是从一个客观的立场进行阐释，认为紧张期待的解除会使人发笑，也就是某种矛盾和不协调产生的悖谬能够造成喜剧效果。由此可见，近代西方伦理道德在喜剧与幽默问题上的退位和缺失与整个文艺史是同步的。

随着20世纪80年代西方文学批评伦理转向的出现，哲学家和文学家们开始重新评价反对传统伦理批评的主张，试图挖掘伦理批评赖以存在的前提条件，由此展开了激烈的伦理批评和反伦理批评的论争，在对“审美与伦理的关系”问题的讨论中产生了三大主流理论派别，即主张伦理缺陷会降低作品审美价值的道德主义，主张伦理缺陷会增加审美价值的背德主义，以及主张两种价值互不干涉的“适度的自律主义”。“道德主义”阵营中又分为贝尔斯·高特(Berys Gaut)提出的伦理主义和诺埃尔·卡罗尔(Noël Carroll)提出的“适度的道德主义”。各派别之间对话频繁，争论不休。其中，雅各布森(Daniel Jacobson)在为背德主义辩护时，认为不道德的笑话如性别主义和种族主义笑话能够使人们发笑从而增强其娱乐性，将笑话类比为艺术作品，推导出“道德缺陷可以增强审美价值”的结论。由此出发，哲学家们将目光聚焦于“道德缺陷对喜剧作品幽默效果的影响”一问题，展开了进一步的讨论，基于“主论战”的几大立场又衍生出几种新的“主义”：主张道德缺陷使喜剧作品一点也不好笑或没那么好笑的“喜剧伦理主义”和“适度的喜剧道德主义”，主张道德缺陷增强了喜剧作品幽默性的“喜剧背德主义”，而自律主义一脉在这一问题上并没有相关论文沿袭和发展。本文拟通过对这一“分论坛”的几种主要立场的梳理，辨析其异同及各自的优缺点，并在此基础上评述整个论战的意义以及存在的问题，不仅从当代西方伦理批评与反伦理批评之争的角度进行探讨，同时也将从哲学领域的“笑论”发展的角度进行观照。

一、“喜剧非道德主义”与“喜剧背德主义”

“喜剧非道德主义”(comic amoralism)与主论战中的自律主义一脉相承，主张喜剧作品的道德观念和幽默性互不相关。主论战中的自律主义(autonomism)有时又被称为审美主义(aestheticism)，早在19世纪就盛行一时，唯美主义的代表王尔德便是自律主义的先驱，他著名的论断“书无所谓道德的或不道德的。书有写得好的或写得糟的。仅此而已”[2]，为众多自律主义者所引用，奉为圭臬。但这是一种将艺术作品的审美价值与道德价值完全割裂的激进自律主义立场，在当代逐渐式微，取而代之的是“适度的自律主义”(moderate autonomism)。该术语由诺埃尔·卡罗尔首先在《适度的道德主义》一文中提出，后经詹姆斯·安德森(James C. Anderson)和杰弗瑞·迪恩(Jeffrey T. Dean)在《适度的自律主义》一文中的详细阐述和辩论为学术界所熟知。他们认为“艺术作品的道德批判和审美批评一样合理”[3]，同时也认为这种合理性是有条件的——“道德批判的元素从来都不可以削弱或加强艺术作品的价值”[4]。

在讨论喜剧作品的道德性与审美价值之间的关系时，“喜剧非道德主义”秉承自律主义的立场，认为不论喜剧作品中出现了何种程度的不道德内容，都不会对作品的艺术价值造成影响。“适度的非道德主义”可能也会同意对喜剧作品进行道德方面的评判，但并不认为这种评判可以与作品的审美价值相关联。卡罗尔将“喜剧非道德主义”总结为“道德上的不适宜与幽默同等归属于范畴内的错误，因为幽默从本质上来说超越了好与坏的衡量标准”[5]。也就是说，喜剧作品里的一切都只留在作品里即可，与道德无关，持这种观点的人经常会认为，如笑话一类的喜剧作品只是开玩笑，不严肃也不正式，因此所包含的内容自然就不涉及任何道德责任。诚然，对那些在社会上处于优势地位的人群的调侃确实可以套用非道德主义的这套理论，因为那些人有足够的心理力量去忍受玩笑中不尊重与不礼貌的内容，并且可能他们的确如笑话所讽刺的那样存在一定问题。但是非道德主义者没有考虑到的是，当笑话调侃的对象变为弱势群体或被压迫群体时，尤其是宣扬他们遭受的不公正待遇的内容，或是对他们的困境孰若无睹的内容，笑话的不道德性就凸显出来了。

然而，该立场在近年来几乎没有学者为之辩护，因此本文不做过多阐述。

与“喜剧非道德主义”的不相关性相区别，“喜剧背德主义”认为作品的道德性与幽默效果有关且呈负相关。“喜剧背德主义”(comic immoralism)内部可以分为两个流派：适度的喜剧背德主义认为道德缺陷可能不会降低喜剧作品的娱乐性，反而有时会加强喜剧效果；极端的喜剧背德主义则认为道德缺陷总是能加强喜剧效果。鉴于后者很容易引起争议，哲学家们一般不对此进行详细讨论，一致将“喜剧背德主义”默认为“适度的喜剧背德主义”。

为这一理论辩护的主要是背德主义的提出者雅各布森，虽然他认为冒犯性的笑话总是残忍伤人的，如种族主义和性别主义的笑话在道德上存在一定问题，但同时也强调：“这并不意味着这些笑话不好笑。道德败坏的笑话或多或少会好笑，对其冒犯性的判断不会影响它的喜剧价值，因为一个笑话的冒犯之处可能正是它的好笑之处。”[6]并且，即使笑话不属于艺术作品，那么相对应的幽默，在很多艺术作品中都会出现，也因为其冒犯而起到一定作用。

通过梳理西方历史中哲学家们对喜剧和笑的探讨及其理论发展会发现，雅各布森的这一立场其实是对柏拉图的笑论和霍布斯的“突然荣耀说”的沿袭。霍布斯认为：“笑的情感不过是发现旁人的或自己过去的弱点，突然想到自己的某种优越时所感到的那种突然荣耀感。”[7]显然，他认为人类的笑来源于对他人的贬损和鄙夷，从而产生优越感和荣耀感。而冒犯性的笑话如种族主义和性别主义的笑话，也正是通过对某一群体的贬低和嘲弄，使受众产生优越感从而迸发出一种嘲讽之笑。但值得注意的是，突然荣耀说只关注到了喜剧中的嘲笑，并不能解释一切的笑和幽默现象。因此，背德主义立场的理论基础似乎缺乏更广泛的适用性。

为“适度的喜剧道德主义”辩护的阿隆·斯穆茨(Aaron Smuts)从两个方面对“喜剧背德主义”提出了质疑[8]。第一，单一地认定笑话中存在道德缺陷不足以建立喜剧背德主义，还必须鉴别笑话的不道德性和喜剧效果之间存在因果联系，而非仅仅认为拥有道德缺陷的笑话好笑，就说明喜剧背德主义能够成立。换言之，他认为背德主义者需要厘清道德缺陷和幽默效果在喜剧中的关联，即道德缺陷必须对幽默效果有相关的影响和因果关系的体现，那么那些未被观众觉察到的不道德内容，不能说它加强了幽默效果。这是在强调观众的接受以及在这个过程中所做的道德判断。第二，背德主义者没有明确定义究竟什么是道德缺陷，这就会导致人们将一些难以容忍的内容与真正的不道德性混为一谈。有时候一些作品只是存在一些不道德的行为，但是很难说这些作品本身是不道德的。他举出纪录片《贵族》的例子，承认影片的确轻描淡写了一些难以容忍的不道德行为，但是作品中的笑话并没有赞同或鼓励不道德行为如恋童癖以及性虐待等。这是在强调创作者的态度。

根据以上两个论点，我们需要先厘清几个问题。第一，如何定义喜剧作品的道德缺陷或不道德性？究竟是“创作者的整体意图的不道德”还是“作品的一个不道德形象或行为”可谓之道德缺陷？若是前者，那么就需要和审美主体的接受联系起来，因为总会有一些观众能够察觉到创作者的意图，从而对此做出判断和反应，喜剧效果的形成也正是存在于审美主体的道德判断。第二，还需要考虑到审美主体的道德水平，道德水平的高低决定他们进行价值判断的能力，决定他们是否能识别作品中的道德缺陷。道德水平是一个相对的概念，“所谓正常，就是指常识、常情、常规等，这就是所谓的尺度，它左右着人们的判断，使人们不由自主地按照社会公理和道德律令、生活常识和生活经验去看待周围的世界”[9]，如果用这种正常的尺度去衡量，就可以将观众分成“道德正常观众”即道德水平在基准线，及其以上的人群以及“道德较低观众”即道德水平在基准线以下的人群。

那么，我们可以将创作者的意图和审美主体的反应联系起来，即将道德判断的过程加入喜剧欣赏这一审美活动中，去理解适度的道德主义和背德主义这两种观点。当创作者的意图不道德时，也就是想要通过一个不道德形象来鼓励宣扬一种不道德思想，那么这时道德正常的观众或读者就会敏锐洞察到作者的意图，从而不笑，比如，在适度的喜剧道德主义举出的种族主义笑话的例子中，首先被攻击的群体一定不会笑，而另一种不笑的人一定就是“道德正常观众”或是该理论中所谓的“道德敏感观众”，对于这两种人来说，道德缺陷就自然会使一个笑话没那么好笑了。同时，喜剧背德主义可以在一些前提下成立：当创作者持有道德的意图时，通过对作品中不道德形象的塑造或元素的添加来制造一种矛盾，“喜剧要引人发笑，审美客体应呈现某种矛盾和不协调状态，喜剧的创造者应能敏锐地发现生活中的矛盾现象”[10]，如此，当“道德正常观众”在观赏这样的笑话或喜剧时，自然会通过自己的判断去观照这样的不道德形象，“当看到喜剧世界中的反常矛盾时，便觉荒诞不经，于是爆发出笑声，即产生喜剧效果”[11]。所以要满足“创作者的意图道德”以及“欣赏者的道德水平也在正常水平及以上”这两个前提，背德主义似乎才能成立。然而，雅各布森认为“不道德的艺术作品不仅会描绘也会宣扬或呼应某种道德可疑的立场”[12]，也就是他对于不道德性的理解关乎创作者的意图，且这种意图一定是不道德的，但问题是这与上文推理的预设前提相反。并且即便抛开创作意图，仅从观众接受角度看，背德主义者对于“在无法认同的情况下，只是想象一种不道德的做法会使得笑话没那么好笑”[13]这一假设，也并没有提供任何原因和证据。

二、“喜剧伦理主义”与“适度的喜剧道德主义”

道德主义总体主张伦理缺陷会降低作品的审美价值，在这一框架下，学者们又以不同的方式构建出两种理论——“喜剧伦理主义”与“适度的喜剧道德主义”。

伦理主义的提出者高特对该问题看法的理论被称为“喜剧伦理主义”（comic ethicism）。他认为，不道德性不会妨碍喜剧作品的娱乐表达，但是它会不利于幽默的呈现。也就是将不道德的元素、语言表达中风趣机智的元素以及幽默性分成了三个独立的部分，其关系如下：一个喜剧作品可以包含一些不道德的元素，同时也会包含一些风趣机智的元素，在对幽默的评判上，后者的比重通常超过前者，并且不道德元素总是一个不良特征。如果一个带有不道德元素的作品很有趣，在伦理主义者看来，这仅仅是因为其所包含的其他特征中和了其道德缺陷。在一些情况下，不道德元素会掩盖风趣机智，那么全面考量这部作品就可以说它是不是好笑的[14]。由此看出，在喜剧伦理主义者眼中，喜剧作品是否成功和它其中包含的道德缺陷与其他机智元素的比重相关。因此，他们也承认，一些带有不道德元素的喜剧作品可以是很有趣的，这就一定程度上与极端的道德主义划清了界限。

高特的伦理主义的核心论点之一是“应当的回应理论”(merited response argument)，因此对于该问题，他也关注人们对喜剧作品的反应的复杂性，有时候人们确实会被一些不道德的笑话逗乐，但是同样也会反思和评判它们是否真的很滑稽，因为滑稽的概念不仅是随意的(包含“什么引发了笑”)，同时还具有一定的规范(包含“什么值得笑”)，就像背德主义者无法解释人们对种族主义和性别歧视玩笑的反应，他们只认为那是单纯的滑稽[15]。对于伦理主义者来说，幽默的概念不能只涉及观众的反应，而更应该用一种规范去限定，因为每个人都可能会因某个笑话而笑，观众的反应不足以说明一个笑话是否成功。还需要从创作者的态度去看，这种回应是否是应当的，去评判它是否值得一个积极的回应，笑声是否合时宜，又或者说作品的表达是否值得人们发笑。

“适度的喜剧道德主义”(moderate comic moralism)认为喜剧作品的不道德性有时会让它的表达不好笑，或者至少不那么好笑。阿隆·斯穆茨撰写多篇论文为之辩护。此外，卡罗尔作为“适度的道德主义”的提出者，在该问题上也持相同立场。“没有必要去详细说明一个笑话如何展现伦理缺陷，而是需要注意当这些缺陷被察觉的时候发生了什么。对道德缺陷的识别一定不利于喜剧效果的呈现”[16]，斯穆茨举出了刻板印象的例子，比如，不管讲述者的意图如何，种族主义的笑话就是对该笑话中所攻击的群体造成了伤害。由此可以看出，这种理论更多地强调了审美主体的接受及其进行的道德判断。同时，斯穆茨也承认一些不道德的笑话会产生幽默效果[17]。这种情况发生的原因如下：一些笑话连同它的语境是非常复杂的，以至于它想宣扬和鼓吹的不道德元素让观众无法感知或察觉到。比如，有时观赏者在观赏过程中感受到一个笑话是无礼的，但直到笑过之后才发现这是一个道德缺陷。因此，也不能说道德缺陷是其产生娱乐效果的原因。也就是说，在他看来，不道德内容只有当观赏者觉察到的时候才能算做一个作品的道德缺陷，这依然是在强调接受和审美主体进行的价值判断。

由以上论述可以看出，“喜剧伦理主义”和“适度的喜剧道德主义”的核心立场是一致的，都认同喜剧作品中的不道德内容会对其幽默效果有消极影响。同时，也都认为具有不道德元素的作品可能有趣，这样两种观点相较于“只要有不道德元素，那么一定没有趣”的极端道德主义来说，都可谓是一种巨大的进步。

然而，“喜剧伦理主义”和“适度的喜剧道德主义”也存在巨大的差异。

第一，虽然两者都认同不道德内容对娱乐效果的消极影响，但是他们对娱乐效果的判定标准是不同的。伦理主义中，根据高特的“应当的回应理论”，艺术作品都会预设或规定观众的某种回应。构建这种能够得到预设回应的作品是其艺术或审美性的重要组成部分，因而他根据是否能达到这一目标，将预设的回应分为应当的和不当的。“作品中的道德缺陷，尤其是预设了非道德的情感回应的作品，就构成了一种审美缺陷，因为如果是非道德的因素使得回应不当，那么读者就有理由不按照规定的方式去回应作品，这种不遵循就构成了作品审美上的失败，也就是它的审美缺陷。”[18]换言之，只要预设了非道德情感回应的作品，就构成了一项审美缺陷，不管观众对其是否回应。那么，在对喜剧问题的讨论上，幽默性对应审美价值，不道德内容对应道德缺陷，只要作品中的不道德内容预设了一种不道德的情感回应，那么不管观众笑还是不笑，这类喜剧都具有审美缺陷，也就是一定不好笑也不幽默。因此，在高特看来，喜剧的娱乐效果不是由观众的即时反应决定的，而是由创作者的伦理态度决定的，用卡罗尔的话说就是“对于伦理主义来说，幽默是一个规范性的概念，而不仅仅是一个统计学和描述性的概念”[19]。但事实上，对于笑话和喜剧这种特别的艺术形式而言，人们很难将其审美价值与审美主体的反应剥离，高特的理论似乎陷入了一种为伦理而伦理的极端主义的窠臼。并且伦理主义者阐释的这种道德和幽默的正相关性，似乎也与普遍承认的幽默的不协调性存在矛盾，还需要进一步解释才能更让人信服。

而“适度的道德主义”则更关注审美主体的接受和道德判断，这在整个理论的运行机制中有全面的体现。如何在一个笑话的语境中理解有趣和无趣，卡罗尔认为这其中包含三种方式：其一，观众能够理解笑话的语言，并辨认出其中的不协调性；其二，观众喜欢这种笑话的表达；其三，观众喜欢这种表达是由于他们理解其中的内涵即不协调性[20]。并且他认为第三种是最有说服力的。此外，道德主义者们还认为“一个幽默的语言符号要求一个观众去完成，观众需要将自己的心理状态调整到合理正确的模式，可能是一种观念也可能是一种想象”[21]。如果一个笑话诱导观众去相信对种族主义的恶意攻击是正确精准的，此时有良知的道德敏感的观众可能就会退缩，并且拒绝相信这种刻板印象或是拒绝通过想象的方式获取愉悦。由此可见，审美主体在接受一个笑话时必定会进行道德判断，如果其中存在明显的道德缺陷，有一定道德素养的观众就不会笑，也就是说，娱乐效果和观众的道德判断紧密相关。

第二，虽然两者的进步性都体现在一定程度可以与其对立方兼容——都承认带有不道德元素的喜剧作品可能有趣，但整个推论过程却大相径庭。伦理主义者在判断幽默性时，会对其中包含的不道德的元素与风趣机智的元素进行权衡，加之“应当的回应理论”可以理解为：一些喜剧作品可能因为语言的机智引发一个积极的回应，但是其所激发的情感可能是不恰当的，比如一些道德反感的内容。如果情感维度的消极方面比语言的机智更有主导性，那么基于全面考量观众的回应就是不应当的，也就是说这个作品整体来看并不成功；相反，如果语言机智的方面更引人入胜，尽管它存在道德缺陷，但基于全面考量依然可以说这种喜剧是幽默好笑的。由此可见，在伦理主义者眼中，一个喜剧作品是否成功与其所包含的道德缺陷及其他幽默元素的比重相关。但是这个理论操作起来是有一定困难的，因为高特并没有具体解释应该如何衡量和对比喜剧中的不同元素，来进行一个全面的考量。

适度的道德主义者认为一些喜剧作品会因其不道德性阻碍幽默效果的呈现，如上文阐释到，其核心原因是理论家们引入了“道德敏感的观众”这一概念，也就是这一运行机制通过审美主体的态度起作用。也正是这个原因，他们也承认一些不道德的笑话会产生幽默效果：一些笑话连同它的语境是非常复杂的，以至于它想宣扬和鼓吹的不道德元素让观众无法感知或察觉到，因此，当人们无法明显察觉不道德表达时，这种笑话自然而然会被认为是好笑的[22]。

概括来说，两者的区别主要在于前者更重视创作者的态度，后者则强调审美主体的态度以及审美主体所做的道德判断。这样看来，伦理主义的问题就非常明显了。因为喜剧一定是一个创作主体和审美主体进行交互的过程，而这种理论将创作主体置于主导地位，完全不考虑审美主体的接受，必然导致其走向极端的倾向，相较而言，适度的道德主义似乎具有一个更坚实的理论基础。

三、反思：本次论战的问题和意义

由前文论述可以看出，当代西方伦理批评与反伦理批评关于喜剧幽默与道德关系的论争存在一些显著弊病。

其一，没有明确一些概念的定义有时使得在整场论战中各方之间缺乏有效的沟通，有时也使某些理论本身缺乏一定的说服力。如上文提到，从雅各布森提出该问题的伊始，学者们没有共同对“道德缺陷”这一概念进行界定，使得相互之间产生了大量的误读和误解，后续的很多争论其实都由此展开；又如高特对于“全面考量”的定义和操作标准也没有给出明确的解释，使得真正在使用这套理论时，难以权衡喜剧作品中不同元素的比重从而确定其幽默与否，自然也就降低了该理论的信服力。

其二，此次命题的讨论对象是审美活动，审美是涉及创作主体和欣赏主体彼此交互的过程，因此，对于道德缺陷与喜剧的关系问题，必然需要考虑到创作者的道德态度和审美主体的道德水平，以及最重要的是将两者联系起来的审美主体的道德判断。很明显在此次论争中，多方观点难以让人信服的原因在于过于强调其中的一面，并且在整个推导过程中无法做到自洽。如上文提到的，伦理主义虽然在论证的过程中，考虑到了创作者的态度，也考虑到了审美主体的接受，但是它的绝对在于对幽默性的界定最终回归到了创作者的态度，也就是切断了观众进行道德判断的可能性。又如在套用幽默的“不协调论”推导背德主义时，发现只有当一个道德态度积极的创作者使用一个不道德元素，试图通过反讽和不协调的方式激起审美主体的笑时，背德主义才会成立，也就是说，在这种情况下，创作者的态度并不是想要宣扬一种不道德思想，但是这与背德主义者们的“宣扬”观点又相矛盾，因此整个理论的逻辑无法自洽。

但是我们也不能因为这些问题，就否定这一“分论坛”的学术价值。此次论争的意义体现在：

首先，在伦理转向大背景下，学者们对喜剧单独进行细化的讨论，这毫无疑问进一步增强了整个西方当代的伦理批评和反理论批评论争的影响力，同时也扩大了对伦理问题探讨的领域。从讨论中所提供的例子来看，哲学家们将幽默的所指扩展到了诸多不同领域，不局限于文学，还包括笑话、脱口秀、情景喜剧和喜剧电影等。且除去原本论战的主力军高特、卡罗尔和雅各布森等，更多的学者参与进来，并且大都来自不同的学术领域，比如为背德主义辩护的泰德·纳尼希里(Ted Nannicelli)是澳大利亚昆士兰大学主研传媒学的学者，又如为适度的道德主义辩护的斯穆茨在博士期间主修哲学、辅修电影学。他们都根据自己的专业知识激情发声，为论战注入了新鲜的血液，使其更有生命力。

其次，这场争论也为近年来哲学界对于喜剧问题的重新讨论提供了新的思考视角，从美学方面肯定喜剧的审美价值的同时，各派学者保持开放的心态，以一种批判的眼光对喜剧的本质进行新的探讨，并重新复归由康德开始抛弃的伦理道德维度的思考。第一，自古以来，喜剧和笑的问题时常会被提及，但从古希腊到20世纪初，大部分有影响力的哲学家对此都仅有只言片语的讨论，只有一些不为人熟知的思想家进行过详细论述，柏拉图、霍布斯和康德对喜剧的阐释仅散见于一些文章片段中，并且还掺杂在他们对其他问题的讨论中。不仅不重视，他们中的大部分都对喜剧持消极的评价，主要聚焦于轻蔑之笑和嘲讽之笑或是优越之笑，而非关注喜剧、风趣或玩笑。但本次在艺术的审美与道德之争的大背景下，展开“道德缺陷能否加强喜剧作品的幽默性”这一问题的讨论，其实就意味着哲学家们都肯定了喜剧的审美价值，不再认为幽默和笑的产生机制及功能单纯是恶意的。第二，柏拉图和亚里士多德认为人类的笑中存在着恶意的情感，以此为渊源的伦理本位的笑论在西方经久不衰，拥趸众多，包括此后获得广泛支持的霍布斯的“突然荣耀”说其实也一脉相承，皆将笑的基本属性定格为贬损。与霍布斯时隔一百年的康德所提出的“期待落空”说又对西方笑论产生了革命性的影响：“康德的笑论属于纯粹的哲学讨论，并没有因循古希腊以来的伦理传统；康德的笑论又属于生命的感性认识，并没有继续以德性为核心的伦理遗风。”[23]也就是说，从康德开始，哲学家们对笑的评价虽然看似更客观，不再片面地仅考虑到笑的恶意性和贬损性，但也正是因为对伦理道德的忽略，导致没有正视一些恶意笑话可能产生的危害。然而，此次的论战实质是在回归伦理的基础上，又综合了以上两种重要理论之所长：其一，哲学家们保持了康德对喜剧和笑的理解的客观性，大部分的论证都是基于“乖讹说”即期待和期待落空的反差矛盾。其二，在将伦理道德维度重新引入喜剧评判标准的基础上，并没有像古典哲学家们一样，对一些刻板印象的笑话持坚决否定的一边倒态度；相反，在此次讨论中，所有的极端立场如极端的道德主义和极端的背德主义基本上都被抛弃，各位学者都能以更开放的心态从不同角度展开探讨，不管道德主义者还是背德主义者皆认为道德缺陷有时会提高或降低喜剧的幽默性，并且适度的道德主义将道德缺陷和创作者的意图与审美主体的接受联系起来，在此基础上再去评判喜剧的价值，这种更全面的思考角度之于前人的理论都可谓是一大进步。

最后，根据审美与道德的关系，“喜剧非道德主义”的立场对应的是传统的审美主义以及主论战中占有一席之地的“适度的自律主义”，但在这一“分论坛”中几乎没有后续的论文沿袭和发展此观点，一定程度可以看出这种声音在逐渐式微，进而可以看出当代伦理转向对于各领域和学界不容小觑的影响。伦理和道德问题不再与艺术绝缘，而是一定存在着相互交融、不可分割的关系。

结语

当代西方伦理批评与反伦理批评关于喜剧与道德关系的论战出现了四大主要立场，即“喜剧非道德主义”“喜剧背德主义”“喜剧伦理主义”和“适度的喜剧道德主义”。其中，“喜剧非道德主义”的不当之处在于没有考虑到一些喜剧内容的冒犯性可能造成的伤害;"喜剧背德主义"只强调了喜剧与笑的恶意性,忽略了审美主体的道德水平,使得理论整体存在严密性与自洽性不足的问题;"喜剧伦理主义"过度关注创作主体的态度,以伦理的标准去审视喜剧作品,因而陷入了极端的窠臼;而"适度的喜剧道德主义"基于喜剧欣赏这一审美活动的互动性,综合强调了审美主体的道德水平以及其所进行的道德判断,从而将构成喜剧性系统的三大元素即创作主体、审美客体与审美主体联系起来,相较前三种立场更为人所信服。本次论战在复归柏拉图"笑论"的伦理传统的基础上,进步性体现在不过分拘泥于喜剧与笑的贬损性,同时也认识到了喜剧与笑的产生的其他可能性。当今世界,不论西方还是东方社会中,许多弱势群体依然是众多喜剧作品攻击和嘲讽的对象,并且伴随一些社会矛盾的激化所产生的歧视也在世界的不同角落日益加剧,如性别主义、种族主义和宗教主义等问题。重新将伦理之维引入喜剧作品的评判之中,是哲学家们为人类命运共同体向着良性发展所作出的一些努力。

＊本文为国家社科基金重大项目"文学伦理学批评的理论资源与对外传播研究"【21&ZD264】的阶段性成果。

注释:

[1] [古希腊] 柏拉图:《柏拉图全集》第3卷,北京:人民出版社,2003年,第237页。

[2] [英] 王尔德:《道连·葛雷的画像》,上海:上海译文出版社,2011年,第3页。

[3] J. C. Anderson, J. T. Dean, "Moderate Autonomism", *British Journal of Aesthetics*, 38, 1998, p.152.

[4] J. C. Anderson, J. T. Dean, "Moderate Autonomism", *British Journal of Aesthetics*, 38, 1998, p.152.

[5] N. Carroll, "Ethics and Comic Amusement", *British Journal of Aesthetics*, 54, 2014, p.242.

[6] D. Jacobson, "In Praise of Immoral Art", *Philosophical Topics*, 25, 1997, p.172.

[7] [英] 霍布斯:《论人性》,见《中外名家论喜剧幽默与笑》,上海:上海社会科学院出版社,1992年,第16页。

[8] A. Smuts, "Do Moral Flaws Enhance Amusement?", *American Philosophical Quarterly*, 46, 2009, pp. 152-154.

[9] 苏晖:《喜剧意识:喜剧性的核心》,《外国文学研究》2005年第5期,第158页。

[10] 苏晖:《喜剧意识:喜剧性的核心》,《外国文学研究》2005年第5期,第155页。

[11] 苏晖:《喜剧意识:喜剧性的核心》,《外国文学研究》2005年第5期,第158页。

[12] D. Jacobson, "In Praise of Immoral Art", *Philosophical Topics*, 25, 1997, p.167.

[13] N. Carroll, "Ethics and Comic Amusement", *British Journal of Aesthetics*, 54, 2014, p.249.

[14] N. Carroll, "Ethics and Comic Amusement", *British Journal of Aesthetics*, 54, 2014, pp. 244-245.

[15] B. Gaut, "Art and Ethics", in B. Gaut and Lopes D. McIver (eds.), *The Routledge Companion to Aesthetics*, London: Routledge, 2001, p.348.

[16] A. Smuts, "Do Moral Flaws Enhance Amusement?", *American Philosophical Quarterly*, 46, 2009, p.156.

[17] A. Smuts, "Do Moral Flaws Enhance Amusement?", *American Philosophical Quarterly*, 46, 2009, p.156.

[18] B. Gaut, "The Ethical Criticism of Art", in J. Levinson, *Aesthetics and Ethics*, Cambridge: Cambridge University Press, 2001, p.195.

[19] N. Carroll, "Ethics and Comic Amusement", *British Journal of Aesthetics*, 54, 2014, p.245.

[20] N. Carroll, "Ethics and Comic Amusement", *British Journal of Aesthetics*, 54, 2014, p.250.

[21] N. Carroll, "Ethics and Comic Amusement", *British Journal of Aesthetics*, 54, 2014, p.250.

[22] N. Carroll, "Ethics and Comic Amusement", *British Journal of Aesthetics*, 54, 2014, p.252.

[23] 闫广林:《幽默理论关键词研究》,上海:学林出版社,2010 年,第 6 页。

《尤利西斯》中莫莉的斯芬克斯因子解读

游巧荣

（华中师范大学外国语学院，湖北武汉，430079）

内容摘要： 就伦理意义而言，人是一种斯芬克斯因子的存在。斯芬克斯因子由人性因子和兽性因子组成。前者控制后者，一个人就是有伦理意识的人；一旦兽性因子失控，一个人就会丧失伦理意识，做出违背伦理道德的事情，甚至犯罪。小说《尤利西斯》中的人物莫莉，遭遇多年的无性婚姻，致使她的兽性因子失控。她无法控制自己的原始欲望，不顾婚姻伦理道德，背叛丈夫布卢姆，与他人发生婚外情。然而其夫对她百般呵护、极度包容，使她心怀愧疚，她的内心因而出现人性因子与兽性因子的博弈。在小说的最后部分，她回忆起年轻时与布卢姆一起度过的美好时光，表现出对丈夫的深深依恋，最后确认了对丈夫的爱，表明她的人性因子在逐渐复苏，理性在回归。她准备重新接纳丈夫，与他共度余生。

关键词：《尤利西斯》；莫莉；婚外情；斯芬克斯因子

莫莉(Molly)，全名玛莉恩·布卢姆(Marion Bloom)，是爱尔兰现代主义作家詹姆斯·乔伊斯(James Joyce)意识流小说《尤利西斯》(*Ulysses*)的女主人公。小说的最后一章——第十八章，主要是叙述她的。在这一章中，她的意识就像洪流奔泻，在长达四十多页的意识流式的内心独白中，她展示了她的过去、现在和将来的生活片段，她把她与其他男人的性爱经历以及对性渴望的幻想赤裸裸地展现在读者面前。由于她的独白内容惊世骇俗，有悖于传统的道德价值取向，以致此书曾一度被指控为一部伤风败俗之作，被列为禁书。这部小说出版后引起了文学批评界的极大关注，莫莉这个人物也引起了文学批评者的极大兴趣，他们从不同的批评视角对这一人物形象进行了评价。在传统道德价值批评中，评论家认为莫莉是一个粗俗不堪、水性杨花、不忠实于丈夫的女人。同是莫莉这一形象，斯图亚特·吉尔伯特则认为莫莉是大地母亲的象征，代表着生命和繁殖力。他说："最后一章完全是用来呈现玛莉恩·布卢姆的沉思(她的象征是地球)……她是大自然的表现。"[1] 同样，约翰·布雷兹说："莫莉·布卢姆像一位伟大的大地母亲女神，是一种具有创造能量的伟大精神，不断地使自己更有活力。"[2] 女性主义批评者认为，莫莉的内心独白展现了一个敢爱敢恨、敢于挑战男权、充满了女性主体意识的现代女性形象。从文学伦理学批评视角来评价莫莉，会对这一人物形象有新的阐释和解读。根据文学伦理学批评下斯芬克斯因子理论，每个人都是一种斯芬克斯因子的存在，它由人性因子和兽性因子组成，同时存在于一个人的身上，构成一个人的完整人格。人性因子控制兽性因子，一个人就是有伦理意识的人；一旦兽性因子失控，没有了人性因子，自由意志没有了引导与约束，一个人就会丧失伦理意识，做出违背伦理道德的事情，甚至犯罪。值得注意的是，一个人的人性因子与兽性因子会出现组合变化与交锋，人性因子最终控制兽性因子，回到伦理轨道，回归理性。《尤利西斯》中莫莉的婚外情行为是她兽性因子失控的结果。她丈夫患性无能十多年，长期的无性生活使她无法控制自己的原始欲望，她的兽性因子与人性因子严重失衡，兽性因子失控，兽性因子的非理性意志控制了她的人性因子，以致伦理意志丧失，忘记了她有夫之妇的身份，出现违背婚姻伦理的行为，与他人有了婚外情。在其内心独白中，虽然她回忆和幻想她与不同男人朝云暮雨的情景，但脑子里“最常见的主题是布卢姆”[3]，宽厚善良的丈夫布卢姆的形象不时出现在她的脑海里。在小说的最后部分，她回忆起年轻时她与布卢姆幽会的浪漫情景，想到他的优点，觉得他并不比别人差，小说以她回忆自己与布卢姆深情相拥而告结束。这个结尾表明她对丈夫的爱依然存在，也表明她的人性因子在复苏。她已踏上伦理的归途，准备重新接纳丈夫，与其共度余生。

一、斯芬克斯因子

斯芬克斯(Sphinx)是古希腊神话中人兽一体的形象，以“斯芬克斯之谜”闻名于世。“斯芬克斯之谜”出自古希腊悲剧大师索福克勒斯的悲剧《俄狄浦斯王》。斯芬克斯是希腊神话中的一个有翼狮身女怪。传说她坐在忒拜城附近的悬崖上，令过路行人猜谜，谜语是“什么东西早晨用四条腿走路，中午用两条腿走路，晚上用三条腿走路”，谜底是人，猜不出或猜错者即杀之。《俄狄浦斯王》取材于希腊神话传说中关于俄狄浦斯杀父娶母的故事。俄狄浦斯是忒拜城王拉伊俄斯和王后所生的儿子。由于神谕“国王的儿子将要杀父娶母”，所以他刚出生就被刺穿脚踝遗弃，所幸为牧人所救，由另一国王收养。长大后他再次受到命运的捉弄。他得知自己是个弃儿，便去神庙求神问卜，知道了他会杀父娶母的神谕。为避免悲剧发生，他离家出走，四处漂泊。他失手打死了他的父王即拉伊俄斯王，后又遇到斯芬克斯，破解了斯芬克斯之谜，揭开了谜底，斯芬克斯因羞愧而跳崖自杀，再也不能害人了。俄狄浦斯为民除害，忒拜民众拥立他为新国王，他娶了忒拜城前国王的王后即他的亲生母亲。他的命运应验了“杀父娶母”的神谕。明白真相后，他刺瞎了自己的双眼，并自我放逐。神话传说将俄狄浦斯的悲剧命运与斯芬克斯之谜交织在一起，“以其经典的悲剧构成了‘斯芬克斯之谜’的传奇色彩，并以它极具伦理穿透力的声音向世人呼喊：人啊，你是什么？”[4]古希腊神话“斯芬克斯之谜”的内在精神就是古希腊阿波罗神殿石柱上的那句著名的箴言“认识你自己”，其核心内容是对人的本质的追问。俄狄浦斯杀父娶母的罪行表明，即使人获得理性后，其身上仍然残存着兽性因子，仍然有作恶的可能。他明白真相后对自己的惩罚则体现了人的伦理自觉和理性回归。斯芬克斯的人头兽身的双面结构象征着人的理性与兽性并存的本质特征。

根据古希腊的神话谱系，斯芬克斯是她的母亲厄喀德那与她自己的儿子双头狗怪俄耳托斯乱伦所生。她有女人的头、狮子的身体、鹰的翅膀和蛇的尾巴。多年来，斯芬克斯被人们看作一个作恶的怪兽形象，但是如果我们仔细分析她的外部特征，她怪异的外表体现了人类自己的本质特征。“斯芬克斯究竟是一个什么形象？与其说把她看成一个怪兽，不如将她看成古代人类认识自己的一个象征，看成理解人的本质的一把钥匙。”[5]斯芬克斯有人的头脑，不同于兽，但她的狮身和蛇尾说明她又类似于兽。斯芬克斯的人头兽身的双面结构体现了人的理性与兽性并存的本质特征。她的人头表示人类经过长期的进化有理性的萌芽，象征伦理意识的出现。她的狮身说明人是从兽进化而来的，人的身上在当时还保留着兽的本性。“我们把人头和狮身结合在一起的特点称为斯芬克斯因子。”[6]斯芬克斯因子由两个部分组成：人性因子与兽性因子。这两种因子同时存在于人的身上，它们的有机结合，构成一个完整的人。斯芬克斯因子能够从生物性和理性两方面说明人的基本特点，即人有善恶共存的特点。两种因子的不同组合和变化会产生不同的伦理冲突，显示出伦理选择的过程。当人身上的人性因子能够控制兽性因子，人保持着人的本性，使人成为有伦理意识的人，能辨别善恶。伦理的存在使人不同于兽，身上的兽性因子蛰伏于心。当人们面临的环境或处境发生变化时，人性因子和兽性因子发生搏斗，一旦兽性因子压倒人性因子，体现在人身上最原始接近兽性部分的自由意志压倒理性意志，人的身上就会出现受情感驱动的非道德力量，自由意志没有理性的约束，没有伦理，不分善恶，出现错误的或违背人伦的选择。人性因子和兽性因子总是相伴而存，理性意志与自由意志不可分割。一旦理性因子复苏，理性意识就会压倒自由意识，理性回归，一个人就会有伦理意识。从斯芬克斯因子理论角度，对《尤利西斯》中莫莉的婚外情进行解读，探讨她的人性因子和兽性因子的博弈与转换，展现自由意志与理性意志的冲突，挖掘她违背伦理道德出轨行为、最后想重新接纳丈夫，准备回到丈夫身边背后的本质原因，为读者深刻理解这个人物的伦理意义提供依据。

二、莫莉的婚外情——兽性因子失控

在《尤利西斯》这部小说中，莫莉这个人物占用的篇幅并不大。但从她丈夫布卢姆的独白及其他人提供的信息得知，她多才多艺，是一个歌剧演员，有着迷人的歌喉，是一个精力充沛、情感丰富的漂亮女人。《尤利西斯》第十五章这样描述她：“亭亭玉立、身着土耳其装束的美女……她系着一条宽幅黄色腰带，脸上蒙着白色——夜间变为紫罗兰色——面纱，只露出一双乌黑的大眼睛和黑亮的头发。”[7]这是对年轻貌美的莫莉的生动描述。可不幸的是，她的儿子十一年前夭折，她的丈夫遭此重击，变得性无能，他们夫妻间便没有了正常的夫妻生活。而莫莉是一个正常的健康女人，她风姿绰约，充满激情，活力四射，她渴望自己能像其他正常女人一样拥有正常和谐的性生活，她控制不住自己的原始欲望，便与他人偷情。小说最后一章即第十八章整章呈现莫莉的内心独白，展现她与情人幽会勾搭的情景。在这一章中，她的思绪就像脱缰的野马，在黑夜中奔驰。语言混乱、几乎没有标点符号的行文，是她那狂奔思绪的生动体现。她半醒半睡地躺在床上，辗转反侧，与人勾搭成奸的情景、坦白直率对性的渴求以及与异性性爱的幻想一幕一幕地出现在她的脑海里，对性爱的描写直白，惊世骇俗。“荣格发现莫莉·布卢姆的独白是一种给人印象深刻的心理状态，因为莫莉的欲望被清楚地表达出来了……”[8]她的独白将她的强烈肉欲充分表现了出来。她的婚外情行为严重地违背了20世纪初爱尔兰社会的传统伦理道德。当时传统道德家认为：女人不应该有太多性要求，完成传宗接代即可，女性应该待在家里生儿育女，操持家务。莫莉不顾丈夫的感受，公然与他人发生婚外情，是对传统婚姻伦理道德的挑战，是对社会公序良俗的践踏。在世人眼中，莫莉是一个没有道德约束的人，是一个放荡无耻的人物形象。作者乔伊斯将《奥德赛》中古希腊英雄奥德修斯的妻子珀涅罗珀作为莫莉人物的原型，古代坚贞不渝的珀涅罗珀现在变成了一个肉欲横流的荡妇莫莉。莫莉的水性杨花、寡廉鲜耻与珀涅罗珀对丈夫的忠贞不贰形成强烈的对比。珀涅罗珀的丈夫外出征战期间，她守身如玉，将求婚者拒之门外，为丈夫守节十年不变。而莫莉不守妇道，公开与人偷情寻欢，丝毫不受伦理道德的约束。莫莉在圣洁的珀涅罗珀的反衬下，更是显得卑劣、堕落。然而，是什么使得这个普通女子变成了一个肉欲动物？

莫莉的婚外情行为是她身上兽性因子失控的结果。根据斯芬克斯因子理论，人是一种斯芬克斯因子的存在，由人性因子和兽性因子组成。兽性因子是动物性本能，是人身上非人的一部分，是人身上与人性因子并存的动物性特征。一个人的人性因子如能控制兽性因子，他就是个有理性的人，有伦理意识；一个人一旦其兽性因子与人性因子相分离，其自由意志就会如脱缰的野马，不受伦理道德的约束，不辨善恶，以致做出有悖于伦理道德之事。莫莉的婚外情行为，如果运用斯芬克斯因子理论来解释，不难发现，她身上的人性因子和兽性因子严重失衡，自由意志控制了理性意志，以致成为一个伦理道德沦丧的人。丈夫布卢姆丧失了性功能，多年的无性生活，使她无法控制她的兽性因子，兽性因子在她的身上不断膨胀，进而失控，最终压倒了她的人性因子，即理性意志。她失去了伦理道德的约束，不守妇道，红杏出墙。她的婚外情行为说明她身上的自由意志已失控。“自由意志又称自然意志（natural will），是兽性因子的意志体现。自由意志主要产生于人的动物性本能，其主要表现形式为人的不同欲望，如性欲、食欲等人的基本生理要求和心理动态。”[9]莫莉因受兽性因子控制，自由意志战胜了理性意志，使她成为一个不受伦理道德约束的女人，以致背弃婚姻，陷自己于情欲之中而无法自拔。在第十八章，在其内心独白里，莫莉回忆或幻想自己与不同男人做爱的一些场面。这样的画面使她那淫荡狂野的形象暴露无遗。她的情欲放纵是她兽性因子失控的真实表现，是其自由意志失去控制和约束的真实体现。在她的身上兽性因子占据主导地位，自由意志不受遏制，摆脱道德责任的非理性意志占了上风，迷失了自己的理性意志和伦理意识。她被强烈的原始欲望所控制，动物本能战胜了理性，忘记自己作为人妻和人母的伦理身份，不顾一切地投入婚外情，开启了对不伦之爱的追逐。为了满足身体的欲求，她背叛善良的丈夫，不顾忌丈夫的尊严和感受，将丈夫对她的悉心照料、无限深情都抛诸脑后，公开在家与情人幽会。为了成全她，她那宽厚而懦弱的丈夫离开家，一个人在都柏林大街上踽踽独行，四处游荡，内心品尝着被无情背叛的苦楚。她这种违反婚姻道德伦理的行为，突破了伦理禁忌，给丈夫布卢姆带来了很大的精神伤害，对家庭和婚姻生活带来极大危害。

三、兽性因子与人性因子博弈——理性的回归

布卢姆知道妻子莫莉的出轨行为，但他对此持宽容态度。他得知她要与情人幽会，不但不责骂她，反而选择回避，给他们幽会提供方便。妻子莫莉在他眼中有无穷的魅力，是一个具有旺盛生命活力的女性。小说中有一段精彩的描述展现了布卢姆对妻子的迷恋："她把一只胳膊支在枕头上，一骨碌翻起身来，震得黄铜环叮零当啷响……她那仰卧的身子上散发出的热气同她斟着的茶水的香味混合在一起。"[10]此外，他还很欣赏她的才华，她在他眼中俨然是女神般的存在。在《尤利西斯》第五章，布卢姆告诉麦科伊，他的太太莫莉要参加在贝尔法斯特的阿尔斯特会堂(Ulster Hall)举办的一次排场很大的音乐会。他特别提到著名的阿尔斯特会堂，以强调这次音乐会的高水准，表现出对她的欣赏和钦佩。布卢姆对妻子的日常起居照顾得无微不至。莫莉对布卢姆的感情是复杂的。她的内心体现出理性因子与兽性因子的博弈、理性与兽性的交锋。根据文学伦理学理论，斯芬克斯因子中的人性因子和兽性因子总是相伴而生的，"这两种不同因子是不可分开的，只有它们结合在一起，人才是一个完整的人。由于理性意志能够控制自由意志，非理性的意志能够得到引导和约束，因此人能够成为有理性的人"[11]。善良的丈夫对莫莉的极度包容，使她陷入伦理困境，她的兽性因子没能完全熄灭心灵深处的理性因子。她虽然身体背叛了布卢姆，但她的内心是愧疚的。小说第十八章莫莉的内心独白里，她有过想将自己的不忠行为告诉丈夫布卢姆的想法。她一方面沉湎于婚外情，另一方面又时常徘徊在欲望与责任之间。"莫莉深知自己的婚姻状态，她没有放弃它的责任的想法。"[12]对丈夫彻夜未归表示出关切，她希望他不要和那些医学生混在一起忘记了自己的年纪很晚回家[13]。她曾花两先令悄悄地找人修补好了布卢姆心爱的小摆设[14]。这些细节说明她对丈夫还是有感情的，说明她在激情燃烧、追求婚外情的享乐的同时，她的理性因子并未完全泯灭，她身上理性因子与兽性因子在博弈，她那沉睡的理性因子在逐渐复苏。

在莫莉的心目中，丈夫布卢姆虽然只是一个普通的小人物，但却是一个善良宽厚、脾气温和、有责任感的人，她的情人博伊兰是无法与他相比的。她的独白中对博伊兰的思绪大多是她对他的雄性特征的迷恋，在很大程度上，他只不过是满足她肉欲的情人而已。在她的眼中，博伊兰是一个粗鄙无礼、毫无修养之人，"她对布兰兹·博伊兰的粗野感到不满"[15]。在她的独白中是这样描述博伊兰的："他这个人简直无可救药　他天生就不懂礼貌　不文雅　啥都不会　因为我不肯称他休　就从背后像那样拍我的屁股　是个连诗和白菜都分不清楚的蠢才……"[16]这段莫莉的内心独白把博伊兰的粗鄙无礼描写得淋漓尽致，她对其粗鄙无礼十分反感。"虽然她非常快乐、详细地回忆博伊兰做爱的活力，但是对于她认为他对她缺乏真正尊重的地方，她很是恼怒。"[17]莫莉背叛了宽厚善良的丈夫，她虽然情欲得到了满足，但内心是愧疚的，布卢姆在她的心目中的地位是不可替代的，她真正爱的人是布卢姆。她在潜意识里只是把博伊兰作为性无能的布卢姆的替代品而已。在小说的最后部分，莫莉回忆起年轻时与布卢姆一起度过的快乐时光，当年她与布卢姆一起幽会的浪漫场景。她将布卢姆同

他人进行了对比，她还是更喜欢布卢姆，认为他并不比别人差。“在《尤利西斯》中，莫莉最后将阳刚的博伊兰从脑子里去除而支持不令她满意的丈夫，是一次更深刻的认可。”[18]在小说结尾处，她回忆起她年轻时与布卢姆激情相拥的情景，她对布卢姆说道：“好吧 我愿意 好吧。”[19]小说结尾处莫莉独白中的“‘I said yes I will Yes’中的‘yes’和‘Yes’都是答语，表示接受”[20]。她的独白表达了她对布卢姆的爱依然存在，表示了她想拯救婚姻，与丈夫重归于好的愿望，也是对丈夫的重新接纳。在第十八章中，“她不断重复‘好吧’这个词，就像跳动越来越强的脉搏，喜悦的情绪不断加剧直到声音和感情的最后高潮…… 这个词到最后呈现出一种象征性的气氛，应和她对布卢姆先生的重新接纳，拥抱新的一天即将来临的前景”[21]。的确，随着她与婚外情男人的激情逐渐退去，那颗狂野的心也在逐渐平息，她的兽性因子的控制力在逐渐减弱，而沉睡的人性因子在悄然复苏，理性在回归。她依然留恋布卢姆这个善良、温暖、有责任心的男人，她想回归家庭，准备重新接纳丈夫，珍惜眼前人。

结语

乔伊斯在小说《尤利西斯》的最后一章即第十八章，用四十多页的篇幅再现莫莉的意识流，整章中她的思绪就像脱缰野马，她沉浸在肉欲的回忆与想象中。莫莉是一个备受争议的人物，对她的评价可以说是褒贬不一。对于她的婚外情行为，一些评论家认为她是一个有伤风化的放荡女人，一个没有思想的肉欲动物；另一些人则认为，她是出于肉欲的本能而出轨，反映了她旺盛的生命力和自然人性，也反映了小人物在痛苦和困境中寻求希望的生存状态。从文学伦理学的斯芬克斯因子理论来分析莫莉的出轨行为，实际上是她身上人性因子与兽性因子失衡，兽性因子严重膨胀的结果。她年轻貌美，充满活力，丈夫布卢姆因儿子夭折出现性功能障碍，她渴望性爱，在原始欲望的驱动下，她的兽性因子被激活，并逐渐膨胀，以致不能自持，被兽性因子控制。她置传统道德和社会伦理于不顾，与他人发生婚外情，她的行为触碰了婚姻道德底线，受到传统道德的谴责。对她的出轨行为，布卢姆并没有责罚她，而是对她一如既往地呵护和照顾。丈夫的宽厚善良唤醒了她的理性因子，唤醒了她的良知，唤回了她的爱。在莫莉独白的最后部分，她选择了深爱自己的丈夫，“强壮的博伊兰只不过是一个躯壳，而没那么强壮的布卢姆，有他所有的缺点，是一个既有智力又有身体的男人”[22]。她最后重新确认了对丈夫的爱，“再次接受他作为自己的人生伴侣”[23]。莫莉的理性回归，准备回到丈夫身边的愿望可看作是对布卢姆这个“就连母鸡下蛋都能伸手接住的好人”[24]的一次善待。布卢姆历尽磨难和痛苦，遭受太多冷漠、歧视和屈辱。虽然他饱受欺凌却常怀善心，身上散发出人性的光辉。的确，莫莉再续前缘的愿望和不愿舍弃婚姻的决心对饱受人间苦难和精神摧残的布卢姆来说是莫大的精神慰藉，家有望成为他漂泊人生的温暖港湾和心灵归宿。

注释：

[1] S. Gilbert, “The Rhythm of *Ulysses*”, in B. Benstock, *Critical Essays on James Joyce*,

Boston: G. K. Hall & Co., 1985, pp.57-63.

[2] J. Blades, *How To Study James Joyce*, Macmillan Press Ltd., 1996, p.120.

[3] P. A. McCarthy, *Ulysses—Portals of Discovery*, Boston: Twayne Publishers, 1990, p.125.

[4] 王京跃、张训涛:《"斯芬克斯之谜"的伦理意蕴》,《江西社会科学》2005 年第 5 期,第 60～64 页。

[5] 聂珍钊:《文学伦理学批评导论》,北京:北京大学出版社,2014 年,第 38 页。

[6] 聂珍钊:《文学伦理学批评导论》,北京:北京大学出版社,2014 年,第 38 页。

[7] [爱]詹姆斯·乔伊斯:《尤利西斯》,萧乾、文洁若译,南京:译林出版社,2010 年,第 519 页。

[8] R. Brown, *James Joyce and Sexuality*, Cambridge: Cambridge University Press, 1985, p.117.

[9] 聂珍钊:《文学伦理学批评:伦理选择与斯芬克斯因子》,《外国文学研究》2011 年第 6 期,第 1～13 页。

[10] J. Joyce, *Ulysses*, New York: Random House, Inc., 2002, p.63.

[11] 聂珍钊:《文学伦理学批评:伦理选择与斯芬克斯因子》,《外国文学研究》2011 年第 6 期,第 1～13 页。

[12] P. Parrinder, *James Joyce*, Cambridge: Cambridge University Press, 1984, p.161.

[13] J. Joyce, *Ulysses*, New York: Random House, Inc., 2002, p.764.

[14] J. Joyce, *Ulysses*, New York: Random House, Inc., 2002, p.766.

[15] R. Ellmann, *James Joyce* (New and Revised Edition), New York: Oxford University Press, 1982, p.377.

[16] J. Joyce, *Ulysses*, New York: Random House, Inc., 2002, p.776.

[17] A. N. Fargnoli, M. P. Gillespie, *Critical Companion to James Joyce: A Literary Reference to His Life and Work*, New York: Facts On File, Inc., 2006, p.209.

[18] S. Bolt, *A Preface to Joyce*, Beijing: Peking University Press, 2005, p.152.

[19] J. Joyce, *Ulysses*, New York: Random House, Inc., 2002, p.783.

[20] 冯建明:《论〈尤利西斯〉结局中"女性的'Yes'"》,《河北师范大学学报》(哲学社会科学版)2004 年第 6 期,第 96～101 页。

[21] J. Blades, *How To Study James Joyce*, Macmillan Press Ltd., 1996, p.120.

[22] R. Ellmann, *James Joyce* (New and Revised Edition), New York: Oxford University Press, 1982, p.378.

[23] 韦晴:《〈奥德赛〉和〈尤利西斯〉中的婚姻伦理关系之比较》,《世界文学评论》2008 年第 5 期,第 260～263 页。

[24] J. Joyce, *Ulysses*, New York: Random House, Inc., 2002, p.388.

【文艺学研究】

搭建历史意义与先验形式的桥梁

——解析潘诺夫斯基的“艺术科学的基本概念体系”

刘云飞

（华中师范大学文学院，湖北武汉，430079）

内容摘要：作为20世纪最重要的艺术史家之一的欧文·潘诺夫斯基，其思想发展中最重要阶段乃是寻找形式与历史意义、风格与主题内容之间契合点的历程，这为随后《作为“符号形式”的透视》中的实践做好了准备，也为图像学三层次原则奠定了基础。这一阶段的代表性论著就是《论艺术史和艺术理论的关系——论艺术科学基本概念体系的可能性》，本文尝试从建构动机、内部秩序、概念来源等三方面来分析该论著中所提出的“艺术科学基本概念体系”，从而解释潘诺夫斯基为沟通历史意义和先验形式所做的努力。

关键词：基本概念；艺术意志；对立；先验形式；内在意义

不管在艺术史或艺术理论研究领域之内还是之外，欧文·潘诺夫斯基的名字总是与图像学方法联系在一起，他的声名也与这一内涵日益丰富的术语一起共享荣辱盛衰。上世纪80年代之后的西方学界，关于潘诺夫斯基的研究和讨论逐渐由图像学的实践层面转向其理论基础和诞生条件，因此潘诺夫斯基移居美国之前的早期著作逐渐引起学者的重视。此外，艺术史学科的自律性及其与美学理论的关系问题随着“艺术终结”“艺术史终结”等问题的提出，重新被提上议程，人们不得不回首学科发展史，回到提出“艺术科学”的20世纪初寻找理论源头，希望给这些问题的回答增添保障。近年来，国内对于潘氏早期著作的研究也并不沉寂，《作为符号形式的透视》《艺术意志的概念》以及他的博士论文《丢勒的艺术理论》都得到了深刻阐释。在潘氏的艺术阐释思想历程中，寻找形式与历史意义、风格与主题内容之间契合点是一个非常重要的阶段，这为随后《作为符号形式的透视》中的实践提供了理论基础，并影响了图像学三层次原则，但对于此主题的研究却寥寥无几。这一阶段的代表性论著就是《论艺术史与艺术理论的关系：对艺术科学基本概念体系之可能性的探讨》，本文将尝试从建构动机、内部运行秩序、概念来源等三方面来对该文中所提出的“艺术科学基本概念体系”做出描述，并试图在其中还原潘诺夫斯基为沟通历史意义和先验形式所做的努力。

一、建构动机与内部秩序

《论艺术史与艺术理论的关系》发表于1925年的《美学与普通艺术学杂志》上，该论文是1920年于同一期刊上发表的《艺术意志的概念》一文的续篇，他在文章中提出“艺术科学基础概念体系”的直接动机就是为了对艺术意志概念做进一步的演绎，从而使读者更完整地理解艺术意志的内涵。

艺术意志是李格尔所创立的概念，虽然李格尔本人从未直接给予它一个完整的定义，但他基于这一概念所建立起的艺术史研究方法论在某种程度上转变了一时的研究风气。因而，这一概念兼具重要性和模糊性，必然致使有关争论不断。在众多互不相容的阐释中，潘氏的文章受到越来越多的研究者的重视，这并非因为他提出了一个让各方都满意的、或最贴近李格尔原意的方案，而是因为他以此为出发点建构了一套自己的方法论。

潘氏对艺术意志的理解包含两个层面，第一层以还原创造力为核心。与李格尔不同，潘氏明确定义了艺术意志：“在任何特定艺术现象中所体现出的创造力的集合或统一体。”[1]创造力是李格尔在应用艺术意志概念时最主要的考虑对象，也是他在进行艺术分析时想要突出的主要价值取向。在早期著作《风格问题》中，李格尔极力反对的是如“所有艺术形式无例外的都是材料和技术的直接产物”之类的观点[2]。他认为埃伊纳岛(Aegina)阿提卡(Attic)碗上交织卷须纹样的产生并不单纯源于技术与工具的革新，他的观点是：“无论是画笔还是尖笔本身都不会创造食物；它们必定得由人的手来操纵，而手又得听命于艺术灵感，它有着不可抑制的冲动，要从固有的传统和心理的知觉之中创造出新的事物。”[3]强调“艺术观念”“冲动”和“心理知觉”意味着一种从主体出发的立场，李格尔的这种精神被潘氏所继承，也决定了他后来不可能走向机械的艺术进化论或社会学。

潘氏的第二层理解则一定程度上超出了李格尔的指示，他认为艺术意志既不能从心理学意义上具体化为艺术家的意志，也不能从历史意义上抽象化为时代的意志，它是一种“先验论意义上的主体”，一种“艺术现象的内在意义”。卡西尔提出：“倘若美术史必要严格被限制于一些历史性的省查，亦即被限制于对一些已经发生了的事物的描述的话，则美术史实在难以向前挺近”，因而“必须事先于‘存在’中找到一定的立足点和支撑点”[4]。这一主张得到了潘氏的认同。潘氏在《艺术意志的概念》一文里所确立的艺术现象的内在意义或终极意义，成为他早期著作中的一致追求。

李格尔原先将艺术意志作为一种本质特征，用以描述历史中抽象形式的发展进程。但是从潘氏将艺术意志作为内在意义的角度来看，李格尔的这一用法显然不够科学。潘氏认为如果不将艺术意志与艺术现象或经验事实完全分离，不建立严格的范畴分界，那么先验意义上的有效性则难以通过因果律得到保证。他做出的承诺是：“范畴是先验有效的，像因果律一样，可以被运用于以语言来表述的判断，作为一个标准以判定它们属于认识论组成部分的性质；而且在某种程度上可以作为被研究的艺术作品的标准。”[5]潘氏一再强调，构建体系本身并不是目的，目的是为了以“一种纯粹批判的方式确定艺术意志的概念，以反对错误的解释，并说明理解其内涵的方法”[6]，于是在《艺术意志的概念》一文发表5年以后，潘氏实践了他的计划，构建了如下范畴体系：

艺术科学的基本概念体系

本体论领域内的一般对立	现象（尤其是视觉）领域内的特殊对比			方法论领域内的一般对立
	1.基本价值的对比	2.形象价值的对比	3.构图价值的对比	
“量”相对于“形”	视觉价值（自由空间）相对于触觉价值（形体）	深度价值相对于平面价值	融合价值相对于分离价值	时间相对于空间

“基本概念体系”是《论艺术史与艺术理论的关系》的英译者贾斯·埃尔斯纳对德语Grundbegriff的翻译，Grundbegriff是一常见术语，英文一般译为basic concepts或fundamental concepts，而埃尔斯纳却一定要加上“体系”一词。他给出的理由是：潘氏运用这一术语所表达的“不仅是一个处于原点的概念，同时也是这些概念体现出的系统性的运行秩序”[7]，但译者并没有对该秩序做出具体说明。其实，将潘氏这张表中的五对概念单独拿出来逐个解释是无法展示其价值的，因为这些概念的名称几乎都不是他的创造发明，而是对于现成学说的借用。正是它的内部秩序赋予这些概念特有的意义，也正是因为它们能够成为一个系统，才具有实际的描述艺术作品的价值。因此，本文结合“系统性的运行秩序”对潘氏的这张概念表格进行解释。

（一）对立

陈平在研究李格尔思想背景时提出：“以相互对立的范畴来描述变化，这在德语国家19世纪末与20世纪初的学术中是一种常见的方法。”[8]李格尔的“视觉的”与“触觉的”，沃尔夫林的“线描的”与“图绘的”，沃林格的“抽象的”与“移情的”等等都是如此，潘氏的研究正是在这样的语境下进行。在他看来，艺术问题中的相关概念总是成对出现的，表现出极端的对立，而实际的艺术作品则表现出了一种对于二元对立的调和，而所有这些对立的概念都来自一个原初问题。由于此原初问题表现为一种二元对立的概念形式，所以从这一问题衍生出的其他艺术问题则都表现为同样的对立概念。这一原初问题就是“量”与“形”的对立，潘氏将这一组概念应用到了具体艺术作品的分析中：“凡是艺术的产物都保存了感性知觉中的一种固有的量，并将其置于某一组织之内，因而从某种程度上也是限制了它。换句话来说，在任何作品中必须有量与形两极之间的某种调和。”[9]故而，“量—形”对立是所有艺术现象最根本的先验对立形式，而在与之相对应的先验方法论中，对立则是“时间—空间”。

（二）交互影响

仅仅依靠“量—形”和“时—空”这样的先验范畴，显然无法对描述具体艺术作品进行实际操作，心理学和历史研究的方法已经被证明不具备“基本”这一属性，潘氏对现象领域内的范畴规划不得不转向一般的视觉形式，即人最基本的视觉感知方式。潘氏将此领域内的具体对比分成三类，所依据的是造型单位(即形象)形成过程：在第一类视觉的与触觉的对比中，造型单位开始具备成形的因素；第二类深度的与平面的对比中，造型单位真正成形；而在第三类融合的与分离的对比中，造型单位开始组合而进入一个更高层级的单位。

第一对概念可以被理解为“量—形”之间对立的特定视觉表象，而第三对概念可以被理解为时空之间对立的特定视觉表象。因为独立的视觉个体之间的真正、完全的融合只能通过时间才可被想象，而单一个体之间真正、严格的分离只有通过空间才能被想象。如果运动与变化的概念不仅包括单纯时间上的意义，也指“时—空”维度的事件，那么第三对概念之间的对立也可以被描述为静与动(存在与变化)。对中间一对概念“深度—平面”的理解，不仅要通过量与形的对立，还要通过时间与空间的对立，因为深度与平面之间的关系既依赖于视觉与触觉的关系，又依赖于融合与分离、运动与静止的关系(如下图)。

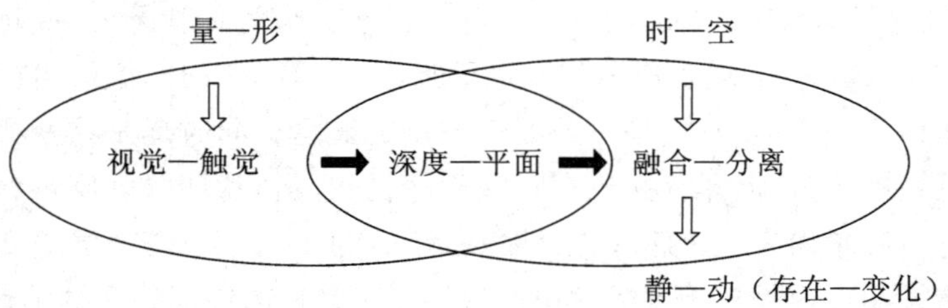

潘氏举了古希腊浮雕与古埃及浮雕之间的差别来说明平面与深度对立所处的交叉地位。在古埃及墓室雕刻中体现出的是几乎彻底的平面，甚至有时还是凹陷，几乎看不到透视短缩法的应用，因而古埃及浮雕就是用平面价值消除了深度价值；而在古希腊艺术中适当的深度和透视短缩法在深度和平面之间确立了一种平衡。在此例中可以清楚地发现，不论平面—深度问题用何种方法去解决，总是离不开视觉及触觉价值问题的解决，也必然要与“融合—分离”或“静—动”问题相联系。在该例子中，某一单个形状的运动，也就是不同形状之间互相连接只有以下条件下才是可能的，即这一单个形状可以自由地从二维空间转移到三维空间，因为哪怕是与绘画平面平行的运动(更不要说是翻转与倾斜)，也只有在形状可以与该平面分离的条件下才是可思议的。依靠平面来解决“平面—深度”问题，同时也必然意味着以“分离”和“静”来解决“分离—融合”“静—动”之间的对立，反之亦然。同样，因为视觉价值的实现只有以没有阴影的纯平面被延展和凹陷打破为条件，所以用“平面”来解决“平面—深度”问题，也必然意味着用“触觉”来解决“视觉—触觉”问题，反之亦然。因为前面两对概念分别又与“时—空”和“量—形”的二元对立相联系，所以“平面—深度”问题可以说是处于中间地位，可以从两方面来理解。“平面—深度”的这种中间地位说明了在任何一种特定风格中，三项基本问题都是同时被解决的，在艺术实践的过程当中这三项对比无法分开。

二、概念来源与辨析

潘诺夫斯基在一个如此抽象的层面的构建他认为普遍有效的概念体系，这当然离不开德国哲学传统，更与德语艺术史发展过程中的方法论探索时期有直接联系。然而不管是康德先验感性论，还是李格尔的知觉艺术学方法，抑或是沃尔夫林的历史主义形式论，潘氏都不是简单地将其移植到自己的概念体系中，而是批判地接受。潘氏的一些概念在名称上与前人的类似，这往往让我们忽视其中的实质性差别。

（一）康德与李格尔

史蒂芬·麦尔维尔对于“基本概念”一词做了这样的阐释：基本概念是“描述、预先设置客体与原则的某一特定领域，这一基本理解行为的目的在于使我们注意到这样一个双重事实：即使当我们开始界定完全不言自明的领域时，我们也已经拥有了某种立场，并且我们所拥有的这种立场必定先于且异于任何从这种立场中发展出的概念化过程，我们持续不断地观察和界定也正属于这一过程”[10]。基本概念的“基本”之处就在于它先于最简单明了的经验事实，并作为认知构成的基本条件。

选择建立基本概念这一行为本身就暗含了潘氏对于康德先验理性的认同。于贝尔曼在批判潘氏时不无讽刺意味地讲道：“让一名艺术史学家感到尴尬的事莫过于发现一本大谈美学鉴赏的书的内容其实已经在《纯粹理性批判》中都被系统地论述过了。”[11]潘氏在论述艺术意志的文章中举了康德《未来形而上学导论》中“空气是有弹性”的例子，比亚洛斯托基甚至称这篇文章完全可以更名为“任何一种未来能够作为科学出现的艺术史”[12]，而在《作为人文科学的艺术史》一文中潘氏更是将康德本人看作人文价值的典范。那么以先验对立为基础的“基本概念体系”是否完全建立在对康德哲学范畴简单挪用的基础之上呢？“基本概念体系”的目的是给李格尔提出的“艺术意志”巩固基础，而“视觉”与“触觉”又与李格尔提出的著名概念名称一致，用李格尔的概念为李格尔证明似乎是理所应当的，那么潘氏真的就如此“无私”吗？

强调艺术作品保存人的知觉形式，突出一者对于另一者的限制和构架以及二者在实践中的调和，这些都很容易让我们想到李格尔的一对著名的概念：“视觉的”价值与“触觉的”价值。李格尔这组术语都与知觉相关联，同时也与艺术形式的变迁相关，从“触觉——近距离观看”到“视觉——远距离观看”，知觉方式所经历的这一发展过程，构成了李格尔艺术史方法论的基本图式，它以知觉方式的变化来解释人类各阶段艺术风格的演变。将李格尔的论述与潘氏的体系相对照，很容易产生一种错觉，即所谓“量”与“形”的对立，不过是著名的“视觉的”与“触觉的”对立的进一步抽象化，李格尔所讲的“不可入性”等同于潘氏的“形”，而“延展”等同于“量”[13]。李格尔所说的延展和不可入性分属物的性质，而“量”与“形”则是从主体的认知功能中抽象出的纯粹形式。然而，潘氏在基本概念体系的具体对比中借用了李格尔的“视觉—触觉”对立，与“形—量”对立分属不同领域，前者属于现象领域，后者属于本体论领域。在接下来对两组对立的进一步说明中，潘氏假设了视觉和触觉分别完全实现的两种极端情况。在前一种情况下“形”会消失，进而产生完全无具体形状的光的表象；而在后一种情况下“量”会消失，从而导致完全抽离的几何轮廓。在这一说明中，“形—量”对立独立于视觉与触觉的知觉方式，是作为知觉方式的一种抽象属性而存在的。结合潘氏前文中的“原初问题”的定位，很容易让我们联想到康德先验感性论的前提，即人类心中先天存在一种感性形式：“今如在物体表象中，取去悟性关于物体所思维者，如实体、力、可分性，等等，又取去其属于感觉者，如不可入性、坚、色，等等，顾自此经验的直观尚有留存之事物，即延扩与形体。”[14]显然，“延扩”与“形体”是“形—量”对立的理论来源，然而据此就认为潘氏照搬了康德的先验感性论是没有说服力的，因为在另一对概念“时—空”中潘氏表现出了与康德完全不同的使用方法。

在理论建构过程中，潘氏从“形—量”引入“时—空”时有一句非常抽象的表述：“如果‘形—量’对立是艺术问题存在的先验先决条件的话，那么‘时—空’之间的交互作用则是它们潜在解决方法的先验条件。”[15]从逻辑上来说，问题永远产生于相应的解决方法之前，而先决条件也就是条件的条件，这也是为什么“形—量”是“原初问题”而“时—空”不是，“形—量”是处在本体论领域而“时—空”是在方法论领域。在康德那里，延扩与形体都是在外部被直观到的，是属于空间的纯粹形式，“时—空”如果作为感性直观是既包括内感官也包括外感官的，具有更高一层的普遍性。潘氏只是在十分有限的意义上应用了时空概念，分离和融合分别与空间和时间的两极相对应，他还用运动与静止、存在与变化加以解释，但是这种解释只能给我们带来错觉，即这些对立都是一段历时的过程而不是一项共时的属性，然而实际情况则相反。潘氏方法论对立中的“时间”一极只是代表无数线条或平面进行变化的可能，而不是指风格史的发展进程。

（二）沃尔夫林

马克·奇塔姆认为潘氏“在早期和晚期著作中都明显使用了形式的、非历史的康德式命令在先验中建立艺术史的基础”[16]，将“形式主义”和“非历史”的标签与“康德主义”一起贴在潘氏身上是一种由来已久的错误举动，梅尔维尔也声称“康德形式主义所允诺的那种非历史的确定性，在潘诺夫斯基那里取代了历史的趣味”[17]。潘氏和沃尔夫林一样都希望从康德那里获得一种外在于历史表象的制高点，为艺术史研究的科学性提供保障，但不能因此就认为潘氏的基本概念体系与沃尔夫林形式主义分析是类似的。诚然，潘氏基本概念体系中的“三项现象领域内的对比”明显借鉴了《美术史的基本概念》中的五对范畴，甚至可以说“融合价值”与“分离价值”就是对沃尔夫林后三对范畴的压缩，但是这两套概念系统建立在不同的目的和基础之上。

首先，沃尔夫林的范畴建立在对历史风格进行分类的基础之上，每一对范畴都代表某一特定风格的本质特征，如古典强调平面而巴洛克强调纵深，古典艺术是典型的封闭式构图而巴洛克构图形式则相对开放等等。潘氏则说：“基本概念并不是要给艺术现象进行分类，而是要提供先验合法的催化剂，从它出发建立起关于艺术现象的讨论。”[18]他所提出的这些对立范畴，无论哪一对在具体事实中都无法单独存在，且任何一对中的任意一极也无法得到实现，它们的对立并非是要表明两个艺术现象之间的可见的风格差别，而是在一切艺术现象中都得到体现的先验的、必然的对立原则；它们不具备描述艺术特征的功能，因为艺术特征的产生正是以它们的对立调和内部运转为前提的。在丰富多彩的艺术作品面前，这些范畴必然显得单调无味，但潘氏这些概念本来就不是用来将无限的事实简化为二元对立的，如潘氏所说它们也就无须“对艺术事实的丰富性负责”[19]。简单来说，沃尔夫林的对立范畴是用来解决问题，而潘氏的则是用来重新定义问题的。

其次，潘氏的基本概念体系作为价值参照系，其本身是不随历史发展而变化的，所发生变化的只是这一参照系内的具体的值。潘氏仍是以沃尔夫林的概念作为标靶来说明这一点的，“线描”与“涂绘”是沃尔夫林美术史基本概念中最核心的一对，他称之为“最普遍的再现形式”[20]，但在潘氏看来这一“普遍性”是值得怀疑的：“线描表示的视觉与触觉价值中间的一项平衡，而涂绘则是触觉价值受制于视觉价值的另一项平衡”，潘氏的这一判断就意味着线描和涂绘会随着参照系内价值的变动而变动。“相比于16世纪风格而被称为‘图绘的’艺术作品，可能在与17世纪风格的比照中就被当成是‘线描的’，因为那时候价值的天平已经开始向视觉的一端倾斜。”[21]过于浮动和宽泛，缺乏科学性，这是潘氏极力反对并设法规避的，这也是为什么沃尔夫林的概念是“艺术史”的基本概念，而潘氏则刻意命名为“艺术科学”的基本概念。

以上的区别虽有种种表现类型，但总体可以概括为先验方法与后验方法的区别。然而，沃尔夫林的出发点仍是要维护艺术史的自律性，在某种程度上他持有与李格尔类似的观点，即认为是我们观看方式而不是作为客体的事物决定了风格的发展进程，而观看作为一种理解力“有其自己内在的历史”。完成对这一点的阐释，他就已经达到了目的，所以尽管他知道“对于康德的思想来说，它们看上去只不过是偶然的”[22]，但他仍认为没有必要将那五对范畴与康德范畴相联系，以获得先验有效性。但潘氏认为这是一种先验理论方法与历史方法上的双重失败：“作为艺术理论的基本概念，它们并没能具备先验的合法性，它们的对象也未能超越表象世界；作为历史特征的概念，它们未能与艺术现象的多样性相协调，因为他们将这些丰富的现象限制在一套由绝对对立组成的系统中，即使在其内部也不是没有冲突。”[23]这种进退维谷的窘境引起了潘氏的警惕，他力图同时触及沃尔夫林所没能完成的两项宏伟目标：历史意义与先验形式。

三、一次沟通历史与形式的尝试

并非所有研究者都与奇塔姆和麦尔维尔一样，将潘氏思想归于形式主义一类，潘氏在普林斯顿高等研究院的继任者厄文·拉文坚持认为历史主义才是潘氏思想的本质特征，“时代精神”才是他的最终诉求[24]。从艺术史学科自身发展的角度来看，这种评论本身就是一个值得思考的现象：一个历史学家(拉文)眼中的潘氏与一位哲学家(麦尔维尔)眼中的潘氏几乎不是同一个人。然而，潘氏既没有走向哲学家所批判的纯形式主义，也没有像拉文所歌颂的那样高举“时代精神”的大旗，他试图以先验范畴来沟通历史与形式。艺术史负责梳理艺术现象，艺术理论负责建立科学范畴体系，两者如何能走到一起呢？潘氏所使用的是卡西尔“符号”的方法，对历史概念进行重新定义。

鉴赏家通常以风格归属来推定作品的时代与区域，但是风格与自然意义上的时间和空间并非一定是严格对应的关系。艺术品的创作和完成在历史的时间和空间中呈现出的是纷繁复杂的现象，一般的风格分类法与历史视角不能保持完全一致，因为风格也并不是一个严格向前进化的过程，它会有倒退、复兴、突然的消失或出现。不同时期风格的雕塑会出现在同一建筑之中，一个远离祖国的艺术家在他乡所创作出的作品可能兼具两国的风格，也可能仍然是原来的风格。纯粹以自然时间和空间来对艺术作品进行排序或归类几乎是不可能的。因而潘氏认为，历史并不是自然时空的分块或分段，而是来自不同意义或“内容框架”，即如他所说：“全部已知的就只有艺术客体，且我们能够置于这无尽多样性之上的秩序完全基于意义连接和内容框架。”[25]霍丽准确地把握了卡西尔对潘氏最有意义的理论支持，她指出，卡西尔的符号形式哲学“致力于证明：只有空间、时间、原因、数量等符号(基本的)形式含蓄地预设下，实在的意义才能被理解。且神话、常识(语言)、艺术和科学等符号(文化的)形式提供了‘语境’，只有在这语境中‘实在’才是既可见又可知的”[26]。潘氏的“内容框架”与卡西尔的“语境”基本同义，都是作为历史本质的“符号形式”的不同表现方式。

在潘氏看来，艺术品形式和内容的特征不仅可以从概念上进行概括，还应以历史意义为基础来进行解释，但对历史意义的把握最终还是要回到形式层面上来，这也许在历史主义者看来，并不是一次成功的沟通，但在当时的历史条件下已经是一次意义非凡的尝试了。在《艺术意志的概念》一文的开篇，潘氏就提出，艺术研究不得不在单纯历史视角以外来进行，这“既是一种诅咒也是一种祝福”[27]。在当时的潘氏看来，历史视角内的研究无法逃离纷繁杂多的现象之网，无法从一个固定的“阿基米德点”去获取这些现象的本质，因而研究者需要跳出在历史现象中互相征引的圈子，具备一种“穿透经验性实在的自觉意识”，因而这是一种“祝福”；然而这也是一种诅咒，因为这给艺术研究带来了一种“不确定”和“碎裂”，并且与艺术品拥有独一无二的价值这一观点相冲突。艺术的历史研究和感知形式研究的冲突，在1920年的潘诺夫斯基思想中已经成为一项核心问题，但是“诅咒”与“祝福”二者，在随后20世纪艺术史的发展中，始终萦绕在研究者的心头。

四、学界评价及学术史意义

根据以上分析，我们不难发现，潘氏借用康德哲学中的先验感性论概念，以其为轴心，对李格尔、沃尔夫林等人的从知觉表现方式角度来加以考量的艺术概念进行改造和链接，与其说他创立了这一体系，不如说他模拟了这一套动态的、秩序井然的概念运作模式。

“个别的艺术问题应当被改造成公式定则，并和基本问题相联系。”[28]在潘氏的这句表述中我们发现其实所有的艺术问题不仅都以这“基本问题”为出发点，而且以其为目的，它就如“理念”一样，是有关艺术的一切的核心。艺术现象的细节所带给人的愉悦、创作者心理、观看者的立场、作品的时空位置等等，都只不过这一理念投射出的不稳定的影像，这既反映出了对于学科自律性的强烈渴求，也透露出了形而上学对于艺术阐释的牵绊。以汉斯·贝尔廷、唐纳德·普雷齐奥西、乔治-迪迪·于贝尔曼为代表的欧美学者对于潘氏的“图像的内在意义”“艺术概念的先验有效性”“一个统摄杂多艺术现象的阿基米德点”等观点展开了猛烈的批判，由于潘氏在艺术史学界深远的影响力，这些批判和研究也断断续续一直至今。20世纪初的艺术史学科，仍在为获取学科自身的自律性和合法性而不断努力，在此背景下，至少，潘氏为“艺术科学”贡献了自己的力量。

潘诺夫斯基试图用美学理念来建构艺术史的基础，艺术史需要通过风格来定位艺术品在时间、空间上的位置，而描述风格因素的特征则需要相应的概念来完成，即使是历史实证主义者也无法摆脱这些指称风格的概念。问题在于纯粹视觉感知的因素，亦即美学概念与艺术品的风格因素是否如潘氏所声称的那样具有必然联系。因此，对这概念体系的考察和理解，不仅有助于我们厘清潘诺夫斯基本人的艺术理念的脉络结构，也可以作为一个具有典型性的案例帮助我们理解艺术史与美学两门学科之间的复杂关系，而这一课题有待进一步的研究。

* 本文为教育部人文社会科学青年基金项目“潘诺夫斯基图像学的理论语境研究”【20YJC760063】的阶段性成果。

注释：

[1] E. Panofsky, “On the Relationship of Art History and Art Theory: Towards the Possibility of a Fundamental System of Concepts for a Science of Art”, in Trans. K. Lorenz, J. Elsner, *Critical Inquiry*, 2008, p.43.

[2] [奥]李格尔：《风格问题》，邵宏译，杭州：中国美术学院出版社，2016 年，第 23 页。

[3] [奥]李格尔：《风格问题》，邵宏译，杭州：中国美术学院出版社，2016 年，第 177 页。

[4] [德]卡西尔：《人文科学的逻辑》，关子尹译，上海：上海译文出版社，2013 年，第 84 页。

[5] [美]欧文·潘诺夫斯基：《艺术意志的概念》，陈平译，《维也纳美术史学派》，北京：北京大学出版社，2013 年，第 122 页。

[6] [美]欧文·潘诺夫斯基：《艺术意志的概念》，陈平译，《维也纳美术史学派》，北京：北京大学出版社，2013 年，第 122 页。

[7] E. Panofsky, “On the Relationship of Art History and Art Theory: Towards the Possibility of a Fundamental System of Concepts for a Science of Art”, in Trans. K. Lorenz, J. Elsner, *Critical Inquiry*, 2008, p.44.

[8] 陈平：《李格尔与艺术科学》，杭州：中国美术学院出版社，2002 年，第 122 页。

[9] E. Panofsky, “On the Relationship of Art History and Art Theory: Towards the Possibility of a Fundamental System of Concepts for a Science of Art”, in Trans. K. Lorenz, J. Elsner, *Critical Inquiry*, 2008, p.45.

[10] S. Melville, *Vision and Textuality*, London: Macmillan Press, 1995, p.32.

[11] [法]乔治·迪迪-于贝尔曼：《在图像面前》，陈元译，长沙：湖南美术出版社，2015 年，第 131 页。

[12] J. Białostocki, “Erwin Panofsky (1892-1968): Thinker, Historian, Human Being”, *Netherlands Quarterly for the History of Art*, 1970, p.71.

[13] [奥]李格尔：《罗马晚期工艺美术》，陈平译，北京：北京大学出版社，2010 年，第 17-18 页。

[14] [德]康德：《纯粹理性批判》，蓝公武译，北京：商务印书馆，1997 年，第 50 页。

[15] E. Panofsky, “On the Relationship of Art History and Art Theory: Towards the Possibility of a Fundamental System of Concepts for a Science of Art”, in Trans. K. Lorenz, J. Elsner, *Critical Inquiry*, 2008, p.57.

[16] M. Cheetham, *Kant, Art, and Art History*, New York: Cambridge University Press,

2001, p.71.

[17] M. Cheetham, *Kant, Art, and Art History*, New York: Cambridge University Press, 2001, p.74.

[18] E. Panofsky, "On the Relationship of Art History and Art Theory: Towards the Possibility of a Fundamental System of Concepts for a Science of Art", in Trans. K. Lorenz, J. Elsner, *Critical Inquiry*, 2008, p.54.

[19] E. Panofsky, "On the Relationship of Art History and Art Theory: Towards the Possibility of a Fundamental System of Concepts for a Science of Art", in Trans. K. Lorenz, J. Elsner, *Critical Inquiry*, 2008, p.49.

[20] [德]沃尔夫林:《艺术风格学:美术史的基本概念》,潘耀昌译,北京:中国人民大学出版社,2004年,第17页。

[21] E. Panofsky, "On the Relationship of Art History and Art Theory: Towards the Possibility of a Fundamental System of Concepts for a Science of Art", in Trans. K. Lorenz, J. Elsner, *Critical Inquiry*, 2008, p.50.

[22] [德]沃尔夫林:《艺术风格学:美术史的基本概念》,潘耀昌译,北京:中国人民大学出版社,2004年,第267页。

[23] E. Panofsky, "On the Relationship of Art History and Art Theory: Towards the Possibility of a Fundamental System of Concepts for a Science of Art", in Trans. K. Lorenz, J. Elsner, *Critical Inquiry*, 2008, p.52.

[24] I. Lavin, "Introduction", In *Three Essays on Style*. Cambridge, Mass.: MIT Press, 1997, p.8.

[25] E. Panofsky. "Reflections on Historical Time", in Trans. Johanna Bauman, *Critical Inquiry*, 2004, p.697.

[26] M. Holly, *Panofsky and the Foundations of Art History*. Ithaca: Cornell University Press, 1984, p.120.

[27] [美]欧文·潘诺夫斯基:《艺术意志的概念》,陈平译,《维也纳美术史学派》,北京:北京大学出版社,2013年,第111页。

[28] E. Panofsky, "On the Relationship of Art History and Art Theory: Towards the Possibility of a Fundamental System of Concepts for a Science of Art", in Trans. K. Lorenz, J. Elsner, *Critical Inquiry*, 2008, p.53.

门槛：穿越美学和政治学的解构策略

——论阿甘本美学与政治学的内在逻辑

卢　健

（南京大学文学院，江苏南京，210023/江苏师范大学文学院，江苏徐州，221116）

内容摘要：作为独特的思维方式、解构策略之隐喻的“门槛”，成为连接阿甘本诸多研究领域，特别是美学、哲学和政治学之间的关键点。在哲学根基上，阿甘本的“门槛”概念消解了西方知识体系中二元分立的逻辑，使话语的权力运作机制失效；在艺术与美学思考中，“门槛”隐喻既是现代艺术与美学危机的症候，又是解决艺术与美学问题的途径；在政治学研究中，阿甘本将“门槛”视为赤裸生命、例外状态、形式生命等生命政治思想范式的内在结构，并成为现代生命政治境遇下生命“潜能”的建构基础。门槛不仅是阿甘本发现与剖析美学和政治学问题的一个独特透镜，而且也是穿透美学和政治学话语表象背后的隐秘逻辑。

关键词：门槛；解构；美学；生命政治

乔吉奥·阿甘本(Giorgio Agamben)因在政治哲学领域的理论原创而成为近年来学术界研究的热点。学术界对乔吉奥·阿甘本的研究多集中于他的政治哲学、法学理论，而对其美学、诗学思想较为忽视。对提倡跨学科书写的阿甘本来说，研究视野的跨学科性决定了不同论域之间的转换必然具有深层的内在逻辑，而发现阿甘本思想的内在逻辑才可能穿透不同论域的表象发现其中深层的本质。对此，学术界显然没有给予足够关注。事实上，无论是早期的美学思想还是中后期的政治哲学，阿甘本迄今为止的所有写作都是在“二分之中进行的研究”(如主观与客观、政治生活与赤裸生命、人与动物)，他所关心的是西方形而上学传统在美学、政治学中所体现出来的普遍存在的二元分隔结构，以及对这一人类共同体之“原始结构”的解构，他用以分析和解构的策略是“门槛”[1]。“门槛”作为阿甘本学术研究的思维方式、方法论和范式的隐喻，体现在他的哲学、美学、文艺理论和政治学等方面，成为连接诸多思想和学科领域之间的关键点。因此，了解阿甘本从美学思想过渡到生命政治理论的内在逻辑理路，就是寻找到阿甘本在西方思想中发现的一系列的门槛状态，以及挖掘与门槛相关的重要概念的内涵。这不仅有利于我们更清晰地把握阿甘本思想发展的脉络，而且有助于我们更深入理解他的政治哲学中的赤裸生命、生命潜能、形式生命、例外状态这些重要概念的独创性内涵。

一、艺术与美学的“门槛”地带

“门槛”一词，有“开端；界限；入口；阈值”之意，而阿甘本对“门槛”作了重新界定，与传统意义不同的是，“门槛”与“界限”相对，强调内部与外部空间的接触点，代表了通向外在的可能。在阿甘本看来，门槛位于一切分裂和二元区分的中间界线上，门槛既不是门之内，也不是门之外，而是内与外的中间状态。在这个门槛上，任何语言和形而上学所造成的二分都会被悬置，它使一切观念、概念和标准进行区分和切割的权力趋于无效。阿甘本笔下独特的“门槛”概念反映了其哲学研究的思维方式，即“通过把一般和特殊之间的二分中性化，范式用一个两极类比的模型取代了二分的逻辑”[2]，将西方传统的“二分对立”的哲学范式改造为二分之间的过渡和模糊状态，于是“门槛”就成为联结内与外的特殊空间。“门槛”的特殊性在于，它发生于两个被分割的物A和B之间，并形成了一个虚拟空间，这个虚拟空间不能独立存在，也不能被看成是不同于被“门槛”分割的A、B两物的第三种物，它是以拓扑学的方式构建成的既非外部又非内部的特定空间。值得注意的是，由于二分的界限和划分内外空间的门槛自身既不是内部也不是外部，因此它既可以建立区分，也可以消解区分，消解之时也便是建立新的可能性时刻，这就是门槛的双重性，辩证性。在阿甘本的诗学与美学讨论中，具有解构功能的“门槛”观，突显为艺术形式与内容的分离，艺术家和观赏者的分裂，快感与知识的区分而形成的“裂缝”，这一“裂缝”不仅标识了现代艺术与美学的内在危机，而且也预示了内容与形式、主观与客观、真与美之间存在着非“二元对立”的具有门槛性的特殊状态。

在阿甘本讨论文学艺术与美学的《没有内容的人》(*The Man Without Content*)与《品味》(*Taste*)这两部著作中，无论是对现代艺术主体沦为“没有内容的人”这一真实状况的揭示，还是对作为审美判断力的“品味”将感性和知识双重异化的批判，阿甘本深刻地展现出一条艺术与美学中晦暗不明的地带，如同“门槛”一般造成了区隔，同时也弥合着分裂。在《没有内容的人》中，阿甘本认为近代以来西方美学和艺术史一直存在着一道潜在的“门槛”，它把西方美学与艺术理论分裂为两种对立的审美范式：欣赏者的美学和艺术家的美学。“所谓美学不仅仅是指从观赏者的感性经验出发对艺术作品进行定夺，还应该从一开始就包含了另一种考察方式，即把艺术品视为某种独特的、不可还原的作用或艺术‘作用’之产物”[3]，即观赏者的感性欣赏和艺术家的创作活动构成了美学性质的双重性。前者以康德的客观美学为代表，艺术作品成了观看者理性探究的对象，被置于“非个人性与普遍性的无涉利害关心的视野”之中，并非能够像古希腊艺术那样“满足灵魂的需求”。后者以尼采的主观主义美学为代表，不承认有所谓的“自在之美”，把审美状态视为艺术家快感与欲望混合的非理性状态。艺术家与观赏者、创作原则与审美判断、天才与趣味、主观与客观的分裂和对立，主宰着艺术史的发展，导致了艺术的双重性质：既是观赏者的审美欣赏，又是艺术家的主体创造活动。

“品味”[4]是美学的一个重要范畴，是人类审美感受力的直接表征，十七世纪以来成为普遍使用的审美评价术语以及美学家们艺术思考和美学思想重点关注的问题。二十世纪末，阿甘本延续了西方美学对“品味”问题的研究，并对“品味”进行了理论上的重新阐释。在《品味》一书中，他从“品味”一词入手，追溯至西方文化传统与古代语言中“品味”的双重特征：快感与认识的对立与统一。“在绝大多数欧洲语言中，‘品味’一词采用了隐喻上的对立和附属的意义，其目的是为了表明这种享有美的对象的特殊认识形式，以及判断美的特殊快感形式。”[5]现代美学发展出一种审美判断能力，即“判断和享受美的能力”，是认识事物的“另一种知识”，康德将其描述为“认识与快感的交错”。“品味”和由此发展来的“美学”从一开始就是具有“门槛”性质的概念，阿甘本祛除了语言对“品味”和美学的遮蔽，还原出“品味”与美学自身存在的认识与快感，真理与美的分裂。美学作为现代知识体系中一个独特的知识领域，它的特殊性质，也深刻阐明了作为西方形而上学本质特征的断裂：既是将认识对象分裂为真理和美，也是将人类伦理的目的分裂成认识和快感。在西方思想中，这些分裂是原初性的，起源于柏拉图对知识和快乐的划分[6]。阿甘本认为，柏拉图的这一区分造成了一系列的分裂：真理与美、知识(科学)与快乐、可见与不可见、无知与有知。“只有在这个基础上，我们才能理解品味既是知识问题，也是快感问题。或者毋宁用康德的话来说，品味就是知识和快感之间的‘神秘’关系。”[7]

二、艺术传达、品味的“门槛”性

在现代社会，无论是观赏者，还是艺术家，抑或艺术作品都因丧失了某种原初统一的联系而变得分裂，无法获得最本质的存在。既然艺术品的原初统一性已被打碎，那么摆在我们面前的最终问题是如何弥合主观与客观的分裂？又如何重新去思考美学而不陷入康德无功利的审美判断和尼采没有内容的艺术主观性的泥沼里去呢？阿甘本对此给出了两条路径：一条是从艺术的本源入手，追问艺术的本质，并从当下的艺术处境出发，揭示出美学运行机制所依赖的二元区分的“门槛”，反抗种种分裂与分隔结构，开启艺术新的使用；另一条是对美学的解构。通过悬置康德的品味判断，即一种无法认识的抽象的普适性的品味，恢复柏拉图时代真正的品味，这种品味是对感性内容的具体把握，是美学与哲学的统一——爱的智慧。

阿甘本首先从追问艺术的本源着手去思考当代美学结构中最深层的核心形式。柏拉图在《会饮篇》中对“诗(制作)”进行了解释：“无论什么东西从无到有中间所经过的手续都是创作。所以一切技艺的制造都是创作，一切手艺人都是创作家。”[8]显然希腊时代的诗即是“制作”，是“一种真理和言说真理的模式，是使事物从隐蔽状态进入存在状态的一种揭示方式”[9]。艺术的本质即为诗，是彰显真理的诗性作为，它“使某种事物从不存在变为存在，打开真理的空间，为人在大地上的栖居建构了世界”[10]。阿甘本从希腊的艺术中所看到的正是尚未被任何二元关系切分的存在物，它既不是审美判断的对象也不是主观意志的产物，具有彰显真理的功用。如此看来现代艺术的危机，实际上就是诗的危机：不再彰显真理，表达道德意义和宗教价值。这造成了艺术作品失去了传递历史和文化传统经验的能力，“语言符号无法承载过往的意义与内容，而徒留其表达形式，并反映于艺术生产行为中内容的脱落”[11]。在阿甘本的笔下，当下的艺术如同处在生与死边缘的“赤裸生命”那样，陷入一系列的分裂之中走向命运的极端，意味着被悬置在“不再存在”和“尚未存在”之间的某种虚无之中。阿甘本所看到的并不是艺术的死亡，而是重新再生的希望。在真理与意义皆已全然崩解的现代性时空之中，阿甘本仍然希冀从艺术之中找到人类还能有所作为，能不被空洞的创作与形式主义收编的薄弱可能。而这种可能存在于将艺术传达行为本身作为艺术的内容，从而逆转美学空间内容空洞与艺术作品媚俗虚无之情势。在这个新的"审美空间"中，"人不仅能在当下从根源上衡量自己的栖居之所，还可以随时重新发现自身行动的意义"[12]。

阿甘本认为如今的艺术已经成为文化传统在当代断裂，新与旧失去联系的表征。机械复制时代的艺术的异化使其只具有形式的审美价值，而丧失了文化传递的价值，艺术以异化的形式重新塑造已经变得不可理解的历史。在传统解体、文化可传递性毁坏的时代，人类不再能够在过去和未来之间的张力中找到行动的空间，并迷失在历史的线性发展中。阿甘本从卡夫卡的作品中获得了解决文化新旧冲突的启示，即把传统与现代的分裂作为历史的预设加以承认，以及将拯救的不可能性作为人类重新发现自身的土壤。"卡夫卡通过询问艺术能否成为传递的行为自身来回答这个问题：也就是说，艺术是否可以将传递本身的任务作为其内容，而与传递的事物无关。"[13]阿甘本告诉我们的是，处在过去与未来、新与旧之间的当代艺术，不再把过去的事件作为内容，而是把传递的媒介本身和可传递性作为内容，如此便悬置了过去与现在、新与旧的对立，从而为艺术开启新的可能和空间。"通过这种方式，在其审美行程的极限，艺术废除了传递之物和传递行为之间的差距，并再次接近神话-传统系统。"[14]

依据前文的论述可知，柏拉图明确了科学与快乐的区分的同时，也预设了科学与快乐之间的中间状态和在不消除差异的前提下实现知识的统一。"柏拉图留给西方文化的遗产，即知识的分裂，也是快感的分裂。不过，两种分裂都是西方形而上学的原初特征，标志着一个中间层，在这个中间层上，我们发现了爱的恶魔般的形象，仿佛爱是唯一可以在不摒弃差异的情况下，有效调和二者的东西。"[15]爱若斯(Eros)是柏拉图在《会饮篇》中所礼赞的神，代表了有别于肉体欲望，与真理发生关系的新的"爱"的观念，即以灵魂与真理为导向的爱欲观念。这种"爱的知识"是柏拉图的知识的理想，既不是科学的知识，也不是感觉的快乐，而是处在不清晰的感觉的知识和清楚的科学知识之间，也处在无所不知的神与一无所知的混沌之间，是在知识与无知之间的中间状态，它是对智慧的渴望与欲求，即爱的智慧，也就是哲学。真正的"品味"即是实现爱智慧的欲望。在阿甘本看来，康德美学中的品味概念与柏拉图的品味不同，它恰恰是用理性的认识方式对快乐的知识，对爱与美的不恰当的认识，造成了不可认识的知识，遮蔽了真实的存在，制造了完整而圆满的知识体系的假象。因此，要突破现代美学的"品味"概念所制造的遮蔽真实的虚假统一，便要回到柏拉图的爱智慧的哲学，即真正的"品味"。柏拉图把快乐、美视为与科学、真理完全不同的"知识"，前者通过感性的判断，后者通过清晰的理性认知，他通过"品味""爱的知识"将二者的差异统一起来，因此，"品味""爱的知识"是美与真理之外的第三种知识，实质上弥合了二者的分裂。"唯有在这样的快感中，快乐和知识才能统一起来，才能赢得智慧的理想，也就是品味。"[16]从某种意义上说，"品味"就是一道存在于真理与美、科学与快乐之间的门槛。在这道门槛上，真理与美、科学与快乐的二分得以消解，而美学也迎来真正的可能性——爱的智慧之学。

三、节奏、潜能的双重性

阿甘本通过对西方现代艺术与美学的二元分立结构的考察和对二分之间门槛之处的聚焦与强调，实现了艺术与美学观念的突破与创新，同时也触及了艺术的潜能问题。在《没有内容的人》一书中，阿甘本受到海德格尔的启发，探讨了西方艺术的潜在性，即艺术的潜能。本真和原初的艺术就是具有潜在性的艺术，这种真正的艺术指向真理，能够起到文化的传递、行动和信仰的真正形塑者的作用。阿甘本发现，西方艺术曾经拥有但渐次失去潜在性，或者人们无视这种潜在性，到了现代，艺术的潜在性消失得越厉害。如何重获艺术的潜能，打开艺术的可能性成为阿甘本主要探讨的问题。阿甘本认为艺术品解蔽真理是借助于节奏，节奏是艺术品成为艺术的根源性构造和真理所属的原初性空间，也是艺术的本质之所在。阿甘本指出"节奏"这个词源自希腊语的"流逝"，所谓流逝，是在时间维度上进行的：它随着时间流逝。节奏则为这种永恒的流动带来了一种分裂和中断。所以节奏实质上是一种停止或是悬置。阿甘本发现"节奏"一方面向人揭示出一个更加根源性的时间维度，一方面又将其隐藏在无数瞬间的单向流动中，因此可以被理解为希腊语中的"休止"。"'休止'具有双重含义：既'制止和悬置'又'交出，呈献和提供'，是给予之物，也是保留之物。'休止'作为动词还有将前两层含义结合到一起的第三层意思就是'在场、支配、保有'意义上的存在。"[17]由此可见，艺术潜能的实现需要借助于一个独特的时间结构。艺术作品的"节奏"就是阿甘本所发现的艺术之中的"门槛"，它既是时间的症候，处于时间的流动中，又是时间的断裂，是时间流动中的"例外"，过去与未来之间的"现在"，并隐匿着自身，成为阿甘本剖析艺术的本源性结构所建立的过去与未来、日常性与超越性、时间与空间二分的门槛。艺术的潜能恰恰存在于这道"门槛"地带，把事物从日常生活的"实用性"的目的中解放出来，也使人类的行动摆脱实践和劳动的线性时间循环，中止习惯的姿势，启示了人的一种不同于日常生活的，更为原初的经验，并在这样做的同时探索新的可能性，在本源性的时间维度中得以诗意地栖居。

应该说，阿甘本早期对艺术潜能的探讨，为其政治哲学的潜能存在论的出场提供了基本的研究思路。作为阿甘本思想体系中的核心概念，"潜能"在生命政治理论中不仅是一个根本性的问题，而且关于潜能的理解提供了生命政治学研究的本体论和方法论。阿甘本的"潜能存在论"质疑了自亚里士多德以来的西方哲学对于"潜能"的理解，重新阐释了"潜能"的内涵，奠定了他的政治学的哲学基础。

亚里士多德在《形而上学》中首次对西方哲学的重要概念"潜能"进行了讨论。在亚里士多德看来，事物生成变化的过程就是事物从潜能逐步实现的过程，"潜能"是和"实现"并立出现的范畴，但又并不是一个完全等同于实现的概念。对亚里士多德而言，在潜能和实现这两个概念之间，实现仍然优先于潜能，潜能就是要成为现实的可能。阿甘本改造了亚里士多德的"潜能—实现"这一结构。他认为，"潜能乃是非潜能"，即否定性的潜能——不做什么或不是什么的潜能。他把亚里士多德的"潜能—实现"这一对概念转化为"潜能—非潜能"的二元结构，或者说是"实现与不实现之间的对立"，任何一个人或事物都具有这样的二元结构。如阿甘本所说："我们所说的非潜能，在实现的时候，它将什么都不是，也不是存在。”[18]这也就是说，非潜能不再与某种实现的东西相对应，非潜能是纯粹的潜能，一种可以不实现的潜能。当然，这种非潜能，并不是潜能的缺失，“并不意味着所有潜能的缺席，而是不付诸行动的潜能，*dynamis mē energein*”[19]。因此，潜能作为整体就包含着实现的可能性和不实现的可能性，实现的可能性如果代表着肯定，则不实现的可能性就代表否定，非潜能因而就是纯粹的否定。潜能，既是可以去做的一种能力，也是可以不去做的能力，即非潜能。有某种潜能、有某种能力就意味着：有某种丧失。在阿甘本看来，真正的潜能，或者说完美的潜在性，就是在实现的潜能与不实现的非潜能之间门槛上的一个状态，它既不是实现也不是不实现，因此它不指向任何既定的目标，从而开启了人和事物新的可能性。阿甘本的“潜能存在论”的创新之处就在于通过悬置的策略，把“潜能—实现”结构中的潜能变为二元结构中间门槛地带的潜能，从而超越了这一结构，中止了这一对立，从而获得新的可能性。

四、“门槛”上的赤裸生命与形式生命

阿甘本除了在存在论层面对亚里士多德的“潜能”思想作了新的理解之外，他又在西方资本主义社会的分隔性结构中，探讨潜能的实践形式。潜能所指向的是形式生命，而形式生命是对生命政治下权力装置所捕获的“赤裸生命”的解放和救赎。无论是例外状态，还是赤裸生命与形式生命，阿甘本无不是将这些概念放置于一个二元结构中间的门槛状态予以探讨，这种独特的“在二元之间”的思维方式与策略使得他的政治学理论具有极大的创新性和启发性。

阿甘本认为现代国家的资本主义本质是一种宗教现象，而“宗教”的内核是“分隔”，“宗教可以被定义为那把事物、场所、动物或人移出共同的使用，并把它们转移到一个单独分隔出来的领域的东西”[20]。这个分隔性结构被阿甘本称为人类共同体的原始结构，而被从共同体内分隔出的空间就是例外空间。阿甘本揭示出构成所有人类共同体的原始结构，便是法律+法律之例外(神圣、至高的主权者)，即世俗与神圣、法律与无法的二分。阿甘本在《例外状态》(*Stato di eccezione*)、《神圣人：至高权力与赤裸生命》(*Homo Sacer: Sovereign Power and Bare Life*)这两部著作中，对例外状态、赤裸生命进行了论述，最终阿甘本指出，正是例外状态(例外空间)造成了世俗与神圣、法与无法、民主与专制的区分，是横亘在内部与外部之间的无法确定的匿身的门槛。

阿甘本认为例外状态已经成为当代政治最主要的治理典范，是主权者通过悬置法律规则建构起来的一种无法状态，然而它不是一个彻底的没有任何法律规范的无序混乱状态，因为主权者运用自己的权力构建起了例外状态中具体的规范性。因此，例外状态就成为法与无法二元区分的症候，也成为法与无法之间的“门槛”。“例外状态既非外在亦非内在于法秩序，而它的定义问题正关系着一个门槛，或是一个无法区分的地带，其中内与外并非相互排除，而是相互无法确定。规范的悬置并不意味着它的废除，而它所建立的无法地带亦非(或至少宣称并非)与法秩序无关。”[21]例外状态既不是一个法秩序，它悬置了有形的法律，又不是完全无法与失序，其中仍然存在着秩序，具有法的效力，作为一个界限性领域，它揭示了门槛的位置，是法与无法、秩序

与失序之间的一个模糊的、不确定的、难以界定的中间地带。主权不是要通过例外状态制造一个特殊法，而是要划定法律适用的界限，也就是法内与法外的界限，例外状态便位于法秩序与无法的界限上，所以说，“例外状态标示着一个门槛，在其间逻辑与实践无法彼此确定，而一个不具逻各斯的纯粹暴力宣称要实现一个没有任何现实指涉的表述”[22]。在例外状态下，个体成为既不在法律保护的范围之内，又不在完全的不受法律控制范围之内的生命，在其中，人们犹如古罗马时代遭受双重排除的神圣人，其生命完全暴露于主权的暴力之中，是随时可能被弃置的赤裸生命。“赤裸生命”是权力通过法律＋法律之例外这一结构运作的直接产物。例外状态常规化的终极后果(亦是原始目标)就是不间断地产生出“赤裸生命”。赤裸生命有两种形态：一种是纯粹的生物性生命，作为动物而活着，作为人却死掉了，丧失了人的规定性，被人类社会所淘汰，其典型便是奥斯维辛集中营中的“穆斯林”，战争中被用作医学实验的“人类豚鼠”；另一种是被消除了公民权利和社会身份的人，从政治-司法秩序中被排除了出去，其典型是当今世界民主国家的难民和政治犯。因此，我们完全可以说，赤裸生命如同例外状态一样，是一个处在生与死、人与非人、政治人与生物人、公民与非公民二分的门槛上的生命状态，它就是人类生命的门槛：它处于生命的生存与死亡之间，将政治权力最为悖谬的两种功能——捍卫生命与威胁生命同时表征出来。“神圣生命既不是政治生活(bios)，也不是自然生命(zoē)，而是一个无区分地带。在这个地带中，生命与生活通过纳入与排除彼此而相互构建。”[23]赤裸生命是这两个范畴的居间，它标记着政治的极限点。在《神圣人》的结尾部分，阿甘本进一步作出根本性总结：“至高权力的根本性活动是生产那作为原初政治元素的赤裸生命：赤裸生命是自然与文化、‘zoē’与‘bios’之间接合的界槛。”[24]并且，“它是这样的一种界槛，在里面法律常常跨越到事实那边，而事实也会进入到法律这边，在这个界槛内，两者变得无可区分”[25]。由此，阿甘本确认了赤裸生命的确切内涵，即它是从政治学意义上的生命被缩减为生物学意义上的生命的中间形态，是通过二元对立的分隔的逻辑被主权权力所捕获的活生生的个体存在，它是个体生命的真实状态，也是生命政治的根本对象。正是因为赤裸生命是处在纯粹内在性的生与死的门槛上，所以“赤裸生命既代表了‘政治’的危机，又有从内部破坏它的潜能”[26]。现实运作的一切结构，在这里彻底消除，这些结构的消除，变成“一条抽象线”或者“抽象拼图的一个碎片”，这些最原初的姿态，为重新生成一个世界提供了可能。

那么，面对资本主义生命政治困境，激进反抗的出路在哪里呢？在《最高的贫困》(*The Highest Poverty*)和《身体之用》(*The Use of Bodies*)两部作品中，阿甘本提出了“形式生命”的主张。他将形式生命视为赤裸生命的对立面，一种具有完全意义的生命，一种司法政治无法捕获的生命，一种纯粹的人类生命，一种摆脱法律掌控的生命。从语言形式上看，不同于复数的诸种“生命形式”，“形式生命”是以单数形式存在的生命状态，是一种单一的生命，用以抵御 zoē 的政治化，反抗 zoē 与 bios 之间的分离。而“生命的诸种形式所描述的是权力装置界定和控制生命的诸种方式”，体现的是“主权逻辑与生命范畴之间的捕获、控制关系，抑或是主权权力模式萃取生命内容的各种迥异的方式，它最终指涉的是主权对生命的否定关系”[27]。这些复数的生命形式、就是那些存在与我们周围的凝固不变的东西，如语法、道德、法律等，它们是凝固的、标准的、实体性的，形式生命不是要抛弃这些形式和规则，而是在既有的形式和规则的裂缝中，让纯粹生命和既定的形式结合，使得规则、法律、仪式、生命之间变得模糊，相互渗透而使其不可区分，这样形成的生命形式，才是人的存在方式和生活方式。因此，"这并不是一个把某种形式(或规范)应用于生命的问题，而是按照那种形式去生活的问题，这就是生命的形式，接下来，让生命本身成为形式，并与之相一致"[28]。也只有这种生命的姿态，我们才能从当下的法则中解放出来，实现生命的潜能。因此形式生命便是"一种不可能与其形式相分离的生命，一种永不可能在其中离析出类似赤裸生命之类东西的生命"[29]，它的基本特征"即是不受法律的控制，不是规范应用于生活或生命之中，而是生活或生命被应用于规范之中，在规范之中生存，或者说，形式、生命、规则进入了无差异的门槛地带"[30]。形式生命是真正的激进生命，意味着生命潜能的实现以及世界的真正敞开。

结语

作为西方形而上学二元区分结构症候的"门槛"概念，既是二元区分的表征，又是二元消解的策略，因其极强的思维穿透力成为阿甘本所有哲学和思想的旨趣与意图，是我们把握阿甘本理论思想中重要概念如潜能、赤裸生命、例外状态、形式生命确切内涵的"不二法门"，并且最终成为阿甘本美学思想与政治学理论的内在隐秘逻辑。"门槛"概念的特殊性在于它的建构与解构的双重性，它既不在外部，也不在内部，构成了消解二元对立的十分有效的策略。阿甘本的在美学与政治学著作中的核心概念，或者本身就是一个二元区分的门槛，如"品味""潜能"；或者存在于"门槛"地带，具有极大的模糊性，不可区分性，如"节奏""例外状态""赤裸生命""形式生命"，这些概念因此获得了富有深度和革命性的反抗力量和激进的生命姿态。门槛上的那种悬而未决的力量，成为穿透虚无的黑夜之中的一束光亮，或许成为巴迪欧意义上的事件，一种无法被我们现有区分体系所把握的事件，这个事件就是救赎，是一个新的时间的开启。

注释：

[1] "门槛"是阿甘本描述哲学上二元非区分领域最为重要的概念，其神学含义在《比拉多与耶稣》(*Pilates and Jesus*)中得到了细致阐释。参阅 G. Agamben, *Pilate and Jesus*, Translated by A. Kotsko, California: Stanford University Press, 2015, p.14.

[2] [意]吉奥乔·阿甘本：《万物的签名 论方法》，魏吉光译，北京：中央编译出版社，2017 年，第 32 页。

[3] G. Agamben, *The Man Without Content*, Translated by G. Albert, California: Stanford University Press, 1999, p.9.

[4] 阿甘本的"趣味"问题研究，较之美学史上的"趣味"研究有较多的突破和创新，故国内译者蓝江将阿甘本写于 1979 年的著作翻译为《品味》，以示区别。

[5] [意]吉奥乔·阿甘本：《品味》，蓝江译，上海：上海社会科学院出版社，2019 年，第 5 页。

[6] 柏拉图在《斐莱布篇》第一次把知识分为科学的知识和快乐的知识。

[7] [意]吉奥乔·阿甘本：《品味》，蓝江译，上海：上海社会科学院出版社，2019 年，第 15 页。

[8] [古希腊]柏拉图:《文艺对话集》,朱光潜译,北京:人民文学出版社,2000 年,第 263 页。

[9] G. Agamben, *The Man Without Content*, Translated by G. Albert, California: Stanford University Press, 1999, p.42.

[10] G. Agamben, *The Man Without Content*, Translated by G. Albert, California: Stanford University Press, 1999, p.43.

[11] 杨志伟:《诗学之于生命恒余——阿甘本论述中诗学艺术作为生命-形式典范之可能》,《中外文学》2015 年第 44 卷第 3 期,第 105～148 页。

[12] G. Agamben, *The Man Without Content*, Translated by G. Albert, California: Stanford University Press, 1999, p.71.

[13] G. Agamben, *The Man Without Content*, Translated by G. Albert, California: Stanford University Press, 1999, p.70.

[14] G. Agamben, *The Man Without Content*, Translated by G. Albert, California: Stanford University Press, 1999, p.70.

[15] [意]吉奥乔·阿甘本:《品味》,蓝江译,上海:上海社会科学院出版社,2019 年,第 15 页。

[16] [意]吉奥乔·阿甘本:《品味》,蓝江译,上海:上海社会科学院出版社,2019 年,第 51 页。

[17] G. Agamben, *The Man Without Content*, Translated by G. Albert, California: Stanford University Press, 1999, p.62.

[18] [意]乔吉奥·阿甘本:《潜能》,王立秋、严和来译,桂林:漓江出版社,2014 年,第 303 页。

[19] [意]乔吉奥·阿甘本:《潜能》,王立秋、严和来译,桂林:漓江出版社,2014 年,第 299 页。

[20] [意]吉奥乔·阿甘本:《渎神》,王立秋译,北京:北京大学出版社,2017 年,第 125 页。

[21] [意]吉奥乔·阿甘本:《例外状态》,薛熙平译,西安:西北大学出版社,2015 年,第 32 页。

[22] [意]吉奥乔·阿甘本:《例外状态》,薛熙平译,西安:西北大学出版社,2015 年,第 59～60 页。

[23] [意]吉奥乔·阿甘本:《神圣人:至高权力与赤裸生命》,吴冠军译,北京:中央编译出版社,2016 年,第 127～128 页。

[24] [意]吉奥乔·阿甘本:《神圣人:至高权力与赤裸生命》,吴冠军译,北京:中央编译出版社,2016 年,第 243 页。

[25] [意]吉奥乔·阿甘本:《神圣人:至高权力与赤裸生命》,吴冠军译,北京:中央编译出版社,2016 年,第 229 页。

[26] [英]亚历克斯·默里:《为什么是阿甘本》,王立秋译,南京:南京大学出版社,2020 年,第 65 页。

[27] 刘黎:《阿甘本"生命—形式"范式的建构逻辑》,《国外社会科学前沿》2021 年第 1 期,第42～53 页。

[28] G. Agamben, *The Highest Poverty: Monastic Rules and Form-of-Life*, Translated by A. Kotsko, California: Stanford University Press, 2013, p.45.

[29] G. Agamben, *The Use of Bodies*, Translated by A. Kotsko, California: Stanford University Press,2016, p.207.

[30] 刘黎:《阿甘本"生命—形式"范式的建构逻辑》,《国外社会科学前沿》2021 年第 1 期,第 42～53 页。

走向“新感性”：在马尔库塞与李泽厚之间

董　军

（武汉大学哲学学院，湖北武汉，430072）

内容摘要：在西方哲学史上感性与理性的关系往往以理性的压倒性优势宣告着感性的边缘地位，这一点在现代技术理性对人的宰制中体现得尤为明显。马尔库塞和李泽厚二人都秉承着马克思对异化现象进行批判的思想路线，并各自结合了其他思想资源开辟了对于感性之研究的崭新视野，亦即“新感性”。当然，区别于马尔库塞将新感性理解为“爱欲”，李泽厚对于“情本体”的论说不仅在理论深度上切实勾连起了理性与感性，使二者和解，在现实表征中也以基于社会和历史的整体性的批判和改造革新了马尔库塞将批判局限于文化领域的思路。不由分说的是，二人之间的差异根源上只在于他们各自所面临的时代境况不同与吸收的思想资源不同，他们对于时代的诊断以及开出的药方，都值得重新思索。

关键词：“新感性”；马克思主义；马尔库塞；李泽厚

在人类思想史上，审美思想作为重要的维度参与了人类精神世界的塑造，在直面时代问题和回应现实要求方面彰显着独特的价值。在二十世纪，马尔库塞和李泽厚从马克思的政治经济学批判和异化理论出发，不约而同地提出了“新感性”的审美命题，它既是中西哲人为人类精神摆脱现代型社会的异化困境的努力，也充分体现了审美精神的现代性实质。概括地说，马尔库塞的新感性旨在构建新的本能心理结构以塑造新感性的人，而李泽厚的新感性旨在建立积淀的文化心理结构以塑造新的人性主体。他们都沿着各自的思想目标和发展轨迹将“新感性”延展开来。

一、“新感性”之为“新感性”

如果说在柏拉图那里，还为非理智的迷狂暂且留下了一席之地，现代社会的理性却以技术理性的姿态将所有非理性的东西都抛向了虚无。马尔库塞和李泽厚两位问题意识敏锐的哲学家都经由马克思对“异化”的批判构建起“新感性”以应对他们所面临的时代疑难。

（一）理论目的：对现代人生存困境的救赎

自柏拉图起始到黑格尔终结的西方哲学史是一个理性主义传统占主流地位的历史，具体的感性则以各种变式处于边缘地位。比如柏拉图通过提出“理念论”开创的具有强制性的理性哲学传统把现实的感性和抽象的理性分离开来，并通过等级化的形式将二者固定起来：感性被置于理性化等级体系的最下层，甚至被排除在理性主义体系之外。无独有偶，尽管是声称注重感性的美学的历史中，理性也都毋庸置疑地居于主导地位。作为莱布尼茨-伍尔夫的大陆理性派哲学的后裔，美学创始人鲍姆嘉通首次让感性从理性的压制中独立出来而具有了认识论的意义，只不过他所理解的美学作为“自由的艺术的理论，低级知识逻辑，用美的方式去思维的艺术和类比推理的艺术”是研究感性知识的科学。于是，鲍姆嘉通所创建的“美学”作为“感性学”实质上还是将感性视作低级的理性。真正让鉴赏成为独立课题的康德，也同样将人的鉴赏能力归于“实践理性”(道德)的宰治之下，其后继者席勒也认为感性冲动需要在游戏中迈向理性冲动。可见，无论是西方哲学史还是西方美学史，感性一直被理性的专制所压制。黑格尔之后，这一理性主义传统虽然受到了非理性主义、生命哲学等流派的冲击，但却是以更加隐秘也更加严重的方式渗透进了现代人生活的方方面面。

在这一基础上，马克思主义毋庸置疑构建了在扼杀人性的异化机制下必须首要关注人的感性生命这一理论蓝图，即以社会革命的形式通过批判传统的政治统治和经济压迫，从而实现人向自身全面的复归。然而，在马克思之后，发达工业社会条件下的异化现象非但没有被积极地扬弃，反而以技术主义、意识形态等无形的力量对人进行不露声色的主宰和操控。在现代社会中，技术演化为一种理性工具，这种单一的理性结构被纯化为技术从而走上异化之途。一方面，技术理性以数学式思维作为认识和解释自然的工具，把一切作为可计算的对象，导致世界失去多样性；另一方面，技术理性追求有效性思维，它看重效率而忽视价值和公平，以支配自然为前提导致自然的破坏，限制了人的内在属性，而它越是发展，个体生活就越难获得自由。这种单一性的理性剥夺了人的情感和认知的能力，消除了人批判并超越压抑样态的直接可能，使人丧失了对于美的感知能力及价值反思的向度。更甚者，人的如此异化躲藏在消费主义合理的外观之下，深入到了现代人生存境遇中的方方面面，以至于让人产生对这一现象的积极认同。

针对这一时代境况，马尔库塞提出了“新感性”的审美主张作为其社会革命理论的重要组成部分，并在某种程度上在其理论中具有中介与桥梁的意义。就他的审美逻辑来看，“新感性”的起点在于对时代的社会情境异化的批判。这涉及技术理性带来的极权社会的统治与奴役，以及人性的单维度和革命主体的消逝。相较于马尔库塞的“新感性”思想在社会情境和心理结构中考察“人”，李泽厚“新感性”理论指向表现为考察与动物性的本能冲动相区别的“情欲的人化”，亦即对人的直接生存状态进行考察。李泽厚认为，人的动物本能和生理欲望可以通过一定的社会性实践文化活动的塑造以及对社会性内容的积淀从而人性化，继而塑造新的人性主体和审美的人。更进一步说，李泽厚认为个体的感性生存对于人类社会来说还只具有工具和手段的价值，而不能解决人生的现实生存问题。于是，李泽厚的理论意图无非是反思现代人的生存危机，在现代的语境下重新思考“感性血肉的现实个体”的人“活着”的问题。

（二）理论建构：“新感性”的思想来源及其特性

毋庸置疑，马克思本人在论述异化问题的时候，就已经有意识地将人与人之间的异化收入其理论视野，并将其当作异化的深层规定性。于是，马克思在《1844年经济学哲学手稿》中对异化的批判以及将感性实践与人的全面解放相联系的思想，毋庸置疑是马尔库塞和李泽厚倡导“新感性”的理论起点。不同的是，马尔库塞提出“新感性”，主张艺术和审美活动对于个体的解放就是对感性的解放，艺术和审美活动是以感性形式对现实进行重构。“新感性”被其视为一条解除心理异化的解放道路。而李泽厚提出“新感性”拓展至整个人类及个体所有的情感，调和统一群体性与个体性、感性与理性之间的关系。他主张艺术和审美活动对个体的社会生活所起到的作用在于陶冶性情和塑造人格，从而产生新的人性主体。总的说来，如果说马尔库塞的思想形态是“弗洛伊德的马克思主义”，那么李泽厚则是“儒家的马克思主义”。

具体说来，马尔库塞的思想具有两个基础：由黑格尔—马克思—海德格尔所构成的哲学基础以及由弗洛伊德本能理论构成的人类学基础。马尔库塞认为，对单向度社会的突破建立在只有个人本身的新的合理性和感性得到发展，社会才可能发生质的结构性改变的基础之上。弗洛伊德的心理学说在马尔库塞批判资本主义和构建一个新社会的审美构想中起到了重要作用，体现在《爱欲与文明》中，就是马尔库塞将思维的重点从马克思所考察的社会经济革命转向情感及人的感性解放，关注点从对马克思考察社会经济革命的思路上转向情感革命及人的感性解放，希望从心理层面建立一种新的解放理论，而人的心理层面的解放理论，必须找寻物质基础下面的根基——人的本能结构及其功能机制。马尔库塞的“新感性”是他吸收弗洛伊德本能学说建构的人的心理层面的一种解放理论。就其思想特性来看，马尔库塞把人的解放归于审美的感性解放，但他的“新感性”已超越了传统理性的压制，它诉诸人之生命本能冲动的“爱欲”。马尔库塞强调要取消理性专制而恢复感性的权利，他提出“新感性”的缘起就是为非压抑性文明准备人格基础，因为这种文明强调的非压抑的升华方式只能表现在审美活动的感性解放当中。感性解放就意味着感觉的解放，这意味着感性不再作为认识而是成为感性活动与感性生存。实际上，自由就根植于人类的感性之中：在理论上，感官并不可能把给予的东西全部委托于知性；在实践中，感官实际上可以摆脱知性的强迫而发现事物完善的新的可能性。感性本身就具有巨大的反抗和重建的潜能。

而李泽厚的思想则以儒家—康德—马克思的哲学资源构成其基础。在李泽厚看来，儒家美学是“仁学”，目的是达到社会、人与人之间及个体身心与自然之间的和谐，即寻求个体的心理欲求与社会伦理规范之间的统一。李泽厚肯定孔子“尽善”又“尽美”的主张，也就是美与善的统一。当然，马克思对李泽厚的影响主要是《1844年经济学哲学手稿》中暗含的“自然的人化”的观点，李泽厚视其为塑造人性和陶冶审美心理的理论。前者指外在的自然被人化，即物质文明被创造出来；后者指人的动物性的知、意、情人化为“文化器官”，即精神文明被创造出来。另外，康德哲学美学的“先验理性”思想影响了李泽厚，“经验变先验”就是他吸收康德思想的产物。于是，李泽厚“新感性”的理论基础既有中国传统儒家道家，也融合了马克思(自然的人化)和康德(先验理性)的思想成分。就其思想的主要特性来看，李泽厚是基于康德的“人为自然立法”和马克思的“社会生活在本质上是实践的”这两个基本命题，从人类“制造—使用工具”的历史进程来考察“人是什么”的问题。李泽厚赞赏康德注重“人类主体性的主观心理建构”，并指出其功绩在于“超过了也优越于以前的一切唯物论者和唯心论者，第一次全面地提出了这个主体性问题”[1]。然而，整个康德哲学基础是抽象的“人”，康德的审美游戏事实上也只是形式上(诸认识能力)的关联，还缺乏内容上的关联。他以马克思主义实践论学说改造了康德的主体性，“实践”实际上给予理性一个“存在”的基础。

二、马尔库塞与李泽厚“新感性”之比较

马尔库塞和李泽厚虽然基于他们特有的时代背景异口同声地提出了“新感性”以解决理性或技术对人的异化问题，不过，由于他们问题意识和思想资源的差异，他们的新感性思想还是展现出了不同的形态。这些差异主要就体现在他们对于“新感性”的内核理解的不同，马尔库塞认为新感性是基于人的生命体验和精神结构的“爱欲”，而李泽厚则认为新感性应该是基于社会历史发展的人类“情感”，并将这一思路称之为“情本体”。基于这点核心差异，马尔库塞和李泽厚二人在新感性的现实表征和批判边界方面持有不同的理论立场，进而产生了不一致的理论结果。

(一)“新感性”的精神内核：“爱欲”与“情感”

马尔库塞“新感性”主要强调个体感受力的恢复，他认为通过回到人的本源的生命状态以消除人对于单向度社会的依赖后，人便能够以一种非压抑的解放可以建立本能与理性之间的新关系。在《爱欲与文明》中，马尔库塞认为“要拯救文化，就必须消除文明对感性的压抑性控制”[2]，即理性的自由本质必然要超越以控制为目的的科学技术，理性将在以个人快乐为目的的爱欲中实现自身。他认同以往的文明是爱欲在压抑之下的升华，但又提出人的全身爱欲化和爱欲的普遍化的主张来建设现代文明，实现一种非压抑性文明。它要求爱欲摆脱额外压抑而自由发展，在“没有内心禁欲”的前提下重建生产设施的新社会，从而建立一种理性的文明和非理性的爱欲协调一致的新的社会。另外，审美在马尔库塞这里具有艺术和感官的双重含义，当消费的物质需求被满足后，美的需求和爱欲需求就成为人渴望的新对象。“新感性”在这个意义上可以形成包括记忆和幻想在内的新的反思的能力。而艺术、审美及艺术活动的基本层次就是回忆和幻想，从而回到一种前逻辑、前概念的经验理解——这相悖于既存单向度社会的技术秩序框架。艺术把视野、声音、记忆、渴望、梦幻的感性属性赋予被压抑的事物，人的审美能力便得以被建构。

同时，马尔库塞接受了马克思对人之为人的基本特征这一论断：“人直接地是自然存在物……说人是肉体的、有自然力的、有生命的、现实的、感性的对象性的存在物，这就等于说，人有现实的、感性的对象作为自己的本质即自己的生命表现对象。”[3]基于对人的如此理解，马尔库塞把人的解放的希望交给了心理革命所生成的“新感性”，其被认定了要建立一个感性、娱乐、安宁和美的社会。这个社会意味着美学形式的风格化，意味着超越单向度社会的现实原则的价值，从而使得对生命本能冲动(爱欲)的社会控制的解体。在他看来，“新感性”始终追求一种崭新的生活方式，“感性的审美需求使感性能够脱离感性自身的感觉层面，而保持在一个自由的天地里寻求自身解放的潜能”[4]，即生存与现实的一体化。另外，马尔库塞的“新感性”作为

一种审美需求的感性，在反对既有社会的单向度起到重要作用。他坚持单向度对人的异化遵循的是一种操作原则，即一种受压抑的快乐原则，以此快乐原则放弃另外一种具有破坏性的、短暂的快乐原则。操作原则改变的不是快乐的形式和获得快乐的时间，而是“快乐本身的实质发生了改变”[5]。马尔库塞试图从弗洛伊德的艺术想象中表现出来的心理能量这个创造的源泉中找到人的本性。只有在人性结构的深层本能中，改造人的攻击性、破坏性本能之后，社会变革才会有一个深厚的人性基础，而这一切只有通过艺术审美的方式才能达到。

与马尔库塞的“爱欲”不同，李泽厚的“新感性”视情感为文化心理结构中的主要因素。对于情感的定义，他试图在情欲和性(理)的关联和区分中定义情的内涵，情与欲相关联但不是欲望，情与性(理)相通但并非性(理)。李泽厚所阐释的情感实际上是一种动态的关系组合，在这种关系当中，相互关联者相互给予，而给予就是爱，它成为最高的关系和情感。彭富春认为，李泽厚“情感本体”的情感可以进一步划分为：悦耳悦目、悦情悦意、悦神悦志，也就是审美情感所激发的身体快乐、灵魂快乐和精神快乐。这三种快乐可以相对分离，而又能够统一于一体。悦耳悦目不等同于感官享受，悦神悦志也不等同于宗教狂迷，但它们又可以达到一种高峰体验。正是在这个意义上，李泽厚认为最高的美学境界不是感官快乐或者艺术审美救赎，而是与天地同流、统一的宗教式情感。但这种情感也具有人类学的特征，因为它源于人自身的感官、心意和精神的经验。在他看来，作为历史积淀物的人际情感不是当下情感经验及其提升，而是一种具有宇宙情怀甚至神秘意味的本体存在。在这个意义上，李泽厚的“情本体”就是人的存在意义及宇宙、人生和心理的本性。

在此基础上，李泽厚进一步给予了这种实际上作为抽象人性的感官一种文化或者历史的基础，也就是说这种人性感官从来不是先天的，而是在具体历史中建构的。人不仅指实践的使用工具的人，是“历史”的个体；而且“历史”正是人的不断生成(人化)，人还是“文化”的人，并具体化为“自由的个体”，而这个“自由个体”的生成要依靠“建立新感性”。在李泽厚看来，“所谓‘建立新感性’也就是建立心理本体，又特别是情感本体”[6]。这种心理的感性脱离动物性，其融入人的历史性建构活动，它是人类将自己的自然性的感性进行“人化”的结果。在“人化”中，心理成为文化心理。李泽厚以一个特别的词语“积淀”来说明这种文化心理结构的形成过程：积淀是指人类在历史性活动中逐渐产生了人性，积累了社会、个体心理、实践和理性的感性的成分组合的文化心理结构。人类历史性活动越丰富，文化心理结构也就越复杂，这种审美心理结构始终处在渐进的建构中。于是，与马尔库塞从生物学意义上的生命和欲望的角度思考“新感性”不同，李泽厚的“新感性”就是在人的历史性活动中建立的心理本体，这一文化心理结构不是静态而是动态的。这一过程不仅是人的心理与动物心理的分离，而且是人自身心理的不断丰富和深化。这种结构被李泽厚称为“历史建理性，经验变先验，心理成本体”[7]——这种结构就是“新感性”的核心：一方面，感性存在成为理性的存在；另一方面，理性的存在又成为感性的存在。

(二)“新感性”的现实表征：“欲望”与“人性”

马尔库塞认为，发达工业社会的人的不自由的根源在于理性的思维方式。但是，在理性的源头蕴含着对感性的否定维度。在一个技术化的时代，理性丧失了其自由与超越性内涵，压制人的感性存在，理性自身演变为技术理性，辩证逻辑演化为统治逻辑。鉴于此，马尔库塞在《论新感性》中明确指出，“新感性，表现着生命本能对攻击性和罪恶的超升”[8]，也就是说，“新感性”的意义就在于为一个新社会的实现寻找新的革命力量。考虑到社会群体性对个体本性的压抑，马尔库塞把“新感性”建立于个体生物学和心理学的机制中来重建新的感觉方式，让生命本能(爱欲)尽可能地得以解放，而不断更新世界和新社会。他从生物学的角度寻找蕴含在人类个体之中美的源泉，实际上就是用生命本能冲动来揭示美的创造。当然，马尔库塞对解放的理解并不止步于感性的解放，他的“新感性”意义在于未来新社会的圆满，感觉革命在于培养一种新的感官系统来重建一个新社会。同时，他将社会革命的希望寄托在政治和经济革命之外的审美的革命上，而革命在实践上由新感性来完成。马尔库塞认为，要变革技术合理性的社会压抑，政治和经济上的变革不能阻止统治和奴役的压抑历史，因为统治和奴役的根源在根本上恰恰就是政治和经济。但是社会革命却可以转向由革命主体来实现，也就是说，对于政治和经济的变革可以由作为革命主体的“新人”来进行，因为这些新人在生理上和心理上能超越强权和剥削的制约去感受事物和他们自己。

然而，尽管马尔库塞的目的是在社会实践维度复兴黑格尔的否定辩证法以及革新马克思的唯物史观，但他的理论取向却或多或少地将其理论的革命性降低了。他将批判的力量来源归溯于社会边缘人，比如性少数、单亲母亲等社会上的亚群体，多多少少遗失了马克思聚焦于人民大众的思维视野。尽管那些爱欲过剩的人的确持有一般人所没有的过剩的爱欲(即否定性)，但却很难成为变革社会的绝对力量。正是在这个意义上，李泽厚认为马尔库塞超出群体与社会的生命本能的释放也可能让人成为动物，导致性欲的泛社会化，进而失去人之为人的根本，尽管认为马尔库塞的“新感性”把人及人类的解放引向人的生命本能及其冲动的释放，无疑为人的解放迈出超越压抑与制约的一大步。在李泽厚看来，人之为人，首先是人要与动物相区分，然后是人还要与他人相区分才能真正成为人。人不仅是人性的人，还应该是具体的个体的人。李泽厚致力于给予人性的理解一个存在的基础，以区分于马尔库塞认为在人性上生物性的感官无疑具有一种巨大的、不可忽视的重建潜能，从而把感觉革命寄托于审美和艺术。

可以说，李泽厚“新感性”的重要体现便是建立以“情感本体”为核心的文化心理结构，即塑造新的人性主体，以审美实现人的个体存在及人格的完满。他的文化心理结构由文化和心理两部分组成。一方面，李泽厚将文化等同于历史，“人类学本体论更准确的表述为人类学历史本体论，但是也可以名为人类学‘文化本体论’”[9]，历史的概念在李泽厚那里被定义为人类创造和使用工具的物质生产活动，它作为文化区别于自然；另一方面，他认为文化不等同于历史，“人们的行为、思维方式以及表达情感的方式才是文化最根本的方面，也是我们需要把握的方面。它既受经济、政治的影响，而本身又有相对的独立性”[10]。在此，文化不仅区别于自然，也区别于人的物质活动，它是人的生活世界的心灵形式。这样看来，李泽厚既想给文化一个现实的根基，又想让文化保持自身的本性。他试图寻找从实践到心理的过渡来实现这两者的联结，并使文化成为它们之间不可缺少的媒介。文化心理结构中的“心理”不是作为人的心理，不是本能的活动，而是文化的介入，因为纯粹的本能是动物性的生理机能，而人的心理是文化的产物和历史实践积累的成果。文化心理结构注重“人作为感性的个体，在接受围绕着他的文化作用的同时，具有主动性。个人是在这种围绕着他的文化的互动中形成自己的心理的，其中包括非理性的成分和方面。这就是说，心理既有文化模式，社会规格的方面，又有个体独特经验和感性冲动的方面”[11]。总的来说，李泽厚以他的文化心理结构区别于一般意义的心理文化结构，心理文化结构“是心理的文化结构，是外在的东西变成人的心理的某种框架，规范，理性”[12]。他提出的文化心理结构中的文化不是外在的规定，而是对人的内在的浸染，它关注个体的存在，这种心理是经验的、感性的心理，也就是关于个体存在的心理学。

（三）“新感性”的批判边界：“文化”与“整体”

基于对单向度社会的批判，马尔库塞以“新感性”的主张呼唤人的感性复苏，并将其作为一个新的爆发的起点，可以使人获得再生之力从而孕育新人。在他看来，“新感性”的目的就在于重塑新的本能结构，马尔库塞正是在这些新的本能结构中展望一种与现有社会具有质的差异的非压抑的社会。他在《审美之维》中指出，新感性强调人的生物性(本能)和感性生命(爱欲)特征。也就是说，马尔库塞在一种生物学意义上的生命范畴中界定感性，而未将历史的、社会的整体性视野纳入其理论建构中来。他对于艺术作品的态度同样昭示了这一点：“同技术领域相对照，艺术领域是幻想、肖像的领域。”[13]马尔库塞认为应以清醒的非理性状态去拒绝约定俗成的艺术标准，并坚持以超现实主义致力于打破理性与意识的藩篱而探索人的潜意识世界，真正展现人的本能和欲望的真实世界。“新感性”预示着在生物学上诞生一种不能再容忍历史强加于人的本性的限制的个体，让感性走出理性的枷锁。

也就是说，在马尔库塞的批判思想中，感性自身就具有革命性，并且，他将革命性的重担基本上都交付给了感性。马尔库塞把政治经济的变革引向革命主体的建设，它具体化为感觉革命，把感性从社会的压抑性关联中解放出来，消除僵化麻木的感性而重建新感性。而这种感觉革命和新感性的形成只能依靠艺术和审美。美能够使人格从理性的压抑中解放出来，从而与理性建立一种新的和谐。马尔库塞坚信尽管艺术在刚开始并不能改变世界，但是艺术能够变革人的意识和冲动，而这些变革的新人能够改变世界，创造一个新社会。他认为对病态、被异化理性支配的社会进行社会变革只能够转向比外在理性更为内在的思想、心理和感情，寻求解放。马尔库塞的社会批判以揭示文化上的技术社会的病态文明和人性压抑为主要目标。而在追求社会与人的解放的道路上，区别于一般的社会政治革命，马尔库塞主张把弗洛伊德主义和马克思主义结合起来。人类解放事业是马尔库塞思想的终极目标，尽管他的审美思想始终围绕人的感性生存的解放问题，物质革命的因素在他这里有缺位之嫌。

区别于马尔库塞致力于文化批判而对马克思社会存在学说的单方面发展道路，李泽厚则在一个整体基础上继承并发展了马克思的历史唯物论。立足人类发展的根本问题，李泽厚的哲学关注的是人的存在，并主要围绕人与自然、人与人的关系展开，他的思想的逻辑起点就是追问“人之作为人的基础”。一方面，强调马克思历史唯物论这一根本原则，并运用它来建构“工具本体论”和“情感本体论”；另一方面，“人类学历史本体论”“文化心理结构学说”对“个体发展”“心理建设”的凸显则发展了现代和后现代关于个体生存的意义理论，从而让历史唯物论走进了后历史唯物主义。李泽厚以工具本体论为核心的主体性实践哲学中的“主体性”其实就是关于人的主体性问题，这是基于社会实践观的基础上将人的问题置于人类社会历史发展总体进程中进行思考的结果。“新感性”要求从“主体性实践哲学”或者“人类学本体论”看待美感。

李泽厚的这一思路具体表现为感性与理性的“和解”，即在“内在自然的人化”作为李泽厚“关于美感的总的观点”[14]这一命题中，其包括感官的人化和情欲的人化。审美即是个体的(非社会的)、感性的(非理性的)、没有欲望功利的；但它又是社会的、理性的、具有欲望功利的。也就是说，审美既是感性的，又是超感性的，这种美感的二重性就是人类新感性的建构。在这一基础上，理性和感性之间的关系得以协调，即“新感性”是积淀了社会、实践、历史及理性的感性。李泽厚认为，如果脱离了感性的性能特征的塑形、铸造和改造，仅仅依靠理性的内化(认识)和理性的凝聚(道德)，也只是理性对于个体感性的偶然性支配。只有在一种审美的境界中，理性才融合于人的各种感性的情欲而形成理性的积淀，这样的“积淀正是文化心理结构的形成”[15]。这个个体积淀群体意识的过程就是李泽厚所谓的文化心理结构的过程，李泽厚将这种心理结构放置于人类学历史本体论的基础之上，使之成为积淀的产物，情与理就不是空洞的心理形式，而是经过文化积淀的人性内容。在这样的一个心理结构所形成的关系中，理和情都可能是主导因素，如果以理为主导就形成伦理的理性内化(道德)，如果情是主导的话，就形成理性的积淀，即审美。这便是彭富春所指出的：“只有在审美的境界中，理性才能融合于人的各种感性情欲中，形成了理性的积淀。虽然文化心理结构中的关系组合可以形成不同的心理功能，但是情感是最高的，因此它成为整个结构的中心。这促使李泽厚发现以美启真、以美储善的秘密。而这又导致以美立人，从而建立新感性。”[16]

三、结语

“新感性”的审美主张是马尔库塞和李泽厚为人类审美精神摆脱现代型社会困境所做出的努力。对于马尔库塞，人类的解放必须从根本上消除那种把人类历史变成控制和奴役的历史的根源。这些根源是政治、经济方面的，并且它已经成为人类的需要和本能本身。对于李泽厚，必须追寻“人之作为人”的基础，才能理解人的生存。马尔库塞的“新感性”针对压抑性社会理性的暴政，力图营造一种和谐、自由的感性以重建感性(本能)与理性的关系。作为马尔库塞社会革命理论的重要组成部分，“新感性”赋予艺术、审美和艺术活动以解放功能，艺术、审美展现的是与当下不同的世界，艺术审美运用个体想象，基于现实而又超越现实，这一超越造就了“新感性”，形成新的社会秩序。李泽厚的“新感性”建立以“情感”为最高的文化心理结构，从而使来自中国道统的“道始于情”具有了当代意义。李泽厚将马克思主义和中国传统儒家道家思想相结合，既重视个体生存的独特性，又阐释自由直观(以美启真)、自由意志(以美储善)和自由享受(实现个体的潜能)，以艺术、审美融入个体的具体实践的感性生存中，恢复人之为人的本性，实现人性的完满。在这个意义上，李泽厚以建立新的人性主体为目标的"新感性"超越了马尔库塞以建立新的本能心理结构为目标的"新感性"。

当然，无论是马尔库塞寻求社会革命与人类解放的途径，还是李泽厚对情感本体的人学反思，中西哲人都提出了"新感性"的审美主张。但是，无论是突破理性规约而走向更生物性的生命冲动的路径选择，还是对更为内在的文化与历史性的实践活动本身的人性指认，都无疑是对传统被理性(知性)所制约的感性的一种超越与否定。"新感性"的审美主张无疑是中西哲人面对现代型社会困境的一种审美追求与人类解放的现代方案。诸如使美学紧跟面向现代技术文明发展过程当中出现的人的异化和个体存在的价值追问，也使美学从以往的传统理性批判发展出批判现实生活的维度。更为重要的是，美学与审美的问题因此不再是感性的问题，不再是理性以及抽象人性的问题，而是实践的问题。也就是说美学过去是思想(理性批判)的问题，现在则是存在的问题(存在与显现)。在这样的意义上，"新感性"让美学成了生活美学、实践美学或者美学实践。

注释：

[1] 李泽厚:《实用理性与乐感文化》,北京:生活·读书·新知三联书店,2005 年,第 203 页。

[2] [德]马尔库塞:《爱欲与文明》,黄勇、薛民译,上海:上海译文出版社,2005 年,第 147 页。

[3] [德]马克思:《1844 年经济学哲学手稿》,北京:人民出版社,2018 年,第 103 页。

[4] 丁国旗:《马尔库塞美学思想研究》,北京:社会科学文献出版社,2011 年,第 207 页。

[5] [德]马尔库塞:《爱欲与文明》,黄勇、薛民译,上海:上海译文出版社,2005 年,第 9 页。

[6] 李泽厚:《美学三书》,安徽:安徽文艺出版社,1999 年,第 508 页。

[7] 李泽厚:《世纪新梦》,安徽:安徽文艺出版社,1998 年,第 15 页。

[8] [德]马尔库塞:《论新感性》,李小兵编译:《审美之维:马尔库塞美学论著集》,北京:生活·读书·新知三联书店,1989 年,第 106 页。

[9] 彭富春:《哲学与美学问题——一种无原则的批判》,武汉:武汉大学出版社,2005 年,第 249 页。

[10] 李泽厚:《世纪新梦》,安徽:安徽文艺出版社,1998 年,第 227 页。

[11] 李泽厚:《世纪新梦》,安徽:安徽文艺出版社,1998 年,第 255 页。

[12] 李泽厚:《世纪新梦》,安徽:安徽文艺出版社,1998 年,第 306 页。

[13] [德]马尔库塞:《单向度的人》,刘继译,上海:上海译文出版社,1989 年,第 214 页。

[14] 李泽厚:《美学三书》,安徽:安徽文艺出版社,1999 年,第 512 页。

[15] 彭富春:《哲学与美学问题——一种无原则的批判》,武汉:武汉大学出版社,2005 年,第 252 页。

[16] 彭富春:《哲学与美学问题——一种无原则的批判》,武汉:武汉大学出版社,2005 年,第 252～253 页。

《诗经·甘棠》地域及相关史实考辨

邵　杰

（郑州大学文学院，河南郑州 450001）

内容摘要：《诗经·甘棠》的地域自来有南国说、雍州说、燕国说三种意见。结合《太保玉戈》等铭文，可知“南国说”无法将召公奭舍于甘棠树下与其获得南国人之爱敬合理协调；而通过周初燕国诸器的考察，可知“召公封燕”最有可能是在成王时期，且召公奭并未实际就封，克为首位燕侯，之后其弟旨继之，克与旨同为召公奭之子。而燕国初期周族文化尚未渗透进普通民众的生活，燕人要感受且歌颂召公恩泽，并无条件和环境；再比照诗中“蔽芾甘棠”之语，其所叙写，当在北方相对干旱的地区。综合可知，《甘棠》的地域当在雍州。其时陕西王畿地区土地资源日益紧张，周初分封诸侯于陕西以东，与此紧密相关。

关键词：《甘棠》；召公；铭文；燕侯；雍州

《甘棠》一诗，是《诗经·召南》中与召公关系最密切的一篇，也是知名度较高的一篇。诗篇中的“召伯”究竟是周初的召公奭，还是西周中后期的召伯虎，在清代才真正成为问题，此前的学者皆将“召伯”认定为召公奭。据笔者考证，“召伯虎说”存在疏失，《甘棠》中的召伯应是召公奭[1]。以此观照历代关于《甘棠》地域的说法，可得三种意见：

（1）南国地区。此说发轫于毛、郑，代表为朱熹《诗集传》：“召伯循行南国，以布文王之政，或舍甘棠之下。其后人思其德，故爱其树而不忍伤也。”[2]此说是传统时期最为流行的说法。

（2）雍州地区。此说来源较早，《说苑·贵德》：“召公述职，当桑蚕之时，不欲变民事，故不入邑中，舍于甘棠之下，而听断焉。陕间之人，皆得其所，是故后世思而歌咏之。”[3]《说苑》一书，乃刘向汇集春秋至汉代之逸闻轶事编纂而成。可知此处所言之《甘棠》本事，汉代以前早有流传，汉代文献如《史记·燕召公世家》《韩诗外传》等多有相似记载[4]。后世从此说者不少，虽多数并未显言，但推求之下，意皆在雍州无疑。

(3) 燕国地区。此说产生年代较晚，首见于明代丰坊。其论此诗旨意曰："召康公勤于劳民，燕人怀之赋《甘棠》。"[5]丰坊诗说之伪，早有定评。但其书在当时颇为流传，多有信从者，作为思想史之印记，亦有价值。

随着近年来出土文献的日益丰富，为该问题的深入探讨提供了契机。以下将结合相关出土文献，对相关说法进行梳理和讨论，以期得出最合理的结论。

一

召公奭与南国的联系，以往学者多据郑玄之说，加以引申生发。郑玄《毛诗谱·周南召南谱》云：

> 至纣，又命文王典治南国江、汉、汝旁之诸侯。于时三分天下有其二，以服事殷……文王受命……乃分岐邦周、召之地，为周公旦、召公奭之采地，施先公之教于己所职之国。武王伐纣，定天下，巡守述职，陈诵诸国之诗，以观民风俗。六州者得二公之德教尤纯，故独录之，属之大师，分而国之。其得圣人之化者谓之《周南》，得贤人之化者谓之《召南》，言二公之德教自岐而行于南国也。[6]

此说认为，周、召二公在文王时受封食采于岐周地区，《周南》《召南》作为诗集，出现在武王之时，但诗篇中的事迹，自可溯至文王时。后来的学者，或信或否，都未能有新的进展。究其原因，主要是文献无征，周、召二人与南国地区究竟有无关联，并无直接的材料可资说明。故召公奭在何种意义上与南国发生联系，历来学者多茫然不知。

《太保玉戈》铭文为问题的进展提供了契机。太保玉戈1902年出土于陕西，1919年即流失海外，现藏于美国弗利尔美术馆。直到上世纪八十年代，大陆学界才开始真正研究此器。李学勤先生将铭文释读为"六月丙寅，王在丰，令太保省南国，帅汉，遂殷南，令厉侯辟，用鼄走百人"，且断此玉戈的年代应在成王前期[7]。这个结论已得到学界的广泛认同。按照李先生的解释，铭文中"殷"字意为殷见，即诸侯会集向王朝见，"殷南"是殷见南国的诸侯。商周金文中，这种典礼都是在王主持下进行的。"殷"的主语是"王"，不是太保。举行殷见典礼的地点，估计是在周都，并不在南国。由此可知，成王命召公巡省南国，沿汉而下，是为了召集当地诸侯来朝之事。由当时历史情况来看，这件事可能发生在周公东征平定三监之后，是巩固王朝南方统治的一项措施[8]。

关于具体事件，尚有不同解读，有的学者认为，周公平三监之乱后继而东征时，呈三管齐下之势，一支是东进至鲁，一支是东南伐淮夷、徐戎，"还有一支南下江汉，是由召公率领，使命大概为'外抚诸侯'。……(《太保玉戈》铭)记这一支在太保召公的率领下，由丰京出发，循汉水谷地南巡，招抚南国诸侯入周朝见，又赏给周克商时的盟友濮国之君仆御百人，命之就封。看来此支南下较顺利，未遭遇重大战争，即巩固了周对南土的控制"[9]。云召公南下是东征部署之一部分，似乎有些言过其实。周公东征的同时或稍后，召公的行军路线当在北方。这一点有《太保簋》铭文为证：

王伐录子圣，𢐗厥反，王降征令于太保。太保克敬亡遣。王永太保，锡休余土，用兹彝对令。[10]（《集成》4140）

目前关于铭文的释读还有不同的意见，关键在对“录子圣”的解读上。陈梦家、郭沫若、王晖等先生皆以“录子圣”为安徽地区之人[11]，唐兰先生则认为录子当与武庚禄父北遁有关，其言：“录与鹿古字常通用，录子之国当在今河北平乡县一带，汉代为钜鹿县……今平乡在殷墟之北，约一百余公里，王子禄父北奔，当即至此。录子圣应是商王宗族。铜器中有天子圣觚，天子即大子(太子)，在商王族中地位极高。此时禄父当已死，祭以庚日，所以称为武庚，成王伐圣，当是巩固其北疆。”[12]显然，此言“录子圣”为北方之人。任伟、陈致诸先生都同意此说，并分别作了补充。总体看来，唐兰先生一方的论证更为周详，意见更为合理。召公的北征与武庚出逃殷地有关，而其取得之胜利又与其日后“封燕”之事大有关联。那么，此时的召公，应该是无法分身去南方巡省各诸侯的。

准此可知，《太保玉戈》中召公的南下，当如李先生所言，是成王时期东征胜利之后的政治举措，意为安抚南方诸侯，稳定人心。召公巡省南国，应为成王之命，以周初情势衡之，其作为股肱重臣，不可能长期在外；在巡省过程中，其作为成王之代表，更不可能不接受南国诸侯的礼待而舍于甘棠之下；言南国人“爰树而不忍伤”，恐为悬想之辞。成王时期的召公奭，威望隆显，若推及文王、武王时，即便与南国地区发生关联，亦难致其人“爰树而不忍伤”的地步。文王、武王时期，南方诸国与周的关系，应是从对等的政治实体逐渐变为臣属之国。据《逸周书·世俘》篇所载，武王伐纣后追讨殷遗及敌对方国，所伐敌方有越戏方、陈、卫、磨、宣方、蜀(荀)、厉等国，多在南方地区[13]。参照《大武》乐章“三成而南，四成而南国是疆”之语，可知伐纣前后南国地区并未悉数臣服于周，南国地区成为周土，经历了一个渐进的过程。召公奭要在此种情势下，令南国人爰敬挂怀，恐不太可能。换言之，成王时，召公奭有为南国人所爰敬的条件，但无舍于甘棠树下的可能；而在文王、武王时，其或有舍于甘棠树下之可能，却没有为南国人爰敬的条件。召公奭与南国的关系，无法将此两个要素合理统一。因此，《甘棠》诗应不太可能产生于南国地区。

二

召公与燕国地区的关系，需要首先梳理“召公封燕”之事。《史记·燕召公世家》载：“周武王之灭纣，封召公于北燕。”[14]似以为武王封召公于燕。郑玄《毛诗谱·周南召南谱》云：“周公封鲁，死谥曰文公，召公封燕，死谥曰康公，元子世之。其次子亦世守采地，在王官，春秋时周公、召公是也。”[15]唐司马贞《史记索隐》亦云：“亦以元子就封，而次子留周室代为召公。至宣王时，召穆公虎其后也。”[16]言明是召公元子代为就封。

1986年北京房山琉璃河西周燕国墓地1193号墓出土《克罍》《克盉》，两件青铜器均属西周早期，铭文相同：“王曰：‘太保，惟乃明乃鬯，享于乃辟，余大对乃享，令克侯于匽。事羌、马、𠭯、雩、驭、微。克宅匽，入土眔(及)厥司。用作宝尊彝。”[17]根据西周金文的记载，周初任职太保的只有召公奭一人[18]。而匽，显然即为燕。故此器铭中所述必与封燕之事有关。考古学者们通过器物的纹饰、形制等诸多方面，结合墓葬特点，判断该器年代上限不得早于成王时期[19]。至于铭文中的“克”，一般认为是人名。以此而论，此铭所记，当是成王册封燕侯的记录。

另，传世的青铜器中有两件西周早期的《匽侯旨鼎》，提到另一位燕侯——旨，两器铭文如下：

《匽侯旨鼎》(一)，铭文：“匽侯旨初见事于宗周，王赏旨贝廿朋，用作有姒宝尊彝。”(《集成》2628)

《匽侯旨鼎》(二)，铭文：“匽侯旨作父辛尊。”(《集成》2269)

克器中有明确的封侯记载，而《匽侯旨鼎》中则径曰“匽侯”，且言“初见事于宗周”，说明旨之前并未来过宗周，当是袭位为侯之后初次前来。这与克器中的记载形成明显反差，说明克必定在旨之前为燕侯。不过，两者之间关系如何，曾引起诸多争议。争议的看法大致可分为两种：一种认为两代燕侯为父子关系，旨为克之子，“父辛”即指克；一种认为两代燕侯为兄弟关系，旨为克之弟，“父辛”即召公奭。问题关键是对“父辛”作何理解。而这需要结合其他青铜器通篇考察，最主要的是含有“召伯父辛”的诸器：

《伯宪盉》铭：“伯宪作召伯父辛宝尊彝。”(《集成》9430.1)

《宪鼎》铭：“唯九月既生霸辛酉，在匽，侯赐宪贝金，匽侯休，用作召伯父辛宝尊彝。宪万年子子孙孙宝，光用大保。”(《集成》2749)

《伯龢鼎》铭：“伯龢作召伯父辛宝尊彝。”(《集成》2407)

《龢爵》铭：“龢作召伯父辛宝尊彝。”(《集成》9089)

克先于旨为燕侯，已为琉璃河出土之克器所证明。而旨乃为“父辛”之子，因此，许多学者据《世本》中燕国君世系为“自宣侯以上皆父子相传，无及”的记载[20]，断克与旨也是父子相传，克为旨之父，即“父辛”。陈平先生结合诸多青铜器，对此作了深入研究：

“初见事于宗周”，乃“旨”刚即位为燕侯去宗周面圣朝见天子，其时太保奭仍健在，而“旨”之母“有姒”已故，因而“旨”为其母“有姒”作祭器。作“父辛尊”时，燕侯旨之父“父辛”即召伯父辛，亦即太保召公奭，亦已薨逝，故“旨”方为其父辛作祭器。因而，这个燕侯旨是跨越其父太保召公奭的“生”与“死”两个时代的过渡性人物。他为燕侯，一定在燕侯克之后。[21]

综合来看，便知克与旨同为召公奭之子，成王时正式封克为燕侯，克在位时间较短，之后其弟旨继为燕侯，旨在位时，其母有姒、其父召公奭先后而卒。辛，为召公奭的日名。故旨作器时称其为“父辛”，而嫡亲之诸侄如伯宪和伯龢作器时，则称其为“召伯父辛”。

结合前引郑玄、司马贞的说法，许多学者认为克当为召公之元子，即第一代燕侯。如此一来，《史记·燕召公世家》的说法不免有些落空。但根据武王克商后早逝及成王初期东征等种种情势，武王时期封召公于燕的可能性实在极小。《史记》本身的记载也有矛盾之处，如《史记·三代世表》在武王一栏中，只有“周武王代殷。从黄帝至武王十九世”的记载，而在成王一栏中，却记有鲁、齐、晋、秦、楚、宋、卫、陈、蔡、曹、燕等11国，除秦国以外，其他诸国都载明为“初封”[22]。可见，某种程度上，太史公对齐、鲁、晋、燕等国在周初的分封时间是了然的。此处记载也更符合周初的政治军事形势。

召公在甲骨文及金文中，有众多的称呼，却从未见称呼召公为“侯”的材料。唯一可能引起异议的，是出土于琉璃河253号墓地的西周早期的《圉方鼎》，其铭文曰：“休朕公君，匽侯赐圉贝，用作宝尊彝。”(《集成》2505)唐兰先生曾将铭文中的“公君燕侯”连读，引起了一些误会[23]。经考察，此四字应断开，“公君”为召公奭，“燕侯”为召公奭之子[24]。若召公真正就封燕侯，金文中当有相应的痕迹。因此，言召公封于燕，可能为推尊之言，真正封于燕者，是召公之子，目前可知至少有克与旨两代燕侯。

不过，召公显然是到过燕地的。《小臣攎鼎》铭文曰：“召公建匽，休于小臣攎贝五朋，用作宝尊彝。”(《集成》2556)学界皆定此器年代为成王时期，铭文中建字，从裘锡圭先生释，裘先生并解释道：“由此可知，周代初年封北燕时，虽然实际上由召公的元子去当燕侯，但是在初封之际，召公确曾亲自莅燕，安排建国大事。”[25]曹定云先生则根据琉璃河遗址中的西周甲骨卜辞“成周”，推测其为召公卜成周遗物，并论证召公奭曾到过燕国都城[26]。以现有材料观之，召公奭在燕地逗留时间当不会太久。召公来燕地，当主要是为即将新立的燕国安排规划，之后，乃返回成王身边协助处理王朝事务。

根据克器铭文的记载，“燕国受封时其授民的成分是较为复杂的，既有北方羌、獫狁等少数民族，也有殷商子姓遗民”[27]。姬姓贵族在当地只是处于政治上层，还不可能对燕地进行统一的文化建设。当然，必要的礼乐机制还是有的，如北京琉璃河1029号墓地出土有“匽侯舞戈”铭文的铜钩戟和铜泡，后来1193号大墓又出土有“匽侯舞戈”铭文的铜戟和数量众多的背面有“匽侯舞”或“匽侯舞昜”等铭文的铜泡[28]。经研究，它们就是从事“大武”“干舞”等“武舞”兵卒所持的仪仗器械，也就是《周礼·司干》所言的“舞器”。“匽侯舞昜”就是说它是匽侯舞器上的昜(铜泡)[29]。这些舞蹈器具说明燕国初期有过相关的乐舞表演和艺术生产，但这些显然是为匽侯等上层贵族服务的。以燕初的情形而论，燕国初期的上层贵族，多来自周，此时的艺术表演很可能就渊源于周，而不可能普及燕地人民。根据学者考察，“西周燕文化中商文化因素最重，周文化因素次之，并间或显示出少量的张家园上层文化及北方其他族文化因素的存在。……西周燕国的统治方式，是实行重要城镇和军事要地占领的据点式，其势力还不可能触及到占领区的每个村庄”[30]。这也可以从侧面印证：燕国初期，周人作为贵族之文化尚未渗透进普通民众的生活。

由此可知，西周燕国初立时，燕国的人民要感受到召公之恩泽，时间、环境等诸多条件恐怕都不允许。既无机会与召公建立起深厚的联系，那么，形诸歌咏以歌颂召公，就必然显得理由不足。而且，从金文中对召公的称呼来看，即便燕民欲颂召公，也不太可能直呼其为“召伯”。要之，《甘棠》一诗并非出自燕人，亦不太可能产生于燕地。

三

从情理上讲，召公奭在雍州的时间应该更多，其与南国、燕国之关联并不如雍州密切。相较之下，《甘棠》诗更有可能产生于雍州之地。诗中甘棠作为一种植物的属性，值得注意。诗中“蔽芾甘棠”句下毛《传》曰：“蔽芾，小貌。甘棠，杜也。”[31]另据《尔雅》，作为一种植物的甘棠，当是杜梨。《尔雅·释木》云：“杜，甘棠。”又曰：“杜，赤棠。白者棠。”郭璞注前曰：“今之杜梨。”郭璞注后曰：“棠色异，异其名。”[32]从汉代的舍人、樊光等对《尔雅》的注释来看，均持此种意见：白者称棠；杜为赤色，名赤棠。甘棠即赤色之棠[33]。陆玑的意见稍有不同，其云：“甘棠，今棠藜，一名杜藜、赤棠也。与白棠同耳，但子有赤白美恶。子白色为白棠、甘棠也，少酢滑美。赤棠子涩而酢无味。俗语云‘涩如杜’是也。赤棠木理韧，亦可以作弓干。”[34]其一方面言甘棠有赤棠之名，但又将甘棠与白棠等同起来，以之为赤棠的对立面，显然是有矛盾的。从其描述来看，可知其认为甘棠之甘乃味道之甘。而郭璞诸人则以甘棠之甘为色甘即色赤。究竟哪一种是合理的呢？在此之前，需要先考察“蔽芾”二字的内涵。

对于诗中的“蔽芾”二字，宋代以来颇有异议。首先提出疑问的当属欧阳修，其《诗本义》云：“毛、郑皆谓：蔽芾，小貌。茇，舍也。召伯本以不欲烦劳人，故舍于棠下。棠可容人，舍其下则非小树也。据诗意乃召伯死后，思其人爱其树而不忍伐，则作诗时益非小树矣。毛、郑谓蔽芾为小者，失诗义矣。蔽，能蔽风、日，俾人舍其下也。芾，茂盛貌。蔽芾，乃大树之茂盛者也。”[35]此一说法完全颠覆了以往关于“蔽芾”的解释，为后来的绝大多数人所信从。但仔细循察，此说根本不能成立。其言诗作于召伯死后，甚无道理。召伯为召族之长，世袭而得称。也就是说，《甘棠》一诗若出现在召公奭死后，召伯已另有其人。凡诸家据诗意推论诗作在召伯死后者，皆以后世怀人之诗推度前人，实不足为凭。

又其言“棠可容人，舍其下则非小树”，乍看起来理由充分，深究之下，乃知其误解了毛《传》、郑《笺》的“舍”。“召伯所说”下毛《传》曰：“说，舍也。”“召伯所茇”下郑《笺》曰：“茇，草舍也。”[36]此两处之“舍”，皆为止息之意，之所以令人有屋舍之联想，大约受到了《韩诗外传》中“召伯暴处远野，庐于树下”的影响[37]。《韩诗外传》多存先秦汉初之故事传说，但若以之考校训诂，恐可靠性不高。况且召伯为一族之长，自有城邑可居，筑屋于甘棠树下，实在匪夷所思。召伯在此树下休息，未见得此树就必须是大树。《诗经》中另有一处“蔽芾”，见《小雅·我行其野》：“我行其野，蔽芾其樗。”毛《传》曰：“樗，恶木也。”郑《笺》曰：“樗之蔽芾始生，谓仲春之时，嫁取之月。”[38]此处之解释可与《甘棠》一诗互参。宋代以来论者多因《甘棠》之蔽芾，而株连

《我行其野》之蔽芾，谓其当为茂盛之意。此论实为无见，樗既为恶木，况其又在于野，以理度之，即知其并不茂盛。“蔽芾”之意，仍当以毛、郑之说为是。《尔雅·释言》亦云：“芾，小也。”[39]可见蔽芾二字，绝非茂盛之意，其基本的内涵是小。“蔽芾甘棠”，乃是说甘棠树外观较小。结合诗篇语句可知，此树颇受爱护，但犹蔽芾而小，一方面固然说明诗作年代距离召伯憩息此树之时并不太远，但更重要的启示或许是树木的果实味道当属苦涩，而非味道滑美。以此而论，郭璞、舍人、樊光等注家所言更合情理，陆玑所云，恐未必然。亦即，甘棠当为赤色之杜梨。

杜梨在我国分布较广，华北、西北、长江中下游流域及东北南部均有栽培[40]，但在黄河流域分布最多[41]。此种树木虽然适应性极强，但在不同的气候条件下，生长状态亦有差异。据研究，在森林植物地带内，杜梨在暖温带半湿润地带的生长要比暖温带半干旱地带好：前者树高、胸径较后者高 50%，材积高出 2 倍[42]。以南北气候差异来看，甘棠“蔽芾”的可能性，显然是北方为大。况且，西周时候气温普遍比现在要高[43]，若在南国地区，杜梨的生长更有可能是繁盛的，而非如《甘棠》诗中所言是“蔽芾”其貌。这就意味着，衡以甘棠树的生长特性，《甘棠》一诗所写的甘棠，当在北方气候相对干旱的地区而非南国。周初燕国地区既已不可能产出赞颂召公之诗，那么，《甘棠》一诗产生的地点应在雍州之境，即今陕西地区。

四

《甘棠》地域既明，那么诗中“勿翦”“勿伐”“勿败”之语，正说明此树有翦、伐、败的可能。这可以侧面证明，此树应为召公奭偶然憩息之所在，并非是闻一多、晁福林等研究者所认为的社树，亦并未因召公而成为社树[44]；同时也暗示出当时雍州地区土地资源的紧张趋势，所以才有伐树之虞。从目前的金文资料看，自西周中期开始，贵族宗族财产的整体性开始严重破裂，土地买卖或交换较为频繁，而被卖的宗族土地财产却不能转移到另一个新地点，原来可能界划分明的各宗族财产，逐渐变得零散；而且，此时周王赏赐的土地也不再是一大整块，而是呈现出破碎、零散的趋势[45]。西周早期的材料较为缺乏，但以情理度之，土地资源之紧张趋势当已兆显。

西周初期陕西王畿地区土地资源的紧张，其实不难理解。贵族的不断册封及支系扩展，导致贵族阶层人口逐渐增多，而王畿地区的土地资源相对固定而且有限，并未有大规模的垦拓，这样就无形中构成了一对矛盾：日益增多的贵族阶层需求与有限的土地资源之间的矛盾。据金文记载，岐周、丰、镐诸地都有王室活动和当时贵族生活的踪迹，“渭河谷地中散布着多个王室中心，周人的管理正是从这些行政中枢开始，沿着渭河的支流延伸到乡村地区中去。……不过渭河谷地同时也是众多贵族家族的所在地，它们在王室中心拥有居宅，但同时居住在那些遍布于渭河平原上的宗族地产之上”[46]。随着王室公族的人口渐多以及贵族分支的逐渐增多，原有的王室地产和贵族宗族地产，必然不敷所用，扩大地产面积当为维系贵族生活的重要手段之一。而处于城市的居宅，也必然随着人口的增多而扩大面积，再加上职官的逐渐系统化，办公人员的处所也将有所扩展。这一切必然使得陕西地区的土地资源出现紧张。

同时，周初王畿地区还面临着外来人口的压力。西周《史墙盘》铭文载：“微氏烈祖乃来见武王，武王则命周公舍寓，于周俾处。”[47]可知，周武王时期已有外族来岐周居住。微氏家族自烈祖开始迁居周地，其家族铜器窖藏又发现于今陕西扶风的庄白村，可见铭文中所谓周地，当指岐周[48]。微氏先祖见武王，被安排至此，显然是周王室的一种策略：在周族经营数代之岐周，与周人杂处，可以更充分地了解周族之业绩，坚定其信念，遵周之道。铭文中的“周”，仍当属岐周为宜。武王时期既如此，那么成王时期，尤其是东征之后，周人的统治地位已逐渐稳固。陕西地区王畿所在，势必引得天下人瞩目，外族前来居住，实为理所当然。外来人口大量涌入的压力，必然使得原本的空地日渐萎缩乃至强行得到开辟。以此背景看来，《甘棠》中关于伐树的顾虑，应非虚言。

在此基础上，重新观照周初的分封诸侯，尤其是如“召公封燕”“太公封齐”“周公封鲁”般，远离陕西王畿直达陆海之滨的举措，可知其固然包含着王室对于亲族的信任和期以“为周屏藩”的政治军事意图，同时也是基于王畿地区土地资源紧张趋势的一种调和手段。前文已论，除召公奭外，燕侯自封燕之日起应不再袭召氏爵号，留守王官之召氏当为大宗。那么，王畿宗族与外方诸侯并存的政治架构，以宗法血缘关系而言，显然可视为西周上层贵族分宗立祀制度的政治化；而其背后的地理隔绝及土地资源的差异，则为西周王朝内部不同的政治经济体和文化体的区分提供了基础。这种根植于不同地理状况中的实体区分，在长期的封建社会中不断得到积淀与强化，且绵延至今，已成为中华民族丰富多样的风俗文化生态体系的重要基因。

* 本文为国家社科基金青年项目“《诗经》地理文献整理与研究”【16CZW014】的阶段性成果。

注释：

[1] 邵杰：《〈诗经·甘棠〉“召伯虎说”综理》，《天中学刊》2016年第5期，第55～57页；《〈诗经·甘棠〉旨考》，《中国诗歌研究》第十八辑，北京：社会科学文献出版社，2019年，第53～65页。

[2] (宋)朱熹：《诗集传》，《朱子全书》第1册，上海：上海古籍出版社，合肥：安徽教育出版社，2002年，第414页。

[3] 向宗鲁：《说苑校证》，北京：中华书局，1987年，第94～95页。此处所引之《传》，当即《公羊传·隐公五年》之语：“天子三公何？天子之相也。天子之相，则何以三？自陕而东者，周公主之；自陕而西者，召公主之；一相处乎内。”

[4]《史记》卷三十四，北京：中华书局，1959年，第1550页；许维遹：《韩诗外传集释》，北京：中华书局，1980年，第30页。

[5] (明)丰坊：《诗传孔氏传》，影印明刻《百陵学山》第2册，上海：商务印书馆，1938年，第2页。丰氏其他著作中意见亦类似，如“召康公勤于劳民，国人怀之赋《甘棠》”，并加解释：“召国之人，盖燕民也。”参其《鲁诗世学》，《四库全书存目丛书》第60册，(济南)齐鲁书社，1997年，第641页。又如“《甘棠》，燕人追美召公之诗赋也”，参其《申培诗说》，上海：商务印书馆，1938年，影印明刻《百陵学山》第2册，第17页a。

[6]《毛诗正义》卷一，影印《十三经注疏》，北京：中华书局，1980年，第264页。

[7] 李学勤:《太保玉戈与江汉的开发》,《走出疑古时代》(修订本),沈阳:辽宁大学出版社,1997年,第138页。

[8] 李学勤:《太保玉戈与江汉的开发》,《走出疑古时代》(修订本),沈阳:辽宁大学出版社,1997年,第139页。

[9] 王宇信,等:《中国古代文明与国家形成研究》,北京:中国社会科学出版社,2007年,第382页。

[10] 中国社会科学院考古研究所编:《殷周金文集成》(修订增补本),北京:中华书局,2007年。下文省称《集成》。个别文字根据需要有所改动,标点亦间有改动。为避繁琐,此下不再一一出注。

[11] 陈梦家:《西周铜器断代》,北京:中华书局,2004年,第47页;郭沫若:《两周金文辞大系图录考释》第6册,北京:科学出版社,1957年,第62页;王晖:《周文王克商方略考》,《古文字与商周史新证》,北京:中华书局,2003年,第68页。

[12] 唐兰:《西周青铜器铭文分代史征》,北京:中华书局,1986年,第81页。

[13] 李学勤:《〈世俘〉篇研究》,《史学月刊》1988年第2期,第1～6页。

[14]《史记》卷三十四,北京:中华书局,1959年,第1549页。

[15]《毛诗正义》卷一,影印《十三经注疏》,北京:中华书局,1980年,第265页。

[16]《史记》卷三十四,北京:中华书局,1959年,第1549页。

[17] 中国社会科学院考古研究所、北京市文物研究所、琉璃河考古队:《北京琉璃河1193号大墓发掘简报》,《考古》1990年第1期,第20～31页;殷玮璋、曹淑琴:《周初太保器综合研究》,《考古学报》1991年第1期,第1～21页;陈平:《克罍、克盉铭文及其有关问题》,《考古》1991年第9期,第843～854页。此处文字参酌各家,为行文方便,一般写作通行字。

[18] 张亚初、刘雨:《西周金文官制研究》,北京:中华书局,1986年,第1页。

[19] 中国社会科学院考古研究所、北京市文物研究所、琉璃河考古队:《北京琉璃河1193号大墓发掘简报》,《考古》1990年第1期,第20～31页。

[20] 此条出《史记索隐》引谯周语:"《系本》谓燕自宣侯以上皆父子相传,无及。""世本"作"系本",乃避唐太宗之讳。见《史记》卷三十四,北京:中华书局,1959年,第1551页。

[21] 陈平:《燕史纪事编年会按》,北京:北京大学出版社,1995年,第147页。

[22]《史记》卷一十三,北京:中华书局,1959年,第500～501页。

[23] 唐兰:《西周青铜器铭文分代史征》,北京:中华书局,1986年,第99页。

[24] 陈平:《燕史纪事编年会按》,北京:北京大学出版社,1995年,第162～163页。

[25] 裘锡圭:《释建》,《古文字研究》第17辑,北京:中华书局,1989年,第209页。

[26] 曹定云:《北京琉璃河出土的西周卜甲与召公卜"成周":召公曾来燕都考》,《考古》2008年第6期,第80～84页。

[27] 任伟:《西周封国考疑》,北京:社会科学文献出版社,2004年,第150页。

[28] 中国社会科学院考古研究所、北京市文物研究所、琉璃河考古队:《1981—1983年琉璃河西周燕国墓地发掘简报》,《考古》1984年第5期,第405～416页;中国社会科学院考古研究所、北京市文物研究所、琉璃河考古队:《北京琉璃河1193号大墓发掘简报》,《考古》1990年第1期,第20～31页。

[29] 陈平:《克罍、克盉铭文及其有关问题》,《考古》1991年第9期,第843～854页。

[30] 陈光:《西周燕国文化初论》,许倬云、张忠培主编:《中国考古学的跨世纪反思》下册,香港:商务印书馆,1999年,第371～374页。

[31]《毛诗正义》卷一,影印《十三经注疏》,北京:中华书局,1980年,第287页。

[32]《尔雅注疏》卷九,影印《十三经注疏》,北京:中华书局,1980年,第2636、2637页。

[33]《尔雅注疏》卷九,北京:中华书局,1980年,第2636、2637页。

[34](三国吴)陆玑:《毛诗草木鸟兽虫鱼疏》,《文渊阁四库全书》第70册,上海:上海古籍出版社,1987年,第11页。

[35](宋)欧阳修:《诗本义》卷一三,《文渊阁四库全书》第70册,上海:上海古籍出版社,1987年,第279页。

[36]《毛诗正义》卷一,影印《十三经注疏》,北京:中华书局,1980年,第287页。

[37]此点季旭昇先生已得我先,参其《〈诗经〉研究也应该走出疑古时代:以〈召南·甘棠〉诗的诠释为例》,陈致主编:《跨学科视野下的诗经研究》,上海:上海古籍出版社,2010年,第194页。

[38]《毛诗正义》卷一一,影印《十三经注疏》,北京:中华书局,1980年,第435页。

[39]《尔雅注疏》卷三,影印《十三经注疏》,北京:中华书局,1980年,第2585页。

[40]《中国植物志》第36卷,北京:科学出版社,2004年,第366~367页。

[41]《黄土高原造林》编写:《杜梨》,《陕西林业科技》1978年第2期。

[42]韩恩贤、赵辉、罗伟祥:《黄土高原杜梨生长调查分析》,《陕西林业科技》2001年第4期,第16~19页。

[43]竺可桢:《中国近五千年来气候变迁的初步研究》,《考古学报》1972年第1期,第15~38页。

[44]详参拙文《〈诗经·甘棠〉本事考》,《内江师范学院学报》2016年第5期,第36~39页。

[45]李峰:《西周的政体:中国早期的官僚制度和国家》,北京:生活·读书·新知三联书店,2010年,第159页。

[46]李峰:《西周的灭亡:中国早期国家的地理和政治危机》,上海:上海古籍出版社,2007年,第141~142页。

[47]本文所引据李学勤先生之释读,参李学勤:《论史墙盘及其意义》,《考古学报》1978年第2期,第149~158页。

[48]宗德生:《试论金文中的"周"》,《南开学报》1985年第2期,第55~58页。

《尚书中候》名义新论

宋吉如

（武汉大学文学院，湖北武汉，430072）

内容摘要：“中候”之“中”当为地理意义的“地中”，象征至高无上的中心王权和神圣空间。“候”本义为“伺望”，于此当为帝王观天象的行为，“中候”即可解释为于地中观候神秘的天意。帝王所观之异象则暗含了天命呈现的门径，也揭示了天命运转之规律，故而“中”“候”二字皆是为巩固统治、证明政权之合法性服务的政治术语。《尚书中候》与《尚书》的区别在于，《尚书》以人事明天道，《中候》则将天道付之于神秘叙事。

关键词：《尚书》；《尚书中候》；名义；《尚书》纬

在传统学术体系中，《尚书中候》被视作谶纬之书。它相继记述了与尧、舜、禹、文王、武王等各朝帝王或者霸主相关的符应故事，被认为是产生时间较早、较有影响的一部纬书。《尚书纬》曰：“孔子求书，得黄帝玄孙帝魁之书，迄于秦穆公，凡三千二百四十篇，断远取近，定可为世法者百二十篇，以百二篇为《尚书》，十八篇为《中候》。”[1]据此，《中候》亦为孔子所删定，是与《尚书》并行的定世法之作。郑玄曾为之注，并依凭《中候》为其他经书作注。明清以来，孙瑴、孔广林、袁钧、皮锡瑞也都曾为其作注，其重要性可见一斑。同时它又是谶纬中非常独特的存在，别具一格的叙事体例让它与其他纬书区别开来，与《尚书》经的微妙关联更添其神秘。《尚书中候》到底是怎样的一部书？它与《尚书》、“尚书纬”是何关系？它隶属于“七经纬”范畴，还是独立于“七经纬”之外？这些都是当前《尚书中候》研究中亟待解决的问题。它在谶纬体系中的定位至今仍存有很多不明或分歧，甚至连何谓“中候”尚有许多争议。本文试结合《中候》文本剖析“中”“候”含义，以期揭橥《尚书中候》的名义，并就教于方家。

一、“中候”名义旧说述评

学者们对“尚书中候”的解读主要集中在后两字上，据不完全统计，大约存在有释“候”为占验、占候；释“候”为谶纬互文之称谓；释“中候”为官名；释“中候”为“中鹄”四种说法。以上诸说皆有可取之处，但也均有其不甚周密之处，因此目前学界就“尚书中候”的释义未能达成较为一致的意见。

（一）释“候”为占验、占候

持此种观点的有钟肇鹏、张甲子等人。钟肇鹏从《中候》的篇目内容出发，更倾向于将《中候》释为言符瑞灾祥的一种占验文体[2]。张甲子认为"候"与占卜、星象之意义密切相关，"中"则与"左""右""内""外"相对，因而无实际意义[3]。他们对"中候"的释义主要从"候"的占验特性出发，既突出了其神学内涵，又能体现"候"与其他谶纬书籍的不同，这一解释有一定的道理，但是翻检《尚书中候》全文，不难发现其中仅有较少一部分内容与"占验"相关，若以"占卜""占验"蔽其题意则未免失之偏狭。

（二）释"候"为谶纬互文之称谓

持此观点的主要有陈槃、姜忠奎等人。陈槃在《古谶纬研讨及其书录解题》一书中提出："谶、纬、图、候、符、书、录，虽称谓不同，其实止是谶纬，而纬复出于谶。故谶、纬、图、候、符、书、录之七名者，其于汉人，通称互文，不嫌也。"[4]后文又加以强调："以《中候》与纬候及图谶互文，是候可以名纬，又可以名图谶也。"[5]姜忠奎也说："揆兹六名，实同一类。妖祥之变，由占候而后得，故名为候。"[6]他们将谶、纬、图、符等一系列代表谶纬称谓的书名都视作一体。虽然将"候"释为谶纬互文之称谓最不容易引发争议，但是这也模糊了不同类别纬书之间的界限。持此观点的学者们也意识到了这一问题，因此他们在行文中亦提及了这些名称的各具特色之处。然而这一观点中和性还是太强，削弱了不同谶纬书的独特性。

（三）释"中候"为官名

将"中候"视为官名，持此观点的有章太炎、徐兴无等。《汉书》中就有以"中候"为官名的记载，章太炎在解释"尚书"时引入了"中候"的概念，他认为："'中候'，官名。以中候对尚书，则以尚书为官名矣。"[7]虽然他并不赞成将"尚书"解释为官名，但是他对"'中候'为官名"这一概念并没有提出异议。徐兴无采用了章太炎这一解释，他认为："东汉时的中候即西汉时的中尉(兵家与星占候气之术关系密切，斥候、中候之名，与望候之术亦有渊源)。"[8]该观点承认了《尚书》与《中候》的平行关系，而且"中候"确有官名之说，有其可取之处。然而此处释作官名是否切题还需进一步探讨，首先，《中候》的内容并未涉及"中候"这一官职，与官职相关者也仅有零星半点。再则，若是以西汉时的中尉官言之，《中候》中与星占候气相关之内容也寥寥无几，其说难以成立。

（四）释"中候"为"中鹄"

持此观点的是廖平，他撰写了《书尚书弘道编》与《书中候弘道编》两书，并将《尚书》中一些"周篇"——共十八篇划分作《中候》的内容，其余十一篇归为《尚书》。通常所说的二十九篇《尚书》在他的定义中被总称作《书》，而《尚书》与《中候》则是此《书》的两个组成部分，他称："候通侯，《开元占经》引作《中侯》，'中侯'谓中鹄……经立正鹄，以待后王射中，故《中侯》乃俟后之书，托古周公、成王，推为大统。"[9]廖平的说法有其深层的考量，他将《尚书》的篇章内容拆分为《尚书》与《中候》两部分，显然是视二者为并驾齐驱的独立关系。遗憾的是他并未说明如此划分的依据，也没有坚实的论据作为支撑，而他对"中候"题意的理解是建立在他的划分标准之上的，因此采纳者不多。另外，古籍中不乏将"尚书中候"写作"尚书中侯"的情况。其实"候"字是从"侯"字中引申出来的分化字，因此在很多文献中都存在有“候”“侯”通用的现象，恐读者有惑，于此特作说明。

（五）对前人诸说持疑，但无明确观点

黄复山在《汉代〈尚书〉谶纬学述》中列述了“候”在汉代文献中的解意，但并未明确提出自己的观点[10]。任蜜林既不认同将《中候》理解为术数之书，也拒绝将它视作官职名称，不过任蜜林对“中候”的具体含义亦没有做出回答[11]。另外，在安居香山看来，《尚书中候》是一本符命之书。而他将以灾异说、星占为主的《易飞候》等使用“候”的诸文献与《尚书中候》分别开来，可以从侧面看出，在他的观点中，《尚书中候》是具有独特含义的“候”书[12]，不过他也没有具体说明“中候”二字的含义。

由此可见，学术史关于“中候”的解释虽多，但分歧很大，再加上其中又牵涉到《中候》与《尚书》的关系，阐释难度进一步加大，故《中候》的名与义，均未能有让所有人信服的权威性阐述。因此对《中候》名义进行阐释需要正视两大难题：一是由于古籍中几乎没有对《中候》题名进行直接阐释的文字，但却对“中候”或者“候”存在着多种多样的解读，仅“中候”(或“中侯”)的固定用法就有官职名、地名、中医诊脉法等多种，遑论单个“候”字了。如此一来，难免言人人殊，莫衷一是。二是《中候》的“身份”问题一直悬而未决，它与《尚书》的关系尚未厘清，这也在一定程度上影响了学者们对“中候”题意的把握。显然，“中候”的名义尚存有不小的解读空间。尽管《中候》已是残篇断简，但是在清代学者的努力辑佚下，我们仍有幸可以探得《中候》文本的大致面貌。因此，笔者试从其文本内部出发，就《中候》的名义问题略陈管见。

二、“中”“候”臆说

本节欲结合《中候》的具体文本，从“中”与“候”的单个释义入手对《中候》题名进行分析，以期得到一个较为合理的阐释。

（一）释“中”

“中”字虽然书写简单，但是它在中华传统文化中是有其丰富的内涵的，我们熟知的“中”有“中正”“中道”“中央”“中和”“心”“内”“中庸”等意，在清华简《保训》篇有关“中”字的释义研讨中，“中”还被解释为某个具体的事物。而学界在对“中候”二字进行阐释时，习惯性将研究重点放置于“候”字上，却相对忽视了“中”字的具体内涵。结合《中候》文本可知，我们并不能将“中”字简单理解为“其中”或者无实意虚词，或许从地理与宗教两个方面深入解读《中候》，将之理解为“地中”更为恰当。

《中候》作为一个记叙文本，其所叙之事大部分发生于河洛地区——即天下之中。古书中对河洛地区即地中一事皆有明言，孔《传》《史记》、纬书中皆有相关言论，此处不再赘言。《中候》中屡次提及河出图、洛出书，其以“河”“洛”命名的篇目约占了全部篇目的三分之一。书中涉及的贤明君王几乎都有“观河”“观洛”等行为，现摘录一二：

> 舜沉璧于河，荣光休至，黄龙负卷舒图，出入坛畔。[13]
>
> 禹临河观，有白面长人鱼身，出曰：吾河精也。[14]

> 天乙在亳，东观乎雒，黄鱼双跃，出跻于坛，化为黑玉。[15]

“河龙出图”“洛龟出书”两个事件贯穿于全书，上至伏羲、轩辕有此二象，下有尧、汤、成王皆观于洛，舜、禹、武王都临于河，除此之外，文王戒武王曰：“河洛复告，遵朕称王。”[16]也与河、洛紧密相关。一直以来，古人就有“尚中”的思想观念。早在《周官·地官司徒》中便有以“土圭之法”积极寻求“地中”之所在的记载。《吕氏春秋·慎势》亦称：“古之王者，择天下之中而立国，择国之中而立宫，择宫之中而立庙。”[17]河洛地区作为天下之中，乃是夏商周的都城所在，历史上有多个朝代在此建都，而汉代建都洛阳的想法虽然在汉光武帝时期才得以实现，但是刘邦也曾有久都洛阳的念头，王莽更是借谶纬之说力排众议，意欲迁都洛阳。是什么使“地中”在政治上成了如此重要的战略要地呢？主要有以下两个原因：一是居中而治，有利于领导四方之民；二是地中位于世界之中心，乃天、地、人交汇之处，是神圣之所在。下文分别论述之。

首先是地理维度上，基于现实统治的考量，处于中位一则可以拉进君主与偏远蛮荒之地的距离，便于统治者管理，令善恶之道俱易见闻也；二则“王者京师必择土中何？所以均教道，平往来”[18]。君主处中可以平均各路来贡者进贡之里程，均等四方与中央之往来；三则还有生存环境上的考量，清华简《保训》篇文王告武王曰：“日不足隹宿不详”[19]，西岐位处西方，在文王心中乃日不足之处，光照不能遍及，故宜迁往日中之处[20]。如此看来，王居中位在王者进行政权统治的实际中发挥了巨大作用。

其次是宗教维度上，天下之中乃通天之所在，是象征着王权中心的神圣空间。王者所居乃天地之中心在世界范围内都可以找到共鸣，耶律亚德在《宇宙与历史——永恒回归的神话》中便提及这一点，他称所有的圣城与王居皆是天地之交会，世界之中心，包括中国夏至正午无影的地中王城[21]。《周官·地官司徒》记载地中乃“天地之所合也，四时之所交也，风雨之所会也，阴阳之所和也”[22]，居于此处则天地交泰，阴阳协调，地中之神圣性不言而喻，王者居此即取永保天命之意。以下列举一二：

> 王来绍上帝，自服于土中。旦曰：“其作大邑，其自时配皇天；毖祀于上下，其自时中乂；王厥有成命治民，今休。”[23]
>
> 斗居天中而有威仪，王者法而备之，是亦得天之中和也。[24]

周公旦称以土中之大邑配天而为治，并且慎祀事神，方能应于天命、成就河清海晏，也恰恰是应于“地中”天地枢纽之身份，与天最为接近，故可通天。再如《春秋说题辞》注文所云，“王居地中”乃以“斗居天中”为法，孔颖达亦说：“用是土中致治，当于天心，则王其有天之成命，降福与之。”[25]皆有“土之中心”即“天之中心”之意。是此，君主已超脱于世俗概念上的人王，成了神圣概念里代天而言的天王。王者居天下之中同王者秉承天命一样，逐渐变成了约定俗成的仪式准则，深深地烙印在了中华文化的基因里。《中候》在撰写材料的选择上，有意摘取了处于变革之际的改朝换代之君，其中的天命思想是一以贯之的，因此，“中”字不仅意味着地理维度上的“地中”区域，更代表了神圣维度下的天地枢纽，是天子之所在。

（二）释“候”

很多学者将“候”释作“占候”之意，即观象测吉凶，其重点在于测吉凶。《中候》之文是否意在“占验”，还有待商榷。首先，我们以辑佚相对较为完备的《重修纬书集成》为统计对象，考察《中候》佚文的征引情况。剔除单句在同一本书中的重复引用次数，以类书如《太平御览》《唐类函》《艺文类聚》《天中记》《初学记》等所引最多，共引 233 次；经书及注如《毛诗正义》《礼记正义》《周礼正义》等次之，共引 81 次；史书及注如《路史》《绎史》《后汉书》等再次之，共引 57 次；占书如《开元占经》引 31 次，《五行类事占征验》引 3 次，共引 34 次；此外李善《文选》注引了 10 次。相较于经书与史书来说，《中候》被占书征引次数相对较少，这一征引比例在某种程度上可以反映后世对《中候》的定位并不偏于占书一类。另外，下文略比对《中候》与《易飞候》在描述祥瑞灾异上的行文体例：

《易飞候》	《中候》
正月有偃月，必有嘉主。[26] 天雨铁钱，其国大饥。[27]	尧砥德匪懈，醴泉出。[28] 夏桀无道，天雨血。[29]

很显然，他们对祥瑞灾异的描述是不甚相同的。《易飞候》采用的是假设关系，而《中候》则采用的是一种顺承关系，也可以理解为因果关系。简而言其组织架构，即《易飞候》所言为“天象→吉凶”，而《中候》所说为“君道→天象(→吉凶)”。如果从“占”的角度来理解，占有其对象与结果。《易飞候》即是如此，占的对象为天象，其结果是吉、凶，正是“占候”无疑了。《中候》则不然，其记叙了君主有道/无道则天显象，其吉凶暗藏于所显异象之中，这一点恰恰与“占”表明吉凶的本质背道而驰了。不可否认《中候》中也存在一些如“星孛房，四邦灾”[30]“中能垂，公辅谋”[31]这样观星象变化的占验性文字，但是这部分内容毕竟是少数，若以“占候”命名全篇则不够确切。

笔者更倾向于将“候”解释为其本义，词性由动词转为名词，即“所候”，意为所观察到的。“候”的本义为侦察、守望之意。《说文》解释“候”为“伺望也”[32]，《广雅》以“候”与“侦”“覗”义通[33]，《癸巳类稿》有云：“尝论古纬书，为冯相、保章，从太史所记灵台候簿，故曰纬候、谶候。”[34]灵台候簿即灵台天文观测记录本，“候”即是“观测”之意。再看《中候》文本，全书按照依时与依人两种叙事原则，以时间为线为人物立传，集中描述了帝王所观之事，无论是天命所归之人所见祥瑞，抑或是天命所弃之人所见灾异，皆是囊括在“所候”之中的。而文中屡次出现的“观”字，也可为之佐。

不同于一般意义上的所见所观，此处“所候”的背后是神秘的天意。《六韬·军势》有云：“圣人征于天地之动，孰知其纪，循阴阳之道而从其候，当天地盈缩因以为常。”[35]天地之变化(也就是“所候”)是有其法道可循的，结合《中候》内容可知，知其所以“醴泉出”者，乃“尧砥德匪懈”所致也；知其所以“天雨血”者，乃“夏桀无道”之故也。所以在解读“中候”之“候”时，还需探明其“所候”背后的规律。

首先是天人感应之说。其主要内涵有三：一则王者受命于天，《中候》重在描述不同君主受天命的具体表现，比如河精授禹河图，文王受赤雀丹书之类，皆是王者受命于天的明证；二则天感于人，《中候》文本中多处显示了政治清明则天降祥瑞，政治昏庸则天降灾异；三则人应于天，汤受神命而伐桀兴商，文武受命伐纣灭商，诸如此类。天人感应说一方面可以通过解释祥瑞现象来稳定民心，巩固皇权，另一方面又可以借天降灾异让君主进行自我反思，从而规范其行为，规避其错误，以达到政权稳固的目的。

其次是五德终始学说。刘歆的五德终始学说为以尧为火德，舜为土德，禹为金德，汤为水德，武王为木德，汉高祖为火德。而《中候》中所展现的朝代更替规律与此高度吻合，写尧沉璧于河，有“赤文”见，写舜则“黄龙”出，写禹见“白面长人”，写商汤则为“玄精”，至于文王，书中称其为“苍帝子”，越过秦，接着是刘姓“复尧之常”[36]，又为“赤”。全书按照与“赤、黄、白、黑、苍”相对应的“火、土、金、水、木”五行规律串联起来，循环往复，自始而终。统治者们都可以依照五德终始学说为自己寻找到相对应的王朝德运，以此来证明政权的正统地位。

综上所述，“中”代表了昭示帝王合法性的神圣空间，“候”的表层意义是“观”，深层意义则是“观”天道秩序，帝德之运转。“中”“候”两字合在一起便可以解释为在“地中”“候观”天意，如禹临河观、天乙东观乎洛、武王观于河等皆是帝王于河洛所观之明证。作为一部昭明政治统序的“帝王书”，《中候》记载了尧、舜、禹、夏桀、商汤、纣王、文王、武王、成王直到秦伯、刘邦、项羽等各朝帝王、霸王尤其是易代之君所经历的神异祥瑞事件，其内暗含了天命运行的法则，借此显示了各朝帝王取得维护政权的合法性与正统性。

三、“《中候》”与“《尚书》”之关系

《中候》既为帝王书，那么它和《尚书》是何关系？是否是解释《尚书》的纬文？它和《尚书纬》又有什么关系？

学者就《中候》与《尚书》《尚书纬》的关系问题各执一词，众说纷纭。首先是其与《尚书》的关系，上引《尚书纬》的表述显然是将《尚书》与《中候》视为同出之文，皮锡瑞认同之。更多的学者则认为《中候》乃倚赖《尚书》所作，如陈槃认为《中候》中不乏模拟《尚书》者[37]，安居香山认为《中候》是仿《尚书》而作，任蜜林认为《中候》从广义上来说是一部解释《尚书》的纬书[38]。其次是其与《尚书纬》的关系，安居香山认为这两者之间有较大差别，张林建则认为《尚书中候》既可与《尚书纬》合，也可与之分[39]。其他学者多将《尚书中候》泛归于《尚书纬》之下，比如黄复山和任蜜林认为两书在内容上多有复见相同之处，并无大异。笔者认为在层级关系上，《中候》与《尚书》乃平行关系，《尚书纬》则是《尚书》的次一级附庸。

欲明《中候》与《尚书》之关系，我们仍需从《尚书璇玑钤》的表述开始。作为光武帝

钦定的“八十一篇”图谶之一，我们可以认为《尚书璇玑钤》代表了汉代人一般性认识。《尚书璇玑钤》认为孔子三千多篇文章中可以为世法者百二十篇，以其中的百二篇为《尚书》，另外十八篇为《中候》。据此，《中候》与《尚书》俱是孔子所求之书的内容，经孔子删定再分为两编。若如此，则“《尚书》”有广义，有狭义，广义者可以被称之为“《书》”，其中涵括了《中候》，狭义者即我们通常所说的“《尚书》”，而“尚书中候”之“尚书”即取其广义。与此同时，传世文献，如《后汉书·郑玄传》提及郑注《中候》，亦未在前冠以“尚书”，也可引起我们的关注。清人廖平分著有《书尚书弘道编》《书中候弘道编》两书，显然是非常有见地的，他并不赞同以《尚书》命名《中候》的做法，他的《书尚书弘道编》题下有字：“旧名《尚书纬说》。尚者，上也。上讬帝王，因加‘尚’以尊之。故前十一篇法古，为《尚书》，后十八篇俟后，为《中候》，不得概以《尚书》目之。今统加以大名曰《书》。”[40]他将《尚书》中记述周朝的文字划作《中候》内容，虽然我们在现今流传的《中候》佚文中可以看到大量的周代事迹，但由于此说法仅为其一家之言，古籍中未见相关言论，故不被众人采纳。但是我们仍然不可以忽视廖平对于“《尚书》”与“《中候》”关系问题的考量。下文试从内容与形式两个方面加以辨析。

从内容上来说，何谓“书”？“书”乃“上所为，下所书也”[41]“上古帝王之书”[42]也。《中候》正是这样一部书写上古帝王时事之作，其与《尚书》(狭义，后放此)所述的时代有相当大的重合，《尚书》记载了虞夏商周时代，《中候》则从夏前记叙至秦末汉初。在所记人物上，《尚书》记载的帝王有尧、舜、禹、夏启、太康、仲康、商汤、夏桀、太甲、盘庚、武丁、商纣、周武王、成王、康王、穆王、平王，其故事时间止于鲁侯、秦穆公。《中候》则记载了轩辕、伏羲、尧、舜、禹、商汤、夏桀、商纣、文王、武王、成王、秦伯，周代以后又涉及刘邦和项羽。此二者所载帝王与所叙时间存在着大量的重合之处，差别在于《尚书》所载帝王数量更丰，而《中候》所叙时间跨度更长而已。在所述事件上，他们都记载了与上古帝王相关的政治事件，只是侧重点有所不同：《尚书》所录为上古时代部分历史事迹以及各代典、谟、训、诰、誓、命等文献。《尚书中候》则是集中描述上古时期各朝各代(尤其是改朝换代之际)发生在帝王身上的神异符命现象。《尚书》长于记言，《中候》重在记事，他们共同呈现了上古时期的历史事件。

从形式上来说，《尚书》与《中候》在对帝王相关事件的表述上采取了不同的表现形式，下就舜命禹治水一例展开叙述：

《尚书·舜典》	《中候》
舜曰：“咨四岳，有能奋庸熙帝之载，使宅百揆，亮采惠畴?”佥曰：“伯禹作司空。”帝曰：“俞，咨禹，汝平水土，惟时，懋哉。”禹拜稽首，让于稷、契、暨皋陶。帝曰：“俞，汝往哉。”[43]	伯禹在庶，四岳师举荐之帝尧。握《括命》不试，爵授司空。伯禹稽首，让于益、归。帝曰：何斯？若真，出尔命图，示乃天。[44]

如上所述，《尚书》与《中候》中皆记载了舜帝听取四岳之建议使伯禹治水、禹辞不从、舜坚持前命一事。但是《中候》的记载重在天道，因其握持天命，故而不试。反观

《尚书》，则有对群臣“三载考绩”之行。另外，舜禅禹时有言称：“朕志先定，询谋佥同，鬼神其依，龟筮协从，卜不习吉。”[45]如此看来，《尚书》明天人之道的方式是立足于社会文明的，君主施行天道的方式是将其内化为聚焦于现实的务实人道，而隐秘幽微的神道、天道被掩藏起来了。《中候》则不然，它明天人之道的方式即是用最直白晓畅的手段将最隐晦诡谲的天道现于人前。世人皆道君主乃天命所归，却不知其如何然，《中候》便将天命降下的具体表现形式娓娓道来。《中候》与《尚书》的区别即在于此，可以说他们以不同的形式反映了上古时期帝王驭民之术的多面状况，《尚书》是文明的一面，《中候》则是神秘的一面。一个“人”的氛围更浓，另一个则“神”的意味更重。

正如皮锡瑞所说：“《中候》之文，与《书》同出……是则渊源不二，表里互明，上祧帝魁，下讫秦穆。非同《禹贡》，别撰《山经》；例以《春秋》，宜存《外传》。”[46]汉人将《左传》《国语》称作《春秋》的内外二传，此二者一为国别体，长于记言；一为编年体，重在记事，它们互相补充，互证互明，共同呈现了春秋时期的历史事件。以此相类比，《中候》或也可理解为“《书外篇》”，与依附于《尚书》的《尚书纬》不同，《中候》与《尚书》之间并不存在解释与被解释的关系，它们是同源并行的一体之两面，有着各自独立的演说系统，《尚书》藏天道于人后，而《中候》则将天道示于人前。这又引发了一个新的问题，《尚书中候》既是《尚书》的平行文本，那它属于经书吗？笔者还是倾向于将它归类于通俗意义上的谶纬类，《隋书·经籍志》曰：“孔子既叙六经，以明天人之道，知后世不能稽同其意，故别立纬及谶，以遗来世。”[47]能明幽昧之神道者，即是谶纬之流了。虽然《中候》中也存有“姬昌，苍帝子。亡殷者，纣也”[48]这样的诡言谶语，但是从全篇观之，它不属于“谶”；“纬”又是围绕经书而成，专以配经、解经，《中候》亦不在“纬”列。不过，正所谓对文则别，散文则通，广义上的谶纬是各类神学著作的通称，正如《隋书·经籍志》所归类的那样，《中候》当是其中独特的一本。

此外，另有一点值得思考，按照廖平的说法，《中候》在我们熟知的《中候》文本外另有其文，那么现今存有的《中候》篇目则变成了《中候》的附属文本。不过这种观点并没有足够坚实的论据作为支撑：首先，如果《中候》另有其文，古籍中却从未提及，这不符合常理；再者，他将《尚书》内容划拨一部分至《中候》，缺乏相关文献作为佐证。在此仅备一说。但是我们也要注意到纬书的命名体例，诸如《易纬稽览图》《尚书璇玑钤》《礼含文嘉》《诗含神雾》《春秋演孔图》《乐动声仪》之类，皆是以经书在前，后附文字以成就书名。再看《中候运衡》《中候握河纪》《中候苗兴》等等，皆是“中候”在前，附加其他文字以成篇名。这一命名方式显然是《中候》与《尚书》地位平等的又一佐证。至于《中候》是否另有独立文本，文献缺载，无法确论。

综上所述，《中候》与《尚书》有同有异，其所同者，二者皆是为政治服务的帝王之书；其所异者，《尚书》以人事明天道，《中候》则将天道付之于神秘叙事。故此书有三个决定性的特征绝不可忽视。一是“帝王书”。从它的记载来看，“帝王”是书中的主角，所有的祥瑞灾异皆是围绕帝王展开。二是“政治”。其所要传达的政治内涵是其精神内核。有趣的是，《中候》所采选的帝王或为尤其贤明之主，或为尤其无道之主，多数处于改朝换代的变革之际，其政治影响力非一般的帝王可以比拟。三是“天命”。《中候》所述林林总总，无一不在传达天命运行之规律，并以此为后世之法。

总之，目前学界在《尚书中候》的书目阐释问题上，主要有占验说、谶纬说、官名说、中鹄说等几种说法，以上诸说各有道理，也有不甚周详之处，其主要原因在于对文本内容的把握不够。本文在前贤研究的基础上，从《中候》的文本内容入手，结合其具体的语句语段对“中候”二字进行阐释，厘清其与《尚书》同源并出的本质，探明其作为帝王之书的深层政治内涵。一方面可以进一步深化题名这一基础问题，使题名释义更切合文章内容；另一方面分析了《尚书》与《中候》之关系问题，使《中候》的性质问题进一步明确。不过“中候”一词也存在着多种解读思路，其还存有很大的阐释空间可供发挥。但是在文献不足征的情况下，较为稳妥的阐释路径是从文本出发，以最大限度避免凿空之论。至于《中候》与“七经纬”之关系，将另文论述。

注释：

[1]（汉）孔安国传，（唐）孔颖达，等正义：《尚书正义》卷一，上海：上海古籍出版社，1990年，第9页。

[2] 钟肇鹏：《谶纬论略》，沈阳：辽宁教育出版社，1991年，第51页。

[3] 张甲子：《〈尚书中候〉题意考》，《河南科技大学学报》（社会科学版）2010年第3期，第14～17页。

[4] 陈槃：《古谶纬研讨及其书录解题》，上海：上海古籍出版社，2010年，第149页。

[5] 陈槃：《古谶纬研讨及其书录解题》，上海：上海古籍出版社，2010年，第174页。

[6]（清）姜忠奎：《纬史论微》卷一，上海：上海书店出版社，2005年，第12页。

[7] 章太炎：《国学略说》，《章太炎国学二种》，杭州：浙江古籍出版社，2012年，第129页。

[8] 徐兴无：《谶纬文献与汉代文化构建》，北京：中华书局，2003年，第8页。

[9] 舒大刚、杨世文主编：《书中候弘道编》，《廖平全集（4）》，上海：上海古籍出版社，2015年，第181页。

[10] 黄复山：《汉代〈尚书〉谶纬学述》，台北：花木兰文化出版社，2007年，第235～236页。

[11] 任蜜林：《汉代“秘经”纬书思想分论》，北京：中国社会科学出版社，2015年，第213～215页。

[12]［日］安居香山、中村璋八辑：《纬书集成》（上），石家庄：河北人民出版社，1994年，第23～41页。

[13]（唐）欧阳询撰：《艺文类聚》卷九十八，上海：上海古籍出版社，1965年，第1703页。

[14]（宋）李昉，等：《太平御览》卷八百七十二，北京：中华书局，1960年，第3868页。

[15]（梁）萧统编，（唐）李善注：《文选》卷三十一，北京：中华书局，1977年，第454页。

[16]（汉）毛公传，（汉）郑玄笺，（唐）孔颖达，等正义：《毛诗正义》卷十六《大雅·文王》，上海：上海古籍出版社，1990年，第531页。

[17]（汉）高诱注：《吕氏春秋》卷十七，上海：上海书店出版社，1986年，第211页。

[18]（汉）班固撰集，（清）陈立疏证：《白虎通疏证》卷四，北京：中华书局，1994年，第157页。

[19] 清华大学出土文献研究与保护中心编：《清华大学藏战国竹简（壹）》，上海：中西书局，第143页。

[20] 参见(汉)高诱注:《吕氏春秋》卷十三,上海:上海书店出版社,1986年,第126页。“白民之南,建木之下,日中无影,呼而无响,盖天地之中也。”日中之处即天地之中。

[21] [美]M.耶律亚德:《宇宙与历史——永恒回归的神话》,杨儒宾译,台北:联经出版事业公司,2000年,第4~13页。

[22] (汉)郑玄注,(唐)贾公彦疏:《周礼注疏》卷十,上海:上海古籍出版社,1990年,第153页。

[23] (汉)孔安国传,(唐)孔颖达,等正义:《尚书正义》卷十五,上海:上海古籍出版社,1990年,第218页。

[24] (宋)李昉,等:《太平御览》卷六百一十,北京:中华书局,1960年,第2743页。

[25] (汉)孔安国传,(唐)孔颖达,等正义:《尚书正义》卷十五,上海:上海古籍出版社,1990年,第219页。

[26] (宋)李昉,等:《太平御览》卷四,北京:中华书局,1960年,第21页。

[27] (唐)瞿昙悉达:《开元占经》卷三,长沙:岳麓书社,1994年,第31页。

[28] (宋)李昉,等:《太平御览》卷八百七十三,北京:中华书局,1960年,第3870页。

[29] (唐)瞿昙悉达:《开元占经》卷三,长沙:岳麓书社,1994年,第30页。

[30] (唐)瞿昙悉达:《开元占经》卷八十九,长沙:岳麓书社,1994年,第942页。

[31] (唐)瞿昙悉达:《开元占经》卷六十七,长沙:岳麓书社,1994年,第693页。

[32] (汉)许慎:《说文解字》卷八上,上海:上海古籍出版社,2007年,第391页。

[33] (清)郝懿行,等:《尔雅·广雅·方言·释名清疏四种合刊》卷三下,上海:上海古籍出版社,1989年,第439页。

[34] (清)俞正燮:《癸巳类稿》卷十四,北京:商务印书馆,1957年,第544页。

[35] (西周)吕望,等撰:《六韬(及其他四种)》,北京:中华书局,1991年,第17~18页。

[36] (汉)何休注,(唐)徐彦疏:《春秋公羊传注疏》卷二十八,上海:上海古籍出版社,1990年,第354页。

[37] 陈槃:《古谶纬研讨及其书录解题》,上海:上海古籍出版社,2010年,第167页。

[38] 任蜜林:《汉代“秘经”纬书思想分论》,北京:中国社会科学出版社,2015年,第212~213页。

[39] 张林建:《〈尚书纬〉研究》,东北师范大学硕士学位论文,2012年。

[40] 舒大刚、杨世文主编:《书尚书弘道编》,《廖平全集(4)》,上海:上海古籍出版社,2015年,第59页。

[41] (汉)王充:《论衡》卷二十,上海:上海古籍出版社,1990年,第194页。

[42] (汉)王充:《论衡》卷二十八,上海:上海古籍出版社,1990年,第268页。

[43] (汉)孔安国传,(唐)孔颖达,等正义:《尚书正义》卷三,上海:上海古籍出版社,1990年,第42页。

[44] (宋)李昉,等:《太平御览》卷八十二,北京:中华书局,1960年,第381页。

[45] (汉)孔安国传,(唐)孔颖达,等正义:《尚书正义》卷四,上海:上海古籍出版社,1990年,第55页。

[46] (清)皮锡瑞:《尚书中候疏证》,《皮锡瑞全集》,北京:中华书局,2015年,第583页。

[47] (唐)魏征,等:《隋书》卷三十二,北京:中华书局,1973年,第941页。

[48] (宋)李昉,等:《太平御览》卷二十四,北京:中华书局,1960年,第114页。

论陶渊明笔下“柳”意象的内涵与经典化

孙 娟

（华中师范大学历史文献研究所，湖北武汉，430079）

内容摘要：“柳”在陶学中是可以与“菊”“酒”“桃花”相比拟的重要意象，“五柳”作为陶氏“柳”意象的最高代表，是陶渊明的身份代称与精神表征，是能够表达华夏民族文化心理的特定意象。以“柳”为考察对象，分析其在陶渊明诗文中丰富的文学审美意蕴，挖掘其多元的意义阐释空间，探究其经典化过程中的内在品质与外在推力，不仅有利于敷陈陶氏提升艺术品质之津筏，还有助于阐发陶氏形塑“五柳先生”之资粮。此外，可由此管窥文学经典化的精神实质：由个体焦虑及解决方案的个性化，发展为群体共情与“秘药良方”的大众化。

关键词：陶渊明；“五柳”；意象；经典化

被尊为“古今隐逸诗人之宗”的陶渊明，在其诗文创作中曾先后五次使用“柳”意象，频率虽低，却成功塑造了最具代表性的“五柳先生”形象，可见“柳”在陶学中的重要性。但学界大多将目光聚焦于《五柳先生传》是否为自传，其创作时间与背景，文章的思想内容、艺术特色及影响等，关于陶渊明“柳”意象的内涵与意义等，目前尚无专门探讨。

引“柳”入诗的现象由来已久，譬如《诗经·采薇》之“昔我往矣，杨柳依依”，再如《古诗十九首》之“青青河畔草，郁郁园中柳”。此后，根据柳的形象、谐音等特性，文人墨客赋予了它丰富的思想内涵：可借柳绘春，以绿芽呈春之生气、以柳条现春之暖风；可借柳抒情，抒离别诉相思、说闲愁述爱恋；可借柳喻人，写柔美女子、书高洁隐士等。绘景、抒情、喻人这三方面在陶渊明诗文中皆有表现，而其中“五柳”的融合度极高，自然而不造作，为后世所称许。“五柳”是陶渊明精神气质之物化，“五柳先生”也成为后世隐士的“精神导师”。“五柳”之所以能超越其他意象而成为陶渊明独具个人特色的代称，不仅与它自身文化意涵的丰富性和深刻性有关，还牵涉到陶氏“柳”的人格化和经典化，故通过剖析陶渊明笔下“柳”意象，可以管窥文学经典化问题。

一、陶渊明“柳”多义的文学审美意蕴

文学作品中，描绘“柳”的语句层出不穷，且内涵丰富多样。在《陶渊明集》中，亦有四篇诗文五处涉及“柳”意象：

其一,《归园田居五首(一)》:"榆柳荫后檐,桃李罗堂前。""檐"或作"园",此句已成千古名句,此诗"赋也",是"靖节彭泽退归后所作","故于首篇言:误落尘网、已踰十年,常如鸟恋旧林、鱼思故渊,今乃归休田野,而其景趣幽远闲静如此,正犹久在樊笼而复得返自然也"[1]。元人刘履此言得之。正如韦应物所谓"杨柳散和风,青山澹吾虑"(《东郊》),柳在这里表述着美好的景色、安逸的生活以及恬静的心情。

其二,《腊日》:"风雪送余运,无妨时已和。梅柳夹门植,一条有佳花。"余运,意指岁暮。腊,谓年终祭名,文化内涵有三:新旧之交替,猎肉以冬祭,逐疫以迎春。"风雪"与"梅柳"对举,象征着"冬"已去"春"又来。正如贺知章《咏柳》所吟"不知细叶谁裁出,二月春风似剪刀","柳"在这里代表着"春"的"温暖""希望"以及"生机盎然"。

此外,由于人们常将"柳"植于门的两侧("夹门植"),故有"庭院深深深几许?杨柳堆烟,帘幕无重数"(欧阳修《蝶恋花》)的情状,因而"柳"又可作为家或家乡的代名词。"陶潜诗:'梅柳夹门植'……身在边而心思乡也。"[2]清人仇兆鳌此论可备作一说。又如李白《春夜洛城闻笛》所吟"此夜曲中闻折柳,何人不起故园情","柳"在这里蕴涵着浓厚的思乡思亲之情。

其三,《拟古九首(一)》:

> 荣荣窗下兰,密密堂前柳。初与君别时,不谓行当久。出门万里客,中道逢嘉友。未言心未醉,不在接杯酒。兰枯柳亦衰,遂令此言负。多谢诸少年,相知不忠厚。意气倾人命,离隔复何有?

逯钦立先生解为:"窗下兰"乃以庭兰"喻本人才德","堂前柳"是以陶宅前的五棵柳树起兴,是以宅柳"隐喻曾祖勋德名望"[3]。两相对比,可见"兰"与"柳"皆表征着美好的精神品质。"柳"体现着万物蓬勃发展、奋发向上的生命力[4],寄寓了人们对家族繁荣兴旺、长盛不衰的期许。在这里,"柳"旨在赞扬祖辈的功勋业绩,并有以此自励且企盼后辈努力效仿先祖之意。"初与君别时",点出"密密堂前柳"之"柳"不仅象征进取之志,还抒发离别之情。元人刘履称:此诗"比也",是"言兰与柳本皆易衰之物,犹且荣茂如此,以喻晋室虽弱,尚可望其有为,故我初与君别之时不自谓久违于外,但一出门即为远客,且逢嘉友,同心相亲,遂迷所留,况至于今,兰枯柳衰,所望者绝,使我初心既负而意向已决然矣"[5]。"兰枯柳亦衰",似是反用《周易》"枯杨生稊"之义,意为刘裕篡晋称宋之后,再无建功立业、经国济世之望,故陶渊明隐意已决。而"遂令此言负"与诗中"初与君别时,不谓行当久"两相参照,可知这是为陶渊明此后的终身不仕作注解。总之,此乃一诗而见二"柳":前者为荣密之柳,后者为枯衰之柳;前者展现其初心,含建功立事之志,后者预示其归宿,喻时运不济而隐。颇近于"成也萧何,败也萧何"之意味,陶渊明是"进取也柳,退归也柳"。

其四,《五柳先生传》:"宅边有五柳树,因以为号焉。"若将"五柳"具象化,则需讨论地理位置问题。五柳,是在彭泽还是在柴桑?是宅柳还是门柳?于此,张哲俊在《陶渊明五柳的误读与演变》一文中已有探讨,他认为《五柳先生传》写晚年归家后而非县令时的生活，故为柴桑宅柳[6]。逯钦立先生也将《五柳先生传》定为“晚年所作”[7]，故“柴桑宅柳”说可备为参考。正所谓“花开两朵，各表一枝”，若将“五柳”抽象化，则关涉人物形象问题：

> 子云性嗜酒，家贫无由得，时赖好事人，载醪祛所惑。（扬雄家贫嗜酒，人希至其门，好事者载酒殽从游学）觞来为之尽，是谘无不塞……汤东涧曰：“此篇盖托子云以自况，故以柳下惠事终之。”[8]

由上可知，陶渊明的“五柳先生”是托扬雄以自况，且综合以柳下惠等先贤特点而创造出来的一个典范人物。文中子称：陶渊明作《归去来兮辞》时已有“避地之心”，作《五柳先生传》时更“几于闭关”[9]。徐文靖在此基础上有进一步阐释：“‘刘伶者，古之闭关人也。’注云：‘闭关喻藏身也。’”[10]可见，“闭关”这种说法应该受到重视。陶渊明为何“闭关”以“藏身”呢？检其文集与行事，可知原因大致有二：其一，贤者之仕、隐，与有道、无道之天下关系密切。陶氏以“亲老家贫”起为州祭酒，“不堪吏职，少日自解归州，召主簿不就。躬耕自资，遂抱羸疾。江州刺史檀道济往候之，偃卧瘠馁有日矣。道济谓曰：贤者处世，天下无道则隐，有道则至。今子生文明之世，奈何自苦如此？对曰：潜也何敢望贤，志不及也”[11]。其二，渊明之出、处，与晋世宰辅之曾祖有关。“潜弱年薄宦，不洁去就之迹。自以曾祖晋世宰辅，耻复屈身后代，自宋武帝王业渐隆，不复肯仕。所著文章皆题其年月，义熙以前明书晋氏年号，自永初以来唯云甲子而已。”“颜延年《诔序》称曰：‘有晋征士陶渊明’，其不肯屈身后代之意，亦已微而显矣。”[12]故而，陶渊明“及宋受禅自以晋世宰辅之后耻复屈身异代。居浔阳柴桑，与周续之、刘遗民并不应辟命，世号‘浔阳三隐’”[13]。

通过以上对涉及“柳”意象的四篇诗文作具体分析，可见虽然陶渊明仅五次使用“柳”意象，但胜在其表现力强、艺术品质高：继承《诗经》“赋”“比”“兴”的表现手法，实现绘景、抒情、写人的有机统一；使用对比、铺陈、反衬等修辞，表现时序节令及情感心态的变化与反差；运用系物以数的思维模式，如系“五”于“柳”，引领人们生发对“五柳”从具象到抽象、从“折不折腰”到“出处仕隐”的深入思考。

二、陶渊明“五柳”多元的意象阐释空间

在陶渊明所有的“柳”意象中，“五柳”最具代表性，也最具影响力。发现并挖掘“五柳”的能指和所指，了解其内涵的丰富性，有助于理解和把握陶渊明的思想深度。

其一，《诗经》之“柳”与陶渊明之“柳”的源流关系。《诗经》也有四篇涉及“柳”[14]：《小雅·采薇》“昔我往矣，杨柳依依。今我来思，雨雪霏霏。”在“柳”与“雪”的意象对比中，凸显生命历程中“春”的生机盎然和“冬”的肃杀凋零，以此表现战士出征的历时之长和辛劳之甚。以“柳”生命力强、柔美、嫩绿等特征，来象征万物复苏、温暖、希望的“春”；又由“柳”“依依”的姿态，展现柳条柔弱、随风不定之貌；以“柳”的谐音“留”，来承载亲友送别时的依恋不舍之情。陶诗“梅柳夹门植”即取此意。《小雅·菀柳》“有菀者柳，不尚息焉”，“以枯柳之不可止息，兴王朝之不可依倚”[15]。陶诗“兰

枯柳亦衰”与此亦有异曲同工之处。《小雅·小弁》“苑彼柳斯，鸣蜩嘒嘒”，以茂柳和鸣蝉起兴，引出下文“心之忧矣，不遑假寐”。如果这是“被父放逐，抒写忧愤之作”[16]，则陶诗“密密堂前柳”，以柳起兴，“隐喻曾祖勋德名望”[17]，与前句“以庭兰喻本人才德”相得益彰，凸显时不我与、怀才不遇的忧愤，也是顺理成章、有例可循的。《国风·东方未明》“折柳樊圃”，反映了“钻燧改火”的礼俗，指根据季节变化而用不同的木材取火，如“春取榆柳之火”。陶诗“柳夹门植”，展现了风水堪舆的民俗风貌，将地理位置、审美情趣与迷信心理有机结合。由上可见，《诗经》中描绘“柳”时所采用的艺术手法，对陶渊明的创作有启发和影响。

其二，前贤与“五柳”的渊源。《五柳先生传》常被看作是陶渊明的自传，即所谓“自况”或“实录”，这影响了后世对陶渊明的认识。实际上，“五柳先生”是陶渊明集扬雄、柳下惠于一身而创造出来的一个理想人物[18]。“托子云以自况”，上已述及，此处略讲“以柳下惠事终之”。柳下惠，本名展获，字子禽，谥号惠。他作为道德典范，被孔子评为“逸民”即被遗落的贤人，见诸《论语·卫灵公》《论语·微子》，又被孟子称许为“和圣”，见诸《孟子·公孙丑上》。由于封地在柳下，故后人尊其为“和圣柳下惠”。元末明初文学家宋濂《题张泐和陶诗》说：“陶靖节诗，如展禽仕鲁，三仕三止，处之冲然，出言制行，不求甚异于俗，而动合于道，盖和而节，质而文，风雅之亚也。”[19]可见陶渊明“柳”与柳下惠的渊源所在。《五柳先生传》可看作是陶渊明受阮籍《大人先生传》等文启发，有意模仿嵇康《圣贤高士传》，寄寓作者理想的“自况”文，因此“五柳先生”是陶渊明吸收了“其先辈以及历史上先贤的种种特点所创作出了一个楷模式的理想人物”[20]。鲁迅先生认为《桃花源记》《五柳先生传》都是“晋世已盛”且“无涉于传奇”的“幻设”之文，它们“咸以寓言为本，文词为末，故其流可衍为王绩《醉乡记》韩愈《圬者王承福传》柳宗元《种树郭橐驼传》等”[21]。可见后世于此也有借鉴。

其三，先祖陶侃与“柳”。虽然陶渊明对“柳”的描绘不多，但“柳”与他的生活关系紧密。“《晋书》曰：陶侃，明识过人。武昌道上通种杨柳，人有窃之植于家。侃见识之，问何以盗官所种？于时以为神。”[22]陶渊明的先祖陶侃作江州刺史时，武昌道上皆种柳树，这或许是承袭了汉代周亚夫细柳营的传统[23]。有一个都尉夏施，将武昌西门柳盗植于家中，而陶侃发现并及时处理了。此事被当时人传以为神。先祖大司马陶侃驰骋沙场、忠贞不贰的英雄形象，也常被陶渊明用以自励和训子，见于《命子》篇。此事对陶渊明之“柳”可能也有影响。

其四，五子与“五柳”。与后世所理解的陶门柳的意义不同，陶氏植五柳所表现的可能不仅有隐逸之志，还有入世理想，同时也寄予了他对后代子孙的期望[24]。即便是“虽有五男儿，总不好纸笔”(《责子》)，陶渊明也期盼五子成龙，能像先祖一样建功立业、功成名就。从这一角度看，五柳象征着五子。毕竟“杨柳与生命崇拜有关，也与生子相关，预示生子的美好前程”，中国古人庭院之中常植三槐五柳，就是期盼子孙中能出现三公五侯[25]。

其五，刘裕与“五柳”。考察陶渊明生平经历可知：他以“亲老家贫”起为州祭酒，后为镇军建威参军，事时刘裕为镇军将军，陶潜为其下属。其后“揣知裕意，即有遁世之志，……吾不能为五斗米折腰，拳拳事乡里小人邪！乃赋《归去来辞》，解印去县。征著作郎，不就。潜自以曾祖晋世宰辅，不复屈身后代。自刘裕称宋，不肯复仕。凡著文章所题年月，义熙以前则书晋氏年号，自永初以来唯书甲子而已”[26]。吴楚材《古文观止》谓：“后刘裕移晋祚，耻不复仕，号五柳先生。”[27]逯钦立将《五柳先生传》“无怀”“葛天”解释为“传说中的上古帝王”，则“无怀氏之民”“葛天氏之民”有暗喻不仕刘宋的意思；再加之逯钦立认为《拟古》《五柳先生传》皆作于陶渊明五十六岁(公元420年)时，这年刘裕篡晋称宋，改元永初[28]。而涉及“五柳”意象的诗文恰好皆作于此时，故刘裕是陶渊明创作“五柳”的相关人物，正所谓“道不同，不相为谋”(《论语·卫灵公》)，“五柳”谐音正好可为“无刘”，这与“五柳先生”的“不仕刘宋”之志相合。若果真如此，陶渊明这是在时刻提醒自己不要留恋刘裕当政之时的官场。

其六，“五柳”与折不折腰。柳树本易折腰，但“五柳”却不能。以“柳”柔弱之姿，更突显自己刚强之志。从这个角度讲，“五柳”也是自警：不要像柳树一样容易随风“折腰”。宋人陆蒙老《嘉禾八咏·五柳桥》之“五柳先生倦折腰，孤眠千载仰风标”[29]，便凸显了陶渊明作为“五柳先生”的特点——“不折腰”，他“不能为五斗米折腰拳拳事乡里小人”的孤标高洁赢得了后人的尊敬和赞美。胡适也曾有《陶渊明与他的五柳》：“当年有个陶渊明，不惜性命只贪酒，骨硬不能深折腰，弃官回来空两手。瓮中无米琴无弦，老妻娇儿赤脚走。先生吟诗自嘲讽，笑指篱边五株柳：‘看他风里尽低昂，这样腰肢我无有。’”[30]胡适先生将此旨阐释得更为透彻。柳条轻柔，不似松枝那般硬朗，好似意志不坚、人云亦云的世人。若说“柳”之因风起势，可喻指依附权贵而猖狂无度的小人的话，如曾巩《咏柳》“乱条犹未变初黄，倚得东风势便狂”，“五柳”则可喻指陶渊明对高洁傲岸、不随波逐流这一情操的坚守。由此而言，陶渊明自号“五柳先生”，既是自省、自警，又是自许、自励。

通过以上分析可知，“五柳”与《诗经》、前贤、曾祖、五子、刘裕、不折腰等皆存在关联，而且也合乎历史或心态的逻辑与情理，这显现了“五柳”广阔的意义阐释空间。合之，则可窥见陶渊明形塑“五柳”之思想资粮：“五柳先生”是陶渊明受阮籍《大人先生传》、嵇康《圣贤高士传》等启发，借鉴《诗经》“柳”的表现手法，远绍扬雄、柳下惠等先贤特点，近承晋相陶侃、陶氏五子等族人情况，综合刘裕篡晋称宋而自己不愿折腰的时代背景，寄寓个人理想而创作出的圣贤人格与典范人物。

三、陶渊明“柳”内外二分的经典化建构

后世多用“五柳”作为陶渊明的代称。“五柳”的经典化是众多因素合力作用的结果，本质上可由内在美学品质和外在社会推力这一内外二分法来描述。在陶渊明通过感知“经典性”、发掘语言文化内蕴、进而形成风格独特的“柳”意象后，其经典化建构可谓是作品熟知化、常识化的过程。通过广泛的社会化机制，譬如“权威批评家的赞词、被选入各种选本的次数和时间、与其相关的当时的和以后的文学圈的复杂景观，思想的、道德的、美学的种种价值观的变化，种种阶级的、经济的、政治的等历史条件的影响”[31]，“五柳”才能得到社会的普遍认同，从而被不断地重复、利用、吸收，进而经典化。

首先，内在品质之一：“五柳”意象自身的优越性。明代茶陵诗派代表人物李东阳

《怀麓堂诗话》评："陶诗质厚近古，愈读而愈见其妙。"[32]其妙在何处？综观后世评点，可得二字：自然。明代儒学大师唐顺之指出，陶渊明未较声律也不雕句文，"信手写出，便是宇宙间第一等好诗"[33]。明代"后七子"领袖王世贞在《艺苑卮言》中点明："渊明托旨冲淡，其造语有极工者，乃大入思来，琢之使无痕迹耳。后人苦一切深沉，取其形似，谓为自然，谬以千里。"[34]清人张谦宜《絸斋诗谈》也说："陶诗句句近人，却字字高妙，不是工夫，亦不是悟性。只缘胸襟浩荡，所以矢口超绝。"[35]由此可见其优越性，不仅可为学诗作文之"习"，也可作励志修养之"用"。

内在品质之二："五柳"浸染了陶渊明的精神气质而人格化。从陶渊明自号"五柳先生"以来，"五柳"便与高洁之人、隐逸之士结下了不解之缘。"五柳"作为意象，由于指涉陶渊明的高尚品质而被人格化，成了陶潜的代称。自此以后，不少倾慕陶渊明的文人，也效仿此法以自号。试举唐代的三例以为佐证：白居易效陶潜"五柳先生"，作"醉吟先生"以自况[36]；牛腾慕陶潜"五柳先生"，作"布衣公子"以自称[37]；郑薰仿陶潜庭莳七松，号"七松处士"以自励[38]。其中，郑薰还曾赋《闲书》云："逐出堪羞子溥，归来可重渊明。试问七松处士，何如五柳先生？"[39]由此可见陶渊明将意象人格化的强大魅力与影响力。值得注意的是，作者创造经典时自觉或不自觉的意识、对文学经典的"共时性"和"历时性"特征的认识以及对"审美经典"的认同[40]，是"五柳"经典化的先在条件。陶渊明对《诗经》"柳"意象的继承与发展，为"柳"注入了新的时代因素和美学因素，创造出堪与"菊""酒"比肩的意象经典——"五柳"——具备了形塑民族精神的话语权。此外，"柳"在题材、文化、审美和情感体验等方面的"可得性"与"易得性"，也是其最终成为经典意象的重要先在条件。

内在品质之三：陶渊明的品格为"五柳"的经典化奠定了基础。钟嵘《诗品》说："每观其文，想其人德。世叹其质直。"[41]明代学者焦竑《陶靖节先生集序》有："靖节先生人品最高，平生任真推分，忘怀得失，每念其人，辄慨然有天际真人之想。"[42]综观后世评点：《陶渊明文集序》称："贞志不休，安道苦节，不以躬耕为耻，不以无财为病，自非大贤笃志，与道污隆，孰能如此乎！"[43]宋代诗论家许顗《彦周诗话》："陶彭泽诗，颜、谢、潘、陆皆不及者，以其平昔所行之事，赋之于诗，无一点愧词，所以能尔。"[44]明人何孟春《陶靖节集跋》："陶公自三代而下为第一风流人物，其诗文自两汉以还为第一等作家。惟其胸次高，故其言语妙，而后世慕彼风流，未尝不钦厥制作；钦厥制作，未尝不尚论其人之为伯夷，为黔娄，为灵均、子房、孔明也。"[45]总之，他是高门后裔，怀才不遇却不恃才傲物，志气不群、生不逢时却不受制于人，乐道安贫、自然守节却不随波逐流，忠亮真直、言行一致却成就其心性身名，辞仕归田、乞食躬耕却成了隐逸正宗。由此可略窥"五柳先生"旷远襟怀和高洁灵魂之一斑。清沈德潜《古诗源》："六朝第一流人物，其诗有不独步千古者耶！"[46]王国维先生认为："三代以下之诗人，无过于屈子、渊明、子美、子瞻者。此四子者，苟无文学之天才，其人格亦自足千古。故无高尚伟大之人格而有高尚伟大文学者，殆未之有也。"[47]人格魅力对文学作品的重要影响由此可知。作品可以彰显其人其德，而言行又可印证其诗其文，文品和人品的有机统一，使作者和作品一道流传千古，成可垂馨千祀，毁则遗臭万年。

其次，外部推力之一：文人的提倡，如对“五柳先生”诗文的注释、选辑、摘引等，这是“文学”因素的影响。作为文人精神的典范，陶渊明自唐代开始受到推崇，“陶门柳也成了萧条冷落、与世隔绝的标志”[48]。“五柳”也随即被广泛地引用到骚人墨客的诗文当中，宋人王安石有《五柳》：“五柳柴桑宅，三杨白下亭。往来无一事，长得见青青。”[49]元代王冕有《读五柳先生传》：“渊明千载士，志节尚苦清。奈为五斗米，受彼县令名。束带见督邮，颇亦用下情。当时岂无议，以后何平评？苟非《归去来》，《五柳传》不成。”[50]《足隐》：“五柳先生归去来，陶然独对菊花杯。巢由不识君人面，伊吕徒劳王佐才。蓑笠每披烟雨去，牛羊几放夕阳回。锦袍公子莫来此，门对南山日懒开。”[51]清人刘廷玑《浔阳怀古》：“穆然遐想晋唐间，宦海游人不等闲。五柳先生陶靖节，九江司马白香山。谪来身共寒松老(白诗‘寒松纵老风标在’)，归去心同倦鸟还。一样能诗兼爱酒，高风自昔已难攀。”[52]诸如此类，涉及“五柳”的诗文不可胜数。正是这些数目可观的诗文令陶渊明家喻户晓，也令“五柳”熟知化。

外部推力之二：社会的推动，如政治意识形态、文化权力变动、经济实力发展等，这是“非文学”因素的影响。在学界、批评家及普通大众全方位的接受下，“五柳”的经典性最终确立。后世的导向在“五柳”经典化过程中扮演了重要的角色，这些“发现人”“推广人”极富张力的陶渊明研究以及对“五柳”的发现、阐释、接受和宣传，成为“五柳”经典建构中的重要催化剂。

将陶渊明“五柳”的经典化作为范例，来考察中国古代文学经典化的复杂情况，是一个具有多重意义和价值的命题。从中不仅可以发掘陶氏“五柳”的经典化，还可以由此管窥经典化建构的一般要素。由“五柳”而论，可具体化为两个层面：内在品质，包括其文的优越性、其人的独特魅力以及二者间的紧密连接处，即文本的人格化；外部推力，如文人的提倡等“文学”因素以及社会的推广等“非文学”因素。“五柳先生”是陶渊明在面对人生焦虑时，立足于文化经典、先贤时哲、民俗家风、政治时局、品格操守等，而提出的一套极富个人色彩的解决方案。推而广之，若将文学创作视为个体人生焦虑及解决方案的个性化，文学经典化则可谓群体焦虑问题及“妙药良方”的普适化。

注释：

[1]（元）刘履：《风雅翼》卷五，影印文渊阁《四库全书》第1370册，台北：台湾商务印书馆，1986年，第96页。

[2]（唐）杜甫著，（清）仇兆鳌注：《杜诗详注》卷二十一，北京：中华书局，1979年，第1840页。

[3]（晋）陶渊明著，逯钦立校注：《陶渊明集》卷四，北京：中华书局，1979年，第109页。

[4]《抱朴子·内篇》有“夫木槿、杨柳，断而植之更生，倒之亦生，横之亦生。生之易者，莫过斯木”，反映原始思维中借由“万物有灵”的观念、“相似律”推衍方式而产生对“柳”的生殖崇拜。

[5]（元）刘履：《风雅翼》卷五，影印文渊阁《四库全书》第1370册，台北：台湾商务印书馆，1986年，第106页。

[6]张哲俊：《陶渊明五柳的误读与演变》，《北京师范大学学报》2010年第4期，第48～55页。

[7]（晋）陶渊明著，逯钦立校注：《陶渊明事迹诗文系年》，《陶渊明集》附录，北京：中华书局，1979年，第227页。

[8] (晋)陶潜:《陶渊明集》卷三,影印文渊阁《四库全书》第1063册,台北:台湾商务印书馆,1986年,第496页。

[9] 张沛撰:《中说校注》卷九,北京:中华书局,2013年,第241页。

[10] (清)徐文靖撰,范祥雍点校:《管城硕记》卷二十五,上海:上海古籍出版社,2013年,第523页。

[11] (清)谢旻:《江西通志》卷九十二,影印文渊阁《四库全书》第516册,台北:台湾商务印书馆,1986年,第116页。

[12] (清)叶方蔼:《御定孝经衍义》卷九十二,影印文渊阁《四库全书》第719册,台北:台湾商务印书馆,1986年,第229页。

[13] (明)陶宗仪:《说郛》卷五十七下,影印文渊阁《四库全书》第879册,台北:台湾商务印书馆,1986年,第144页。

[14] 此外,还有涉及"杨"的诗篇:如"东门之杨,其叶牂牂"(《国风·东门之杨》),再如"南山有桑,北山有杨"(《小雅·南山有台》)。由于杨与柳本一科两属,故也暂列于此以作参考。

[15] (清)马瑞辰著,陈金生点校:《毛诗传笺通释》卷二十三,北京:中华书局,1989年,第770页。

[16] 余冠英:《诗经选》,北京:人民文学出版社,1979年,第189页。

[17] (晋)陶渊明著,逯钦立校注:《陶渊明集》卷四,北京:中华书局,1979年,第109页。

[18] 邵明珍:《陶渊明〈五柳先生传〉非"自传"》,《华东师范大学学报》2006年第5期,第82~87页。

[19] (元)宋濂:《题张渤和陶诗》,《陶渊明研究资料汇编》,北京:中华书局,1962年,第132页。

[20] 邵明珍:《陶渊明〈五柳先生传〉非"自传"》,《华东师范大学学报》2006年第5期,第82~87页。

[21] 鲁迅:《中国小说史略》,北京:中华书局,2010年,第20页。

[22] (宋)李昉,等:《太平御览》卷九百五十六,北京:中华书局,第4246页。

[23]《史记·绛侯周勃世家》《汉书·周勃传附子周亚夫传》都载有"周亚夫军细柳"的史事,后来王维《观猎》也描述过"忽过新丰市,还归细柳营"的情形。

[24] 张哲俊:《陶渊明五柳的误读与演变》,《北京师范大学学报》2010年第4期,第48~55页。

[25] 张哲俊:《陶渊明五柳的误读与演变》,《北京师范大学学报》2010年第4期,第48~55页。

[26] (宋)周应合:《景定建康志》卷四十九,《南京稀见文献丛刊》,南京:南京出版社,2015年,第1230~1231页。

[27] (清)吴楚材、(清)吴调侯选注,施适点校:《古文观止》卷七,上海:上海古籍出版社,2016年,第271页。

[28] (晋)陶渊明著,逯钦立校注:《陶渊明集》卷六,北京:中华书局,1979年,第175~176、226~227页。

[29] (元)单庆修、(元)徐硕纂:《至元嘉禾志》卷三十一,上海:上海古籍出版社,2010年,第358页。

[30] 丁毅、范英梅:《新古体诗三百首》,上海:复旦大学出版社,2015年,第38页。

[31] 朱国华:《文学"经典化"的可能性》,《文艺理论研究》2006年第2期,第44~51页。

[32] (明)李东阳著,李庆立校释:《怀麓堂诗话校释》,北京:人民文学出版社,2009年,第135页。

[33] 张文治编:《国学治要 集部》,北京:北京理工大学出版社,2014年,第1684页。

[34] (明)王世贞著,陆洁栋、周明初批注:《艺苑卮言》卷三,南京:凤凰出版社,2009年,第43页。

[35] (清)张谦宜:《絸斋诗谈》卷四,影印文渊阁《续修四库全书》,上海:上海古籍出版社,2002年,第647页。

[36]（唐）白居易撰，汪立名编注：《旧唐书本传》，《白香山诗集》，清康熙四十二年一隅草堂刻本。（唐）白居易著，朱金城笺校：《醉吟先生传》，《白居易集笺校》卷七十，上海：上海古籍出版社，1988 年，第 3782～3784 页。

[37]（宋）李昉，等编：《太平广记》卷一百十二，北京：中华书局，1961 年，第 778 页。

[38]（明）彭大翼：《山堂肆考》卷一百九，影印文渊阁《四库全书》第 976 册，台北：台湾商务印书馆，1986 年，第 200 页。

[39]（宋）文同：《丹渊集》卷十六，《四部丛刊》景上海涵芬楼藏明刊本，第 303 页。

[40] 蔡颖华：《沈从文文学经典化研究》，福建师范大学 2011 年博士学位论文，第 5 页。

[41]（南朝）钟嵘著，曹旭集注：《宋征士陶潜诗（一）》，《诗品集注》下，上海：上海古籍出版社，2011 年，第 337 页。

[42]（明）焦竑：《陶靖节先生集序》，（晋）陶潜著，龚斌校笺：《陶渊明集校笺》附录一，上海：上海古籍出版社，2011 年，第 500 页。

[43] 袁行霈：《陶渊明集笺注》，北京：中华书局，2003 年，第 614 页。

[44]（宋）许顗：《彦周诗话》，何文焕辑：《历代诗话》上册，北京：中华书局，1981 年，第 383 页。

[45]（明）何孟春：《陶靖节集跋》，（晋）陶潜著，龚斌校笺《陶渊明集校笺》附录一，上海：上海古籍出版社，2011 年，第 501 页。

[46]（清）沈德潜编选，司马翰校点：《古诗源》卷八，长沙：岳麓书社，1998 年，第 120 页。

[47] 王国维：《文学小言》，《王国维文学论著三种》，北京：商务印书馆，2010 年，第 219 页。

[48] 张哲俊：《陶渊明五柳的误读与演变》，《北京师范大学学报》2010 年第 4 期，第 48～55 页。

[49]（宋）王安石著，（宋）李壁笺注，高克勤点校：《王荆文公诗笺注》卷四十，上海：上海古籍出版社，2010 年，第 1002 页。

[50]（元）王冕撰，（明）王周编：《竹斋集》卷中，上海：上海古籍出版社，1991 年，第 55～56 页。

[51]（明）罗伦：《一峰文集》卷十三，影印文渊阁《四库全书》第 1251 册，台北：台湾商务印书馆，1986 年，第 788 页。

[52]（清）谢旻：《江西通志》卷一百五十五，影印文渊阁《四库全书》第 516 册，台北：台湾商务印书馆，1986 年，第 612 页。

【现代文学研究】

作为一种悼亡仪式的《对照记》

——张爱玲自传类影像叙事的阐释

周 易

（华中师范大学外国语学院 湖北武汉 430079）

内容摘要： 本文以张爱玲生前出版的最后一部作品——影像自传集《对照记》为研究对象，从讨论其创作缘由出发指出，作为影像自传叙事类作品的《对照记》，其实质是一场为他人而哀、为自己而哀，并指向个人社会性消亡的悼亡仪式。不同于张爱玲之前的小说叙事，《对照记》的意义在于，作者站在生命终点，借由影像自传性叙事敞开自我，显示出不同以往的自我重建的努力。

关键词： 张爱玲；《对照记》；自传；影像叙事；哀悼仪式

《对照记》是张爱玲在离世前一年，经由本人审校，且在生前出版的最后一部作品。张爱玲采用了一种比较特殊的图文对照的影像叙事形式，以她自己与其亲友的照片为主，辅以作者的文字说明和点评，对她以往的人生进行了自传性质的记述。在以往的研究中，如李欧梵的《看张爱玲〈对照记〉》[1]、姚玳玫的《个人影像的叙述：〈丁玲〉与〈对照记〉对读》[2]、高秀川的《张爱玲〈对照记〉的撰述：家族寻根、个人形塑及其他》[3]等，有关《对照记》的讨论多聚焦于作者通过影像对于家族历史的追溯，或从文本形式上探讨图文之间的相互阐释和补充，而未有论者将其置于张爱玲整体创作的脉络中去思考，尤其是对《对照记》从创作初衷到文本形式选取意义予以追问。本文认为，《对照记》作为一种迥异于作者以往纯文字形式的影像自传叙事类作品，既是对张爱玲自己一生的再总结，也是对她自身过往的再思考；也是张爱玲面向自我与他人的一种悼亡仪式——一种对他人的哀悼，对自己的哀悼。

一、悼亡：问题的缘起

《对照记》作为一种自传类影像叙事，其成书过程中有着怎样的远由近因？这与张爱玲人生中特殊阶段的特殊遭遇，以及其创作的历史有什么关系？张爱玲为什么在生命的最后选择了这样一本书，以这样一种特殊的、不同以往的叙事方式作为她创作的终曲和收梢？或许只有通过对这些问题的追索和解答，才能揭示这部作品对于张爱玲的特殊意义。

首先，《对照记》是张爱玲对一种极其私人化的叙事类型的尝试。如果说在过去的创作历史中作者一直“隐”于文字和形象的背后，那么在生命的最后时光里，她尝试并选择以直面自我、直陈自我、“显”露自我的方式进行写作。与以往的自我疏离不同，在《对照记》中她将自己定位于人与人的关系中间，定位于家族的谱系结构之中，让自己成为他们之中的一员。

“物”及其相关细节，一直是去国之前为张爱玲提供生命中的“安稳”与“笃定感”的东西，但去国后受制于现实境遇以及各种生理、心理的困境，作者之前所仰赖的“旧物”逐渐退隐和消失，赖以维系自身秩序的稳定性面临崩塌。“现时”[4]的观念、感受、严重的逼迫感引起她的强烈焦虑与不安，在她人生的最后阶段，“虫患”遭遇应是她反复隐忍终至于崩溃的表征[5]。张爱玲曾这样评价近代中国人在人生路径上的选择：“中国曾有腐败与虚空，以及相信某种东西的需要。在向内生长的近代儒学主义最后的崩溃之中，有些中国人在盛行的物质虚无主义里寻求出路”[6]。同样，一贯在虚空中寻找一丝依存感的张爱玲，虽然没有选择什么作为终生的信仰，却有着“相信某种东西的需要”，在最后的崩溃中，她开始选择转向“人的关系”，或在家庭与亲友的谱系间寻求出路。这一转向并非全无来由，张爱玲在早期发表的英文散文中曾剖析过中国人及其文化的特性，她感叹“人的关系”才是中国人最后的信仰，最根本的宗教：

> 在古中国，一切肯定的善都是从人的关系里得来的……近代的中国人突然悟到家庭是封建余孽，父亲是专制魔王，母亲是好意的傻子，时髦的妻是玩物，乡气的妻是祭桌上的肉。一切基本关系经过这许多攻击，中国人像西方人一样地变得局促多疑了。而这对于中国人是格外痛苦的，因为他们除了人的关系之外没有别的信仰。[7]

这段感叹吊诡般犹如预言，写尽了数十年后，由于“物”的隔膜，历史大叙事的远离，晚年张爱玲需要有所寄托而遍无所依的孤独与虚无。写惯了破碎、怪异、非常态的家庭，以及因为婚姻上的挫败而饱尝游离于社会关系之外的孤独况味的张爱玲，在生命的最后时光里期待着自我的重塑与回归。她认为，如果“国家主义”是“我们这个时代无可争议的宗教”，那么现代中国“不过是以较大的血亲——国家——来取代家庭”[8]，在各式国家主义夹缝中颠沛流离数十年的张爱玲，暮年回首时发现：从某种程度上，“私人”意义上的家与家族中的个人，远比各式社会组织下被定义的“人”更具真实性。

其次，《对照记》是张爱玲自己创作历史中一直存在的影像叙事的承续。在《对照记》中，张爱玲以“照片”这一影像为主要叙事载体，这是一种非语言文字类的叙事形式，其中的文字部分只有只言片语，主要用来对照片进行辅助性解释。

中国自古就有以“诗”“文”为正宗的文学观念和传统，“五四”以后，这种情形有所改变。可以说，中国现代文学在发生、发展的过程中进行过各种各样写作方法的尝试，出现了不少“跨界”作家，但遗憾的是，这些“尝试”大都限于语言文字领域，并试图与如绘画、摄影、电影等视觉媒体和艺术划清界限，并一定程度上存在对于视觉媒体的轻视。周蕾曾借用鲁迅笔下的“幻灯片事件”，从“现代主义者的震惊”的角度重述了鲁迅的故事，给予影像叙事的影响与传播以极高的评价。她认为，以幻灯片为代表的视觉媒介作为“一种清晰的、直接的、看似透明的新‘语言’”，从影响力到传播效力上，“这一‘语言’所呈现的目标正是在20至30年代现代中国作家们所盼望的”[9]。如周蕾所说，当鲁迅面对以西方为代表的现代视觉性冲击的反应时，通过视觉性的困境回到了文学，弃医从文，“通过以书写和阅读为中心的文学文化对文化进行再确认”[10]，但张爱玲有着与之不同的回应。

幼时的张爱玲想当一名卡通画家，或以卡通影片的形式向世界讲述中国文化与故事，但初涉文坛的她却有意转向以独特的中、英文跨语际书写，来寻找一种更具影响力和清晰直接的新“语言”。随着阅历的增长、境遇的改变，置身异域后，张爱玲在各种视觉文化的影响下，对视觉媒体与文字的关系有了新的思考，并力求贯彻在自己的创作中。张爱玲的书写历程，鲜明地体现出视觉媒介、视觉文化对她的一步步影响，这一影响可以说贯穿于她创作的始终：1940年代文内插画和封面的设计；她的作品文字内部颜色词的大量使用；作品中物的细节的泛滥；意象画面的丰富呈现；电影手法如蒙太奇的化用、对话的剧本台词化……这些都可以看作张爱玲对视觉文化及媒介影响的主动回应。

可以说，这种影响和回应，在以图片为主、文字为辅的《对照记》中，完成了最后的承续和确证。而《对照记》正是通过这样一种特殊的影像叙事方式，召唤“幽灵”，进行一场真正的“悼亡”。

二、召唤“幽灵”：照片的选取与收录

《对照记》是张爱玲所存照片的精选集，主要是从她赴美时携带的自己与亲友的照片和少量她在香港与美国时期拍摄的照片中筛选出来的。据庄信正夫妇披露，《对照记》中的照片是挑选后的产物，张爱玲保存的亲友照片，远多于《对照记》中收录的54幅照片[11]。关于这些照片选取的标准，张自述是因为害怕在多次搬家中再次丢失老照片，所以收入全集内，“藉此保存”[12]；“以上的照片收集在这里惟一的取舍标准是怕不怕丢失”，希冀“也许在乱纹中可以依稀看得出一个自画像来”[13]。《对照记》中的照片，一部分是离乡背井的张爱玲，深知将永别故土时，精心选择并意欲永远留存的人生记忆瞬间，是最能代表这些亲友的影像；一部分是她自己生命各个阶段的“自画”像，代表了她心目中的“自我”。

张爱玲把相当多的家族亲友照片收录在《对照记》内，但与张爱玲有过或明或暗情爱关系的人物均未被选录，如胡兰成、桑弧和赖雅等；张爱玲去国后相识相交的友人，如宋淇夫妇、夏志清等，也未被包含其中。《对照记》使人想起张爱玲早年小说《连环套》中的情节，主人公霓喜(赛姆生太太)不无炫耀地向来客展示她的照相簿，以及“杂货店般”的摆设于屋子中的那面照片墙，上面有赛姆生太太自己的照片，她的丈夫们的单人相，大女儿的结婚照，小女儿的结婚照，大女儿离婚之后再度结婚的照片，“裸体的胖孩子”——她的孙子与外孙的照片[14]。像一面“照片墙”，《对照记》中

被收录的照片貌似随意陈列，其实是经过反复筛选与精心布置的，各自代表着一段特殊的历史。

作为一种类自传体的影像叙事，在《对照记》中，张爱玲对自己人生各个阶段照片的收录和选择并没有遵循时间与数量上等比例的准则，她评价《对照记》“杂乱无章”，指的就是对各式人等照片貌似毫无章法的收录特点：如关于祖父辈、童年的部分，在统共五十四张照片中就占了二十五张，近乎一半，并附加解释介绍的文字占全书文字的大半；而对于三十二岁离开大陆后，辗转于香港与美国各个城市之间四十余年的生活记录，仅仅挑选了六张照片、寥寥数语一笔带过。这种不成比例的选择性呈现，反映了张爱玲对这些照片独特的个人体验，一种巴特所谓的“刺点”，即“一种偶然的东西，正是这种偶然的东西刺痛了我(也伤害了我，使我痛苦)”[15]。显然这种对“刺点”的记忆强度远远超过了那些“平淡”生活中庸常回忆的总和，在某种意义上，张爱玲在照片选录上所依据的这一准则，非常特殊且极富“私人”意味。

在《对照记》文末，张爱玲对这种“不合比例的篇幅”的照片布局及其准则进行了解释：

> 悠长得像永生的童年，相当愉快地度日如年，我想许多人都有同感。
>
> 然后崎岖的成长期，也漫漫长途，看不见尽头。满目荒凉，只有我祖父母的姻缘色彩鲜明，给了我很大的满足，所以在这里占掉不合比例的篇幅。
>
> 然后时间加速，越来越快，越来越快，繁弦急管转入急管哀弦，急景凋年倒已经遥遥在望。一连串的蒙太奇，下接淡出。
>
> 其余不足观也已……[16]

“悠长的”童年，“漫漫长途”的成长期，“时间加速”直至“其余不足观”的后半生，文中照片选录的比例无疑形象地呈现了张爱玲的“现时”心理体验，以及回到那些个死亡的“过去”时的情感瞬间。正如她曾对“照片”有过的评述：“这东西不过是生命的碎壳；纷纷的岁月已过去，瓜子仁一粒粒咽了下去，滋味各人自己知道，留给大家看的惟有那满地狼藉的黑白的瓜子壳。”[17]

照片作为一种影像形式，因为个体的不同，或观看场景、角度的不同，产生不同的“刺点”，因它是“偶然的东西”，所以它能“从照片上的场景里像箭一样射出来，射中了我”[18]，“刺伤了我”，搅乱我的“知面”[19]。处在“现在”的个体观者，被拉扯着穿透照片的再现表层，去往画面之外，跨过时间和历史，回到那个死亡的“过去”，身临其境的重温当时的情感，得到“就是这个”的体验。这样，观看照片(影像)过程中的“刺点”就成为那些触动观者内心深处记忆与情绪的开关，使观者与照片中的事物产生强烈的情感共振。

从这种意义上讲，《对照记》作为张爱玲观看这些照片的行为记录，与其说是对照片本身的呈现，不如说是张爱玲借助这一呈现——照片的选取——展现了自身观看这些凝滞的瞬间时的“刺点”，它们游离于摄影师的意图，成为她所在意的“细节”或“局部”。这更像是某种“幽灵”的浮现，“观看”意味着对“幽灵”的召唤，透过这些“幽灵”，所有的无意识，那些曾经被沉淀、遗漏、遮蔽的经验内容，那些逝者与逝去的过往，那些独一无二的遭遇与关系，才得以一一浮现。

三、为他人而哀：面向生命中的逝者

《对照记》中的老照片，尤其是“逝者”的照片，能使过往的记忆与逝者的“幽灵”得以降临，如同一场面向“已逝”亲友的悼亡仪式。

对于张爱玲而言，《对照记》里面的照片都是“已逝之人”，这包括从物理意义上逝去的祖父辈；也包含因为地缘政治的阻隔，张爱玲自觉今生再无与之重逢机会的亲属(姑姑与弟弟)，以及在自己早年生活中留下浓墨重彩的一笔，却在生命后期近乎消逝的少时友人(炎樱)；而从中晚年时期一直与之保持密切来往的如宋淇夫妇、庄信正、夏志清等，则并未被选录其中。简言之，《对照记》是一篇“生者”张爱玲通过悼念告别“死”者，为自己生命中曾有的时光和流逝之人，所作的挽歌式的缅怀。

要使得“悼念”成为真正的“悼念”，则需通过影像，让逝者的幽灵降临。罗兰·巴特谈到他对老照片的观感，“一个时代，我的年轻时代，或者我母亲的时代，或者更远，我祖父母的时代；我往那个时代里投射了一种使人动情的有生命的东西，即我们这个谱系的东西，而我是这个谱系的最后一员”[20]。这也意味着，已在物理意义上死亡的祖父辈，会因为个体的书写与影像回忆，一种使人动情的有生命之物的投射而“重现”[21]，正如张爱玲在《对照记》中所说：“我没赶上看见他们(祖父母)……他们只静静地躺在我的血液里，等我死的时候再死一次。”[22]张爱玲通过影像回忆，召唤“逝者”的在场，“逝者”通过活着的人“重现”，透过生者的缅怀而返回，并随着回忆者的逝去而“再死一次”。因为死亡从来不是这些生命的终点，遗忘才是。

在这些照片中“重新”找到自己的亲友，不是一种普适意义上亲友形象的再现，而是非常独特与个体化的，是这一亲友的观者对自身记忆、情感与印象的回溯与再创造。所以《对照记》以影像和文字互为补充的叙事方式，将自己观看并忆及亲友的独一“刺点”传递给观者，使每一位观者(张爱玲与读者)都处于和张爱玲生命的某种关系之中。在这个意义上，《对照记》通过对面向生命中的“逝者”，以及对他人的悼念，使得张爱玲生命中过往的历史重新降临。

四、为己而哀：自我的凝视

《对照记》中观看亲友照片的经历，既是被摄者将其与观者的独一经历与体验传递给观者，且在被摄瞬间的不可逆性中体会到他者之死的必然性，也是在这种观看中，“生命中普遍的幽灵维度被铭刻于我身”[23]，并获得自身亦终将一死的体悟。因此，在哀悼他人的同时，《对照记》亦是哀悼自己，在照片的观看中体会到自己的必死性与有限性。

首先，通过对照片的观看，使人彻底投入那哀悼的宿命之中，哀悼是将他人内化于己身的运作，我们透过对于他人“死亡”的哀伤看到自己的必死性。如德里达在阅读巴特时反复提及的一个词“没有品性”(unqualifiable)，巴特在《明室》中将此词的名词形式“品性”(quality)等同于“灵魂”(a soul)，而将丧母后自己余下的生命描述为虽仍然“活着”，但却“没有品性(unqualifiable)”，宛如丧失了灵魂一般浑浑噩噩的存在[24]。这何曾不像孤身一人赴美的张爱玲，背井离乡、年老的丈夫重病需要照顾、无处寻得稳定的收入来源，在遭受一连串的打击之后，尤其是母亲病逝英国。“丧母”可以说是张爱玲人生的转捩点，她决意开始自传性书写。自传作为个体对于自己一生的回顾，常带有站在终点向回看的意味。个体决定书写的那一刻，暗含着对于自身已接近死亡终点这一态度的认同，即再也无法在现实中自洽其身，只有通过不断回溯到那个生命的来处，走向那个自己被命名的起点，才能开启重建主体的旅程。

照片作为一种影像媒介，区别于文字的指涉性痕迹，有着自身的特性：当照片以远超其他文字与其他影像形式的忠实度“铭刻”下指涉物的曾在场，又因为拍摄过程中所喻示的必然过程的分离和延宕，在按下快门的同一瞬间即声明了指涉物的不再在场[25]。《对照记》作为张爱玲最后的自传性叙述，记录的即是这样一种为他人“不再在场”的哀悼，亦是为自己的“必死性”的哀悼：“我”是书写者，亦是逝者影像的观者；在观看的过程中，哀悼中的他者(逝者)亦是隔着死亡深渊抬眼看“我”。具体而言，张爱玲在观看从未谋面的(外)祖父母的心情经历中不仅重新“经验”了已逝者，还借此体会了自身的必死性。根据张爱玲的自述，祖辈的照片中触动她的“刺点”在于：“他们将死去”，以及在他们逝去后自己“不合格”的生命，即自己的“死亡”。这种借由他人之死体会自身之必死性的观感，深刻地烙印在张爱玲《对照记》的自述之中。在文末与后记里，她自觉余下生命已“不足观”[26]，已到需力证自己还活着的生命“末期”，变成了“随时可以撕票”的“时间的俘虏”[27]。写作《对照记》是对这些“静静地躺在我的血液里”、铭刻在自己脑海中的“逝去”亲友们以及过往的自己的告别，是悼念，亦是追思。正如《对照记》的写作一样，张爱玲在书信、作品以及各种档案中找寻亲友与自己曾经的声音与影像，是用再现与回忆替代逝者/过去的自己，以消解不可消解的失去。恰如德里达笔下哀悼始于忠诚而终于不忠的意义：在哀悼中，无论是过去的自我，还是逝去的他者，都无法再现，只是一种从观者视线出发的“模拟”。所有始于对“逝者”忠诚的哀悼与再次留住逝者的希冀，都将被背叛而划上休止符——“逝者”终将在哀悼中消解，这即是必死性的另一层意义。

其次，通过《对照记》中照片的观看，还可以体味到一种自我的有限性。如《对照记》图四十一，即张爱玲与上海二十世纪三四十年代知名影星李香兰(山口淑子)的合影[28]，只看照片，大部分读者都可以辨认出这是《杂志》1945 年 8 月刊发的《纳凉会》中详述的场景，也是她被攻讦为“亲日”的佐证。如果说这是观看这张照片获得的“知面”，与明显的、共有的象征意义相对应，展现了被文化所编码的意义，是所有观看者能够达成一致的东西，那么张爱玲对应的阐释文字中“扩展”了与这些全不相干的属于她个人所关注的细节：她坐下拍照是因为太高，“并立会相映成趣”；她所穿的衣服是曾在《余韵》书中提起过的，布料是由姑姑保存的她祖母的夹被被面，衣服是照着炎樱的设计制作的，图案“很有画意”，让她想起多位故人[29]。在这里，对一件衣服以及背后故事的印象重述，打乱了这张照片的显义/知面，将张爱玲作为观看者独一无二的敏感的“印记”呈现出来，这才是这张照片的“刺点”所在。

与上述物象的“刺点”不同，《对照记》作为一种人物相册，“刺点”还集中体现在影像中人物的“神情”上。在《明室》一书中，罗兰·巴特描述了自己在母亲过世时住的房子里，一张一张地翻看她的照片时，找到一张最能代表母亲的影像——五岁的母亲与哥哥并排站在冬季花园里的照片，“有如善之于恶……使他成了绝对纯真无邪的化身”[30]，照片中的神情深深打动了巴特，认为这是他心爱的面容的真相。在《对照记》中，张爱玲描述自己幼年的神情时用了“来意不善”[31]的字眼，无论观者对这些照片中的神情如何解读，“善良”或是“来意不善”，作为逻辑性符码和意指，都不可能由影像这类表现性符码清晰、明确地生成和传达。换言之，从符号学角度讲，“善”或“不善”，作为象征符号和抽象概念，只能是照片观看者结合自己的感受、经验，自己对此的“增补”，是对影像的意涵进行二次编码的结果。正如巴特所说的，“刺点”具有“扩展力量”，这也是德里达针对“刺点”与照片之力量的说明阐释，即刺点具有转喻的特性[32]。在《对照记》中，张爱玲为影像，尤其是自身影像做注的行为即是这种“增补”的外显，亦即对于自我“有限性”的感知。她忧心于在这些观看者心中或记忆中被铭刻下的“自己”，是否能够还原那个完整的“我”，而不断突兀的显身，留下踪迹，用各式照片“注脚”——“很有画意”的衣裳，“来意不善”的神情——跳出来为观看者“引路”，生怕“自己”被取代，被完全内化于观者的解读中，被抹除或降格。因此张爱玲在这本写给生命中“逝者”的告别之书中，在这场面向他人的悼亡仪式里，对他人的哀思成为她哀悼自身与“反思”自身的起点。

五、影像自传：自我的敞开与重建

《对照记》是张爱玲以独特影像自传的形式与过往，与自己，与逝者的对话，也是对一切“不在”和“不再”的悼亡仪式——它们都打开了主体重建的可能性和空间。譬如，作为自己与过往的对话：照片之中发生的正是那“来自他者(指涉物)的某个部分在我的身上或在我之前找到了自身，但同时也是已然在我的身上就像我的一部分”[33]。即使作为狭义的悼亡仪式，当张爱玲作为哀悼者以“逝者”(亲友/母亲)的生命来思考自己的生命时，一种崭新的“我-他”关系得以重新开启。

从叙事媒介使用的角度来看，《对照记》作为图文夹杂影像自传，对于自我的敞开与重建的意义体现在如下两个方面：

其一，在文字上，张爱玲创作多爱重复，中后期尤甚；《对照记》的影像叙事无疑是对于以往类自传题材叙事的又一次重复，但又呈现内容与叙事手法上的“差异”。作为一篇生者张爱玲通过悼念告别“死”者，为自己生命中“逝”者所作的言说，《对照记》本质上是面向“生者”自己的作品。张爱玲通过“重复”呈现以往散文、小说中曾提及的对象，展现与以往叙述中不相符的形象与事实，比如在《易经》中早夭的弟弟与《对照记》所谈及的现实生活中一直活着的弟弟。所以，《对照记》中的重复，是一种有差异的“重复”，绝非复制或再现。

张爱玲此前也有一些“类自传”的小说写作，比如，去国离乡，在丧母后寄予厚望的小说《粉泪》(*Pink Tears*)，这部作品被出版社接连退稿，张爱玲在美的写作生涯屡遭重创，不得已转而为美援文艺体制继续撰写广播剧和电影剧本，并辗转于提供食宿的写作营之间。她寻不到来路，又无归途，唯有书写自身，从英文的《易经》(*The Book of Change*)、《雷峰塔》(*The Fall of the Pagoda*)到中文的《小团圆》等，她投入精力接连创作了一系列自传色彩浓厚的中英文作品。这些作品使用的是意欲摆脱控制或规训，力图回归自我的一种写作方式，她借助小说在真实和虚拟的模糊地带把过往他者化，以求脱离写作窘境，重新确定自我。但在生命尽头撰写并成为遗作的《对照记》，是一本真正的"关于目的/终结的书"，张爱玲的这一重写才是真正的自传，因为"绝大多数的'自传性'著作（我听人说，这是些关于目的/终结的书）在死亡处开始，为的是取消其他的所有著作"[34]。

《对照记》借由影像的独特例证作用，结合文字，将过往、将亲人、甚至将自己变成"他者"，并进而将其"内化"，使得过往他人书写的历史中被遮蔽的经验，幽灵般浮现，通过观看和自我诠释，开启真正的主体：一种来自"他者"的"灵魂"。

其二，相比于其他"影像和话语类型"，照片有着暗示"死者的回归"的独特意指方式。在照片这一影像类型中，"死者的回归"，暗示着"死者"在其照片及照片现象结构中的"复活"。"在照片中，所指明显地缺席、可悬置，在其事件独特的往昔事件中消逝"，但这个所指的指称，"必然暗示着某个独特、恒定所指不可还原的曾经——存在"[35]。究其原因，照片具有"同时隐藏而又显露自身"的符号特性，"影像的本质完全在于外表，没有隐私，然而又比心底的思想更不可企及，更神秘，没有意义，却又召唤各种可能的深入意义"[36]。摄影作为一种"证明力量"，是"即是此"也是"此曾在"的综合，"既承载着在场又包含着不在场；它既不显露又不隐藏自身"[37]。

不仅如此，作为一种表现性符码，照片的意指过程，是以转喻或隐喻为基本方式的过程：当下的个体/主体（观者）与"此曾在"的对象（所摄之人、物）遭遇，借由转喻或隐喻而展开意义生成无限可能性，"它是别的某样东西，来自他者（所指）的一个残片，在我心中，在我面前，就像我的一片那样在我身上"，并且"那'目标'，'对象'，那'物体发出来的小小的幻影'，那'幻象'也可能是我，也可能在我的照片中出现：'这时我体会到了轻微的死（带引号的）的经验：我真地变成幽灵了'"[38]。从这种意义上讲，与单纯的文字性书写（一种逻辑性符码书写）相比，《对照记》以照片（表现性符码）为主，辅以文字的复合书写，不仅给读者留下更大的阐释空间，而且从直观、想象和情感诸方面，为创作主体开启更多的可能性，正如《易经・系辞》曰："言不尽意"，"立象以尽意"[39]。

余论：一首安魂曲

在《对照记》后记所附的最后一张照片中，张爱玲手持写着金日成猝逝新闻的报纸，第一次双目平视镜头[40]，那目光中所传递的是一种向死而生的心态。如巴特所说，被拍照时，被摄者会在镜头的凝视下感受到自身的死亡[41]，张爱玲无疑敏锐地感受到了这种死亡的凝视。如果说，在她以往的照片中，她只是体会到"轻微的"死的经验——我真地变成幽灵了，看到自己的死亡——因而以侧对的姿势和避让的视线来体现一种隔绝；那么，当她在接近生命的终点时，她应该真切地听到了死神的叩门声，故坦然直面。通过《对照记》，以"图片"加"文字"的自传书写"解决了自身与时间的抵牾"[42]，来直面那个陌生而又切身的"死亡"。

萨义德曾讨论过艺术家面对死亡与生命晚期的感受，他认为，随着步入暮年、身体的衰败与疾病的侵袭，艺术家对于死亡的体认，一种结局将至的晚期感受，会以一种折射的方式显现在他们的作品中，体现在他们的思想和艺术风格里[43]。深知死之将至的张爱玲，在她人生的最后一部作品中，一改其晚期作品中常见的分裂、疏离与不协调，沉浸于一种远离尘世的安详之中，《对照记》以其特有的表达方式弹奏了一首安魂曲，为生命中的“逝者”，也为她自己。

注释：

[1] [美]李欧梵：《看张爱玲〈对照记〉》，《江苏大学学报》(社会科学版)2006年第4期，第1～5页。

[2] 姚玳玫：《个人影像的叙述：〈丁玲〉与〈对照记〉对读》，《艺术评论》2009年第11期，第55～64页。

[3] 高秀川：《张爱玲〈对照记〉的撰述：家族寻根、个人形塑及其他》，《济南大学学报》(社会科学版)2016年第2期，第17～22页。

[4] 李欧梵认为，喜爱描述日常生活细节的张爱玲，是中国现代文学中少数对于“现时”逼迫感有很深体验的作家，她作品中少有的极强的“现代感”，恰是由于掌握了这种“现时”的深层意义。参见[美]李欧梵：《张爱玲笔下的日常生活和现时感》，《城市文艺》2006年第2期，第12～28页。

[5] 从1983年10月至1988年2月，张爱玲因虫患不断搬迁住所，以差不多一天一换的速度，辗转流徙于洛杉矶周边郡县的汽车旅馆中。在笔者看来，张爱玲“病中之虫”具有一种隐喻性。苏珊·桑塔格(Susan Sontag)将疾病与患者心理联系起来，认为“疾病是透过身体说出的话，是一种用来戏剧性地表达内心情状的语言：是一种自我表达”，那么张爱玲认知中的虫患并由此导致的皮肤病，也是她当时境况的隐喻式的表达：皮肤的病症是一种自我认知界限的崩坏，代表着外在非我异物的虫不停入侵自我的边界，导致的内与外界限的破坏甚至消融。参见张爱玲、庄信正：《张爱玲庄信正通信集》，北京：新星出版社，2019年；林幸谦：《病痛与蚤患书写与张爱玲已出版书信探微》，《南方文坛》2018年第1期，第159～166页；[美]苏珊·桑塔格：《疾病的隐喻》，程巍译，上海：上海译文出版社，2003年，第41页。

[6] 英文原文见J. Wakeman, S Kunitz eds., *World Authors 1950-1970: A Companion Volume to Twentieth Century Authors*, New York: The H. W. Wilson Company, 1975。该书中张爱玲亲撰英文《自白》，此处中文版《自白》为高全之所译。参见高全之：《张爱玲的英文自白》，《张爱玲学》，桂林：漓江出版社，2015年，第279页。

[7] 张爱玲：《中国人的宗教》，《华丽缘·散文集一(1940年代)》，台北：皇冠文化出版有限公司，2010年，第193～194页。

[8] 高全之：《张爱玲的英文自白》，《张爱玲学》，桂林：漓江出版社，2015年，第279页。

[9] [美]周蕾：《视觉性、现代性与原始的激情》，罗岗、顾铮编：《视觉文化读本》，桂林：广西师范大学出版社，2003年，第265页。

[10] [美]周蕾：《视觉性、现代性与原始的激情》，罗岗、顾铮编：《视觉文化读本》，桂林：广西师范大学出版社，2003年，第269页。

[11] 庄信正在张爱玲1974年6月28日给他的信件的尾注中说，当他拜访张爱玲时，“最难忘的是她拿出相簿给我们看她祖父母、父母和她自己的照片，比后来收入《对照记：看老照相簿》者多得多”。参见张爱玲、庄信正：《张爱玲庄信正通信集》，北京：新星出版社，2019年，第95页。

[12] 张爱玲：《对照记：看老照相簿》，《对照记·散文集三(1990年代)》，台北：皇冠文化出版有限

公司,2010 年,第 6 页。

[13] 张爱玲:《对照记:看老照相簿》,《对照记·散文集三(1990 年代)》,台北:皇冠文化出版有限公司,2010 年,第 79 页。

[14] 参见张爱玲:《连环套》,《红玫瑰与白玫瑰·短篇小说集二(1944-1945)》,台北:皇冠文化出版有限公司,2010 年,第 8 页。

[15] "刺点"(punctum)是巴特谈论照片观感时从拉丁文中选择并创造出的一个术语。与"知面"(studium)对应和不同,在观看照片时,"刺点"是一种创伤以及由创伤造成的印记,是带有偶然性的敏感点,像用标点标过一样。参见[法]罗兰·巴特:《明室:摄影纵横谈》,赵克非译,北京:文化艺术出版社,2003 年,第 39~44 页。

[16] 张爱玲:《对照记:看老照相簿》,《对照记·散文集三(1990 年代)》,台北:皇冠文化出版有限公司,2010 年,第 79 页。

[17] 张爱玲:《连环套》,《红玫瑰与白玫瑰·短篇小说集二(1944-1945)》,台北:皇冠文化出版有限公司,2010 年,第 8 页。

[18] [法]罗兰·巴尔特:《明室:摄影札记》,赵克非译,北京:中国人民大学出版社,2011 年,第 34 页。

[19] "知面"(studium)是巴特谈论照片观感时从拉丁文中选择创造的一个术语,与"刺点"(punctum)不同,"知面"来自一般的"知识"和"教育",是不好不坏的"中间"情感,引起的是一般的兴趣,一种"光滑的","无须承担责任的兴趣"。参见 R. Barthes, *Camera Lucida: Reflections on Photography*, trans. by Richard Howard, New York: Hill and Wang, 1981, pp. 26-27。

[20] [法]罗兰·巴特:《明室:摄影纵横谈》,赵克非译,北京:文化艺术出版社,2002 年,第 153~154 页。

[21] 约翰·伯格在《理解一张照片:约翰·伯格论摄影》中也有类似的表述:"照片要比大多数记忆或纪念品都更能勾起人们痛苦的情绪,因为它看起来十分不祥地确证了因人物在这之后的缺席或离世而导致的不连续性。"参见[英]约翰·伯格著,[英]杰夫·戴尔编:《理解一张照片:约翰·伯格论摄影》,任悦译,杭州:中国美术学院出版社,2018 年,第 92 页。

[22] 张爱玲:《对照记:看老照相簿》,《对照记·散文集三(1990 年代)》,台北:皇冠文化出版有限公司,2010 年,第 47 页。

[23] 苏林:《朝向他者的哀悼与摄影:解读德里达的〈罗兰·巴特之死〉》,《文学评论》2019 年第 6 期,第 37 页。

[24] 在现行《明室》的译本中"unqualifiable"多译为"优良品格"(赵克非译)和"质"(许绮玲译)。在参考《明室》英译本的前提下,此处采用王实秋对此词的译法。参见 R. Barthes, *Camera Lucida: Reflections on Photography*, trans. by Richard Howard, New York: Hill and Wang, 1981, p.75.

[25] 关于摄影机制,指涉性与指涉物等的讨论,参见 R. Barthes, *Camera Lucida: Reflections on Photography*, trans. by Richard Howard, New York: Hill and Wang, 1981; J. Derrida, "The Deaths of Roland Barthes", in *The Work of Mourning*, ed. by P. Brault and M. Naas, Chicago: The University of Chicago Press, 2001, pp.31-68.

[26] 张爱玲:《对照记:看老照相簿》,《对照记·散文集三(1990 年代)》,台北:皇冠文化出版有限公司,2010 年,第 79 页。

[27]《对照记》后记中有首小诗:"人老了大都/是时间的俘虏,/被圈禁禁足。/它待我还好——/当然随时可以撕票。/一笑。"以及张爱玲生前最后的一张照片——为了庆贺 1994 年张爱玲荣获第十七届时报文学奖特别成就奖,她特地到照相馆照了一张手举当天含有"主席金日成昨猝逝"的头条新闻报纸的照片。参见张爱玲:《对照记:看老照相簿》,《对照记·散文集三(1990 年代)》,台北:皇冠文

化出版有限公司,2010 年,第 80 页。

[28] 张爱玲:《对照记:看老照相簿》,《对照记·散文集三(1990 年代)》,台北:皇冠文化出版有限公司,2010 年,第 60～61 页。

[29] 参见张爱玲:《对照记:看老照相簿》,《对照记·散文集三(1990 年代)》,台北:皇冠文化出版有限公司,2010 年,第 60 页。

[30] [法]罗兰·巴特:《明室:摄影札记》,许绮玲译,台北:台湾摄影季刊,1995 年,第 85 页。

[31] 张爱玲:《对照记:看老照相簿》,《对照记·散文集三(1990 年代)》,台北:皇冠文化出版有限公司,2010 年,第 6 页。

[32] 关于刺点转喻性的讨论,参见[法]雅克·德里达:《罗兰·巴尔特(1915 年 11 月 12 日—1980 年 3 月 26 日)》,王立秋译,罗一平主编:《美术馆:艺术史与文化整体观》,上海:同济大学出版社,2012 年,第 114～116 页。

[33] J. Derrida, "The Deaths of Roland Barthes", trans. by P. Brault and M. Naas, in *The Work of Mourning*, ed. by P. Brault and M. Naas, Chicago. The University of Chicago Press, 2003, p.54.

[34] [法]雅克·德里达:《罗兰·巴尔特(1915 年 11 月 12 日-1980 年 3 月 26 日)》,王立秋译,罗一平主编:《美术馆:艺术史与文化整体观》,上海:同济大学出版社,2012 年,第 123 页。

[35] [法]雅克·德里达:《罗兰·巴尔特(1915 年 11 月 12 日-1980 年 3 月 26 日)》,王立秋译,罗一平主编:《美术馆:艺术史与文化整体观》,上海:同济大学出版社,2012 年,第 110～111 页。

[36] [法]罗兰·巴特:《明室:摄影札记》,许绮玲译,台北:台湾摄影季刊,1995 年,第 126 页。

[37] [法]雅克·德里达:《罗兰·巴尔特(1915 年 11 月 12 日-1980 年 3 月 26 日)》,王立秋译,罗一平主编:《美术馆:艺术史与文化整体观》,上海:同济大学出版社,2012 年,第 105 页。

[38] [法]雅克·德里达:《罗兰·巴尔特(1915 年 11 月 12 日-1980 年 3 月 26 日)》,王立秋译,罗一平主编:《美术馆:艺术史与文化整体观》,上海:同济大学出版社,2012 年,第 111 页。

[39] 高亨:《系辞上》,《周易大传今注》,北京:清华大学出版社,2010 年,第 407 页。

[40] 或许是因为拍摄风格使然,《对照记》中张爱玲选入自己的照片少有正面直视镜头的角度,但生命中最后一张照片却是个例外,即她手持"金日成昨日猝逝"标题的报纸双目平视镜头的正面照。参见张爱玲:《对照记:看老照相簿》,《对照记·散文集三(1990 年代)》,台北:皇冠文化出版有限公司,2010 年,第 80 页。

[41] 参见[法]罗兰·巴特:《明室:摄影札记》,许绮玲译,台北:台湾摄影季刊,1995 年,第 23～24 页。

[42] [美]萨义德:《论晚期风格:反本质的音乐与文学》,阎嘉译,北京:生活·读书·新知三联书店,2009 年,第 4 页。

[43] 萨义德关于艺术家与作者面对死亡与晚期感受等讨论,参见[美]萨义德:《论晚期风格:反本质的音乐与文学》,阎嘉译,北京:生活·读书·新知三联书店,2009 年,第 1～22 页。

“essay”译名演变与中国散文的现代转型

蔡西希

（福建师范大学文学院，福建福州，350007）

内容摘要： 文学概念的翻译是中国文学现代性进程中的重要环节。英文“essay”一词传入中国后，曾出现一名多译的混乱现象。从1919年的首次露面至新时期以来，“essay”一词的译名演变大致经历了诞生、杂语和确立三个时期，分别对应中国现代散文发展的三个阶段。本文通过“五四”时期期刊中相关材料的搜集与研读，对“五四”学人关于“essay”的译介、创作实践以及相关论争进行查考，梳理出“essay”语义的流变史，从而揭示出它在相应的文学史语境中与当时的文学观念和历史文化的互动关系。本文认为，中国散文的现代转型正是在此过程中呈现出来的；从译介和传播角度对“essay”语义的流变史进行查考，有助于我们把握随笔文体的核心概念，匡正对相关概念的误读，对现代文类理论建构的研究提供有价值的参考实证。

关键词： essay；译名；演变；散文；现代转型

清末民初时期，翻译在国民现代知识体系建构中具有重要地位，译名问题一直受到学术界的长期关注。在早期的翻译实践中，受社会、环境、文化和译者等综合因素的影响，“译名”混淆、误读等现象时有发生。1917年，周瘦鹃最早开启了外国纯散文的译介工作[1]，英文“essay”一词便逐渐进入“五四”学人的视野，先后出现“论文”“随笔”“散文”“小品文”和“试笔”等多个译名。这些译名在很长一段时间内被混淆使用：周作人就曾称“essay”在日本译为“随笔”，而在中国译作“小品”，将“随笔”“小品”混为一谈[2]；鲁迅将已出版的《鲁迅杂感集》称为“随笔集”，“随笔”“杂文”混用[3]；甚至到了当代，仍有学者说出：“我实在分不清散文、随笔和小品的区别。”[4]译名繁多的表象下是变化着的“五四”学者的散文观，而译名的混淆和误用则与“essay”文体边界模糊有关。为此，我们有必要回到“五四”现场，从译介与传播的角度，还原“essay”译名产生的语境，勾勒出“essay”语义演化、变迁、融合的过程，挖掘背后主导的观念形态。这不仅有助于呈现“五四”学人对中国现代散文建构的动态图景，在一定程度上匡正对“随笔”与“小品文”“试笔”“论文”之间语义关系的误读，还对中国现代散文相关概念的理解有所助益。

一、"essay"译名的诞生：在"杂"与"纯"之间

英文"essay"一词的引入源起于白话文运动。文言的破除、从词汇到语法的语言革命触发了文学文体的变革，知识者们纷纷将目光投向了域外。1919年，傅斯年发表的《怎样做白话文》一文，可以说是"essay"一词在中国的首次露面，他主张借鉴欧式语法来构建现代语体文[5]。1920年，《新青年》推出一组罗素的"essay"译介作品，展示出一种以个人情感介入对时政议论和批判的论说类散文[6]。可见此时，来自英国的"essay"文体已被当作一种重要的域外资源用以建设"白话文学"。

(一)"essay"译名的登场："论文"

1921年周作人在《美文》中率先将"essay"译作"论文"[7]，王统照在《散文的分类》中也采用这一译法[8]。但从日后接受来看，"论文"译名并未被采纳，反而文中"美文"一词却大行其道，被当作"essay"的译名来使用。那么周氏文中"论文"究竟所指为何？"论文"和"美文"之间有着怎样的关系？周氏积极主张"美文"的背后又伏隐着中国现代散文发展的何种脉络？

"论文"按《现代汉语词典》所释，是指在现代学术体制下对某种问题进行讨论或研究的文章，主要指学术论文[9]。这一解释似乎与周氏所言的"批评的，是学术性的"[10]论述较为相符。从周氏下文所举"爱迭生""兰姆"等人可看出，文中"论文"所指乃是英国的"essay"文体。纵观1915—1920年间国人对英国"散文"一词的译介，以罗素和培根的作品居多，大多为偏说理与议论类的散文，如培根的《论学》，罗素的《教育改造论》《论战争为常存制度之一种》[11]等。因此，周氏的"论文"译名从表面上看，似乎有些以偏概全。因为"essay"文体还有另一艺术性的称谓"美文"存在，且周氏文中，对"essay"文体内涵与特征的介绍并不清晰，反而从标题到内容都在主张"美文"，因而容易使人误将"美文"当作"essay"一词的译名。这些都反映了当时学界对"essay"文体认知的普遍状况。

在英国"散文"一词的译介之初，学界对"essay"文体的认知是有偏误的。较为典型的是，1917年周瘦鹃所译兰姆随笔《故乡》，被当作"小说"收录于《欧美名家短篇小说丛刻》中[12]。不仅如此，学人们在对"essay"文体的介绍中也常带有个人主观偏见。1918年，胡适在《建设的文学革命论》中谈及，"即以散文而论，我们的古文家至多比得上英国的Bacon和法国的Montaigne"[13]。新文学运动干将将培根与蒙田的文体与我国古文家文体相比，个中情感态度一望即知。厨川白村似道出其中原委："引用古典之多，至于可厌。"[14]梁遇春对此亦有分析："国人因为厌恶策论文章，做小品文时常是偏于情调，以为谈思想总免不了俨然"[15]。可见，新文学倡导者对严正的、偏思想的策论类文章并无好感，所以才将蒙田、培根与古文家并举，说明此时，"essay"文体兼具严正论说类风格和闲适絮语类风格的认知并未被胡适捕获。然而，这并非孤立现象，卜立德在《一个中国人的文学观》中指出，周氏对"essay"可能并不熟悉，《美文》的旨归不过是借西学之名阐发其对新文体的设想罢了[16]。

(二) 译名"美文"与中国"纯散文"想象

学界将"essay"一词译作"美文"的认知偏误，与"美文"和"论文"在概念上的夹缠不清有关。按周作人所述，"美文"乃"论文"下的一类，是更为"艺术性的"[17]。中国古文中的序、记和说就是典型的"美文"：在形式上，它叙述与抒情夹杂；内容上，真实简明；体裁上，蕴藏着破体的潜能，有着诗、散文和小说文体互渗的特质。可见"美文"是一种偏文学性和艺术性的开放文体，但在周氏论述过程中，"论文"与"美文"之间又互有夹缠。以周氏所译《晚间的来客》[18]为例，这是一篇具文体互渗特征的文章，无法单纯归为小说或散文，符合其对"美文"的阐释，但周氏却指出这类文章也可以用"论文"去表他；又如文中提及英国爱迭生、兰姆、欧文等人的文章是典型的"美文"，而这些大家享誉文苑的是其英国"essay"文体。可能正是因此，许多人便将"essay"译为"美文"。

但令人困惑的是，日后，"美文"译名为何超越"论文"，被广为理解和接受，甚至成为中国现代散文艺术定位的第一块基石[19]，这应与当时的历史语境有关。其一，周氏倡导的"美文"呼应了文学革命中知识者们对新文体的想象。刘半农、傅斯年、胡适都曾表达过对文体变革的具体设想：刘半农提倡"文学散文"[20]；傅斯年主张通过"留心说话""国语欧化"来做"无韵文"[21]；胡适认为要发展"言之有物"，即"有什么话，说什么话""说我自己的话"[22]的散文。质言之，他们对现代散文的诉求是：纯散文、白话散文和自我表现，周氏所提倡的"美文"恰与这种自我表现、不拘一体的言说形式契合。其二，"美文"一词的提出有着深厚的学术积淀，是受近代中国"美术"观念影响而来的，而后者又是转译自日本而源起于西方的美术/文学观念[23]。20 世纪初，"美术"在中文语境下有双重含义：一为"艺术"，与西方的"art"对应；二指"纯文学"，即"literature"。从蔡元培的"文学者，亦谓之美术学"[24]，到王国维将审美非功利性带入文学之中[25]，不难发现清末民初知识者"纯文学"观念的逐渐生成。"美文"的提出和接受便受此观念的影响。

(三) "essay"译介与中国现代散文观念的转型

1917—1924 年间，对英国"essay"的译介和阐释几乎都带有传统"杂"文学观的影子。回到当时的历史场域，周瘦鹃译介兰姆的随笔被归入"小说"之类，混杂"小说"与"essay"之别；傅斯年对"essay"文体作无韵之杂体的阐释，这仍属于传统大散文观的范畴；周作人将"essay"以文类意义提请现代学者注意，又在"论文"和"美文"之间夹杂不清，多少也有大散文观的余影。但此时，新文学观念已渐生萌芽，从刘半农提出的"文字"散文与"文学"散文之别开始，已然开启纯文学理论建设实践。周氏"美文"之提出，是对艺术散文的追求，并得到王统照"纯散文"(pure prose)[26]和朱湘"pure essay"[27]的呼应。这些理论设想和实践，反映了学人们在散文观念上不约而同地由"杂"而"纯"的转向。同中有异，部分学人对"essay"文体的理解与阐释中又带有个人的情趣与选择，即对严正"论说文"的不喜和对"闲适"风格的偏好，这种偏执的散文观念，对其后"essay"译名的变化及现代散文理论建设都产生了一定的影响。

二、“essay”译名的杂语时期：现代散文理论的多维探索

随着“五四”知识者对现代散文理论探索与实践的深入，英国“essay”的译介作品逐渐增多，并先后出现“试笔”“散文”“随笔”和“小品文”等多个译名。这些译名主张的过程伴随着现代散文在“闲适”“个性”“自我”话语等方面的探索，是对五四散文理论从风格、内涵到精神等维度的进一步深化，“essay”译名的语义也在贯通中西、融旧铸新中不断变迁。

（一）众声喧哗：从“试笔”“散文”到“随笔”

1925年，鲁迅在其译文中提及厨川白村将“essay”一词译为“试笔”：“essay者，语源是法兰西essayer(试)，即所谓‘试笔’之意罢。”[28]其后，这一译法得到朱光潜和梁宗岱的支持。朱光潜主张：“‘小品文’向来没有定义，有人说它相当于西方的essay。这个字的原义是‘尝试’，或许较恰当的译名是‘试笔’。”[29]梁宗岱为还原“essay”的本义——“尝试”，将其译为“试笔”[30]。虽然，一直以来，采用这一译名者络绎不绝，但大概因中国并未有与之对应的文体，“试笔”译名一直未被确认为统一的译名。

1926年，胡梦华将“familiar essay”译作“絮语散文”，指“美的文学”“散文的散文”[31]。胡氏对英国“essay”从风格、特点等作了更深入的解析，尤其是对“familiar”一词从性质和情状方面进行的描绘，即和颜悦色的唠叨、茶余酒后的闲谈和浪漫文士的谈话等。因此大家的注意力也都在“familiar”上，他的这一“散文”译名也未引起太多的关注。

虽然，鲁迅在1925年就有专门探讨“essay”文体的译作，但直至1928年，鲁迅才在翻译日本作家鹤见祐辅的《思想·山水·人物》一书中，以“随笔”对译美国威尔逊的“essay”一词[32]。此时的“随笔”译名在当时并未成为统一译名，但文中对“essay”的解释，指向一种率性闲适、体现“人格底调子”[33]的文体。其中，鲁迅不仅提炼出“essay”文体的思想、艺术特色，还指出其与现代期刊之间的紧密关系，拓展了知识界对文体与物质基础之间的关系的认知。

（二）“小品文”译名的短暂确立：“闲适风”散文的发展

然而，直至“小品文”译名的出现，才真正引起了学界对“如何翻译‘essay’一词”这一问题的关注。20世纪30年代初期，学界持“小品文”译名主张的占多数。此时，不仅有专门的英国“essay”译介作品集出版，如梁遇春在1930—1935年间先后出版的《英国小品文选》《小品文选》和《小品文续选》等书，书中均将“essay”译为“小品文”[34]；大量的理论研究者也开始关注“essay”一词的译名，如钟敬文在《试谈小品文》中直接提倡：“英文中有所谓familiar essay，胡梦华先生把它翻作‘絮语散文’，我以为把它译作小品文很确切。”[35]小品文研究专家李素伯也曾直言：“就性质、内容和写作的态度上”，似乎“小品文”最能体现“essay”这一类体裁[36]。方重的口吻则更加确信，认为“小品文就是英文里的essay”[37]。

“小品文”译名在学界广受认可与“小品文”热有关。“小品”一词源自佛教用语，与

"大品"相对，指较为简略的佛经。在明代中期，开始被移用至文学领域，如田艺衡的《煮泉小品》、王思任的《文饭小品》、陈天定的《古今小品》等[38]。这些"小品"多是一些文体杂陈的合集，其中有诗、赋、散文等。之所以命名为"小品"，取其"品鉴""回味"之意，或是"小"之简略义，并不意味着"小品"拥有独立的文体地位。当今学界普遍认为，将"小品"提到文体层面与周作人有莫大关系[39]：周作人在西山养病时期，受佛经启发，做了两篇文章，命名为《西山小品》，于 1922 年发表在《小说月报》上[40]；同年，胡适在《五十年来中国之文学》中就下了定论，认为周作人等提倡的"小品散文"最值得注意[41]，胡适此文基于建构历史之目的，一经发表，便引起广泛影响。

承接胡适、周作人的阐释和提倡，加之期刊的推波助澜，"小品文"热由此而起，并使"小品文"在真正意义上成为一种文体而广受追捧。正是此时，"小品文"常被拿来与"essay"对译。在众多的刊物中，林语堂于 1932—1935 年间创设的《论语》《人间世》《宇宙风》无疑反响最大，"将'小品文'推向了新文学发展的风口浪尖处"[42]。但是，林语堂过分强调文学的独立价值，主张回归文学的主体性，认为"性灵"才是文学的根本[43]，将闲适风小品推向了极致。他提倡"个人笔调"(personal style)，吸收英国"essay"之"幽默"，与胡梦华"絮语散文"说遥相呼应，并在其创设的期刊中大肆宣扬。一时之间，"小品文"的语义逐渐转为偏向"幽默""闲适""性灵"风格的散文，这种闲适雅致的隐逸精神与周氏取"小品"来表达颠覆反抗精神的初衷相悖。鲁迅就直陈，被林氏窄化的"幽默"小品是"把玩"和"小摆设"，将这一趋势评价为"小品文的危机"[44]。论争过程中，"小品文"这一名称也承受了一定的激愤与不满："这种种的诽谤，其实都不是小品文本身招来的。而是'小品'这个名字招来的，倘若当初不把这种文字称为'小品'，而称之为散文或随笔，我想一定不至于受到这许多似是而非的攻击的。"[45]受此影响，人们提及"小品文"时，语义常指向带有贬斥意味的闲适隐逸类散文。"小品文"这一名称再难获得当初所拥有的关注度，与"essay"对译的主张与也只维持了短暂的时间。

（三）众声喧哗之下的中国现代散文理论建设的细化

上述译名主张大都是知识者们在其散文理论和译介文章中提出来的，对现代散文理论建设作出了各自的贡献。"试笔"译名虽然最后未被广泛采纳，但其主张之下，是对英国"essay"文体之"尝试""探索"精神的还原，为中国散文文体精神提供了有益的借鉴。胡梦华"散文"译名主张对"familiar"(絮语)情状的解析，与周作人"围炉闲话"及鲁迅所译随笔之"任心闲话"的场景，共同奠定了中国现代散文"闲话"话语理论。鲁迅译自厨氏的文章《出了象牙之塔》中有两节，此文对"essay"和"essay 与新闻杂志"的话题进行了专论[46]，以及胡梦华的《絮语散文》更是在学理上弥补了周氏《美文》的不足，对英国"essay"从内涵、特点和历史源流等进行了全面论述。可见，"五四"学人们开始有意识地多维度吸收和借鉴西方散文，用以指导中国现代散文理论建设。

此一阶段的散文理论批评众声喧哗，成果颇丰。首先，在散文理念上，颠覆了传统的"文以载道"观念，置之以"言志"的"自我表现"。这种"自我表现"被胡梦华阐释为

“个人的”(personal)[47]；鲁迅译介中是“人格底调子”(personal note)[48]；林语堂那里是“个人笔调”(personal style)[49]；郁达夫主张“个性说”[50]。其次，还确立了一批散文理论话语：先后有刘半农的“文学散文说”、周作人的“美文说”、王统照的“纯散文说”、胡梦华的“絮语散文说”、梁实秋的“文调说[51]”、林语堂的“闲适笔调说”、鲁迅的“匕首投枪说”等。在小品文论争中，中国现代散文风格渐趋明朗：一是林语堂等主张的，偏于审美和艺术性的“闲适”“幽默”风格；另一是鲁迅主张的，捍卫思想上抗争、颠覆一脉的，偏于讽刺、挣扎和战斗之风格。但随着左翼文学思潮占据主流，在阶级论的基础上确立文学的本质和价值的文学观念，促使20世纪中国文学向革命文学转变。在论战中形成的“清谈”“小摆设”等语义，均成为带有贬斥意味的词语，影响着人们对“小品文”的认知，这为“essay”一词的“随笔”译名主张腾出了空间。

三、“essay”译名的确立与统一：现代散文理论的自主建构

在历经20世纪30年代末至70年代的低回时期之后，80、90年代，中国散文理论迎来了再次的发展高潮。理性、主体的回归，使得在这两方面都有突出表现的随笔文体再度进入人们的视野。此时，“essay”的译名被统一为“随笔”，这一结果与鲁迅有关。作为译名的“随笔”，译前与译后是两个截然不同的概念，这源于在翻译过程中，概念经历了古今、中外的对应与重组。

(一)“随笔”译名的提出：更新与移植

如上文中提到的，1925年，鲁迅在《京报副刊》上发表了厨川白村的翻译文章，其中涉及“essay”和“essay与新闻杂志”的话题。在译文内，虽然厨氏对将英文“essay”译为“随笔”的观点进行了驳斥，却促进了译文外“essay”与“随笔”的对译。厨氏驳斥的是“essay”文体与日本历史文类“随笔”的对应，而鲁迅主张的“随笔”亦有别于中国传统文论中的概念，指向的是一种现代文体。

中国散文历史悠久，鲁迅与周作人都注重在文学传统中发掘资源，以更新已有的文学观念，发展新文学。在中国传统文论视域中，“随笔”一词被理解为由两个成词语素“随”和“笔”所构成，强调文章跟随文意或思绪而著。按刘勰《文心雕龙》中对文体作“文”“笔”之别来看[52]，中国古典文学中的“随笔”显然属于“笔”类，指跟随思绪而作的不用韵之文。洪迈《容斋随笔》自序中，“予老去习懒，读书不多，意之所之，随即记录，因其后先，无复诠次，故目之曰随笔”[53]，往往被认为是中国古代随笔概念的经典诠释，指向一种随笔而录，不求韵律的文字记录。鲁迅对中国传统文学中的“随笔”并不陌生，很早就表现出对杂学的兴趣，爱看野史笔记，并曾购买《容斋随笔》《酉阳杂俎》《池北偶谈》《辍耕录》等随笔笔记类书籍[54]，但他的着眼点是：“从古书里发见了旧中国的病根，养成他反封建，反礼教的思想，发动伟大的思想的革命，这影响是很大的”[55]，将这种逸出正史的随笔笔记当作反抗传统礼教的思想资源。“野史”“随笔”中常涉及社会下层百姓，其中“俗”的一面与鲁迅人本主义关怀相契合。自由、边缘性和人文关怀，从形式到内容的更新是中西随笔得以对接的前提。

不仅如此，与“essay”对译的“随笔”亦是鲁迅在借鉴日本随笔的基础之上建构起

来的。1902—1909年，鲁迅在日留学期间，亲历日本现代随笔的发展和繁荣。受明治维新文化影响，日本随笔一改往日温和面貌，出现以冷嘲热讽语调来批评封建腐朽观念的风格。至大正时代，长谷川如是闲等人拓宽了随笔的题材和风格，创造出"寸铁"讽刺性的文体，这基本奠定了日本现代随笔文体的面貌。为了确立随笔在文学中的地位，一批日本现代学者通过引进英国"essay"理论，来为"随笔"文体的合理性张目，分别有厨川白村、福原麟太郎等[56]。鲁迅回国后，除了译介，创作的重心都在杂感随笔上，他开始主张一种新的文体，其中带有尖锐和抗争的风格。在鲁迅看来，传统文学中温柔敦厚的风格并不适应当下中国，而以长谷川如是闲为代表的文风，力主泼辣犀利，这才是现代中国新文体所需要的。所以，1918年，鲁迅在《新青年》上发表第一篇随感录后，便开启了其"匕首投枪"类随笔之路[57]。可见，与英国"essay"对译的"随笔"，是鲁迅在更新中国传统随笔资源和移植日本随笔的基础上生成的现代概念。

（二）译名的确立与统一：实践与论争

随着"小品文"热的消退，鲁迅开始在文学创作中重视"随笔"作为文体的出现。20世纪30年代开始，鲁迅逐渐以"随笔"指称自己的作品。1932年，鲁迅在《三闲集》末尾附上自己1921年—1931年的译著书目，每一书目后面都有文体类型备注，就散文而言，有"短评""杂感""论文""随笔""杂文"等[58]，显示出其文体自觉意识。1928年，鲁迅在翻译鹤见祐辅文集时，直接将文中威尔逊的作品"essay"译为"随笔"[59]。1933年在《小品文的危机》中也直接将英国"essay"译为"随笔"[60]。不仅是译著，鲁迅也渐渐指称自己的创作为"随笔"，在《坟》后备注为"一九〇七至二五年的论文及随笔"[61]；类似的还有1933年，鲁迅致李小峰的信中称将出版的《鲁迅杂感选集》为"随笔集"[62]；1934年在致赵家璧、萧军萧红、刘炜明信中，以"随笔"指称自己文章[63]；1935年，与日本作家鹿地亘的信中称"我觉得仍加进其他随笔为好"[64]；1935年，在《徐懋庸作〈打杂集〉序》中生出"杂文中之一体的随笔"[65]的认识。"随笔"译名主张，与"随笔"作为一种文体，在鲁迅这里得以确认。

在上述基础之上，张若谷最早指称鲁迅部分作品为随笔，加之其后卷入的相关论争，间接促进了鲁迅"随笔"译名主张的传播与接受。张若谷曾在1931年指出，"《华盖集》的内容，据作者自道，是杂感，是短评。其实就是'随笔'而已"，并认为，"与其当鲁迅先生是小说家，毋庸说他是随笔作家更来得恰当"[66]。张氏观点在当时并未激起水花，反而是1940年，张若谷《怎样写文学随笔》一文中对鲁迅作品风格的总结引起了轩然大波[67]。彼时，在上海沦陷区，正开展一场有关"鲁迅风"问题的论争。左翼人士抨击张若谷用"习气""绍兴师爷""特殊性格"等词语形容鲁迅文风，认为其"从地域来分别文人的性格，文人的作品，是未必正确的"[68]。巴人更借此机会出版《论鲁迅的杂文》，对鲁迅的杂文进行了科学的论述，并驳斥了张若谷的观点[69]。这一论争虽在批驳张若谷对鲁迅随笔风格的论断，但却在侧面促进了张若谷关于鲁迅的文章就是随笔的主张。

新时期以来，在翻译家和散文理论研究者的共同努力下，"随笔"作为"essay"译名最终得以确认。1984 年，翻译家刘炳善在其《英国随笔简论》中如此阐释："随笔(The essay，过去曾用译名'小品文')是散文(Prose)的一种。"[70] 1987 年，汪文顶《英国随笔对中国现代散文的影响》一文在全面介绍英国随笔的同时，也主张把"essay"译为"随笔"[71]。1990 年，美国的约翰·坎农发表的《中英随笔比较》中直接将英国"essay"译为"随笔"[72]。其后，在系统的外国随笔译介工作中，如 1996 年译林出版社出版的《蒙田随笔全集》，2001 年中国社会科学出版社出版的《伍尔芙随笔全集》，1987 年刘炳善所译《伊利亚随笔选》以及 2006 年的《伦敦的叫卖声：英国随笔选译》等译著，基本采用的是"随笔"译名主张[73]。至此，"essay"的"随笔"译名主张基本得以统一。

（三）从"essay"到"随笔"：散文概念的"现代化"与"本土化"

早至 1921 年周作人在《美文》中就开始思考"essay"一词的译名问题，但直至二十世纪八九十年代，"随笔"作为"essay"的译名才得以确立下来。历经 70 多年，英文"essay"一词在翻译中不断地进行概念的对应与重组，呈现出中国现代散文译介过程中的两种价值导向。

其一是"现代化"，表现对文学观念和文学创作理念的变化上。中国传统的大散文概念被"化"为西方文学四分法中的一体，成为一个纯文学概念。与此同时，"文以载道"的散文创作理念也在此过程中被置换成"自我表现"；"道统"下千篇一律的"我"，在对日常生活经验的琐碎描写中被还原为各具特色的"人"，人学理念的注入为中国散文打上了现代的烙印。

其二是"本土化"，"随笔"是在中国传统文学范畴中挖掘出来的资源，在现代学人自主整合下形成的新文体。"五四"时期，"言志""闲适"话语重在批判载旧时之道的文学和继承其中的反叛精神。"性灵"借鉴明末公安派诗歌理论，强调情感的自然流露，抒发作者独特的个性。这些话语理论在小品文热退潮后，被移至"随笔"之上。与此同时，英国随笔在五四学人的译介下被阐释为具"散漫零碎""个人特质""不规则""非正式"等艺术特质的文体。其中，"言志""性灵""闲适"等与"essay"的"絮语的""自我表现""个人的底色""个性""人格"等特征相汇合，共同塑造了一种个人的，艺术独立的，从形式到精神带有反抗意味的新文体。鲁迅则吸收了日本现代随笔的批判文风，形成的"投枪匕首"风格既具现代性又带有浓厚的民族本土气息，丰富和完善了中国现代"随笔"理论。此时的"随笔"与中国传统文论中的"随笔"已大相径庭，为一种统合"闲话"和"投枪匕首"两种风格的现代性自我言说方式，在此过程中形成的"个性""自由""真实"等文体核心范畴，构建起现代散文的话语理论。

结语

"essay"一词的译名演变史不仅关乎一个文学名词的翻译，亦呈现出整个中国散文现代转型的演化景观。知识者们在外国随笔译介过程中，一方面，既重视"名"之翻译，深入了解源语言中"名"之实质与内涵；另一方面，亦强调翻译之"名"在中国的传播、理解与接受。最终采取"吸欧纳古"的翻译策略，在中西概念的交互与融合下，以本土范畴"随笔"对译，从而建构起中国现代随笔文体。及至当代，学界针对"essay"译名问题的探索还在继续，如有人提出将"essay"一词译作"论说文""论笔"等[74]。"essay"译名问题的研究仍有其现实意义，主要体现在：其一，对"essay"文体概念的界定有一定帮助。一直以来，因形式上的不规则和内容上的非系统性，学界在"essay"概念的界定上一直聚讼不已，译名演变问题中涉及的"essay"一词的语义流变对进一步界定"essay"文体有所助益。其二，对诸多夹缠的概念有所匡正。中国现代散文史上，"随笔""小品文""试笔""论文"等概念一直纠缠不清，通过梳理可知，他们之间的夹缠与"essay"一词的翻译有关。其三，对现代文类理论研究有所助益。散文的概念是采用排除法来进行界定的，文类边界的模糊使其理论研究受限。回到"五四"现场，当年学人对现代散文的构想其实就是"散文"这一概念的内涵不断收缩窄化，建构自身文体逻辑的过程。从某种意义上来说，对"essay"译名流变史的查考，为现代文类理论建构的研究提供了有价值的参考实证。

* 本文为国家社科基金重大项目"两岸现代中国散文学史料整理研究暨数据库建设"【18ZDA264】的阶段性成果。

注释：

[1] 此书为1917年周瘦鹃译述，是汉译文学史上的重要作品，共收14国47位作家小说50篇，其中白话翻译17篇，文言翻译33篇，均为英文转译，《欧美名家短篇小说丛刻》是初版时的书名，本文所引为1987年的再版版本。参见[英]却尔斯兰姆(Charles Lamb)：《故乡》，周瘦鹃译，《欧美名家短篇小说》，长沙：岳麓书社，1987年，第35～38页。

[2] 知堂：《再谈俳文》，《文学杂志(上海1937)》1937年第1卷第3期，第21～33页。

[3] 鲁迅：《致李小峰》，《鲁迅全集》第12卷，北京：人民文学出版社，2005年，第386页。

[4] 汪曾祺：《塔上随笔·序》，上海：上海三联书店，2019年，第1页。

[5] 傅斯年：《怎样做白话文》，《新潮》1919年第1卷第2号，第217～227页。

[6] 罗素这组作品有：《民主与革命》《工作与报酬》《游俄之感想》《哲学里的科学法》《梦与事实》等文章。参见《新青年》1920年第8卷第2号目录。

[7] 子严：《美文》，《晨报》1921年6月8日，第7版。

[8] 王统照：《散文的分类(续)》，《晨报副镌·文学旬刊》1924年3月1日第27号，第1～2版。

[9] 中国社会科学院语言研究所词典编辑室：《现代汉语词典》，北京：商务印书馆，2016年，第859页。

[10] 子严：《美文》，《晨报》1921年6月8日，第7版。

[11] 上述文章分别参见[英]培根：《论学》，夏沛丰、徐金涘译，《英文杂志》1915年第1卷第12号，第37～39页；[英]罗素：《教育改造论》，陈仲克译，《教育潮》1920年第1卷第8期，第63～71页；[英]罗素：《论战争为常存制度之一种》，陈仲克译，《兵事杂志》1920年第78期，第7～10页。

[12] [英]却尔斯兰姆(Charles Lamb)：《故乡》，周瘦鹃译，《欧美名家短篇小说》，长沙：岳麓书社，1987年，第35～38页。

[13] 胡适：《建设的文学革命论》，《新青年》1918年第4卷第4号，第304页。

[14] [日]厨川白村：《出了象牙之塔》，鲁迅译，鲁迅：《鲁迅全集》第13卷，北京：人民文学出版

社,1973年,第166页。

[15] 梁遇春译注:《小品文续选·序》,吴福辉编:《梁遇春散文全编》,杭州:浙江文艺出版社,1992年,第555页。

[16] [英]卜立德:《一个中国人的文学观:周作人的文艺思想》,陈广宏译,上海:复旦大学出版社,2001年,第122~123页。

[17] 子严:《美文》,《晨报》1921年6月8日,第7版。

[18] [俄]A. Kuprin:《晚间来客》,周作人译,《新青年》1920年第7卷第5号,第1~6页。

[19] 范培松:《中国散文批评史》,南京:江苏教育出版社,2000年,第32页。

[20] 刘半农:《我之文学改良观》,《新青年》1917年第3卷第3号,第1~13页。

[21] 傅斯年:《怎样做白话文》,《新潮》1919年第1卷第2号,第217~227页。

[22] 胡适:《建设的文学革命论》,《新青年》1918年第4卷第4号,第290页。

[23] 狄霞晨:《作为文学的"美术":美术与中国现代文学观念的生成》,《中国比较文学》2021年第2期,第153~167页。

[24] 蔡元培:《学堂教科论》,高平叔编:《蔡元培教育论集》,长沙:湖南教育出版社,1987年,第28页。

[25] 王国维:《论哲学家与美术家之天职》,谢维扬、房鑫亮主编:《王国维全集》第1卷,杭州:浙江教育出版社,2010年,第132页。

[26] 剑三:《纯散文》,《晨报副镌·文学旬刊》1923年6月21日第3号,第1版。

[27] 朱湘:《统一局》,方铭主编:《朱湘全集·散文卷》,合肥:安徽文艺出版社,2017年,第275页。

[28] [日]厨川白村:《出了象牙之塔》,鲁迅译,《鲁迅全集》第13卷,北京:人民文学出版社,1973年,第171页。

[29] 朱光潜:《一封公开信:给〈天地人〉编辑者徐先生》,《天地人》1936年创刊号,第24页。

[30] [法]蒙田:《蒙田试笔》,梁宗岱译,上海:华东师范大学出版社,2016年,第7页。

[31] 胡梦华:《絮语散文》,《小说月报》1926年第17卷第3号,第1~10页。

[32] [日]鹤见祐辅:《思想·山水·人物》,鲁迅译,《鲁迅全集》第13卷,北京:人民文学出版社,1973年,第407页。

[33] [日]厨川白村:《出了象牙之塔》,鲁迅译,《鲁迅全集》第13卷,北京:人民文学出版社,1973年,第165页。

[34] [英]斯梯尔,等:《英国小品文选》,梁遇春译注,吴福辉编:《梁遇春散文全编》,杭州:浙江文艺出版社,1992年;[英]斯梯尔,等:《小品文选》,梁遇春译注,吴福辉编:《梁遇春散文全编》,杭州:浙江文艺出版社,1992年;[英]考利,等:《小品文续选》,梁遇春译注,吴福辉编:《梁遇春散文全编》,杭州:浙江文艺出版社,1992年。

[35] 钟敬文:《试谈小品文》,《文学周报》1929年第7卷,第779页。

[36] 李素伯:《小品文研究》,南京:江苏教育出版社,1996年,第2页。

[37] 方重:《英国小品文的演进与艺术》,《国立武汉大学文哲季刊》1937年第6卷第4号,第689页。

[38] 陈艳丽:《从文体特征论小品文的时代生存》,《山东社会科学》2012年第5期,第60~63页。

[39] 徐从辉:《后五四时期"小品文"的文体实践与文化逻辑》,《华东师范大学学报》(哲学社会科学版)2016年第5期,第28~34页。

[40] 周作人:《西山小品》,《小说月报》1922年第13卷第2号,第1~4页。

[41] 胡适:《五十年来中国之文学》,《胡适全集》第2卷,合肥:安徽教育出版社,2003年,第343页。

[42] 赵洁:《误读周作人:对周作人与小品文关系的再考证》,《内蒙古大学学报》(哲学社会科学版)2018年第2期,第55页。

[43] 林语堂:《生活的艺术》,越裔汉译,长沙:湖南文艺出版社,2016年,第342页。

[44] 鲁迅:《小品文的危机》,《鲁迅全集》第4卷,北京:人民文学出版社,2005年,第590页。

[45] 康嗣群:《创刊释名》,《文饭小品》1935年创刊号,第1页。

[46] 这两节分别是《Essay》和《Essay与新闻杂志》,参见[日]厨川白村:《出了象牙之塔》,鲁迅译,《鲁迅全集》第13卷,北京:人民文学出版社,1973年,第163~171页。

[47] 胡梦华:《絮语散文》,《小说月报》1926年第17卷第3号,第1~10页。

[48] [日]厨川白村:《出了象牙之塔》,鲁迅译,《鲁迅全集》第13卷,北京:人民文学出版社,1973年,第165页。

[49] 语堂:《小品文笔调》,《人间世》1936年第6期,第10~11页。

[50] 郁达夫:《〈中国新文学大系·散文二集〉导言》,郁达夫编选:《中国新文学大系·散文二集》,上海:上海良友图书印刷公司,1935年,第5页。

[51] 梁实秋:《论散文》,《新月》1928年第1卷第8号,第1~5页。

[52] (南朝梁)刘勰:《文心雕龙》,上海:上海古籍出版社,2008年,第89页。

[53] (南宋)洪迈:《容斋随笔》卷一,长沙:岳麓书社,2006年,第1页。

[54] 周作人:《关于鲁迅》,《周作人文类编·八十心情》第10卷,长沙:湖南文艺出版社,1998年,第111页。

[55] 周作人:《鲁迅的青年时代》,石家庄:河北教育出版社,2002年,第60页。

[56] 程麻:《沟通与更新:鲁迅与日本文学关系发微》,北京:中国社会科学出版社,1990年,第245页。

[57] 相关文章参见唐俟:《二五·随感录》,《新青年》1918年第5卷第3号,第291~292页。

[58] 鲁迅:《鲁迅译著书目》,《鲁迅全集》第4卷,北京:人民文学出版社,2005年,第181~190页。

[59] [日]鹤见祐辅:《思想·山水·人物》,鲁迅译,《鲁迅全集》第13卷,北京:人民文学出版社,1973年,第407页。

[60] 鲁迅:《小品文的危机》,《鲁迅全集》第4卷,北京:人民文学出版社,2005年,第592页。

[61] 鲁迅:《鲁迅译著书目》,《鲁迅全集》第4卷,北京:人民文学出版社,2005年,第182页。

[62] 鲁迅:《致李小峰》,《鲁迅全集》第12卷,北京:人民文学出版社,2005年,第386页。

[63] 鲁迅:《致赵家璧》,《鲁迅全集》第13卷,北京:人民文学出版社,2005年,第313页;鲁迅:《致萧军、萧红》,《鲁迅全集》第13卷,北京:人民文学出版社,2005年,第316页;鲁迅:《致刘炜明》,《鲁迅全集》第13卷,北京:人民文学出版社,2005年,第325页。

[64] 鲁迅:《致鹿地亘》,《鲁迅全集》第14卷,北京:人民文学出版社,2005年,第393页。

[65] 鲁迅:《徐懋庸作〈打杂集〉序》,《鲁迅全集》第6卷,北京:人民文学出版社,2005年,第301页。

[66] 张若谷:《鲁迅的华盖集》,《新时代月刊》1931年第1卷第2期,第1~9页。

[67] 张若谷:《怎样写文学随笔》,《十五年写作经验》,上海:谷峰出版社,1940年,第83页。

[68] 刘长鼎、陈秀华:《中国现代文学运动史》,济南:山东文艺出版社,2013年,第510页。

[69] 巴人:《论鲁迅的杂文》,上海:上海书店,1984年,第4页。

[70] 刘炳善:《译后记:英国随笔简论》,[英]约瑟夫·艾迪生:《伦敦的叫卖声》,刘炳善译,北京:生活·读书·新知三联书店,2013 年,第 347 页。

[71] 汪文顶:《英国随笔对中国现代散文的影响》,《文学评论》1987 年第 4 期,第 94～104 页。

[72] [美]约翰·坎农:《中英随笔比较》,金文俊译,《扬州师院学报》(社会科学版)1990 年第 2 期,第 28～31 页。

[73] [法]蒙田:《蒙田随笔全集》,潘丽珍译,南京:译林出版社,1996 年;[英]弗吉尼亚·伍尔芙:《伍尔芙随笔全集》,石云龙等译,北京:中国社会科学出版社,2001 年;[英]查尔斯·兰姆:《伊利亚随笔选》,刘炳善译,北京:生活·读书·新知三联书店,1987 年;[英]阿狄生,等:《伦敦的叫卖声》,刘炳善译,上海:上海译文出版社,2006 年。

[74] 赵勇:《作为"论笔"的文学批评:从阿多诺的"论笔体"说起》,《文艺争鸣》2018 年第 1 期,第 56～64 页。

跨语经验与1940年代台湾文坛的中国古典文学“日译潮”

马泰祥

（西南大学文学院，重庆，400715）

内容摘要：1940年代的日据时期台湾文坛，曾出现了一股中国古典文学“日译潮”。参与这项翻译实践的多为具有跨语经验的台湾新文学作家。“日译潮”一改翻译惯性上的外译汉，逆向将汉文原著翻译为日文，折返回溯中国古代文化传统，来践行挖掘汉文“副功能”的目的。1940年代，对于日据时期的台湾地区而言，中国古典文学的日译是一种特殊的文学实践方式，这一代跨语作家隐蔽在殖民政权文化运作无法完全掌控和监管的中国古典文学原作之后，利用“豪杰译”的方式雕刻日文译本形态，传递大众化的文化信息，形成一种特殊的跨语经验。

关键词：台湾文学；日据时期；跨语经验；中国古典文学；日译潮

文学翻译兹事体大。从文本呈现上来看，原文与译文经常被理解为两种语言之间的接触，译者被理想化地认为在两种语言之间，应该扮演一个忠实而隐蔽的角色。如果说文学翻译是创造文本的一种形式，当我们更强调译者在翻译实践中的主体性和创造性，或者将考察视域从文本生产与信息对比的既有框架中拓展开来，则会对这一观点有更深层的理解。

在1940年代日据时期的台湾文学场域中，曾经涌现出一场将中国古典小说作品翻译为日文的译介热潮。这股“日译潮”发生于1940年代抗战中后期的战争语境之中，产生在殖民霸权主体不断加强其文化统摄意图、加固升级其文化生产审核机制的殖民地台湾，其文化实践意义还有待更充分的挖掘；1937年至1945年间又被普遍认为是“台湾翻译文学的衰微期”[1]，在海峡两岸所撰写的翻译文学史中，这一段特殊的翻译经验尚未能引发翻译史家的高度关注，因此有专门讨论的必要。对这些曾参与到1940年代中国古典文学日译活动的台湾作家而言，这种以文学翻译来突围殖民文化专制的实践方式，集中体现出其跨语经验的曲折与艰难。从中国台湾地区文学翻译史、日据时期台湾作家的跨语经验等角度来对此翻译潮流加以观察，中国现代文学的地方特性和文学语言问题的复杂面相于焉凸显。

一、逆向与回溯：1940年代台湾文坛中的中国古典文学“日译潮”之表象

从现象的述析上来看，日据时期台湾地区这股中国古典文学“日译潮”，是由台湾本岛新文学作家带动起来的。1940年代前后，他们从文学创作的状态下逸出，径直转向了文学翻译。其翻译的原作大多锁定了汉语白话所写就的中国古典小说，而译文则以当时台湾文坛的主流通用语日文来呈现。刊载平台或利用大众报章进行连载，或出版单行本以飨读者。这一时期，这股中国古典文学日译风潮可谓云蒸霞蔚、蔚为大观：其肇始应自1939年作家黄得时翻译《水浒传》开始，后有杨云萍日译清代作家江日昇的《台湾外记》、杨逵日译《三国志物语》、江肖梅日译《包公案》《诸葛孔明》、刘顽椿日译《岳飞》等等[2]；连彼时的当红作家吕赫若在1942年3月14日的日记中，也表示要在小说创作之余积极翻译中国古典小说冠冕之作《红楼梦》，“动手翻译自去年以来处于放弃状态的《红楼梦》。尽管费上十年工夫也行，一定要把这部杰作译出来广为流传。这是自己作为一个台湾人的义务”[3]。吕赫若最终未能完成《红楼梦》日译的壮举，留下遗憾，但值得注意的是，“尽管费上十年工夫也行”，日译《红楼梦》这样的中国古典小说，在吕赫若的思考中为何会成为一种念兹在兹、亟待完成的“台湾人的义务”？彼时同代同潮中的翻译者，是否有着这种共享的翻译价值伦理？这一点值得深思。

在先行的研究成果中，1940年代台湾文坛中的中国古典文学“日译潮”之所以会蔚为勃兴、成为一股浪潮，有研究者认为是日据时代的末期“日文读书市场愈趋成熟”，加上适时日本文化界出于了解对战方中国的“兴趣”，以及战时出版统制要求“助力”与配合，导致出版业出现了有利条件[4]。论者强调外部因素作用在这股“日译潮”中的重要性与支配性，但是，在外部要素(日语读书市场、官方主导下的“中国兴趣”、战时出版机制)支配下，作家跨界而成为译者，锁定中国古典小说进行日译，并有不少译者认定此日译工作乃一件“义务”，其间译者的主体性和能动性的展示如何助力了这股热潮，也是不可不深思的现象。在王俐茹的研究中，她聚焦黄得时日译《水浒传》这一具体个案，通过不同版本的比勘及原文译文的推敲，确定黄得时在日译《水浒传》时，将施耐庵《水浒传》与陈忱《水浒后传》进行合并，突破了原本《水浒传》的故事框架结构，延长了日译译文在报纸上连载的寿命[5]。同时，在接续日译《水浒后传》时，黄得时也对小说部分内容进行了大幅度的改写，将李俊在《后传》中前往暹罗的情节改为前往“南蛮”进行教化，这一改写被研究者认为在有意或无意间配合了适时应和战争时局要求“南进”的“国策”，“黄得时的译写却意外地将陈忱原本遗民意识彻底脱钩，转化成为配合殖民者国策的导向。……让陈忱的《水浒后传》在黄得时的无意识下，成为历史时空发展过程中错乱的国族玩笑”[6]。但是，黄得时日译《水浒传》中对这一情节的具体处理方式，是否真的完全具有配合日本“南进”国策的文学意图，同样需要仔细理析。

是故，欲对此阶段的中国古典文学“日译潮”有新探求，必须重新回到彼时台湾文坛的历史现场。相较于中国新文学译介的历史脉络中主要将“外语原文”翻译为“汉语

译文”的操作惯例与实践趋势，1940年代台湾地区中国古典文学“日译潮”中的翻译实践则主要是将汉语原文翻译为外语/日语译文，显示出一种译介惯性上的“逆动性”。在中国新文学的发轫与茁壮期，文学译介不断透过翻译实践引入参与现代化进程并发挥文学功效的外来资源：“只有从外来资源中勤勤恳恳地钻研、翻译和输入，才可能在母语意义上为这个民族提供最充足和健康的养分，所以翻译家的业绩绝对不可抹杀。”[7]这些晚清以来陆续以文学翻译形式被引进的外来资源，复又以其中国化的变形、交融而落地、生根，成为新文学创作者“创造性模仿”之对象，丰富了新文学发展的生态体系。与这些指向外来文学与文化资源的文学翻译实践不同，1940年代的中国古典文学“日译潮”则将翻译目标锁定为中国传统文学资源，其翻译的内涵指向与目标矢量由外部文化资源转向了内部文化资源，显示出一种在资源仰赖上的回溯性。更为重要的一点是，1940年代这场“日译潮”的实践主体——台湾本岛作家们之所以会采取文学翻译这种形式，逆主流译介惯性而动，侧重去发掘民族内部文化资源，应该还有一个原因，那就是参与这项工作的作家们都有一个共同的文学身份，即他们都是日据时代台湾文学场域中具有“跨语经验”的台湾新文学作家。“跨语经验”与这一股翻译热潮之间的内在关系，应该成为我们审视的重点。

二、发掘“汉语副功能”：跨语经验视域下“日译潮”的本质

这里所谓的“跨语经验”，是指产生自日据时代台湾文坛中的特殊跨语现象。在日据时代的台湾这一文化空间之中，台湾新文学自1920年代发生以来，最为强势的文学语言是汉语共同语及含带有台湾地方话因子的汉语方言语体文。而殖民者所裹带的语言，则不断透过殖民地文教制度及语言文化政策等运作，成为文坛的通用语。从第二代台湾新文学作家开始，台湾新文学场域中的汉文生存空间逐渐萎缩，他们遂不得不以日语作为自己的文学创作主要语言。在文学场域中语言秩序的调整下，台湾作家也必须随之更换自己的文学创作语言，这一变迁促成了台湾本土作家跨语经验的产生。

具体到“日译潮”勃发的1940年代这一时空语境，可以看到日语如何在挤压汉语存续空间的基础上确立了自己的语言地位和文化势能优势。随着1937年“皇民化”高潮的到来，“使用汉语”即成了殖民政权严厉打击的对象：在文教制度上，从这一年开始，4月的新学年干脆直接取消了此前一直被减少课时的汉文科，以此昭示彻底斩断台湾子弟与中国大陆文化关系的意图；在日常生活中，殖民政府竟然提出禁止使用“台湾话”(即闽南方言等台湾方言)，以强制台湾子弟参加日语讲习班的方式，希望终结从汉语方言过渡至标准语的语言文化建设路径[8]；在文化政策上，殖民当局还强迫所有报刊从4月1日开始，不允许在报刊上继续使用汉文，即彻底废除汉文栏，尽管在此之前纯汉文的报刊几乎是凤毛麟角，绝大多数报刊已是中日文并用且日语占据绝对多数版面。这一系列措施，“充分表示殖民政府企图从语言层面改变台湾人为真正日本人的决心”[9]。是故，在1940年“日译潮”勃发之际，汉语及其文化势能所处的地位已经十分微妙，直接使用汉语来进行创作，在通俗文学这一领域之外，是有一定风

险与困难的。

而作为文学语言的日语及其文化势能，在1940年的“日译潮”中也具有一种暧昧难判的特殊性质。日语在台湾被殖民主体视为“国语”而强迫台湾民众接受，本就是殖民者同化政策的重要一环，在任何层面上都并不具备所谓“殖民现代性”的表征，被迫学习殖民者的语言，是民族文化遭到侵害的苦难历程和惨痛记忆。在日本殖民统治台湾初期，殖民总督府当局在伊泽修二的指导下，推行国语同化教育时，试图利用汉文和汉字，以一种折中混合的形态来实现同化。借助汉字这种文字在汉语和日语书面语形式上的最大共通项，认定中、日两地“同文国家的事实，这在将来教育上是非常便利的”，一定要好好利用，因此1898年“公学校规则”承认汉文教育的必要性，其目的是抓住民心、顺利推行日语教育[10]。这样容忍汉文教育的措施，直到1919年以后，被独尊日语“国语”地位的教育方针所取缔。在明白了这种汉文与日文间对峙的处境后，方能理解“翻译”，特别是“用日文翻译汉文创作”，在1940年代日据时期的台湾文坛的复杂文化实践意义。

值得注意的是，台湾新文学发展期中的这一代知识分子如杨逵、黄得时等，其文化素养养成期的公学校学习阶段，便是处在这样的语言同化的驳杂语境中，即以日语教育为主，而汉语教育尚未来得及被赶尽杀绝。他们得以侥幸地、深浅程度不一地掌握了汉文：杨逵的汉文程度较低，日据时代只能够大致阅读汉文的《水浒传》和《三国演义》；黄得时汉文程度较高，能写作文言汉诗与白话汉语小说。但这些作家的日文程度，较之汉文程度基准是持平甚至更高的。这一代跨语作家是汉语与日语的双语能力者，随着汉语被强制压缩创作生存空间，他们只能被迫转向日语创作。但语言是一种极富生命力与文化包孕力的事物，一旦习得便不可能因为后天的、强权的压制就此失去生命力，它会以一种潜在的姿态，给予习得者“一个融入到某个特定结构之中并由语言来显现与传递的象征世界”[11]。1930年代以后台湾的跨语经验，便是这一代跨语作家在不得不转用日语的情势下产生的，但在他们的日语创作中仍留存有坚实的汉语文化的影响，在艰难的环境下他们仍在不断探寻表现本民族文化的可能性。

这种特殊的跨语经验，集中展示为这一代跨语作家在日语创作中竭力发掘中文的“副功能”上。从文学语言的载体说、本体说或者器道说诸角度来看，语言在文学中的重要角色，是“作为文学思维的基本‘材料’和基本‘范畴’深刻地制约着文学的演变与发展”[12]，进而对文学整体进行连接、贯通与整合。具体到本议题中，语言在文学活动中的“主功能”，便是成为文学创作的外在形式，构成语言符号层、文学形象层以及审美意蕴层而为文学接受对象所把握[13]。因此，文学语言的“主功能”，便是以该类语属的文学语言协同完成小说、诗歌、散文、戏剧诸类文体的文学创作实践。当1930年代的跨语事实发生之后，汉语已经不再能够在这个逼仄的文化空间中成为文学语言的一种，某种意义上作为文学语言的汉语，在“主功能”上已经失效。但这一代台湾跨语作家并没有在转入日语创作后，便完全弃绝汉语的文化功能，以黄得时、杨逵、杨云萍等为代表的跨语作家转而去挖掘汉文的“副功能”或者说“潜功能”，想方设法地来让汉语“显形”，来使得汉语传递其蕴含的文化质素。比如，在日语文学世界中，坚持在审美意蕴层面上，透过在日语创作中征引汉文诗歌或书写民俗，来显示汉文化的坚韧品质；又或者折返、回顾本民族的经典文学作品，以日语翻译汉文文学经典等方式，来践行挖掘汉文“副功能”的目的。

在日语创作中征引汉文诗歌或书写台湾在地民俗更易于理解，比如杨云萍在其1940年代的日文小说《部落日记》中大量引用汉诗、书写民间风俗，他在参与日据时代《民俗台湾》杂志的撰稿和座谈工作时曾表示：“‘民俗’与‘旧惯’是具有历史的传统……见到那些微不足道的‘风俗旧惯’即将湮灭，应该抱着怜惜与爱惜之心才是。”[14]这些活动都显著地体现出台湾这一代跨语作家在只能使用日语的情势下，如何透过关注地方文化与民俗表现，来显示对于本民族文化存在和前进的积极探求。相较而言，在被日语所霸占的文学时代，运用发掘汉语“副功能”的策略进行的跨语际翻译活动，是这一代跨语作家张扬本民族文化气质和记忆的一种特殊文学活动方式。“翻译涉及复杂的权力互动、文化认同、文化模仿及变形等等，所以翻译从来就是政治问题。”[15]如果从跨语的视角来看，翻译作为一种针对权力话语的反抗形式，就具备了别样的文化意义。翻译涉及两种不同语属之间的文化穿越，具备双语语用能力的第一代跨语作家，就此获得了一个文学上的发挥平台，来彰显自己的跨语体验。

值得一提的是，在这一代跨语作家的跨语实践中，翻译就是其跨语经验的重要表现形式。台湾跨语作家在1930年代后期进入到日语创作的世界中，在已经无法再使用汉语进行创作之际，却可以利用自己具备的双语能力，以一种曲折的形式来拓展汉文文化传播的可能性。“中国古典文学日译”之工作，成了这一代跨语作家透过翻译来展示跨语经验的重要表征。1940年代的中国古典文学“日译潮”，以这一代跨语作家黄得时、杨逵等人为主力展开，如此集中而大规模的群体性翻译活动，背后必然有着或隐或显的文化实践目的。杨逵认为，《三国志》“对我们本岛人来说，这部小说在内容和形式上，都和我们的风俗、习惯、民族有关联”[16]；黄得时的回忆中也提及，“无论台湾人或日本人都很喜欢通过中国历史小说来了解中国人的国民性”[17]，因此才会选择去用日语来翻译《水浒传》。在日语文化势能达到空前程度的日据时代末期，选择将大众无法通过中文来阅读的中国古典小说，以彼时通行的日语进行翻译，来确认中国古典文学作品之精神与台湾民众之间的血脉联系，其文化实践意义不言而喻。也正是在这样的情势下，方能理解吕赫若努力去翻译《红楼梦》时的自我期许：“这是自己作为一个台湾人的义务。”[18]

三、大众化与“豪杰译”：跨语经验作用下“日译潮”的翻译动因及方法

这些从事翻译的台湾跨语作家黄得时、杨逵等，在1940年代“皇民化运动”加剧的极端时期，尝试折返中国古典文学的精神世界，将台湾民众与中华历史文化系连，展示出以民族意识与民间文化资源潜在抵抗“皇民化”运作机制的意图。值得注意的是，这一“日译潮”为何会将跨语际实践的目标定位中国古典文学，而非中国现当代文学/中国新文学，背后显示出这一批跨语知识分子的翻译动因问题——力求实践文学的大众化。

早在1928年，黄得时在《台湾日日新报》就发表《就大众文学而言》一文，文中确立中国古典小说为“大众文学”之代表，认定“‘大众文学’既然受一般民众欢迎，自然民众受‘大众文学’的感化就能发生‘大众文学的美学’”；“‘大众文学’愈浸润于民众的头脑内，自然对于政治就愈发生了许多问题”[19]。如何通过文艺的“大众化”而实现启蒙之文化与政治目的，一向是日据时期台湾知识分子积极思考的一大问题。日据时期重要的文学批评家刘捷在1936年曾梳理过台湾新文学的发展现实，注意到本岛人在新文化运动和新文学创作蜂起之际，仍对“大众文学”抱有高度的热情。

> 就像日本文坛的纯文学读者只限于少数知识分子那样，台湾新文学的读者也只限于部分先进的知识分子，大多数人都阅读大众文学，解除对知识的饥渴。大众文学对社会的影响力很大，不容否定。……(台湾地区的)大众小说和中国小说中的大众小说出自同一渊源，或者和它有关联。[20]
>
> …………
>
> 优秀的台湾文学作品应该多多从这些大众文学中，适度地评论、撷取精华。[21]

刘捷指出，台湾新文学的受众相较于大众文学还是有限的。他所指的大众文学，与黄得时指出的一致，即中国传统小说类的文学作品。大众文学有价值之处，可以成为发展台湾文化的重要资料。中国大陆地区的新文学创作则因为受制于殖民文教制度、日语霸权与殖民地文学审查制度，渐渐不那么为这些不具备汉文阅读能力的一般民众所熟悉。而中国古典小说的情况则不同，日据时代1930年代至1940年代的台湾文坛，台湾民众对于中国古典小说和文学作品并不陌生，只是因被殖民者的文化专制统治所戕害，部分读者不具备汉语阅读能力了，不少读者甚至无法直接阅读中国古典小说原文。因此，相较于以现代汉语白话文为语言形式而发展的中国新文学，中国古典文学中较为通俗化的作品以“民间故事”的形式，广泛获得了台湾大众的理解和熟悉，以日译的形式，适时地将这些中国古典文学作品推入日据时代中后期日语文化阅读空间，这对于译者而言有着水到渠成般的便利，也更能践行其大众化的主张。杨逵即点明：“指导阶级和文学工作者要记得，在本岛的阅读阶层中，喜爱《水浒传》和《三国志》的阶层占有一定的比例。”[22]1930年代末，台湾民众对于中国古典文学的阅读需求与汉文的阅读能力之间产生矛盾。日译连载以及日语译本的出现，不仅是迎合时代需要的，而且还能助力本岛文化发展。因此，诸多台湾跨语作家挺身而出，进行集体性的翻译活动，形成此“日译潮”。

这种透过“日译潮”来实践台湾新文化运动一直试图抵达的大众化目标，也引发了殖民当局的注意。但殖民总督府在审查监管上的暧昧态度，造成了一个弹性极大的斡旋空间，这一空间的存续反而有利于“日译潮”的兴盛。殖民政权对于这些翻译主观上有顺水推舟的心态，认为中国古典文学的日译有利于所谓“大东亚共荣圈”的文化建立；同时又对此充满防备心理，唯恐星火燎原，燃发台人的中华认同。因此可以看到一个奇怪的现象：一方面，殖民强权鼓励翻译活动，企图透过中国古典文学日译来了解中国人的心态，显示出一种诡异的积极性，日本殖民者认为翻译工作能够帮助日本透过中国文学，来进一步去深入了解中国本身，从而从侧面来配合时局；另一方面，对于已经完成日语翻译的作品，殖民当局却又在发行时严加管控，甚至不予放行。如黄得时日译《水浒传》在报纸《台湾新民报》和《兴南新闻》连载长达5年，共计1131回完成，在发行系列单行本时惨遭当局腰斩。据黄得时回忆，“当时因纸张缺乏，凡是出版物必事先将拟印行的原稿交给有关当局审查。如果当局认为该原稿对于日本的侵华战争的完遂有所贡献和帮助，才配给纸张，否则一概不配给。而我的《水浒传》是中国的小说，不但对于侵华战争丝毫没有贡献和帮助，反而会激起民族思想，集体起来反抗政策，故不予配给纸张，而无法出版”[23]，导致原本设计印行六册的黄得时日译《水浒传》，最后只印行了三册。

正是因为跨语作家内在的翻译动因，与外在的殖民强权话语之间的冲折，导致这些日译活动显示出复杂的生态景观和操作策略。这一点，典型地体现在“日译潮”中作家们的翻译方式上。“日译潮”中，翻译者很少采取忠于原文的直译或者适当冲破原文的意译，而采取了另外一种特殊的方式：“豪杰译”。“豪杰译”这个概念缘起明治时代的日本，在晚清时期进入中国文学现场。根据其翻译主体、对象和目的，有研究者将其定义为：

> 明治初期的日本译者，为了思想启蒙或政治宣传的需要，在翻译外国作品时，常常对原作的主题、结构、人物等任意增添、删减，甚至改写。这种翻译的方法被时人称作“豪杰译”，即译者以“豪杰”自命，不受原文的束缚，任意改动原作的翻译方法。[24]

这一翻译方式被日据时代台湾作家习得并演练。杨逵在《三国志物语》的译序中指出，“小说最重要的是必须有故事的趣味性”，“我们万万不能忽略了书中三杰的忠烈义勇精神”[25]。在此目的支配下的翻译过程中，杨逵大量添写了刘关张三人的心理活动，并不时以上帝视角对故事进展妙窍处加以评点，来提示读者注意书中的“忠烈义勇精神”；而在殖民强权高压下强调这种“忠烈义勇精神”，意味着民族精气神的聚集，以及潜在反抗意识的召唤。

另一位译者黄得时坦言自己当时的日译策略：“就用现代人的眼光和感觉，以及配合新闻连载小说的方式，一半用翻译，一半用改写的手法，每天写四张共一千六百字……总共一千一百三十一回，前后达五个年头始告完结。”[26]“一半用翻译，一半用改写”的“豪杰译”翻译策略，显然是跨语作家在极度的独尊日语语言生态下，设法以“改写”这个极具主观能动性的活动，来钻出这个密织的文化罗网，显示一个曾经的汉语新文学从业者的主观存在，巧妙地将文本所具备的细节部分加以修饰，来传递文化信息。就黄得时日译《水浒传》这个个案来看，如前所述，王俪茹指出，黄得时日译的底本并非单单只是署名施耐庵的《水浒传》，而是将之与陈忱的《水浒后传》合并在一起，作为日译《水浒传》的底本，她认为黄得时纳入陈忱《水浒后传》的目的，是配合战时体制下的“忠义”重制，“以帝国视角前进南方，使得《水浒后传》原本暗藏的‘逃逸’意义转变成为帝国‘转进’的指涉”[27]，笔者以为这一观点需要斟酌。黄得时的确有将《水浒后传》中的某些情节，通过拼贴的形式与当时的时事发生系连，但这一动作应被视为在表面上去配合殖民文化统战的形式；只有以这样的形式存在，这个日译文本才有存在的可能性，否则根本无法连载五年之久。也只有日译文本的持续生长，方能使用“改写”的策略来拓展汉语的“副功能”存在，以达到传递本民族立场的潜在目的。

在黄得时日译的《水浒传》文本中，隐藏之目的以今日视角来看显而易见。首先，选取《水浒传》这一文本本身即具有极大的文化上的风险性。在刘捷1936年的论文中，其实已经透露出一个讯息，“听说本岛禁止贩售《水浒传》”[28]，原因自然是因为《水浒传》中对官逼民反、造反有理的诸多政治反抗运动的描写入微，很具有煽动民众斗争之情绪的功能，因此为殖民者所忌惮，倍加禁止。在1939年黄得时提笔进行日译之时，他的选择竟然是被禁售的《水浒传》，其勇气和文化意图可想而知，也就因此，他在翻译中不得不植入不少配合时政之细节，以躲避殖民文化专制无孔不入的钳制。其次，黄得时在日译中，有意识的过滤非理性、非启蒙的作品细节，如第一回《张天师祈禳瘟疫 洪太尉误走妖魔》这类“怪力乱神”的情节，体现出“现代人目光”的指向，由此展示如1937年之前，以汉语新文学建设台湾文化时的目标——透过现代文学之建设，全面提升台湾文化。因此，可以说黄得时“豪杰译”《水浒传》，至少有两个潜在意图：一是透过文本故事鼓动台民斗争意识；二是承继汉语新文学建设时期一以贯之的文学启蒙意图。而此二者，都集中于在日译中竭力发掘汉语的“副功能”这一译介策略上。

如果以黄得时的翻译实践，作为这一代跨语作家的重要代表的话，理解黄得时的翻译工作之重要意义，或许能够帮助我们理解1930—1940年代跨语经验的重要表现形式。李文卿认为，理解黄得时的翻译工作的意义，或许需要从政治时局对于台湾知识分子的规约要求上去加以提炼：“由于时局已经进入了总动员状态，加上如要避免写作卑屈逢迎的政策文学，也许从翻译工作来促进文化交流工作也不啻是个理想的选择，既可配合国策，又可避免写作政治意涵浓厚的皇民文学，一方面又可达成奉公的任务。”[29]这一理解虽肯定作家进行翻译实践的价值，但似乎已预设黄得时的翻译活动是被动的选择而非主动的出击，忽视了具备跨语经验的作家在文学实践中因兼具汉语和日语的双语语用能力而具备的(部分的、有条件的)文学活动的自由。而恰恰是因为，拥有这样的能在政治高压下透气呼吸的选择自由，这些汉译日的中国古典文学作品方能以其存在，彰显出台湾一代跨语作家坚韧的文化认同指向。

结语

在1942年的文学杂志《台湾文学》第2卷第1号上，张星建撰文《论翻译文学》，为1940年代的翻译热潮叫好，认为黄得时日译《水浒传》“此一功绩，足可留名本岛翻译文化史”[30]。与此同时，他也指出：“翻译并不仅仅只是将原作译成他国语言而已，还必须将原作的思考方式、思想表现、感情的流露以及文中奇趣等弦外之音完整呈现。”[31]因此，回顾1940年代这场翻译热潮，后来的读者需要格外留意这些译作在那个非常年代中的“弦外之音”。

在日据时代，中国古典文学的翻译是一种特殊的文学实践方式，跨语作家能隐蔽在殖民政权文化运作无法完全掌控和监管的中国古典文学原作之后，利用自己的翻译者身份增删、雕刻日文译本形态，传递额外的文化信息，在译本中透露自己的文化立场。在这独尊日语的文化空间中，这是跨语作家难得的一块自己的园地，且仅为跨语作家为主的双语能力者所共享。也就因此，日据时代台湾的跨语作家虽无法继续通过汉文新文学创作提升台湾的文化建设，但透过中国古典文学日译，并且在日译中渗透、携带文化信息的方式，最大限度地拓展了作为文学语言的汉文的“副功能”。在整个台湾新文学发展过程里，这一代跨语作家“中国古典文学日译”实践，是一段非常特殊、艰辛且意味深长的跨语经验。

*本文为国家社科基金青年项目“台湾文学场域中跨语书写现象的文化考察”【16CZW061】的阶段性成果。

注释：

[1] 许俊雅：《导读》，《台湾日治时期翻译文学作品集》卷1，台北：万卷楼图书股份有限公司，2014年，第21页。

[2] 蔡文斌：《中国古典小说在台的日译风潮(1939—1944)》，台湾清华大学台湾文学研究所硕士学位论文，2011年，第10～12页。

[3] 吕赫若：《吕赫若日记(1942—1944年)中译本》，钟瑞芳译，台南：台湾文学馆，2004年，第84页。

[4] 蔡文斌：《中国古典小说在台的日译风潮(1939-1944)》，台湾清华大学台湾文学研究所硕士学位论文，2011年，第24页。

[5] 王俐茹：《“忠义”的重制与翻译：黄得时水浒传(1939-1943)的多重意义》，《台湾学研究》2014年第17期，第28～29页。

[6] 王俐茹：《“忠义”的重制与翻译：黄得时水浒传(1939-1943)的多重意义》，《台湾学研究》2014年第17期，第43～44页。

[7] 叶隽：《中外文学交流史：中国—北欧卷》，济南：山东教育出版社，2015年，第66页。

[8] 许长安：《台湾语文政策概述》，北京：商务印书馆，2011年，第23～24页。

[9] 周婉窈：《台湾人第一次的“国语”经验：析论日治末期的日语运动及其问题》，黄进兴主编：《海行兮的年代：日本殖民统治末期台湾史论集》，台北：允晨文化实业股份有限公司，2003年，第88页。

[10] 陈培丰：《“同化”的同床异梦：日治时期台湾的语言政策、近代化与认同》，王兴安、凤气至纯平编译，台北：麦田出版社，2006年，第89～90页。

[11] [法]埃米尔·本维尼斯特：《普通语言学问题(选译本)》，王东亮，等译，北京：生活·读书·新知三联书店，2008年，第18页。

[12] 李荣启：《文学语言学》，北京：人民出版社，2005年，第15页。

[13] 李荣启:《文学语言学》,北京:人民出版社,2005年,第112～125页。

[14] 洪淑苓:《杨云萍的民俗文化观与民俗研究之特色》,《民间文学年刊(增刊)》2009年第2期,第76页。

[15] 赖慈芸主编:《台湾翻译史:殖民、国族与认同》,新北:联经出版事业股份有限公司,2019年,第10页。

[16] 杨逵:《谈水浒传》,彭小妍主编:《杨逵全集》第10卷,台南:文化资产保存研究中心筹备处,2001年,第38页。

[17] 黄得时:《日据时期台湾的报纸副刊:一个主编者的回忆录》,江宝钗主编:《黄得时全集》第4卷,台南:台湾文学馆,2012年,第624页。

[18] 吕赫若:《吕赫若日记(1942-1944年)中译本》,钟瑞芳译,台南:台湾文学馆,2004年,第84页。

[19] 黄得时:《就大众文学而言》,江宝钗主编:《黄得时全集》第4卷,台南:台湾文学馆,2012年,第469页。

[20] 刘捷:《台湾文学的史学考察(一)》,《台湾时报》1936年5月1日第198号;译文参见黄英哲主编:《日治时期台湾文艺评论集(杂志篇)》第2册,台南:台湾文学馆筹备处,2006年,第9页。

[21] 刘捷:《台湾文学的史学考察(一)》,《台湾时报》1936年5月1日第198号;译文参见黄英哲主编:《日治时期台湾文艺评论集(杂志篇)》第2册,台南:台湾文学馆筹备处,2006年,第13页。

[22] 杨逵:《台湾出版界杂感:谈通俗小说》,彭小妍主编:《杨逵全集》第10卷,台南:文化资产保存研究中心筹备处,2001年,第108页。

[23] 黄得时:《日据时期台湾的报纸副刊:一个主编者的回忆录》,江宝钗编:《黄得时全集》第4卷,台南:台湾文学馆,2012年,第626～627页。

[24] 蒋林:《梁启超"豪杰译"研究》,上海:上海译文出版社,2009年,第39页。

[25] 杨逵:《三国志物语第一卷序》,彭小妍主编:《杨逵全集》第6卷,台南:文化资产保存研究中心筹备处,1999年,第156页.

[26] 黄得时:《日据时期台湾的报纸副刊:一个主编者的回忆录》,江宝钗编:《黄得时全集》第4卷,台南:台湾文学馆,2012年,第625页。

[27] 王俐茹:《"忠义"的重制与翻译:黄得时水浒传(1939-1943)的多重意义》,《台湾学研究》2014年第17期,第44页。

[28] 刘捷:《台湾文学的史学考察(一)》,《台湾时报》1936年5月1日第198号;译文参见黄英哲主编:《日治时期台湾文艺评论集(杂志篇)》第2册,台南:台湾文学馆筹备处,2006年,第12页。

[29] 李文卿:《共荣的想像:帝国日本与大东亚文学圈(1937-1945)》,台湾政治大学中国文学系博士学位论文,2009年,第87页。

[30] 张星建:《论翻译文学》,《台湾文学》1942年第2卷第1号;译文参见黄英哲主编:《日治时期台湾文艺评论集(杂志篇)》第3册,台南:台湾文学馆筹备处,2006年,第230页。

[31] 张星建:《论翻译文学》,《台湾文学》1942年第1卷第1号;译文参见黄英哲主编:《日治时期台湾文艺评论集(杂志篇)》第3册,台南:台湾文学馆筹备处,2006年,第231页。

【汉语方言研究】

汉语方言文白异读的再思考

瞿建慧

（吉首大学文学与新闻传播学院，湖南吉首，416000）

内容摘要： 文章探讨了文白异读的判断、文读音的来源、文白异读的单位、文白杂配的形成和判断等问题，认为存在从最新通语或者权威方言借来语音成分的是文读音。文读音的形成取决于通语或者权威方言的力量是否大于土语力量。文白异读分为音节层面和音类层面两种。文白杂配是当地人在权威方言的影响下学习权威方言的过渡形式，是折合的文读音。

关键词： 汉语方言；文白异读；文白杂配

汉语方言的文白异读现象是语言接触的产物。就现有文献资料看，“文白异读”这一概念的最早提出者是罗常培，他在《临川音系》说明：“凡两读的字均互注又音，但文白异读的不另注明。”[1]李荣发表了《方言里的文白异读》一文，正式使用“文白异读”这个专用术语[2]，自此“文白异读”广泛用于汉语方言研究。

80 年来文白异读的研究取得了很大的发展，从对文白异读现象的描写、分析已经拓展到对文白异读的理论思考，李荣的“借用理论”、徐通锵的“叠式音变理论”和罗杰瑞的“层次理论”对汉语方言的研究影响十分深远。张玉来对文白异读相关问题作了一次梳理，讨论了文读音的借入单位与方式、文白异读的词语分布与语体色彩、读书音与口语音是不是两套音系、文读音借入的动因与规模、文读音的来源、文白异读的系统性、新老派读音是不是文白异读等七个方面的问题[3]，给人启发较多，笔者想就文白异读的判断、文读音的形成、文白异读的单位、文白杂配的形成和判断作进一步的探讨。

一、文读音和白读音的判断

文白异读本来是被看作因语体不同而产生的不同读音。文读音又称为文言音、读书音，白读音又称为白话音、口语音。赵元任先生在《现代吴语的研究》中说：“在中国好些方言当中有些字读书或咬文时是一种念法，说话时又是一种念法。”[4]他指出了文白异读实际上是使用场合的不同造成的。张盛裕也认为：文白异读在习惯上都各有一定的使用范围，大体上是，文读多用在文言色彩比较浓的语词里，或读书识字时用，白读多用在口语里。但他同时指出：文言音不等于读书音，有的字文言音在口语里也常用，白话音不等于说话音，有的字白话音也用在比较文的词语里[5]。刘勋宁认为：书面语会向口语转移，口语也会向书面语渗透。经过长期并用之后，二者会互相交融[6]。王福堂也指出：经过一段时间的竞争，文白读音的使用场合就可能发生变化，读书音可能也用在口语中，口语音可能也用在正式说话的场合[7]。张玉来指出介休方言的"清"字、"想"字这些单音词的文白异读并没有语体的区别，其文读音不过是模仿异源(主要是共同语)的读音而成的[8]。

其实，自从上个世纪五六十年代国家推广普通话以来，人们读书识字上课一般不用文读音，而是使用普通话了，文读音也不再只应用在读书识字的场合，也活跃在人们的口语里。在文白竞争的不同阶段文白异读的使用场合会发生变化。王洪君将叠置式音变分为三个阶段：文弱白强、文白相持、文强白弱。在文弱白强阶段，文读音用于新兴词语、书面语中[9]。随着文读实力的增强，到了文白相持阶段，文读音就不再局限于新兴词语、书面语，凭借词汇风格和色彩就难以正确判断文白异读。由此看来，文读音和白读音的区别既不是使用场合的差异，也不是语用色彩的不同。现阶段根据使用场合和语用色彩是难以正确判定文读音还是白读音的。

一般来说，文读音往往接近北京语音，白读音与北京话差别较大。张盛裕认为：从现代方言比较上看，白话音往往和北京话差别较大，文言音往往接近北京音[10]。侯精一也认为：平遥话里近于北京语音的一读叫文读，远于北京语音的一读叫白读[11]。我们似乎可以根据与北京语音的读音差别大小来区别文读音还是白读音。接近北京语音的读音是文读音，与北京语音差别较大的是白读音。这种判断依据比较适合文白两读，如果出现了文白多读或者文白杂配现象就难以判断了。

在人们的印象中，南方方言的文白异读现象比较普遍，这是因为南方方言常常向官话方言借入字音。由于官话方言演变一般比南方方言快，因此文读音较新，白读音较老，这样就可以借助字音中的读音新老来判断文读音和白读音。但刘勋宁曾举例：清涧话口语保留入声，可是"六""肉"二字日常都是说去声，只有在"六畜兴旺"和中草药"肉桂"当中读入声。"按理说，这两个字的入声读法出现在书面语或者文化语中，应该是文读，可是它们的语音形式恰恰是保留入声的'白读'，读入声。"[12]王福堂也指出：也有南方方言借入官话方言的字音不定较新、原有字音不定较老的情况。有些借入字音的来源特殊，其文白属性和读音新老也可能不一致。"通过文化学习获得的、比口语音古老的读书音，也会影响层次的判断。"[13]因此依靠读音新老来判断文读音和白读音不一定科学。

一般认为白读音是本方言原有的，文读音是从权威语言借入的。徐通锵指出，白读代表本方言的土语，而文读则是在本方言所许可的范围内接受某一权威方言的影响而产生的新形式[14]。王洪君认为："白读音是本地土语，文读音是本地音系在其系统所许可的范围内吸取的某一权威方言的结构因素。"[15]王福堂称，前一读音叫读书音，是从官话方言借入的，相对也接近官话方言的字音，后一读音叫口语音，是本方言原有的[16]。

但刘镇发发现广州话梗摄开口三四等韵字的文白异读比较独特：一是文读不是来自官话，而是来自本方言；二是白读音可能是通过语言接触而移植过来的，换句话说，文读是固有的，白读是晚近的发展，而且是语言接触的结果。这是因为“弱势方言使用者放弃母语以后，将自己母语的语音特点带进强势方言而产生白读。这是一种新的文白异读形成方式”[17]。麦耘利用粤方言大量的调查材料以及相关文史资料等多方面证据，却认为白读应为粤方言本有、文读层来自通语的影响[18]。

但是如果新借的文读音将原来的文读挤进白读层，而原来的白读音消失了的话，那么此时的白读音不是本方言固有的，也是借入的。比如徐通锵《历史语言学》将山西闻喜中老年人的文读称为“旧文读”，闻喜中老年人的“旧文读”在青少年中已成为白读。“可以预料，中老年的白读会被淘汰”[19]，当中老年的白读消失之后，中老年人的“旧文读”将成为闻喜的白读，这种白读也是从外方言借入的。因此从读音的来源来判断文白异读也不一定准确。

文白异读实际上是同一古音来源的字不同历史层次的读音在共时平面的反映，它体现了不同历史层次的竞争关系。既然是竞争关系，文白读的称呼是相对的，在不同的历史时期，文白异读的身份会发生变化。文读和白读的分别是动态变化的，不是一成不变的[20]。但是文读一定是从最新通语或者权威方言借来的，白读或者是本土固有的或者是更早外来的，文读音一定存在从最新通语或者权威方言借来的语音成分。因此，不管是文白两读还是文白多读，只要声韵调三项中有一项是从最新通语或者权威方言借来的我们就判断为文读，如果声韵调三项都不是从最新通语或者权威方言借来的我们认为是白读音。

二、文读音的形成

张玉来指出：方言(或方言与共同语)间的接触是产生文白异读的主要动因。并认为：产生文读音的根本原因，是方言的字音跟来源方言(共同语)的语音相似性差别过大所致。相互接触的方言之间的语音相似性的程度越高越不会产生文读，相反，与本方言语音相似性的程度越低的字音，就越可能产生文读。与共同语差别大的南方的许多方言，尤其是闽、粤方言就广泛产生了文白读音不同。但是如果土语的力量过于强大，即使语音系统与共同语差别大也很难有文读音的产生[21]。事实上，粤语广西梧州话基本上没有什么文白异读现象，只有极个别的字是有两个读音的，比如“腐”，“腐败”的“腐”念[f]，但是“豆腐”的“腐”念[p]；“符”作“符号”用时，读作[f]，单用，意为“平安符”时，读作[p]。“腐”“符”念[p]是保留了古无轻唇音的特点。粤语广西梧州话文白异读少是因为梧州相对偏远，历来文教不发达，土语的力量大，能够抵制强势语言对他们的影响，就是那些新鲜事物名称、书面词语、政治用语等也都是转换为粤语表达出来的。

张玉来还认为：一个字是否产生文读音需视词语表达是否有需要。如果本地方言没有的词语或者口头很少用的词语，产生文读的概率就比较高。他同时指出：在笔者母方言的使用中，大量本方言口语不用的词语，也以本方言音系的读法为主，比如“彩色、色彩”的“色”仍可读 ʂei，“策略”“策反”这类书面语很强的词语也很少用文读 ts^{h}ə，读 tʂ^{h}e 的时候多[22]。文读产生的概率与字词的文雅土俗色彩有关，同时也反映了通语或权威方言侵蚀弱势方言的深浅，土语力量的大小决定了白读形式所辖语素的多少，而通语或者权威方言力量的大小决定了文读形式所辖语素的多少。如果土语力量大于通语或者权威方言，本地方言没有的词语或者口头很少用的词语也不会产生文读音。如果通语或者权威方言力量大于土语力量，口语中的常用词语也会产生文读音。文读音的形成决定于通语或者权威方言的力量是否大于土语力量。

一般认为，民族语的借词会导致原有的语音系统增加新的音位，而汉语方言文读的借入由于受到自己原有的语音系统的制约而不会产生新音位。徐通锵指出：文读则是在本方言所许可的范围内接受某一权威方言的影响而产生的新形式[23]。刘勋宁先生把“以本方言的音系所许可的范围吸收”理解为：就是要拿自己方言里最接近权威语言的声音去对译，这就不能不受到自己原有的语音系统的制约[24]。潘悟云提出：文读的形成必定服从以下两条规则，即最大相似原则和最小改动原则[25]。其实，在汉语方言中，如果权威方言的读音与本土语音系统相差太大，或者囿于当地人的发音习惯，借入的文读音也会超出本土的语音系统产生新音位。比如泸溪乡话在泸溪湘语的影响下新增[io æ̃ iæ̃ uæ̃ yæ̃ ẽ iẽ uẽ yẽ aŋ iaŋ uaŋ]等韵母作为文读音形式。

三、文白异读的单位

文白异读的单位或认为是“字”，或认为是“音类”。赵元任于1928年注意到了有些“字”在读书或咬文时和说话时念法不一，提出“文读音”和“白读音”两个概念。李荣明确提出文白异读的不同是“专指同一个字文言音和白话音不同”。张盛裕认为文白异读是说同一个字有文言音和白话音的不同。李蓝也认为：文白异读，即在特定方言区内对同一个具有相同音韵地位的字在口语言谈中和读书念文件时有不同的读音[26]。张玉来也认为：根据学界的认识，文白读音区别的基本单位是字音。这一认识基本符合事实[27]。按说，一个方言借用共同语(或另一个方言)的词，应该以词为单位，但是，汉语的词无论是单音节的还是多音节的，都是由一个字(语素)或两个字或多个字构成的，因此，借入的词不管有几个字，其读音的差异就表现在一个一个的字音上。一般来说，一个汉字表示一个音节。因此，我们可以认为他们都主张文白异读的单位是音节。

徐通锵则认为文白异读的单位是“音类”：“文白异读的‘异’是音类的‘异’，应该把它纳入音变的范畴进行研究。”[28]王洪君根据文白杂配的现象提出叠置式音变的演变单位是词中的音类，而不是词形式整体[29]。王福堂也认为汉语方言从异方言借入的不是完整的词语或音节而是某个音类[30]。陈忠敏认为文读与白读的对应不是孤立的一个一个字音的对应，而是“文”与“白”两个层次或系统的对应。他把传统的文读音和白读音转化为语音层次研究中的层次：文读层、白读层[31]。

其实，我们可以把文白异读分为音节层面和音类层面两种。文白异读既看作是文读音和白读音的不同，这是音节层面上的，也可以看作文读层和白读层的不同，这是音类层面上的。文读音和白读音的单位是音节，文读层和白读层的单位是音类。就单个字来说，文白异读的单位是音节；就语音系统来说，文白异读的单位是音类。比如湖南凤凰方言“石”有两种读音：石 sa^{214}～灰/石 sɿ^{22}姓～。我们认为凤凰方言“石”的文读音是 sɿ^{22}，白读音是 sa^{214}。同时，韵母的文读层是 ɿ，白读层是 a；声调的文读层是 22，白读层是 214。

从音节层面上看，文白异读就是指同一古音来源的字出现在不同的词语里有不同的语音形式。一个字的文读音和白读音的差异不是都表现为声韵调三项的完全不同，有的是其中一项或者两项的不同。这样让人感觉好像借入的是音类，实际上同一古音来源的文读音和白读音声韵调三项中本来就有相同的音类，比如“石”白读音和权威方言声母本来相同，借入时只需要改动韵母和声调；也有些字白读音的音类与权威方言不同但借入后产生的文读音没作改动的，湖南凤凰方言的文白杂配就属于这种情况。比如：

压 ŋa^{45}～紧/压 ŋa^{22}～破（声白韵白调文）

凤凰方言“压”的白读音 ŋa^{45}与权威方言相比声韵调都不相同，但借入后的 ŋa^{22}只是改动了声调，声母韵母不变。

这些某个音类没作改动的文读音并没有说明借入的是音类而不是音节，借入的仍然是音节，只不过经过了折合而已。潘悟云指出上海话里“认”字读音也只是改动声母与韵母，声调不变，这给人以假象，以为借词以声、韵、调为单位。实际的情况是，借词的单位是服从最小改变原则的词[32]。王洪君也承认新文读形式是以词为单位传播的这种说法有一定的道理，因为文白异读的确与字音有关，而且要受词汇条件的限制。借词中的文读音是在本方言所许可的范围内接受某一强势方言的影响而产生的，并没有完全依照强势方言来作改变[33]。

从权威方言借入的并不是音类，而是整个字的读音，即音节。借入的音节与已经存在的音节构成文读音和白读音。众多借入的音节分别按照声、韵、调形成同一历史层次的音类，与本方言已经存在的音类形成的历史层次构成了文读层和白读层。

四、文白杂配的形成

文白杂配指的是借入时字音的文读和白读的声韵调文白错杂相配。张盛裕发现潮阳方言有文白杂配现象。张振兴记录了大量的漳平（永福）方言中的文白杂配现象[34]。王洪君也发现山西闻喜不乏“声文调白”或“声白调文”杂配的实例[35]。

关于文白杂配的形成有以下几个观点：王洪君认为闻喜城关方言文读的声类、调类扩散不是同步的、连锁的，而是各自为政的，因而产生了“声白调文”和“声文调白”[36]。赵峰认为是文白读音的层次过多，则容易脱落[37]。王福堂比较关注文白杂配的形成，他在《汉语方言语音的演变和层次》指出：如果进入的异方言音类和本方言音类的文白差异因时光久远而在人们的印象中趋于模糊，就会有不按文白层次的配合[38]。《汉语方言语音中的层次》认为：这是因为本方言声母韵母有多个层次，而层次的区别在长期的使用中已经杂乱，所以异方言音类和本方言音类的配合出现了不一致的现象[39]。《文白异读和层次区分》又认为由于语用中竞争的复杂情况，也有可能变得和音类的文白层次不尽一致[40]。杨秀芳把这种现象称为混血音读，并举例厦门话“方”的一种读法꜀hŋ，声母显示为文，韵母显示为白，步调不一致。“꜀hŋ可以解释为文白竞争中闽人尚未学成꜀hoŋ之前的过渡形式，而这形式结合在‘药方’‘地方’中保留下来未被淘汰”[41]。曹晓燕认为这种声母和韵母文白错杂的配合形式透视出语言发展状态过渡的一些重要信息[42]。

从凤凰方言文白杂配的情况看，我们认为文白杂配是凤凰人学习权威方言的过渡形式。这是因为：

(1) 凤凰方言文白杂配之外一定会有文配文、白配白的形式。

王洪君认为：有时方言中已经有折合而成的文读音，但因为音值差别较大，在强势方言的持续影响下，有可能再次折合，生成强势方言音值更为接近的文读音[43]。凤凰方言文白杂配初次折合的文读音，只是改变声韵调中的一项或两项。在权威方言持续强劲的影响下，凤凰方言再次折合生成与权威方言更为接近的文读音。比如：

夹 ka^{55}拿岩～虹/夹 ka^{21}铁～/夹 tɕia^{21}～裤

ka^{55}是白配白形式，tɕia^{21}是文配文形式，“铁夹”的“夹 ka^{21}”是第一次折合的文读音，声调与权威方言调类相同，韵母和声母与权威方言不同，属于文白杂配。“夹裤”的“夹 tɕia^{21}”是再次折合的文读音，这次声母和韵母都与权威方言一样的了。

(2) 凤凰方言文白杂配的现象是逐渐消失的。

李启群《湖南凤凰方言同音字汇》反映了 1994 年凤凰沱江镇方言的文白异读现象，记录的是时年为 82 岁的田景光的语音材料。2018 年 7 月笔者也调查了凤凰沱江镇方言的文白异读情况。发音合作人熊太和，调查时年 84 岁；吴畏，调查时年 30 岁，均是土生土长的凤凰县沱江镇人。目前凤凰方言老派熊太和的文白杂配现象比田景光少，新派吴畏已经没有文白杂配现象，只保留了文配文、白配白的形式。由此看来，文白杂配是凤凰人学习权威方言的过渡形式。

厦门话“知”有三种读音：tiʔ 文 ꜀ti 文 ꜀tsai 白，这三个字音都属于文白杂配现象，它们的音类都不按文白的层次配合。厦门话“知”没有文配文、白配白的语音形式，这与凤凰方言不一样。王福堂认为“知”原来应该有按声母文白层次的配合，如 ꜀tai 和 ꜀tsi，可能已经消失[44]。凤凰方言文白杂配形式是逐渐消失的，而厦门话却只保留了文白杂配的形式。厦门话“知”白配白的消失是因为文读音的 ꜀tsai 挤掉了旧白读音 ꜀tai (白配白)而成为新的白读音，而 ꜀tsi(文配文)可能是没有存在过。厦门人没有进一步折合成更接近普通话的文读音 ꜀tsi，可能是因为普通话的影响力还不够强大。

五、文白杂配的判断

《湖南凤凰方言同音字汇》文白杂读的现象有以下 5 种类型：

韵文调白：织 tsɿ^{55}组～｜湿 sɿ^{55}打～｜切 tɕhiɛ^{55}～开｜接 tɕiɛ^{55}～嫁娘｜隔 kei^{55}～壁。

韵白调文：百 pei^{21}～合｜拍 pha^{21}瘙痒～｜啄 tsua^{21}～脑壳｜尺 tsha^{21}曲～。

声白调文：换 uan^{35}～气｜竹 tiəɯ^{21}傩～｜滑 ua^{21}～头。

声文调白：换 xuan^{55}～牙

声白韵白调文：下 xa^{35}一～崽｜夹 ka^{21}铁[45]

在《同音字汇》里，这种文白杂配大多归为白读音，也有归为文读音的：拍 pha^{21}；夹 ka^{21}；啄 tsua^{21}；百 pei^{21}，这些字归为文读音的声调是文读。但是声调同为文读的"尺 tsha^{21}；竹 tiəɯ^{21}；滑 ua^{21}；下 xa^{35}；换 uan^{35}"这些字却归为白读音。

陈忠敏告诉了我们如何区分文白杂配的文读层和白读层[46]。而文白杂配的文读音和白读音区别不太容易。张盛裕认为根据韵母区分文白杂配的文白读，"因为大量的异读字是由韵母的不同来区分文白读的"[47]。张振兴则认为把其中只要有一个因素属于白读系统的字音看成白读。但是个别字的文白异读音单凭语音因素难于确定，往往需要结合词汇因素来考虑[48]。我们认为文白杂配都可以看作文读音，因为文白杂配是当地人在权威方言的影响下学习权威方言的过渡形式。文白杂配至少有一个音类是属于文读的字音，是折合的文读音。

凤凰方言五种类型的文白杂配现象都可以看作文读音，厦门话"知"的三种文白杂配读音形式都可以看作文读音。

文白异读在很长的时间里被认为是指同一个字有文言音和白话音的差别，是由于文体不同而产生的不同读音。张盛裕最早指出单就个别字的使用范围、词语色彩来区分文白读是不够的[49]。张振兴进一步提出文白异读是具有相同的来历的字有两个或两个以上不同的读音[50]，此时对文白异读的认识已经不局限于"文言"和"口语"的差异，并且认识到文白异读还是一种系统性的又音现象。这种认识影响了徐通锵、王洪君、王福堂、陈忠敏等学者，目前学界普遍接受了文白异读是一种系统的层次又音现象。我们有理由相信，文白异读的研究和探讨将会更加深入、更加成熟。

*本文系湖南省教育厅重点项目"湘西苗语汉借词历史层次研究"【21A0337】的阶段性成果。

注释：

[1] 罗常培:《罗常培文集》,济南:山东教育出版社,1999 年,第 447 页。

[2] 李荣:《方言里的文白异读》,《中国语文》1957 年第 4 期。

[3] 张玉来:《汉语方言文白异读现象的再认识》,《语文研究》2017 年第 3 期,第 34～43 页。

[4] 赵元任:《现代吴语的研究》,北京:科学出版社,1928 年,第 6 页。

[5] 张盛裕:《潮阳方言的文白异读》,《方言》1979 年第 4 期,第 241～267 页。

[6] 刘勋宁:《一个中原官话曾经存在过的语音层次》,《语文研究》2005 年第 1 期,第 49～52 页。

[7] 王福堂:《文白异读和层次区分》,《语言研究》2009 年第 1 期,第 1～5 页。

[8] 张玉来:《汉语方言文白异读现象的再认识》,《语文研究》2017 年第 3 期,第 34～43 页。

[9] 王洪君:《历史语言学方法论与汉语方言音韵史个案研究》,北京:商务印书馆,2014 年,第 318～321 页。

[10] 张盛裕:《潮阳方言的文白异读》,《方言》1979年第4期,第241～267页。

[11] 侯精一:《平遥方言的文白异读》,《语文研究》1988年第2期,第51～59页。

[12] 刘勋宁:《文白异读与语音层次》,《语言教学与研究》2013年第4期,第1～9页。

[13] 王福堂:《文白异读和层次区分》,《语言研究》2009年第1期,第1～5页。

[14] 徐通锵:《历史语言学》,北京:商务印书馆,1991年,第384页。

[15] 王洪君:《文白异读与叠置式音变》,《语言学论丛》第17辑,北京:商务印书馆,1992年,第122～154页。

[16] 王福堂:《文白异读和层次区分》,《语言研究》2009年第1期,第1～5页。

[17] 刘镇发:《从方言比较看广州话梗摄开口三四等韵字文白异读的由来》,《方言》2007年第4期,第311～318页。

[18] 麦耘:《也谈粤方言梗摄三四等韵文白异读的来由》,《暨南学报》2013年第2期,第41～45页。

[19] 陈忠敏:《重论文白异读与语音层次》,《语言研究》2003年第3期,第43～59页。

[20] 张玉来:《汉语方言文白异读现象的再认识》,《语文研究》2017年第3期,第34～43页。

[21] 张玉来:《汉语方言文白异读现象的再认识》,《语文研究》2017年第3期,第34～43页。

[22] 张玉来:《汉语方言文白异读现象的再认识》,《语文研究》2017年第3期,第34～43页。

[23] 徐通锵:《历史语言学》,北京:商务印书馆,1991年,第384页。

[24] 刘勋宁:《一个中原官话曾经存在过的语音层次》,《语文研究》2005年第1期,第49～52页。

[25] 潘悟云:《历史层次分析的若干理论问题》,《语言研究》2010年第2期,第1～15页。

[26] 李蓝:《毕节方言的文白异读》,《贵州大学学报》1991年第3期,第78～84页。

[27] 张玉来:《汉语方言文白异读现象的再认识》,《语文研究》2017年第3期,第34～43页。

[28] 徐通锵:《历史语言学》,北京:商务印书馆,1991年,第383～384页。

[29] 王洪君:《文白异读与叠置式音变》,《语言学论丛》第17辑,北京:商务印书馆,1992年,第122～154页。

[30] 王福堂:《汉语方言语音的演变和层次》,北京:语文出版社,1999年,第40页。

[31] 陈忠敏:《重论文白异读与语音层次》,《语言研究》2003年第3期,第43～59页。

[32] 潘悟云:《历史层次分析的目标与内容》,载丁邦新主编《历史层次与方言研究》,上海:上海教育出版社,2007年,第25页。

[33] 王洪君:《文白异读与叠置式音变》,《语言学论丛》第17辑,北京:商务印书馆,1992年,第122～154页。

[34] 张振兴:《漳平(永福)方言的文白异读(一)》,《方言》1989年第3期,第171～179页。

[35] 王洪君:《文白异读与叠置式音变》,《语言学论丛》第17辑,北京:商务印书馆,1992年,第122～154页。

[36] 王洪君:《文白异读与叠置式音变》,《语言学论丛》第17辑,北京:商务印书馆,1992年,第122～154页。

[37] 赵峰:《试论汉语方言的"文白异读"》,《宁德师专学报》(哲学社会科学版)1995年第4期,第94～98页。

[38] 王福堂:《汉语方言语音的演变和层次》,北京:语文出版社,1999年,第41页。

[39] 王福堂:《汉语方言语音中的层次》,载丁邦新主编《历史层次与方言研究》,上海:上海教育出版社,2007年,第5页。

[40] 王福堂:《文白异读和层次区分》,《语言研究》2009年第1期,第1～5页。

[41] 杨秀芳:《论文白异读》,载丁邦新主编《历史层次与方言研究》,上海:上海教育出版社,2007年,第92页。

[42] 曹晓燕:《无锡方言文白异读的演变》,《语言研究》2013年第1期,第77～79页。

[43] 王洪君:《历史语言学方法论与汉语方言音韵史个案研究》,北京:商务印书馆,2014年,第352页。

[44] 王福堂:《汉语方言语音中的层次》,载丁邦新主编《历史层次与方言研究》,上海:上海教育出版社,2007年,第5页。

[45] 李启群:《湖南凤凰方言同音字汇》,《方言》2011年第4期,第341～353页。

[46] 陈忠敏:《汉语方言语音史研究与历史层次法》,北京:中华书局,2013年,第165页。

[47] 张盛裕:《潮阳方言的文白异读》,《方言》1979年第4期,第241～267页。

[48] 张振兴:《漳平(永福)方言的文白异读(三)》,《方言》1990年第1期,第44～51页。

[49] 张盛裕:《潮阳方言的文白异读》,《方言》1979年第4期,第241～267页。

[50] 张振兴:《漳平(永福)方言的文白异读(一)》,《方言》1989年第3期,第171～179页。

神农架松柏话的音系和归属

付开平

（华中师范大学语言与语言教育研究中心，湖北武汉
430079/汉江师范学院文学院，湖北十堰 442000）

内容摘要：神农架林区松柏话古入声字今读阳平占绝对优势，体现出西南官话的典型特征，证明李蓝和《中国语言地图集》把神农架方言划归西南官话的推测是可靠的。从历史地理因素、共时音系差异、古今语音演变特征、调型调值比较等角度看，松柏话和房县方言非常接近，当划归西南官话鄂北片。此外，松柏话也沾染了中原官话的一些特征。

关键词：神农架；松柏话；西南官话；鄂北片

一、引言

神农架林区位于湖北省西北部，东与湖北省保康县毗邻，南与湖北省兴山县、巴东县接壤，西邻重庆市巫山县，北倚湖北省房县和竹山县。据《神农架志》载[1]，神农架林区原是兴山、巴东、房县三县的交界地带。1970 年 5 月，国务院批准划兴山县的新华、长方、木鱼、红花、九冲 5 个公社和千家坪药材场，划巴东县的石磨、板桥河、下谷坪 3 个公社，划房县的盘水、官封、板仓、红举、东溪、盘龙、宋洛、朝阳、阳日、武山、苗峰、古水、松柏、清泉、麻湾、二荒坪 16 个公社和田家山药材场、九湖农场建立神农架林区，属省直辖。1971 年划归宜昌地区革命委员会管辖；1972 年 3 月复归省直辖，并成立中共神农架林区委员会；1976 年 5 月划归郧阳地区革命委员会管辖；1983 年 8 月又复归湖北省直辖。1980 年 11 月湖北省人民政府批准成立神农架林区人民政府。现共辖 8 个乡级行政区，总面积约 3200 平方千米，总人口约 8 万人。

神农架林区人民政府所在地为松柏镇，位于神农架东北部，1975 年建立，约 330 平方千米，常住人口约 3 万人。

神农架林区松柏话目前学界关注较少，至今尚未展开全面调查，其方言归属问题也缺乏实证材料。我们于 2017 年和 2020 年暑假前往松柏镇进行方言调查，本文将在

此基础上归纳松柏话音系，进而确定其归属。发音合作人主要是：焦启春，男，66岁，清泉村人，中专文化，小学教师；陈远梅，女，67岁，龙沟村人，小学文化，农民；李松，男，31岁，龙沟村人，中专文化，自由职业；李凤梅，女，34岁，松柏村人，大专文化，松柏村村委会工作。

二、松柏话的音系

松柏话老派方言的音系如下。

（一）声母

松柏话声母18个，包括零声母在内：

p	八兵病布	p'	派片爬婆	m	麦明米满	f	飞风副蜂
t	多东毒袋	t'	讨天甜土	n	脑南蓝连		
tʂ	资贼坐张	tʂ'	拆茶船城	ʂ	丝三双顺	ʐ	热软入人
tɕ	酒九举句	tɕ'	清全轻权	ɕ	想谢响县		
k	高共够甘	k'	开看狂肯	x	好灰活喊		
ø	味问熬温						

说明：(1)鼻边音声母混同，发音时略带鼻音，统一记作n。(2)平翘舌不分，记作tʂ组翘舌音，实际发音部位略靠前。(3)x声母如起音时发音较重，可能发成ɣ。(4)零声母个别字发音有摩擦，如"暗、安、硬"等，可能发作ɣ。在语流中也可能受有字影响带上ŋ声母，如"棉袄"。因不构成对立，故归入零声母，不另立音位。

（二）韵母

松柏话韵母39个：

ʅ	师丝试十	i	米戏急七	u	苦五猪出	y	雨橘绿局
ɚ	二儿耳日$_{白}$						
a	茶塔法辣	ia	假牙鸭下	ua	瓦刮画抓		
ɛ	热北色白	iɛ	写鞋接贴	uɛ	国或	yɛ	靴月茄斜
ɤ	盒又额客						
o	婆破磨拨			uo	歌坐过河	yo	药学雀脚
ɯ	去$_{白}$黑						
ai	开排鞋塞			uai	快怪坏歪		
ei	赔对飞背			uei	鬼灰罪碎		
au	宝抄毛刀	iau	笑桥票庙				
əu	豆走六绿	iəu	油流酒修				
an	南山半短	ian	盐年减险	uan	官换完宽	yan	权鲜先圆
ən	根寸灯硬	in	心新病星	uən	滚春横困	yn	云俊闰裙
aŋ	糖帮浪仓	iaŋ	响讲娘抢	uaŋ	床王双壮		
əŋ	东朋猛冻			uəŋ	共粽孔翁	yəŋ	兄用穷熊

说明：(1)ɿ 舌位略靠前。(2)ɛ 舌位略高。(3)uɛ 韵母如“国、或”发音慢慢与 uo 趋同。(4)ɚ 舌位较靠后，卷舌程度不大，舌尖只略翘。(5)uo 韵母 u 介音动程很短。(6)ɯ 韵母字少，“去、黑、给”等字保留这一读音，且发音与ɤ韵母非常接近。老男音系中 ɯ 与ɤ无最小对立对；但青男音系中“去 kʻɯ312——克 kʻɤ 312”构成对立。且周边地区这一读音都另立音位，故与周边一致，另设音位。(7)au 开口度略小，实际发音为 ɐu。(8)ian 的实际发音为 iɛn。(9)aŋ 韵母的主要元音为 ɑ。(10)uəŋ 在语流中 ə 元音可能丢失，读成 uŋ。

（三）声调

松柏话声调 4 个：

阴平 24　东该叶月　　阳平 53　门龙盒罚

上声 33　懂古五有　　去声 313　动罪近硬

三、松柏话的归属

（一）松柏话当属西南官话

学界对神农架方言的归属关注不多。赵元任等[2]、詹伯慧等[3]、黄雪贞[4]、王群生[5]、郭丽[6]、汪国胜[7]等均未提及神农架方言点，但从上述前三种文献所附地图看，神农架方言属西南官话无疑。赵元任等在湖北方言地图第零图、詹伯慧等在湖北方言分区图中均把房县、保康、兴山等划为西南官话区，而当时的神农架还是三县交界地带，所以也应属西南官话区。《中国语言地图集》(下文简称为《地图集》)明确标出了神农架，官话之六西南地区地图中把神农架划归西南官话成渝片[8]。《神农架志》有关神农架方言写得较为简单模糊，“神农架方言处于北方、西南、江淮之间，较为接近川、陕、豫一代的方言”[9]。袁媛在讨论神农架锣鼓词中的方言语法现象时提到了“神农架地区方言属于西南官话成渝片”[10]，但未展开论证。

目前有关神农架方言的归属主要是依据李蓝先生的相关论述。李蓝和《地图集2012》指出：“神农架林区无调查材料，因周边方言都是西南官话，暂放在西南官话中，但不参加分片。”[11]

从神农架周边方言看，重庆巫山属西南官话成渝片，湖北兴山属成渝片或鄂中小片，保康属西南官话鄂北片或鄂中小片，巴东属成渝片或鄂中小片，房县属鄂北片。竹山方言归属学界历来观点不一，主要有以下观点：楚语、江淮官话、西南官话(鄂西小片；成渝片)或中原官话南鲁片等[12]。

神农架基本上处在西南官话的大包围圈中，再考虑到神农架林区的诞生历程，神农架方言属于西南官话的结论肯定是可靠的，松柏话当然也属于西南官话。

李蓝先生的结论是根据已知的神农架周边方言面貌推测出来的，如果用实证的话，就需要用西南官话的语音特征来判断其归属了。赵元任等指出“入声归阳平，这是西南官话一个最重要的特点”[13]，从所附第三十八图调类图可看出，神农架是入声归阳平的，也即属西南官话。丁邦新区分官话次方言区列举的普遍条件是“古入声的演变、古泥来母的分混”[14]。李荣认为“西南官话的特性是古入声今全读阳平”[15]。黄雪贞指出“西南官话的共性是古入声字今读阳平”[16]。李蓝和《地图集 2012》分析最详细，“凡古入声今整体读阳平、四声框架与贵阳、昆明、武汉、桂林等地的西南官话接近、古全浊声母为‘清化，平声送气仄声不送气’的演变类型、没有入声韵尾的方言，就基本可以认定为西南官话”[17]。汪国胜指出“我们现在的分区，主要依据的是语音标准”[18]。总之，目前学界公认的说法是“古入声今读阳平是西南官话最重要的语音特点”[19]。

我们以《中国语言资源调查手册 汉语方言》[20]中方言老男单字为观察对象，来分析松柏话古入声今读情况，统计详见表1。

表1 松柏话古入声字今调类分析表

调类/调值	古入声今读数	例字
阴平 24	23个	拉鸭叶树~吸渴瞎歇憋捏挖刷袜摸削~铅笔;又;剥~约剥塞黑拍劈踢粥赎
阳平 53	172个	搭踏杂鸽kuo53,又kɤ53盒xuo53,又xɤ53塔蜡插闸夹~子甲文,白接折~叠业跌贴碟协法立集习汁十入急及达辣泼~擦割八扎杀别~人灭列撤舌热杰孽篾铁节切动截结拨~款泼末脱夺阔活滑刮绝雪发头~罚月越决缺血笔匹密栗七侄虱实失日吉一卒棋子骨出橘佛~像物薄形托落作索各鹤恶形雀着火~了勺弱脚药郭霍桌镯角文,白壳学握北墨得特贼刻逼力息直侧测色织食极国或百白拆择窄格客额麦摘策隔积惜席尺石益笛历农~锡击吃木读鹿族谷稻~哭屋毒福服目六宿住~,~舍竹畜~生缩叔熟菊育绿文,白足烛曲~折,歌~局
上声 33	2个	律属
去声 313	8个	设式剧戏~壁划计~肉玉浴

我们统计的207个入声条目中，除“缚、褥”松柏人不说外，剩下205个入声字，古入声今读阳平字有172个，占总数的83.9%。

根据调查，松柏话古入声总体是全浊入绝大部分归入阳平，清入和次浊入绝大部分归阳平，也有极少数归入阴平、上声和去声。205个入声字中，118个清入声字有98个今读阳平，占总数的83.1%，如“搭鸽接跌法汁急擦割八铁泼脱阔刮雪笔匹一卒托作索各恶形雀着火~了脚郭北得逼”等；17个今读阴平，占总数的14.4%，如“鸭吸渴瞎歇憋挖刷削约剥塞黑拍劈踢粥”等；3个今读去声，即“设式壁”。47个全浊入声字有43个今读阳平，占比为91.5%，如“杂盒碟集十达舌夺活滑绝侄佛~像薄形鹤勺镯学特贼直食极或白择席石笛读族毒服熟局”等；今读阴平和上声各1个，今读去声2个。40个次浊入声字有31个今读阳平，占总数的77.5%，如“蜡业立入灭热孽篾末越密栗日物落弱药墨力额麦木鹿来育绿”等，今读阴平、上声和去声分别为5个、1个和3个。

松柏话古入声除今读阳平为主要趋势外，值得注意的是清入和次浊入有22个今读阴平，占入声字总数的10.7%，占比较高，这可能是受到中原官话的影响，是西南官话和中原官话交叉的结果，因为中原官话声调最主要的特性是“古入声清音声母和次浊声母字今读阴平，古入声全浊声母字今读阳平”[21]。

以上统计说明，松柏话古入声字今读阳平占绝对优势，成为最具优势的演变形式，无论是清入声字、全浊入声字还是次浊入声字今读阳平都成主要趋势。松柏话也基本符合李蓝和《地图集2012》提到的西南官话的其他判断标准：四声框架与贵阳、昆明、武汉、桂林等地的西南官话总体接近；中古全浊声母清化后，平声送气仄声不送气，如茄婆爬茶图虫锄渠~道台戏~财牌赔皮池骑、坐谢薄递坏话害树系联~字罪；没有入声韵尾。

根据以上特点，我们可以把松柏话划归西南官话，也可以证明李蓝和《地图集2012》推测的可靠性，同时松柏话具有中原官话的特征。

(二) 松柏话应划归西南官话鄂北片

学界较少提及神农架方言所属小片，已有文献关注甚少。黄雪贞成渝片(湖北省西部的十九个县市)、鄂北片(湖北省北部十六个县市)均未提及神农架，该文所附“西南官话分区图”也未标神农架，但从该图可以看出松柏处在成渝片和鄂北片的交界地带。《地图集1987》和袁媛把神农架林区方言划归成渝片，《地图集2012》虽说神农架林区“不参加分片”，但“B1-10 官话之十 西南官话A”是将其划归鄂中小片。和松柏最有渊源、距离最近的是房县，房县方言历来观点一致，属鄂北片。那么松柏话到底是属于鄂北片，还是属于鄂中小片，抑或是成渝片？经过分析，我们认为松柏话当划归鄂北片。

1. 地理沿革

从历史地理沿革上看，松柏和房县有密切的渊源关系。据博雅地名分享网站[22]，松柏镇古属湖北省房县陵州南山地带。民国时期东部属房县境清乡，西部属房县老冠乡。1931年土地革命时期属房县古水区第三乡(宋家拐)、第四乡(松香坪)苏维埃管辖。新中国成立后属房县盘水区。1958年建制为盘水公社松柏管理区、清泉管理区。1962年建制为松柏公社、清泉公社。1970年划盘水区归神农架林区。“1975年撤盘水区，建松柏镇”[23]。1984年将清泉公社的黄连、清泉、龙沟三个行政村划归松柏镇管辖。2000年盘水乡合并松柏镇，组建新的松柏镇。

从历史渊源、地缘来看，松柏话和房县方言可能很接近。

2. 松柏话和房县方言共时音系、语音演变特征比较

因为地缘和历史原因，我们将松柏话和房县城关镇老派方言进行比较，以论证松柏话属鄂北片。

首先，共时音系比较。

(1) 声母比较。松柏话和房县方言的声母完全相同，都是18个。均是平翘舌不分，记作tʂ组翘舌音；鼻音和边音没有辨义作用，记作n；零声母个别字发音有摩

擦，可能发作ɣ等。

（2）韵母比较。松柏话韵母是 39 个，房县方言韵母是 40 个，差别主要在于滚音。滚音 r̩ 的有无是松柏话和房县方言韵母最大不同，松柏话没有滚音，房县方言有滚音，如冷子 nən^{33} r̩^{0}，滚音 r 为自成音节。松柏话 ɚ 舌位较靠后，卷舌程度不大，舌尖只略翘；而房县方言单字舌头翘起不明显，语流中翘舌较明显，如“儿娃子”。“热北写鞋$_{\text{文}}$接国靴月”等字，松柏话记作略高的 ɛ，而房县方言记作略低的 e。“宝饱笑桥”等字，松柏话 au 开口度略小，实际发音为 ɐu；而房县方言 ɔu 韵母发音时唇型较展。

（3）声调比较。松柏话和房县方言都是 4 个声调，阴平、阳平、上声的调值完全相同，去声调值也几乎无别，松柏话去声调值记为 313；房县方言去声调值记为 31，去声时长相对较长，单字读音实际音值为 311 或 312。

从共时音系看，松柏话和房县方言差别确实不大。

其次，古今语音演变比较。

上文提到的松柏话中古入声绝大部分今读阳平和全浊声母清化平送仄不送的特征，房县方言也都具有。松柏话和房县方言还有以下演变特征（以下[ ]所列音标以“：”为界，前为松柏话，后为房县方言）。

（1）中古精组在今洪音韵母前读 tʂ 组，在今细音韵母前读 tɕ 组；见组在今细音韵母前读 tɕ 组，在今洪音韵母前读 k 组。中古精见两组声母在今细音韵母前完全相混。如早[tʂau^{33}：tʂɔu^{33}]租[tʂəu^{24}：tʂəu^{24}]焦[tɕiau^{24}：tɕiɔu^{24}]浸[tɕin^{313}$_{\text{～一下}}$；tɕʻin^{313}$_{\text{凉～～}}$：tɕʻin^{31}]建[tɕian^{313}：tɕian^{31}]决[tɕyɛ^{53}：tɕye^{53}]割[kuo^{53}：k ɣ$_{24}$]官[kuan^{24}：kuan^{24}]。

（2）来自非组的 f 和来自晓组的 x 不混。f 来自非组，晓组在今细音韵母前读 ɕ 组，在今洪音韵母前读 x 组。如方[faŋ^{24}：faŋ^{24}]福[fu^{53}：fu^{53}]犯[fan^{313}：fan^{31}]付[fu^{313}：fu^{31}]反[fan^{33}：fan^{33}]；靴[ɕyɛ^{24}：ɕye^{24}]险[ɕian^{33}：ɕian^{33}]孝[ɕiau^{313}：ɕiɔu^{31}]；火[xuo^{33}：xuo^{33}]化[xua^{313}：xua^{31}]。

（3）中古知庄章组字今读与知组相混，只有[tʂʻ][tʂʻ][ʂ]，无[ts][tsʻ][s]。如猪[tʂu^{24}：tʂu^{24}]知[tʂʅ^{24}：tʂʅ^{24}]罩[tʂau^{313}：tʂɔu^{31}]摘[tʂɛ^{53}：tʂe^{24}]桌[tʂuo^{53}：tʂuo^{24}]；抓$_{\text{用手～牌}}$[tʂua^{24}：tʂua^{24}]找$_{\text{～零钱}}$[tʂau^{33}：tʂɔu^{33}]扎[tʂa^{53}：tʂa^{53}]装[tʂuaŋ^{24}：tʂuaŋ^{24}]侧[tʂʻɛ^{53}：tʂʻe^{53}]窄[tʂɛ^{53}：tʂe^{24}]；主[tʂu^{33}：tʂu^{33}]制$_{\text{～造}}$[tʂʅ^{313}：tʂʅ^{31}]战[tʂan^{313}：tʂan^{31}]砖[tʂuan^{24}：tʂuan^{24}]州[tʂəu^{24}：tʂəu^{24}]。

（4）泥来母不论洪细皆读为[n]。如嫩[nən^{313}：nən^{31}]泥[ni^{53}：ni^{53}]脑[nau^{33}：nɔu^{33}]女[ny^{33}：ny^{33}]南[nan^{53}：nan^{53}$_{\text{～方}}$ naŋ^{53}$_{\text{～瓜}}$]；来[nai^{53}：nai^{53}]螺[nuo^{53}：nuo^{53}]浪[naŋ^{313}：naŋ^{31}]两$_{\text{斤～}}$[niaŋ^{33}：niaŋ^{33}]聋[nəŋ^{24}：nəŋ^{24}]。

（5）见组、匣母蟹摄佳皆韵开口二等字不颚化，读[k][x]，不读[tɕ][ɕ]。如街[kai^{24}$_{\text{白}}$：kai^{24}]解$_{\text{～开}}$[kai^{33}：kai^{33}]戒[kai^{313}$_{\text{白}}$：kai^{31}]鞋[xai^{53}$_{\text{白}}$：xai^{53}]蟹[xai^{313}$_{\text{白}}$：xai^{31}$_{\text{白}}$]届[kai^{313}：kai^{31}]。

(6) 中古蟹摄合口一等端组字变开口，不带[u]介音，[uei]读为[ei]。如对[tei^{313}：tei^{31}]堆[tei^{24}：tei^{24}]队[tei^{313}：tei^{31}]兑[tei^{313}：tei^{31}]腿[tʻei^{33}：tʻei^{33}]推[tʻei^{24}：tʻei^{24}]退[tʻei^{313}：tʻei^{31}]蜕[tʻei^{313}：tʻei^{31}]；蟹摄合口一等精组字松柏话保留[u]介音，房县方言丢失[u]的，如摧[tʂʻuei^{24}：tʂʻei^{24}]催[tʂʻuei^{24}：tʂʻei^{24}]最[tʂuei^{313}：tʂei^{31}]罪[tʂuei^{313}：tʂei^{31}]碎[ʂuei^{313}：ʂei^{31}]。蟹摄合口三等和止摄合口的精组、章组等字，松柏话和房县方言既有[u]介音未丢失的，如税[ʂuei^{313}：ʂuei^{31}]瑞[ʐuei^{313}：ʐuei^{31}]水[ʂuei^{33}：ʂuei^{33}]追[tʂuei^{24}：tʂuei^{24}]坠[tʂuei^{313}：tʂuei^{31}]；也有少部分字松柏话保留[u]，而房县方言丢失[u]的，如脆[tʂʻuei^{313}：tʂʻei^{31}]岁[ʂuei^{313}：ʂei^{31}]嘴[tʂuei^{33}：tʂei^{33}]虽[ʂuei^{24}：ʂei^{24}]穗[ʂuei^{313}：ʂei^{31}]醉[tʂuei^{313}：tʂei^{31}]髓[ʂuei^{53}：ʂei^{53}]隋[ʂuei^{53}：ʂei^{53}]随[ʂuei^{53}：ʂei^{53}]。

(7) 中古山摄合口一等的端系字，基本都不带[u]介音，[uan]读为[an]。如端$_{\text{~午}}$[tan^{24}：taŋ^{24}]团[tʻan^{53}：tʻan^{53}]短[tan^{33}：tan^{33}]断$_{\text{绳~了}}$[tan^{313}：tan^{31}]暖[nan^{33}：nan^{33}$_{\text{~气}}$；naŋ^{33}$_{\text{~和}}$]乱[nan^{313}：nan^{31}]酸[ʂan^{24}：ʂan^{24}]算[ʂan^{313}：ʂan^{31}]。

(8) 中古臻摄合口一三等的精组和来母大部分字，少数章组和端组字，不带[u]介音，[uən]读为[ən]。如：村[tʂʻən^{24}：tʂʻən^{24}]寸[tʂʻən^{313}：tʂʻən^{31}]孙$_{\text{~子}}$[ʂən^{24}：ʂən^{24}]笋[ʂən^{33}：ʂən^{33}]榫[ʂən^{33}：ʂən^{33}]唇[ʂən^{53}：ʂən^{53}]墩[tən^{24}：tən^{24}]轮[nən^{53}：nən^{53}]伦[nən^{53}：nən^{53}]。

(9) 中古遇摄合口一等的端组、泥来母大部分和少数精母字，[u]读为[ou]。如赌[təu^{33}：təu^{33}]徒[tʻəu^{53}：tʻəu^{53}]杜[təu^{313}：təu^{31}]奴[nəu^{53}：nəu^{53}]怒[nəu^{313}：nəu^{31}]路[nəu^{313}：nəu^{31}]鲁[nəu^{33}：nəu^{33}]租[tʂəu^{24}：tʂəu^{24}]组[tʂəu^{33}：tʂəu^{33}]。

(10) 中古深臻摄舒声和曾梗摄舒声字相混，[iŋ]读为[in]。如兵[pin^{24}：pin^{24}]柄[pin^{33}：pin^{33}]平[pʻin^{53}：pʻin^{53}]病[pin^{313}：pin^{31}]明[min^{53}：min^{53}]命[min^{313}：min^{31}]镜[tɕin^{313}：tɕin^{31}]庆[tɕʻin^{313}：tɕʻin^{31}]迎[in^{53}：in^{53}]影[in^{33}：in^{33}]。除与唇音相拼外，[əŋ]读为[ən]。如灯[tən^{24}：tən^{24}]等[tən^{33}：tən^{33}]凳[tʻən^{313}$_{\text{板~}}$；tən^{313}$_{\text{~子}}$：tən^{24}]藤[tʻən^{53}：tʻən^{53}]能[nən^{53}：nən^{53}]层[tʂʻən^{53}：tʂʻən^{53}]僧[ʂən^{24}：ʂən^{24}]。

(11) 中古山摄三四等开口字，有些[ian]读为[yan]。如先[ɕyan^{24}：ɕyan^{24}]显[ɕyan^{33}：ɕyan^{33}又 ɕian^{33}]。

(12) 去[kʻɯ^{313}$_{\text{白}}$：kʻɯ^{31}$_{\text{白}}$]给[kɯ^{24}：kɯ^{24}]等字读舌面元音[ɯ]。黑，松柏读[xɯ^{24}]，房县读[xe^{24}]。

以上(2)和属于成渝片的巫山"非敷奉在今合口韵和 oŋ 韵母前都读 x 声母，与晓母字相混"[24]迥异。(3)可归纳为李蓝先生所说的"川黔型"，这和属于"湖广型"的武汉不同[25]，也即说明在此特点上松柏、房县与属于鄂中小片的武汉有别。(5)是"西南方言的一个特征"[26]。(6)(7)(8)(9)是西南官话中湖北大部地区具有的特征[27]，(6)也是中原官话南鲁片和漯项片共有的[28]；(12)和南鲁片一致，因为中原官话"南鲁片大都读[ɯ]韵"[29]。

可见，松柏话和房县、丹江口[30]方言一样具有不少共同的古今语音演变特征，不仅具有西南官话的特点，也具有中原官话某些特质，受到中原官话和西南官话交叉的影响。

3. 松柏话和相关方言调型调值比较

本小节我们把松柏话和属于鄂北片的房县和丹江口，属于成渝片的巫山，有不同划法的巴东和兴山，属于西南官话鄂中小片典型代表的武汉以及属于中原官话南鲁片的淅川和南阳进行比较，详参表2。

表2 松柏话和西南官话鄂北片、成渝片、鄂中小片以及中原官话南鲁片部分方言点调值比较表[31]

	阴平	阳平	上声	去声
松柏	24	53	33	313
房县	24	53	33	31
丹江口	35	53	55	312
淅川	24	42	55	312
南阳	24	42	55	31
保康	24	53	55	312
兴山	45	31	55	24
巴东	45	22	51	24
巫山	55	21	53	213
武汉	55	213	42	35

成渝小片"特点是四呼俱全"。鄂北小片是"中原官话和西南官话的过渡方言。虽然古入声全归阳平，但阴平是中平、阳平是高降、上声是高平，这和武汉有明显差别，而更像河南话"。鄂中小片主要特点是"古入声今读阳平且四声调值与武汉接近"[32]。

我们用以上特点来对照审视松柏话。松柏话和房县方言一样，韵母也是四呼俱全，而房县属鄂北片是学界公认的，可见成渝小片的上述特点不具有排他性。上文已指出，松柏话古入声不是全归阳平，而是归阳平占绝对优势。所以根据以上两特点，不能区分松柏话是成渝片还是鄂中小片。松柏话阴平是次低升调，阳平是高降调，上声是中平调，去声为降升调。松柏话的声调类型和鄂北小片声调类型几乎一样，和淅川、南阳趋近，而和巫山"阴平是最高调，阳平是最低调，上声是次高降调，去声是低降升调"以及武汉"阴平去声都是高调，阳平是一个低降升调，上声是一个次高降调"明显有别[33]。巫山属成渝片是学界公认的，武汉是鄂中小片的典型代表。从调型调值来看，松柏和房县、保康、丹江口、淅川、南阳几乎完全相同，而和兴山、巴东、巫山、武汉相差较远。所以松柏话和兴山、巴东、巫山、武汉方言不属于同一小片，当和房县、保康、丹江口方言属于同一小片。

综上，从历史地理和地缘、共时音系差异、历时演变共性和调型调值比较等角度看，松柏话应该和房县、丹江口一样，划归鄂北片。王群生根据腔调得出鄂西北方言和中原官话相近的观点确有合理的一面。处在中原官话和西南官话过渡地带的松柏话，最主要的语音特征属于西南官话，但和房县、丹江口方言一样也沾染了中原官话某些特性。

四、结语

本文归纳了松柏话的音系，从语音角度探讨了松柏话的归属，至于词汇和语法角度的探讨我们将另文讨论。松柏话和房县方言非常接近，当划归西南官话鄂北片。我们在寻访发音人时，不止一次地听到松柏当地人说"上起盘水，下至清泉，包括黄连架，除宋洛外"口音大体一致，这可能就是松柏话的大致范围。

"湖北地处我国中部，处于汉语南北方言(官话和非官话)的交汇过渡地带，语言状况相当复杂。"[34]神农架被誉为"华中之肺"，其方言整体属于西南官话，但受到移民、地缘等诸多因素的影响，已沾染了中原官话的某些特质，较杂。正如《神农架志》所说，"神农架居民方言较杂，既受到各地来神农架参加开发建设移民语言的影响，又因与邻县交流频繁，从而形成了自己独特的方言。"[35]目前除松柏镇外的神农架方言总体情况，仍然缺少调查材料，详细情况需实地调查后才能进一步加以研究。神农架方言的庞杂对松柏话产生了多大影响，仍需进一步探究。

＊本文为湖北省教育厅人文社科一般项目"基于有声数据库调查的房县方言研究"【16G109】的阶段性成果。

附记：文章在导师匡鹏飞先生指导下完成，承蒙汪国胜、苏俊波、孙红举、陈洁等先生指正，曾在首届汉语音义学研究国际学术研讨会暨第四届佛经音义研究国际学术研讨会(淮北师范大学，2021年10月)报告过，使用了马婷婷、徐英、朱芸等先生提供的方言调查材料，汉江师范学院方言调查团队所有成员付出了辛勤劳动，谨此统致谢忱。尚存错谬，概由作者负责。

注释：

[1] 湖北省神农架林区地方志编纂委员会:《神农架志》,武汉:湖北科学技术出版社,1996年,第208页,第329～339页。

[2] 赵元任,等:《湖北方言调查报告》,上海:商务印书馆,1948年,第39～40页。

[3] 詹伯慧,等:《湖北方言概况》,内部油印本,1960年,第4页。

[4] 黄雪贞:《西南官话的分区(稿)》,《方言》1986年第4期,第262～272页。

[5] 王群生:《汉语"腔调"探析——兼谈湖北西北部方言归属的几个问题》,《荆州师专学报》1996年第3期,第74～77页。

[6] 郭丽:《湖北西南官话音韵研究》,上海:复旦大学博士学位论文,2009年。

[7] 汪国胜:《湖北方言说略》,《华中学术》2017 年第 4 辑,第 170～176 页。

[8] 中国社会科学院,等:《中国语言地图集》,香港:香港朗文(远东)有限公司,1987 年。

[9] 湖北省神农架林区地方志编纂委员会:《神农架志》,武汉:湖北科学技术出版社,1996 年,第 266 页。

[10] 袁媛:《神农架锣鼓词中的方言语法现象》,《长江师范学院学报》2012 年第 3 期,第 101～104 页。

[11] 李蓝:《西南官话的分区(稿)》,《方言》2009 年第 1 期,第 72～87 页;中国社会科学院语言研究所,等:《中国语言地图集》第 2 版,北京:商务印书馆,2012 年,第 83 页。

[12] 赵元任,等:《湖北方言调查报告》,上海:商务印书馆,1948 年,第 1569 页;詹伯慧,等:《湖北方言概况》,内部油印本,1960 年,第 4 页;黄雪贞:《西南官话的分区(稿)》,《方言》1986 年第 4 期,第 262～272 页;中国社会科学院,等:《中国语言地图集》,香港:香港朗文(远东)有限公司,1987 年;刘兴策:《对湖北省境内汉语方言分区的几点意见》,《方言》2005 年第 3 期,第 287～288 页;刘祥柏:《江淮官话的分区(稿)》,《方言》2007 年第 4 期,第 353～362 页;李蓝:《西南官话的分区(稿)》,《方言》2009 年第 1 期,第 72～87 页;中国社会科学院语言研究所,等:《中国语言地图集》第 2 版,北京:商务印书馆,2012 年,第 85～86 页;朱丽师:《从语音学角度看竹山方言的归属问题》,《郧阳师范高等专科学校学报》2015 年第 2 期,第 71～75 页;汪国胜:《湖北方言说略》,《华中学术》2017 年第 4 辑,武汉:华中师范大学出版社,第 170～176 页。

[13] 赵元任,等:《湖北方言调查报告》,上海:商务印书馆,1948 年,第 1568 页。

[14] 丁邦新:《汉语方言分区的条件》,《丁邦新语言学论文集》,北京:商务印书馆,1998 年,第 178 页。

[15] 李荣:《官话方言的分区》,《方言》1985 年第 1 期,第 2～5 页。

[16] 黄雪贞:《西南官话的分区(稿)》,《方言》1986 年第 4 期,第 262～272 页。

[17] 李蓝:《西南官话的分区(稿)》,《方言》2009 年第 1 期,第 72～87 页;中国社会科学院语言研究所,等:《中国语言地图集》第 2 版,北京:商务印书馆,2012 年,第 82 页。

[18] 汪国胜:《湖北方言说略》,《华中学术》2017 年第 4 辑,武汉:华中师范大学出版社,第 170～176 页。

[19] 钱曾怡:《汉语官话方言研究》,济南:齐鲁书社,2010 年,第 243 页。

[20] 教育部语言文字信息管理司,等:《中国语言资源调查手册 汉语方言》,北京:商务印书馆,2016 年,第 67～81 页。

[21] 贺巍:《中原官话分区(稿)》,《方言》2005 年第 2 期,第 136～140 页。

[22] 湖北省神农架林区松柏镇。[2021-07-16]http://www.tcmap.com.cn/hubei/shennongjia_songbaizhen.html。

[23] 湖北省神农架林区地方志编纂委员会:《神农架志》,武汉:湖北科学技术出版社,1996 年,第 337 页。

[24] 钱曾怡:《汉语官话方言研究》,济南:齐鲁书社,2010 年,第 275 页。

[25] 钱曾怡:《汉语官话方言研究》,济南:齐鲁书社,2010 年,第 273～274 页。

[26] 袁家骅,等:《汉语方言概要》第二版,北京:语文出版社,2001 年,第 30 页。

[27] 袁家骅,等:《汉语方言概要》第二版,北京:语文出版社,2001 年,第 33 页。

[28] 贺巍:《中原官话分区(稿)》,《方言》2005 年第 2 期,第 136～140 页。

[29] 贺巍:《中原官话分区(稿)》,《方言》2005 年第 2 期,第 136～140 页。

[30] 苏俊波:《丹江方言的性质和归属》,《长江学术》2011 年第 1 期,第 115～122 页。

[31] 房县调值参见陈洁:《基于有声数据库调查的房县方言老青对比》,《汉江师范学院学报》2020 年第 5 期,第 86～90 页。丹江口、淅川、南阳调值取自苏俊波:《丹江方言的性质和归属》,《长江学术》2011 年第 1 期,第 115～122 页。2015 年暑假我们调查的丹江口老城区老派方言声调是阴平 35,阳平 51,上声 33,去声 31,和苏俊波先生的调查基本趋同。保康、兴山和巴东分别由马婷婷博士、徐英教授和朱芸博士负责调查。巫山调值采自四川省巫山县志编纂委员会:《巫山县志》,成都:四川人民出版社,1991 年,第 608 页。武汉调值来自朱建颂:《武汉方言词典》,武汉:崇文书局,2017 年,第 7 页。本文暂不考虑竹山的调值,一是因为松柏 1970 年以前归房县管辖,现在主要和房县接壤。神农架只有九湖镇和竹山县柳林乡紧挨,而九湖离松柏距离较远;二是因为竹山方言归属的众说纷纭。

[32] 李蓝:《西南官话的分区(稿)》,《方言》2009 年第 1 期,第 72～87 页;钱曾怡:《汉语官话方言研究》,济南:齐鲁书社,2010 年,第 258 页,第 261 页;中国社会科学院语言研究所,等:《中国语言地图集》第 2 版,北京:商务印书馆,2012 年,第 84～86 页。李蓝先生在论述鄂北小片阴平特点时前后表述不一致,鄂北小片阴平应是李先生所说的中升调(或次低升调)。

[33] 李蓝:《西南官话的分区(稿)》,《方言》2009 年第 1 期,第 72～87 页;钱曾怡:《汉语官话方言研究》,济南:齐鲁书社,2010 年,第 254、260～261 页。中国社会科学院语言研究所,等:《中国语言地图集》第 2 版,北京:商务印书馆,2012 年,第 84 页。

[34] 邢福义、汪国胜:《关于湖北方言研究》,《汉语学报》2015 年第 3 期,第 31～32 页。

[35] 湖北省神农架林区地方志编纂委员会:《神农架志》,武汉:湖北科学技术出版社,1996 年,第 266 页。

湖南常德方言“NP＋一个人＋XP＋些”极比构式考察

马冬晴

（湖南师范大学文学院，湖南长沙，410081）

内容摘要：西南官话常德方言中，“NP＋一个人＋XP＋些”极比构式是一个主观性极强的构式，构式义表示说话者主观认为NP在性状上达到极性程度。对极比构式的句法语义进行共时考察表明：自由变量NP随着[＋生命度]等级降低，语义逐渐抽象化；自由变量XP可由性质形容词、程度动词和相关谓词性短语充当，具有[＋描述性]、[＋无界性]、[＋弥散量]的语义特征；运用语法化扩展效应理论阐释恒定常量“一个人”语法化为表强调的准副词；运用认知上“图形—背景”关系阐释极比构式极性程度的浮现机制。

关键词：常德方言；极比构式；句法语义；语法化扩展；认知

一、引言

常德市位于湖南省北部。本文所记的方言为常德市武陵区和鼎城区一带的方言，是笔者的母语。陈晖、鲍厚星(2007)指出常德方言归属西南官话常澧片[1]。常德方言中，有一种“NP＋一个人＋XP＋些”极比构式(下文称“极比构式”)，使用频率相当高，用法特殊。先看下面例句：[引自易亚新(2007)[2]]

(1) 他一个人来得早些。他来得最早。

(2) 小王一个人用功些。小王最用功。

(3) 这个班上的伢儿一个人不好管些。这个班上的孩子最不好管教。

(4) 这个屋一个人大些。这个房子最大。

(5) 这几个猪儿一个人肯吃些。这几头猪最能吃。

(6) 他的思想一个人单纯些。他的思想最单纯。

极比构式由体词或体词性短语NP、准副词“一个人”、谓词或谓词性短语XP和不定量词“些”构成。其结构关系为：[主语：NP]＋[谓语：一个人＋XP＋些]，可对译为普通话中的极比结构“NP最XP”。

二、极比构式的构式义及自由变量“NP”和“XP”的构成

Goldberg(1995)把构式定义为：C是一个构式当且仅当C是一个形式——意义的配对<Fi，Si>，且C的形式(Fi)或意义(Si)的某些方面不能从C的构成成分或其他先前已有的构式中得到完全预测[3]。本文极比构式的构式义可提炼为：说话者主观认为NP在性状上达到极性程度。根据构式语法理论的定义，构式义不等于其成分的叠加，极性程度的浮现并不能从各个构件得到完全预测，也不能从字面意义得到识解，而要在构件的整合中识解。如例(4)“这个屋一个人大些”的极性程度并不能从各构件中得到完全预测和识解，所以我们认定“NP＋一个人＋XP＋些”为一个表极性程度的构式。

在极比构式中，“NP”和“XP”是自由变量，接下来考察自由变量“NP”和“XP”的构成情况。

(一) 自由变量NP的构成

NP由体词及以体词为中心的定中短语充当，在极比构式中充当主语。NP可以为单数人称代词、单数指人名词、单数指人专名，也可是单复数指人名词、单复数指物名词、时间名词、处所名词、方位名词和抽象名词为中心的定中短语，且具有[＋定指]的特征。

其一，NP为体词，包含单数人称代词、单数指人名词、单数指人专名。例如：

(7) 我/你/他一个人聪明些。我/你/他最聪明。

(8) 姐姐一个人勤快些。姐姐最勤快。

(9) 苏轼一个人豁达些。苏轼最豁达。

NP一般不能为复数人称代词和指人名词的复数形式。例如：

*(10) 硕俺/您俺/他俺一个人有钱些。我们/你们/他们最富裕。

*(11) 姐姐俺一个人勤快些。姐姐们最勤快。

*(12) 苏轼俺一个人豁达些。苏轼们最豁达。

NP一般不能为光杆指物名词或指物的数量名结构。例如：

*(13) 花一个人香些。　　*(14) 五朵花一个人香些。

NP一般不能为光杆的时间名词、处所词和方位词。例如：

*(15) 冬天一个人冷些。　　*(16) 屋里一个人干净些。

*(17) 上面一个人脏些。

NP 一般不能为光杆抽象名词。例如：

*(18) 水平一个人高些。

我们发现 NP 为单数光杆指人体词可以进入极比构式，如例(7)—例(9)。非指人及复数的 NP 不能是光杆体词，必须是由“指量/领者＋体词”构成的定中短语才能进入极比构式。

其二，NP 为以体词为中心的定中短语。包括“指量＋体词”和“领者(的)＋体词”构成的定中短语，具有[＋定指]特征。例如：

(19) 这/那个伢儿一个人调皮些。这/那个孩子最调皮。 这/那几个伢儿一个人调皮些。这/那几个孩子最调皮。 他的伢儿一个人调皮些。他的孩子最调皮。 他的几个伢儿一个人调皮些。他的几个孩子最调皮。

(20) 这/那朵花一个人香些。这/那朵花最香。 这/那几朵花一个人香些。这/那几朵花最香。

他的花一个人香些。他的花最香。 他的几朵花一个人香些。他的几朵花最香。

(21) 这/那个冬天一个人冷些。这/那个冬天最冷。 这/那几年冬天一个人冷些。这/那几年冬天最冷。 济南的冬天一个人冷些。济南的冬天最冷。

(22) 这/那个停车场一个人先进些。这/那个停车场最先进。 这/那几个停车场一个人先进些。这/那几个停车场最先进。 硕俺公司的停车场一个人先进些。我们公司的停车场最先进。 硕俺公司的几个停车场一个人先进些。我们公司的几个停车场最先进。

(23) 这/那个人的水平一个人高些。这/那个人的水平最高。 这/那几个人的水平一个人高些。这/那几个人的水平最高。 他的水平一个人高些。他的水平最高。

(24) 这/那上面一个人脏些。这/那上面最脏。 *这/那几个上面一个人脏些。车子的上面一个人脏些。车上最脏。

NP 为以单复数指人名词、单复数指物名词、时间名词和处所名词、抽象名词为中心的定中短语，具有[＋定指]特征，可以进入极比构式，如例(19)—例(23)。NP 为“领者(的)＋方位词”定中短语可以进入极比构式，NP 为“指量＋光杆方位词”定中短语一般可以进入极比构式，NP 为“指量＋数量＋方位词”不成立，如例(24)。

能进入极比构式的自由变量 NP 均具有[＋定指]的特征，句法属性在不断扩展，表现为 NP单数人称代词/NP单数指人名词(含指人专名)→NP以单复数指人名词为中心的定中短语→NP以单复数指物名词为中心的定中短语→NP以时间、处所、方位名词为中心的定中短语→NP以抽象名词为中心的定中短语，如例(19)—例(24)。可见随着自由变量 NP 句法属性的扩展，NP[＋生命度]等级逐步降低(人＞物＞非生物)，NP 的语义也逐渐随之抽象化。

(二) 自由变量 XP 的构成

XP 由谓词性成分充当，可为性质形容词、程度动词和相关谓词性短语。例如：

(25) 他的手一个人冷些。他的手最冷。　　(26) 他一个人闹些。他吵闹得最厉害。

(27) 他一个人会讲些。他最会讲。

例(25)中 XP 为性质形容词，状态形容词“冰冷”和“冰冰冷”等不能进入极比构式。例(26)中 XP 为程度动词(即能受程度副词修饰的动词)，如动形兼类词(“闹”等)、心理动词(“喜欢”等)和部分其他具有程度义的非动作动词(“擅长”等)。例(27)中 XP 为相关谓词性短语，如能愿短语(“会讲”等)、部分动宾短语(“讲道理”等)和带情态补语的述补结构(“跑得快”等)。

张国宪(2000)指出形容词在量上有量幅和量点之分，量的弥散性特征越明显越倾向于表现性质，而量的固化性特征越显豁则越偏向于表述状态[4]。郝琳(1999)考察并证明了程度动词属于无界动词[5]。所以，性质形容词、程度动词具有[＋描述性]、[＋弥散量]、[＋无界性]的语义特征。能愿短语、部分动宾短语和带情态补语的述补结构内在成分融合程度很高，其用法与性质形容词和程度动词相同，能够进入极比构式。可见极比构式的 XP 的形式丰富，XP 具有[＋描述性]、[＋无界性]、[＋弥散量]的语义特征。

三、极比构式恒定常量“一个人”的语法化扩展

储泽祥(2003)指出，普通话中“指人专名＋一个人”形式的复指短语中“一个人”固化后仍然受到本意的影响，但只能用来描述人的性状，而一般不会去描述事物，“人”的语义还在起作用[6]。易亚新(2007)认为常德方言中的“一个人＋A＋些”句式用来强调程度，“一个人”的词汇意义逐渐虚化为强调副词了[7]。“NP＋一个人＋XP＋些”极比构式中的“一个人”已经虚化了，具有了准副词的性质。一般在“一个人”前有语音停顿。其实还存在一个与极比构式同形且近似普通话差比句的结构，如例(28′)(29′)。其中“一个人”为数量名短语，与 NP 构成复指短语，一般在“XP”前有语音停顿。其关系可以表述为：[主语：单数人称代词/单数指人名词＋一个人]＋[谓语：XP＋些]，可对译为普通话中的“NP 更 XP 些”。我们暂且将极比构式称与之为 S2，将例(28′)(29′)称之为 S1。例如：

(28)　他//一个人来得早些。他来得最早。

(28′)　他一个人//来得早些。他来得更早些

(29)　小王//一个人用功些。小王最用功。

(29′)　小王一个人//用功些。小王更用功些。

从 S1 到 S2，“一个人”发生了语法化演变。彭睿(2020)指出：如果着眼于语法化环境，语法化则是一种增量过程，具有“扩展效应”。基于环境的扩展包含三个方面：同构项类型扩展、句法环境扩展、语义—语用环境扩展[8]。下面从这三个方面分析“一个人”的语法化扩展。

（一）“一个人”同构项 NP 的扩展

彭睿（2020）指出：“同构项类型扩展”即能与语法化项搭配的成分类型的增加[9]。S2 中同构项 NP 与语法化项“一个人”的搭配成分由单数人称代词、单数指人名词（含指人专名）逐步扩展为以单复数指人名词、单复数指物名词、时间名词、处所名词、方位名词、抽象名词为中心的定中短语。极比构式中“一个人”的同构项 NP 的扩展见表 1。

表 1 “一个人”的同构项 NP 的扩展

同构项范围	单数人称代词、单数指人名词（含专名），如例（7）—例（9）	以单复数指人名词为中心的定中短语，如例（19）	以单复数指物名词为中心的定中短语，如例（20）	以时间、处所、方位名词为中心的定中短语，如例（21）—（22）和例（24）	以抽象名词为中心的定中短语，如例（23）
同构项位置	“一个人”前				
同构项范畴	体词性				
同构项指称功能	定指				

很明显，极比构式中的同构项 NP 的范围在逐步扩展，限制条件逐步放宽，但由于受小句管控仍然限于体词性单位，属于“同质性扩展”。

（二）“一个人”句法环境的扩展

彭睿（2020）指出：“句法环境扩展即语法化项分布环境从核心论元位置扩展到核心以及边缘成分的位置。”[10]“一个人”处在 S1 和 S2 中，其句法环境不同。S1 中“一个人”与单数指人名词或单数人称代词（含指人专名）构成复指短语在句中作主语时，在句法环境中为核心成分；S2 中“一个人”脱离单数指人名词或单数人称代词（含指人专名）等成分在句中作状语时，在句法环境中为边缘成分。“一个人”句法环境扩展可以总结为表 2。

表 2 “一个人”句法环境的扩展

语法化项功能	S1 中作主语的复指短语后项	S2 中作状语
“一个人”的句法环境	核心成分 （他一个人//来得早些。）	边缘成分 （他//一个人来得早些。）

语法化项“一个人”的句法分布环境扩展表现为“核心成分（主语）→边缘成分（状语）”的过程。S1 中“一个人”与“他”构成复指短语作句子主语，是谓语“来得早些”陈述的对象，属于句中核心成分，其形式标记为在“一个人”后有明显的语音停顿。S2 中“一个人”脱离“他”，充当谓语“来得早些”的状语，属于句中修饰的边缘成分，其形式标记为在“他”后有明显的语音停顿。

（三）“一个人”语义—语用环境扩展

彭睿(2020)指出，“语义—语用环境扩展”即语法化项可分布于语法化发生之前所不能出现的语义—语用环境中[11]。

根据前文分析，从S1到S2，语法化项“一个人”的语义变化可以归纳为：A客观数量义(客观计量人数单一)到B主观强调义(独自/唯一义)。在“一个人”的语法化过程中，“一个人”已经不是语素意义之间简单的叠加，数量意义逐渐脱落、溶蚀，由客观计量人数单一扩展为主观强调的情态表达，由自由形式扩展为黏着形式，语义由指称NP向XP偏移。至此，“一个人”已经由数量名短语语法化为表主观强调义的准副词了。

语义的转变往往会伴随着语用环境的转变。“一个人”在语法化过程中语义—语用环境由指称性向情态性扩展。“一个人”语义—语用环境扩展如表3所示。

表3 “一个人”语义—语用环境扩展

语义—语义环境扩展	S1中数量名短语的“一个人”	S2中准副词的“一个人”
语义扩展	计量人数单一的客观数量义	独自/唯一的主观强调义
语用扩展	指称性(数量)	情态性(强调)

“一个人”在由数量名短语向表强调的准副词迈进的过程中，“一个人”对NP的管控逐渐弱化甚至消失，所以NP能在体词的范畴内随着生命度等级降低而扩展。

四、极比构式极性程度义浮现的机制

极比构式表示NP在性状上达到极性程度。那么极性程度义是如何浮现的？有何机制？我们先看一组例子。

(30) 小明高。小明高。　　(31) 小明高些。小明(比其他人)更高些。

(32) 小明一个人高些。小明最高。　　(33) ＊小明一个人高。

张保胜(1988)指出，“(NP)A一点儿”暗含着一种比较关系，NP同句中没有出现的另一个人或事物(或者是一个客观标准)的比较关系[12]。“NP＋XP＋些”也暗含着比较关系，即NP_1比$NP_{2\sim n}$XP些。“NP_1比$NP_{2\sim n}$XP些”差比句中，NP_1是比较主体，$NP_{2\sim n}$是比较基准，XP是值性。恒定常量“些”为不定量词，在构式中具有很强的粘着性，具有成句的作用。例(32)中“些”在句法上是强制成分，必须后附于“高”之后，并与“一个人”共现。例(33)中“一个人”没有与“些”共现，句子不成立。“一个人”不能独立作状语修饰XP，处于迈向副词的过程中，属于准副词。吕叔湘等(1981)指出，“动/形＋些”中“些”表示稍微，常和“稍微、略微”合用[13]。陈星宇(2020)指出，“些”用在动词和形容词后作补语，表示动作、形容词所指状态的程度[14]。在极比构式中，“些”用在XP之后做程度补语，对XP具有限定、补充的作用。例(31)中“些”是对

“高”在程度量上的限定、补充。

极比构式极性程度义的浮现可以借用认知语言学中“图像—背景”关系加以阐释。Ronald W. Langacker(2016)指出，语言结构呈现出的众多不对称性，均可合情合理地看作突显问题。凡被选定之物，相对于未选定之物均具有突显性[15]。我们把图一至图三中加粗圆圈看作图像，把虚线圆圈看作背景，长方形外框看作 NP 的辖域。

我们发现极比构式意义的浮现有着独特的推导机制。可分为两个步骤：第一步是“NP＋XP”后附“些”构成差比句凸显性状程度，第二步是在差比句凸显程度的基础上，准副词“一个人”强调 NP 唯一性，两者加合促使极性程度浮现。

(一)“NP＋XP”后附“些”构成差比句凸显性状程度

“NP＋XP”表示 NP 具有 XP 这样的性状，是对客观事实的陈述。例(30)“小明高”表示在 NP 辖域内只存在图像 NP_1 小明，没有任何比较基准作为背景，只是客观上陈述小明高的性状(如图一)。“NP＋XP”后附“些”凸显性状的程度。例(31)“小明高些”相当于“小明比其他人更高”这样的差比句，表示在 NP 辖域内除了图像 NP_1 小明外，还加入了“其他人”的背景。图像 NP_1 小明的性状程度就在背景中凸显出来(如图二)。此时可根据比较基准 $NP_{2\sim n}$XP 是否全量化分为两种情况(如图二)。一种是如果比较基准全量化为“所有人”，AB 两区域重合，极性程度义可浮现。例如：

(34) 他一个人高些。＝他比所有人高。＝他最高。

另一种情况是比较基准未全量化，即未能囊括除 NP_1 外的所有对象，存在 A 和 B 两个区域(如图二)，极性程度义不能浮现。例如：

(35) 他比＜张三，李四，王五……NP_n＞高。

例(35)中比较基准未全量化。只能说比较基准在 B 区域全量化，表示“他”最高。A 区域有可能存在比“他”高的对象，所以极性程度义不能浮现。

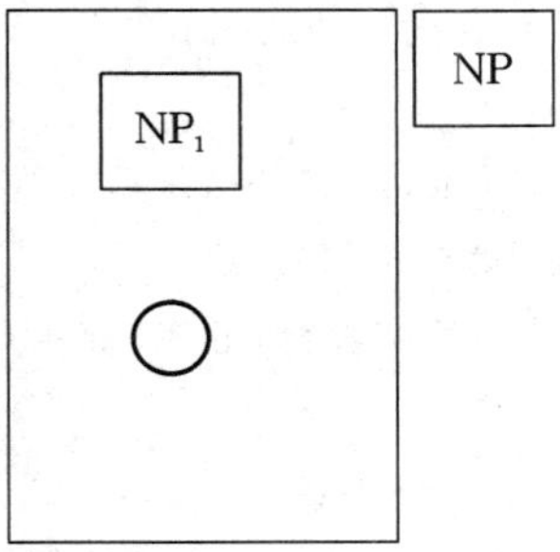

图一

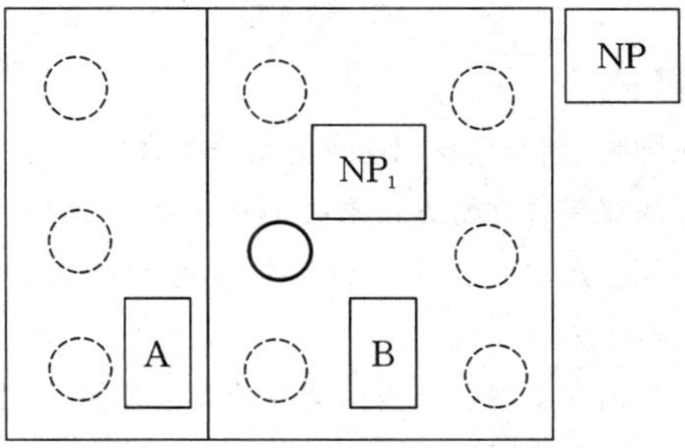

图二

(二)“一个人”与“些”的加合作用促使极性程度义浮现

极性程度义的浮现除了将背景(比较基准)全量化外，还可以在 NP 辖域内让图像

(比较主体)具有唯一性，也能促使极性程度义浮现。极比构式的极性程度的浮现是“些”的程度凸显和“一个人”表唯一的加合而形成的。也就是说，在差比凸显程度的基础上，再用“一个人”强调 NP_1 的唯一性促使极性程度义浮现(如图三)。例(32)中“小明一个人高些”是在小明比其他人高的基础上凸显程度义，再用“一个人”强调小明高的唯一性，凸显小明在众多人中是最高的。

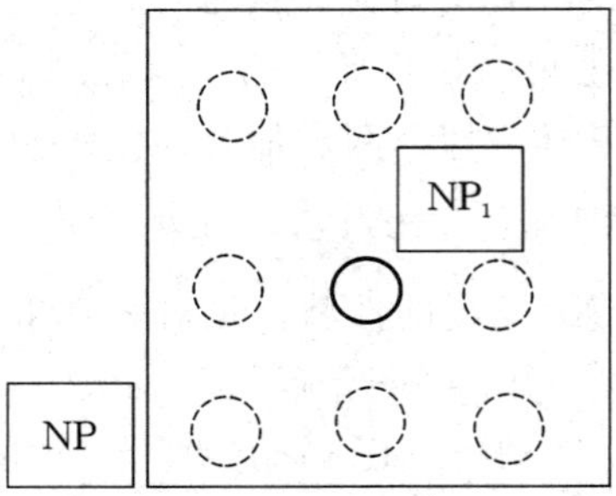

图三

五、结论

其一，“NP＋一个人＋XP＋些”极比构式中，由于“一个人”语义后指 XP，对 NP 的管控弱化甚至消失，NP 随着生命度等级降低逐步扩展，语义逐步抽象化。同时，NP 受小句管控仍然限于体词性单位。

其二，“一个人”由句中作主语的复指短语后项转变为作状语，即“一个人”由数量名短语语法化为表强调的准副词。

其三，极比构式的极性程度义的浮现是由“些”的程度凸显作用与“一个人”的强调唯一性加合而成，是极比构式整合的结果。

* 本文为国家社会科学基金一般项目“湘西南地区湘、赣方言语法的深度描写与接触、比较研究”【21BYY010】的阶段性研究成果。

注释：

[1] 陈晖、鲍厚星:《湖南省的汉语方言(稿)》,《方言》2007 年第 3 期,第 250～251 页。

[2] 易亚新:《常德方言语法研究》,北京:学苑出版社,2007 年,第 136～137 页。

[3] [美]A. E. Goldberg:《构式:论元结构的构式语法研究》,吴晓波译,北京:商务印书馆,2007 年,第 4 页。

[4] 张国宪:《现代汉语形容词的典型特征》,《中国语文》2020 年第 5 期,第 448～449 页。

[5] 郝琳:《动词受程度副词修饰的认知解释》,《佳木斯大学社会科学学报》1999 年第 5 期,第40～42 页。

[6] 储泽祥:《“一个人”的固化及其固化过程》,《华中师范大学学报》(人文社会科学版)2003 年第 5 期,第 77～80 页。

[7] 易亚新:《常德方言语法研究》,北京:学苑出版社,2007 年,第 136～137 页。

[8] 彭睿:《语法化理论的汉语视角》,北京:北京大学出版社,2020 年,第 86 页。

[9] 彭睿:《语法化理论的汉语视角》,北京:北京大学出版社,2020 年,第 86 页。

[10] 彭睿:《语法化理论的汉语视角》,北京:北京大学出版社,2020 年,第 86 页。

[11] 彭睿:《语法化理论的汉语视角》,北京:北京大学出版社,2020 年,第 86 页。

[12] 张保胜:《“A 一点儿”和“A 了一点儿”》,《语言研究》1988 年第 2 期,第 36 页。

[13] 吕叔湘,等:《现代汉语八百词》,北京:商务印书馆,1981 年,第 509 页。

[14] 陈星宇:《现代汉语“些”的研究》,武汉:华中师范大学硕士学位论文,2020 年。

[15] [美]R. W. Langacker:《认知语法导论　上卷》,黄蓓译,北京:商务印书馆,2016 年,第 101～117 页。

【语言学研究】

汉语重动句的生成语法研究

覃业位

（武汉大学文学院/中国语情与社会发展研究中心，湖北武汉，430072）

内容摘要： 生成语法讨论汉语重动句主要围绕其产生的句法动机和结构推导两个议题展开。一般认为，重动句由重复动词（“拷贝说”）而来，学者们就此提出了“短语结构限制条件”驱动、格位驱动、“得”的形态驱动、题元角色驱动、轻动词语音实现驱动、话题特征或焦点特征驱动等多种句法机制。但也有观点认为重动句不涉及拷贝，是“名不副实”。在重动句的结构方面，各家在不同的理论框架下侧重不同的事实基础，对句式内两个动词短语的句法关系和句法地位做出了不同分析，以状中结构、轻动词结构、话题/焦点结构为主流处理办法，同时也存在主谓结构和并列结构等分析方案。未来的研究如果在系统认识重动句句法特点的基础上展开跨语言的重动结构比较分析，则会达成更多共识。

关键词： 重动句；生成语法；句法动机；句法结构

一、引言

重动句（Verb Reduplication Construction），又称“动词拷贝句”或“动词复制结构”（Verb Copy Construction），其语序表现为 S-VP1-VP2（如“他骑马骑得很快”）。VP1 中的成分呈动宾关系，可以记作 V1-NP1；而 VP2 则是传统语法意义上的动补结构，可以记作 V2-XP。

最早关注重动句的是王力（1954），他提出了著名的“宾补争动”说[1]。早期讨论重动句的研究只是简单分析，并没有把重动句作为独立的句式。随着结构主义语法、功能语法、认知-构式语法等各种理论在国内兴起，学者们开始对重动句进行全面描写和研究，主要关注重动句的结构特点、重动句的产生原因和价值、重动句与其他相关句式的关系、重动句的演化过程等重要议题。其中的研究重点无疑是重动句的结构与功能。具体可参考杨玉玲（2004）[2]和盛蕾、张艳华（2018）[3]。

生成语法关注汉语重动句肇始于 Huang（1982）[4]。自此之后，讨论汉语短语结构的文章大都会论及这一句式。随着生成语法理论的发展，动词短语壳(VP-Shell)、轻动词短语(vP)、特征核查、拷贝理论(Copy Theory)等带有生成语法阶段性烙印的理论或规则也逐一被应用到对重动句的分析中来。在焦点议题上，生成语法重点关注重动句的内部结构，尤其是在动词重复的句法动机、句式该如何推导两个方面。这也是重动句往往被当作特殊句式、具有特殊价值的反映。

由于生成语法理论和技术手段的变更与发展，以及对重动句事实基础的认识差异，各家并没有达成一致看法，反而形成了较为复杂的局面。这也间接导致此议题下的研究进行讨论时往往只涉及关联密切的文献，不会面面俱到、进行全面梳理。一个表现就是，中文文献大多只会引证 Huang(1982)[5]、Cheng(2007)[6] 等少数英文成果，而英文文献则几乎不引用同议题的中文成果。因此很有必要系统性地检视汉语重动句的生成语法研究进展。

运用生成语法讨论重动句的研究一般按其特点将它分为典型重动句和非典型重动句两大类。典型的重动句根据 VP2 中补语的语义又可以区分出三个次类：结果义重动句，如(1a-b)；表时长(Duration)或频率(Frequency)(即时量或动量)的重动句，如(1c)；表方式(Manner)(大致相当于程度补语)的重动句，如(1d)。其中，结果类短语根据其指向还可分为“主语-结果”指向解读(Subject-Result)和“宾语-结果”指向解读(Object-Result)两类。如(1a)有两种解读，表“骑马骑得他很累”时是结果短语指向主语“他”，表“他骑马骑得马很累”时是结果短语指向宾语“马”。

(1)a. 他骑马骑得很累。
b. 他骑马骑累了。
c. 他骑马骑了三个小时/三次。
d. 他骑马骑得很快。

非典型的重动句表层形式与上述类别不太一样，如(2a)中 VP2 动词呈光杆形式的结构以及(2b)中 V1 和 V2 不同形式的伪拷贝句。

(2)a. 李超练功<u>在早上练</u>。
b. 他<u>骑</u>马<u>摔</u>得鼻青脸肿。

本文将沿用上述分类体系，将生成语法研究重动句的成果分成三个部分：第二节为重动句的生成机制，关注其产生的句法动因；第三节为重动句的句法结构，关注其句法推导；第四节关注其他相关问题；第五节为评述。

二、重动句的生成机制

“重动句”是一个带有既定认知倾向的术语，它认定句式中两个相同的动词是一个拷贝另一个的结果，因而大部分生成语法文献都试图探讨重复现象背后的句法动因。

但也有文献认为，重动句并非动词拷贝的结果，是“名不副实”。本文将这两类分别称之为“拷贝说”和“非拷贝说”。

（一）拷贝说

主流研究认为重动句是拷贝动词的结果，但不同学者主张不同的拷贝过程和句法动机。早期的文献认为V2是拷贝式(the Copy)。随着理论的发展和对重动句认识的深入，主流观点转而认为V1是拷贝式。由于理论的差异和重动句本身类别多样，针对动词拷贝句法动机的研究相当复杂，总体上可分为汉语“短语结构条件”驱动、格位驱动、“得”的附着属性驱动、题元角色驱动、轻动词语音实现驱动、话题/焦点特征驱动等几个大类。

1. 汉语“短语结构限制”规则驱动

Huang(1982[7]，1984[8])基于X’理论提出汉语的短语结构限制条件(Phrase Structure Constraint，PSC)，认为汉语除了名词短语以外，其他短语的中心语在X’层是左向分枝，其他层次一律右向分枝。此规则只允许汉语动词右边至多跟一个成分，像(3a)中“骑”右边带了“马”“得很快”两个成分，因此不合法。Huang(1982[9]，1984[10])认为，采用拷贝动词来满足短语结构限制(3b)，就可以避免(3a)的不合法。此时，第二个动词是第一个动词的拷贝式。

(3)a.* 他骑[马][得很快]。
　　b. 他骑马骑得很快。

2. 格位驱动

持格位驱动观点的学者(Li Y.-H. 1990[11]；Li Y. 1990[12]，1995[13]；黄月圆1996[14])认为，句子内的名词短语NP必须通过格鉴别式，将动词重复是为了给相应的名词短语赋格。至于重复谁、又赋格给哪一个NP，不同学者意见并不一样。

对于含时量或动量短语的重动句，如(4a)，Li Y.-H.(1990)认为名词短语“饭”和“三个钟头”都必须得到格，但此时只有一个格位指派动词，因此只能拷贝动词得到的句子(4b)才合法[15]。黄月圆(1996)虽然沿用了Huang(1982)的结构，但也认为(4b)这样的句子拷贝V1是为了给时量或动量短语赋格。

(4) a.* 他吃了饭三个钟头。
　　b. 他吃饭吃了三个钟头。

而对含动结复合词(如“下赢”)的重动句，Li Y.(1990)也持格位驱动观。这类复合词的两个V分别有自己的题元格栅(θ-Grid)，当第一个V(如“下”)的题元角色没有完全指派时就需要额外的NP来承担，同时通过拷贝“下”来赋格。比如，(5a)“下赢”的“下”原本有施事和客体两个题元角色，但此时只有施事“宝玉”获得格位。一旦其客体“棋”要得到句法实现，就只能通过拷贝“下”来进行赋格，造成重动句(5b)。亦即

V1 是拷贝式，作用是给 NP1“棋”赋格。

(5) a. 宝玉下赢了贾政。
　　b. 宝玉下棋下赢了贾政。

3. “得”的附着属性驱动

对于含“得”字补语的重动句，黄月圆(1996)、Ernst & Wang(1995)[16]、杨寿勋(1998[17]，2000[18])用“得”的附着属性来解释动词拷贝的动因：“得”必须依附于动词才能入句。如(6a)中，名词“文章”夹在动词“写”与“得”之间，没有满足“得”的附着词(Clitic)特征，句子不合语法，必须用动词拷贝来解救。此时 V2 是拷贝式。

(6) a. *他写文章得很快。
　　b. 他写文章写得很快。

4. 题元角色驱动

Cheng(2007)认为 Huang(1982)的“短语结构限制”规则与汉语有不少相悖之处。如“我等了王五半天”，动词“等”右边就带了两个成分，无论动词拷贝与否都不影响句子的合法性。因此，拷贝动词并不是 Huang(1982)所说的避免句子不合格的挽救性策略。

对于结果谓词指向主语类的句子(如 7)，Cheng(2007)认为此时带“得”的及物动词“骑”会发生作格转化(Ergative Shift)，失去了带宾能力[19]。如果动词“骑”原本的宾语“马”要得到句法实现，就需要拷贝动词与之合并，满足题元角色的特征核查。

(7) 他骑马骑得很开心。

5. 轻动词语音实现驱动

由于重动句的 V1 有时也可以替换为“把”，因而一些学者(程工 1999[20]，Cheng 2007)认为这些重动句与“把”字句具有平行结构，拷贝 V1 同插入“把”一样，都是轻动词语音实现的需要。程工(1999)应用“VP 壳”结构，认为 V2 是主动词，V1 才是拷贝式，是推导过程中插入的一个词项，为的是填补上层的空位动词节点。对于结果谓词指向宾语 NP1 的句子(如 8)，Cheng(2007)认为有两个拷贝过程：“得”字句的主语“李四”拷贝上移到[Spec，VP]位置，以满足动词“打”的题元结构要求；动词“打”拷贝插入轻动词位置，以满足轻动词语音输出要求。

(8) 他打李四打得很惨。

不过 Bartos(2019)[21]并不认为重动句与“把”字句是平行的，因为二者完全可以同时出现在同一个句子中(如9a)。对于含方式补语的重动句(如9b),Bartos(2019)提出它只涉及动词层面的拷贝:V从底层移到v,并经过PF语音输出。但最底层的V由于"得"的附着性,也必须有语音实现,最后形成动词的重复。

(9) a. 李四开车把车开得很棒。
  b. 李四开车开得很棒。

6. 话题或焦点特征核查驱动

采用最简方案讨论动词拷贝的研究都认为,由于V的话题或焦点特征没有得到核查,需要拷贝动词到话语层CP继续进行合并,从而导致出现两个同形的V。徐兴胜(2013)认为在语段推导过程中,V的语义无解特征没有得到赋值,因而需要往上复制,同时为满足句法语义要求,拷贝式得到了显性拼读,从而形成了重动句[22]。张孝荣(2009[23]、2017[24])分别采用反定域条件(Anti-locality Condition)和存活原则(The Survive Principle)来分析重动句的推导,前者将位移现象的动因解释为中心语V的非解释性特征,后者则解释为移位成分[DISC]特征核查的驱动。

7. 其他原因驱动

除上述主要观点外,还有一些讨论也值得关注。Paul(2002)认为汉语重动句的产生不是由单一原因(如补语的格位需要)驱动的,而是由汉语句法上的独特之处共同导致,如动量/时量短语表现得像论元、汉语的体特征在词汇层中进行合并和汉语缺乏V-T的中心语移位等[25]。而Bartos(2019)则提出拷贝有动词短语和动词两个层面,不同类别的重动句涉及不同层面的拷贝。

(二) 非拷贝说

非拷贝说否认句式的两个动词之间具有拷贝关系,认为它们都是基础生成,两个V之间的同形并不是必然的。最早提出这一观点的为Tang(1990)[26],但最具有代表性的是Shi(1996)[27]、王奇(2016)[28]、熊仲儒(2017)[29]和王晨(2019)[30]。

Shi(1996)认为重动句的两个动词并非要完全一致,如(10a-b)。同时,他用大量事实经验反驳了Li Y.(1990,1995)的格位驱动说。V2无法指派题元角色给宾语NP1,V1除了可以赋格,也可以指派出题元角色。如(11)中,V2不可能指派出两个受事"焦大"和"人"。而(12)出现的三个NP"青椒""肉""菜"的题元角色更不可能全部由V2指派。说明此时两个句子中的V1实际是可以指派题元角色的。

(10) a. 仆人打焦大打丢了一只鞋。
  b. 仆人拷打焦大打丢了一只鞋。

(11) 仆人打人专打焦大。

(12) 妈妈炒菜把肉炒了青椒。

王奇(2016)将V2不带补语的句子和"伪拷贝句"(如2a-b)也纳入考察范畴。由于不是所有句子都存在“宾补争动”的情形，他认为用动词拷贝来解释重动句有问题。重动句与伪拷贝句有共同的句法结构，都具有非拷贝附接的性质。

熊仲儒(2017)将 VP1 处理为表致事(Causer)的主语，而不再与 VP2 一同构成谓语，因而两个动词之间的拷贝关系也就无法成立。重动句现象是句式在生成过程中选择了两个相同动词的结果。至于两个动词同与不同，跟活动的相关性有关。如果(13a)中表达活动的词也有上位词的话，则致事中的动词与主动词也可以不同，如(13b)。

(13) a. 他看书看得眼睛很累。

b. 他看书弄得眼睛很累。

通过将汉语重动句置于跨语言比较的视野中进行分析，王晨(2019)提出汉语重动句并非像英语和希伯来语一样是动词移位和延时合并产生的，其 VP1 为利用语境提取信息直接生成，具体结构位置是谓词短语之上的次要话题。汉语的动词拷贝结构实际上不涉及对主句动词句法上的拷贝操作，因而称作动词拷贝并不严谨。

三、重动句的句法结构

总体上看，现有文献大多认为 VP1 有相当的特殊性，因而如何分析 VP1 成为一个核心议题。由于理论方法、技术路线以及事实基础认识的差异，各家所持的处理办法也有很大差异。根据 VP1 的句法地位以及它与 VP2 之间的关系，重动句的句法结构大体上可以为五类：状中结构、轻动词结构、话题/焦点结构、主谓结构和并列结构。

(一) 状中结构

此类主张大多认为 VP1 为状语，而其状语身份又有多种生成途径。

VP1 因重新分析成为状语。依照 Huang(1982)[31]，重动句是动词后出现宾语、补语两个成分时为满足 PSC 而形成的产物。在重复进行之前，VP1 是主要谓语，如(14a)。而重复了 V 之后，VP1 被重新分析为表方式或原因的修饰成分，此时 VP2 成为句子的中心，如(14b)。黄月圆(1996)延续了 Huang(1982)的基本结构，只是对动词重复的句法动因提出了不同的看法。

(14) a. $[_{S}[_{NP}$我$][_{V''}[_{V'}$骑$[_{NP}$马$]][_{S'}[_{COMP}$得$][_{S}$很累$]]]]$

b. $[_{S}[_{NP}$我$][_{V''}[_{V'}$骑$[_{NP}$马$]][_{V'}$骑$[_{S'}[_{COMP}$得$][_{S}$很累$]]]]]$

VP1 整体移位，嫁接在状语位置。杨寿勋(1998，2000)用最简方案更新了 Huang(1982)的分析，认为带“得”的重动句是以轻动词“得”为中心语的状中结构。VP1 首先被合并，右向嫁接于以“得”为中心的结构上。由于“得”的形态要求，V1 左向移至轻动词 v 的位置，而后 VP1 再整体移出左向嫁接在高层的 v’上作修饰成分，最后形成重动句(如15)。

(15) $[_{vP}[_{DP}$他$][_{v'}[_{VP}[$骑$_i$马$]_j]][_{v'}[_v$骑$_i$-得$[_{AP}$很累$]][_{VP}t_j]]]]$

VP1基础生成在状语位置。Tang(1990)[23]基于(i)NP不能移出，且V1也不能添加体貌标记；(ii)VP1只能出现一个直接宾语，且它必须紧邻V1和(iii)VP1是一个可移动的修饰性成分，提出VP1附加于VP2上，像时间或地点性状语一样发挥修饰全句的功能。Shi(1996)用不少测试手段证明，重动句中VP1和VP2的地位并不平等，V2才是主句动词，VP1也不是Tsao(1987)[32]所说的次话题和Li Y.(1990，1995)声称的傀儡动词短语(Dummy VP)，而应该是个状语小句(Adverbial Clause)，所示如(16)。其功能是提供一些V2不能提供的特定信息帮助更准确地理解句子。

(16) $[_{VP}[_{XP}pro\ V1\ NP1]\ [_{VP}V1\ NP2]]$

由于扩大了重动句的范围，王奇(2016)认为只有把VP1分析成与拷贝无关的附接成分，才能解释各种相关现象。其主要依据是VP1可以出现在V2前的任何位置上(如17)，与副词的位置高度相似。他采用分布形态学理论统一分析了所有重动结构，认为它是以VP2为核心、VP1为基础生成的状语而组成的状中结构(如18)。

(17) a. 骑马，他显然骑得很累。
b. 他骑马显然骑得很累。
c. 他显然骑马骑得很累。

(18) $[_{VoiceP}DP\ [_{Voice'}VP1\ [_{Voice'}Voice\ VP2\ ]]]$

V侧位移位(Sideward Movement)后合并NP，生成状语。对于结果谓词指向主语的句子，Cheng(2007)认为它们不能替换为“把”字句(“他骑马骑得很累”语义不等于“他把马骑得很累”)，其结构自然也没有“把”所在的vP层。加之V2在带结果义的“得”字句时会发生作格转化，导致其宾语NP没有句法位置可安置。在动词被拷贝后，它侧向移位与一旁独立建构的宾语NP合并成一个新的VP(即VP1)，然后附接在VP2结构上，如(20)。此类拷贝句中，主语为“得”字句的主语移位而来，V1为拷贝式，NP1和VP2为基础生成。Tieu(2009)沿用这一思路，对方式补语重动句和动量/时量补语重动句做了类似分析[33]。

(19) $[_{VP}V\ [_{DE}P\ \cdots]]\ V \longleftrightarrow$ DP/光杆名词

（拷贝：V → V；合并）

不过，Bartos(2019)修正了Cheng(2007)的侧位移位方案。他赞同Tang(1990)，

认为 VP1 是基础生成于 VP2 之上的统辖整个 VP 的附加成分。整个重动句的生成无须任何移位，这样才有助于处理与“李四开累了车”“他看书看累了眼睛”等相关句式之间的关系。

值得指出的是，也有观点认为含动量/时量补语的重动句中 VP1 才是核心，起修饰作用的是 VP2 中的成分。Bartos(2019)沿着动词短语拷贝和动词拷贝两个层面的思路(Bartos 2003[34]，2008[35]；Gouguet 2005[36])，将动量时量成分分析为状语，嫁接在 VP1 之上。此类重动句涉及两个层面的拷贝：底层的 VP1(即 VO)通过[Spec，AspP]和[Spec，vP]，最后移到目标位置；底层的 V 也因 Asp 和 v 的吸附被迫上移，最终生成两个动词同形的句式。如(20)。此分析下，动量/时量短语为状语，而对应的中心语则为动宾短语 VP1。

(20) $[_{XP}[_{VP}$ 骑马$_i]$ $[_{vP}$ 骑$_j$ $[_{AspP}[_{VP}$ ~~骑马$_i$~~$]$ $[_{Asp'}$ ~~骑$_j$~~ $[_{VP}[_{XP}$ 三个小时$]$ $[_{VP}$ ~~骑$_j$ $[_{DP}$~~ 马$]]_i]]]]]]]$

（二）轻动词结构

此类主张大都认为 VP1 的 V1 和 NP 不是一个成分，自然二者也没有动宾关系，其动词是轻动词(或功能范畴)的语音实现。同时，这些重动句与“把”字句是否有相同的结构往往也是关注的一个焦点。

针对 Huang(1982)和黄月圆(1996)，程工(1999)[37]提出了两大质疑：一是其设置的结构缺乏事实理据，二是黄月圆(1996)所观察的某些句式与“把”字句和重动句之间的变换关系并不准确。由于 V1 也能替换为“把”，程工(1999)认为二者推导过程大致相同，都可以用“VP 壳”来分析。即 V2 是主动词，如果将其拷贝后插入上层的空动词节点，就是重动句；如果在空位直接插入“把”，则为“把”字句。如(21)所示。

(21) $[_{VP}[_{NP}$ 他$]$ $[_{V'}$ 看 $[_{VP}[_{NP}$ 书$]$ $[_{V'}$ 看了 $[_{NP}$ 一个上午$]]]]]$

同样，Cheng(2007)也因和“把”字句之间的可替换关系，将结果补语指向宾语的重动句分析为轻动词结构，如(22)。这类重动句 VP1 的两个成分 V1 和 NP 都是经标准移位而来。V 先与“得”字小句合成 VP2，一起充当 vP 的补足语。此时，为满足 V 的论元结构，“得”字结构的主语(即结果补语的主语)提升到[Spec，VP]位置，形成“宾语”NP。同时底层的 V 也因 v 的吸附进行了提升。这样的分析能解释 V 为不及物动词时为何不会产生重动句，因为 Vi 的论元结构已得到满足，不需要“得”字句主语进行提升。

(22) $[_{vP}[_{DP}$ 他$]$ $[_{v'}$ 骑$_j$ $[_{VP}[_{NP}$ 马$_i]$ $[_{V'}$ 骑$_j$ $[_{deP}$ 得 $[_{XP}$ ~~马$_i$~~ 很累$]]]]]]$

Paul(2002)引入功能范畴 ProxyP 来分析含动量/时量短语的重动句。她根据汉语的整体特点和重动句的表现做出了三个假设：汉语没有 V-T 的移位，体范畴(AspP)投射在词汇层内，ProxyP 夹在词汇层和 TP 之间。由于 VP1 必须出现在饰句性副词和情态助词等之前，所以 VP1 也位于词汇层之外。在(23)中，动量/时量短语决定整个 VP 的事件类型，与 V 合并为 VP2 后一起充当 AspP 的补足语。由于汉语没有 V-T 移位，所以必须拷贝 V 到 proxy 位置才能满足轻动词的语音实现。该文认为“把”字句不涉及 Proxy 范畴，因此与重动句结构差异很大。

(23) $[_{TP}$ 他 $[_{T'}$ T $[_{ProxyP}$ 看$_i$ $[_{VP}$ $[_{DP}$ 电视$]$ $[_{V'}$ V $[_{AspP}$ 看$_i$-了 $[_{VP}$ $[_{DP}$ 三个小时$]$ ~~看~~$_i$$]]]]]]]$

何元建(2011)虽也持轻动词结构说，不过他认为 V1 是主谓词，因为 VP2 语义上是 VP1 的逻辑延伸[38]。其结构图为(24)。

(24) $[_{vP}$ $[_{DP}$ 张三$_j]$ $[_{v'}$ 打$_i$ $[_{VP}$ $[_{DP}$ 李四$_k]$ $[_{V'}$ t_i $[_{YP}$ PRO$_{j/k}$ 打得很累$]]]]]$

与动量/时量短语类重动句不同，Bartos(2019)认为方式补语类重动句只涉及 V 层面的拷贝，VP 之所以不能整体被拷贝是因为它是焦点的一部分。V 由于上层轻动词空位的缘故从底层移到 v，并经过 PF 语音输出，但原位的 V 由于“得”的附着性，也必须有语音实现，最后形成动词的重复。其结构如(25)。

(25) $[_{vP}$ 开$_i$ $[_{AspP}$ ~~开~~$_i$ $[_{VP}$ $[_{DP}$ 车$]$ $[_{V'}$ 开$_i]$ $[_{XP}$ 得很快$]]]]$

（三）焦点结构或话题结构

持此观点的研究思路比较接近，可以总括为两点：(i)VP1 带有话题或焦点特征，(ii)TP 与 vP 之间存在可分裂的 CP。

由于 Li(2006)[39]、Cheng(2007)等采用的 VP 分析法无法有效解释 VP1 的诸多特别之处，Hsu(2008)[40]转向功能范畴投射，将 CP 分裂的理念拓展到 TP 之下的结构中。根据重动句中 VP1 只能先于“把”、情态动词等事实，她认为 VP1 不是 vP 的一部分，而是基础生成在 vP 之外 TP 之内的话题或焦点，如(26)。

(26) $[_{TP}$ $[_{NP}$ 他$]$ $[_{T'}$ T $[_{TopP/FocP}$ $[_{VP1}$ 骑马$]$ $[_{Top'/Foc'}$ $[$+topic/focus$]$ $[_{vP}$ 骑了三个小时$]]]]]$

认为 VP1 是基础生成的话题的还有王晨(2019)。他认为次要话题 VP1 直接合并在主语之下的 TopicP 的指示语位置，而 VP2 为标准的动词短语结构，NP2(即补语)合并在功能短语 FP 的指示语位置，如(27)。借助 VP1 的话题功能，VP1 与 VP2 在

语义上建立了一种话题相关性，使得两者作为同一事件解读。

(27) [$_{TopP}$[$_{VP}$买东西][$_{Top'}$Top[$_{vP}$买光$_{i}$-了$_{j}$[$_{FP}$[$_{NP}$三个小时][$_{F'}$~~买光$_{i}$-了$_{j}$~~[$_{VP}$~~买光$_{i}$~~]]]]]

其他研究则涉及 VP1 的移位或 V 的拷贝。张孝荣(2009)[20]通过反定域理论(Anti-locality Condition)试图更新 Huang(1982)的分析。多种测试证明 VP1 具有话题性，说明拷贝动词正是核查 V 初始就带有的非解释性的[-Top]特征。而拷贝发生的位置则为 vP 之上 TP 之下的 Top 投射中，反定域理论则限制了拷贝进行的最小域。其结构图为(28)。而依据存活原则(The Survive Principle)，张孝荣(2017)提出了另一思路。在论证 VP1 具有话题和焦点特征的基础上，他统一推导了三类重动句的生成：VP1 和 VP2 是基础生成的并列结构或连动结构，由于要核查 VP1 的话语特征[-Disc]，因此才整体移位与上层的中心语 Disc 合并，最后生成话题或焦点结构。

(28) [$_{\Omega\Delta}$[$_{Spec}$他][$_{\Phi\Delta}$[$_{Spec}$[$_{V}$骑$_{[-Top]]}$[$_{N}$马]]Top[$_{VP/\theta\Delta}$骑$_{[-Top]]}$[$_{CP}$[$_{C}$得][$_{AP}$很累]]]]]

徐兴胜(2013)[19]用“语段理论”统一推导了重动句的生成过程。为了使 VP1 的[-Top/Focus]得到赋值，动词由 V 移位到 v＊，然后到[Spec，TopP/FocusP]位置与其宾语合并，所示如(29)。动补结构中动词的底层拷贝为满足句法语义要求仍得到显性拼读。

(29) [$_{CP}$C[$_{TP}$张三$_{j}$T[$_{TopP/FocusP}$[$_{VP1}$骑$_{i}$马$_{+Top/Focus]}$ Top /Focus[$_{v*P}$张三$_{copy}$[$_{v*}$骑$_{copy]}$[$_{VP2}$[$_{V}$骑$_{copy]}$[$_{DeP}$得很累]]]]]]

（四）主谓结构和并列结构

也有观点认为重动句是主谓结构或并列结构。

熊仲儒(2017)从“把”字句的结构平行性角度否定了 VP1 为状语的看法。与 Cheng(2007)等轻动词结构的处理不同，他提出所有重动句都表达致使情境(Causative Situation)，其中 VP1 是表致事(Causer)的主语，由致使范畴 Caus 引进，余下的部分则受达成范畴 Bec 支配。具体结构为(30)。由 VP1 表达的活动致事可以话题化后分布于句首(31a)，也可因役事的话题化而分布于役事之后(31b)，还可因为致使范畴实现为“把”而分布于把字句中(31c)。活动致事中的动词可以跟主动词相同，也可以跟主动词不同。

(30) [$_{CausP}$[骑马][$_{Caus'}$Caus[$_{BecP}$[他 1][$_{Bec'}$[Bec 得][$_{VP}$[Pro1 很累][骑]]]]]]

(31) a. 骑马，他骑得很累。

b. 他，骑马骑得很累。

c. 骑马把他骑得很累。

Fang & Sells(2007)[41]扩大了重动句的范围，将 VP1 为非(典型)VO 式的句式也纳入了进来，如(32a-b)，从而对重动句的句法特点提出了不少新的看法。比如 V1 可以带体貌标记、宾语 NP1 可以被提取等。由此，他们认为重动句是并列结构，可以由两个或多个中心并列构成。

(32) a. 张三玩了一天玩得很累。

b. 我送她这件礼物送得很好。

四、其他相关问题

(一) 动词拷贝与线性对应定理

重动句最重要的特点就是在一个单句中出现了两个同形的词项。而根据 Kayne(1994)[42]提出的“线性对应定理”(Linear Correspondence Axiom，LCA)，在同一语段中，一个词项与其拷贝式由于具有完全一致的特征，因此不能同时在音系式上获得语音实现，否则将无法形成线性排列，导致表达式在音系层面上崩溃。如果重动句是拷贝动词而来，那怎么解释它与 LCA 之间的矛盾关系就成了不可回避的问题。

Cheng(2007)简要提及了这一问题，认为在标准移位中，动词 V 会提升到 v，此时低层的 V2 就会因“得”或“了”的附着性而与之融合成为“V2 得”或“V2 了”。LCA 会将包含 V2 的这些结构与高层的 V1 分开处理，因而也就不会违反 LCA，顺利实现两个同形成分的语音输出。

杨大然、程工(2013)[43]则做了不同的分析方案。在确认重动句是拷贝动词而来的基础上，杨大然、程工(2013)根据 Nunes(2004)[44]“词项融合”(morphological fusion)操作发生的条件和相关结构的语法表现，认为重动句中 VP1 发生了融合，而 VP2 中的 V2 无论是与后续的“得”还是“了”都不满足相关条件，因此是不可能发生词项融合的。由于在句法推导后送往音系式的过程中 V1 和其宾语 NP 融合成为一个词项，表现出与 V2 完全不同的词项特性，自然也就不会违反 LCA，保证了重动句成为合法的音系表达式。

(二) 重动句产生的韵律机制

刘丽媛(2019)[45]从历时生成句法理论与韵律句法理论的角度分析汉语重动句产生的深层机制，认为拷贝结构是由线性序列邻接、谓词核心相同的两个句子重新分析而来，而“两句变一句”的原因是：当焦点重音触发韵律上两句的核心重音在相对轻重关系下变为核心重音与非核心重音的对立时，在汉语的一个句子只有一个核心重音且一个核心重音对应一个核心谓词短语(冯胜利 2017[46])的作用下，句法上的两个核心谓词短语被重新分析为核心谓词短语与非核心谓词短语的对立，于是双核心的两个单句变成一个主从结构的单核心句子，形成拷贝结构这种包含两个相同动词的单句形式。

（三）一些相关的重动结构

学界对重动句有约定俗成的认识，它有“动宾-动补”这样固定的结构特征。但如果将“重动”理解为同一个单句内出现了两个同形的动词，那么其他一些现象也会纳入重动结构之下。比如 Cheng & Vicente(2013)[47] 所讨论的分裂句(Clefts)和“连……都……”句中动词复现(Verb Doubling)情况(如 33-34)，张力、刘鸿勇(2018)[48] 所讨论的极性程度义“V 得不能再 V”结构(如 35a)。不过 Cheng & Vicente(2013)认为这样的重动结构与一般的分裂句或“连……都……”句并没有什么区别。而张力、刘鸿勇(2018)分析的其实是重动句的 VP2 部分，因为基本都可以在“V 得不能再 V”之前加上 VP1 构成典型的重动句(如 35b)。

(33) 吃，我是吃过了。

(34) 连看他都不看。

(35) a. 他喝得不能再喝了。

b. 他喝酒喝得不能再喝了。

五、简评及研究展望

综上所述，生成语法对汉语重动句的研究展现出比较复杂的局面。现有的研究取向可以总结为以下三点：

(1) 将重动句置于具有普适性的规则下分析，推导过程大都体现出特殊句式非特殊化的思路。即在生成语法框架下，重动句不具有独立的句法地位，比如或者将它归入状中结构，或者归入某类轻动词结构。

(2) 注重运用各类理论和规则来解释重动句的诸多句法特点。从 GB 时期的 PSC，到 MP 时期的侧位移位、语段理论、反定域理论等，都体现出各类分析尝试用最新理论解释重动句的“特别”，同时也一定程度上反映出各家试图借此验证相关理论和规则的合理性。

(3) 对重动句的分析越来越精细，不仅越来越重视句式三种类别的差异性(如 Cheng 2007 和 Bartos 2019)，而且也逐渐关注 VP1 的信息功能，由题元域的讨论扩展到话语域。

但上述研究也存在不少问题。比如，过于重视案例的分析和解释，缺乏以分析重动句而引出的理论探讨。同时，大多数研究依旧不太关注重动句的类别差异，往往以个别类型替代整体进行“统一处理”。更值得注意的是，各研究所依据的事实基础不尽相同，如与“把”字句的替换关系、VP1 与饰句副词或情态动词的语序关系、VP1 内部 V1 与 NP 间的句法关系等，都存在重大分歧，体现出对重动句的句法特点缺乏系统的认识。此外，未来的研究如果可以像王晨(2019)一样对以重动句为代表的重动结构展开跨语言的比较，相信在动词重复的机制和结构推导上会得出更令人信服的结论。

*本文为国家社科基金后期项目“基于新媒体文本的汉语语法创新现象研究”【21FYYB008】的阶段性成果。

注释：

[1] 王力:《中国语法理论》,北京:中华书局,1954年,第399~400页。术语“宾补争动”由戴耀晶(1998)总结而来。参见戴耀晶:《试说汉语重动句的语法价值》,《汉语学习》1998年第2期,第3~5页。

[2] 杨玉玲:《重动句研究综述》,《汉语学习》2004年第3期,第37~42。

[3] 盛蕾、张艳华:《现代汉语拷贝结构的研究现状及展望(1984~2018)》,《云南师范大学学报》(对外汉语教学与研究版)2018年第6期,第65~80页。

[4] C.-T. J. Huang, *Logical Relation in Chinese and the Theory of Grammar*, Ph. D. Dissertation, Cambridge, M.A.: MIT, 1982.

[5] C.-T. J. Huang, *Logical Relation in Chinese and the Theory of Grammar*, Ph. D. Dissertation, Cambridge, M.A.: MIT, 1982.

[6] L. L.-S. Cheng, "Verb Copying in Mandarin Chinese", in N. Corver, J. Nunes, *The Copy Theory of Movement on the PF Side*, Amsterdam/Philadelphia: John Benjamins Publishing Company, 2007, pp. 151-174.

[7] C.-T. J. Huang, *Logical Relation in Chinese and the Theory of Grammar*, Ph. D. Dissertation, Cambridge, M.A.: MIT, 1982, p. 41.

[8] C.-T. J. Huang, "Phrase Structure, Lexical Integrity, and Chinese Compounds", *Journal of the Chinese Language Teachers Association*, 19(2), 1984.

[9] C.-T. J. Huang, *Logical Relation in Chinese and the Theory of Grammar*, Ph. D. Dissertation, Cambridge, M.A.: MIT, 1982, p. 51.

[10] C.-T. J. Huang, "Phrase Structure, Lexical Integrity, and Chinese Compounds", *Journal of the Chinese Language Teachers Association*, 19(2), 1984.

[11] A. Y.-H. Li, *Order and Constituency in Mandarin Chinese*, Dordrecht: Kluwer, 1990.

[12] Y. F. Li, "On Chinese V-V Compounds", *Natural Language and Linguistic Theory*, 8, 1990.

[13] Y. F. Li, "Thethematic Hierarchy and Causativity", *Natural Language and Linguistic Theory*, 13, 1995.

[14] 黄月圆:《把/被结构与动词重复结构的互补分布现象》,《中国语文》1996年第2期,第92~99页。

[15] A. Y.-H. Li, *Order and Constituency in Mandarin Chinese*, Dordrecht: Kluwer, 1990, p. 67.

[16] T. Ernst, C.W Cheng, "Object Preposing in Mandarin Chinese", *Journal of East Asian Linguistics*, 4(3), 1995.

[17] 杨寿勋:《“得”的生成语法研究》,《现代外语》1998年第1期,第3~5页。

[18] 杨寿勋:《再论汉语中的动词复制》,《现代外语》2000年第4期,第394~400页。

[19] L. L.-S. Cheng, "Verb Copying in Mandarin Chinese", in N. Corver, J. Nunes, *The Copy*

Theory of Movement on the PF Side, Amsterdam/Philadelphia: John Benjamins Publishing Company, 2007, pp. 151-174.

[20] 程工:《语言共性论》,上海:上海外语教育出版社,1999 年,第 253 页。严格来说,程工(1999)采用的还不是轻动词结构,而是更早的 VP 壳。

[21] B. Huba, "The V-Copy Construction in Mandarin: A Case Temporarily Reopened", in J.h. Hu, H. H. Pan, *Interfaces in Grammar*, Amsterdam/Philadelphia: John Benjamins Publishing Company, 2019, pp. 167-205.

[22] 徐兴胜:《语段理论下汉语重动句的生成》,《外国语文》2013 年第 4 期,第 77～80 页。

[23] 张孝荣:《动词复制结构的推导分析》,《天津外国语学院学报》2009 年第 2 期,第 21～27 页。

[24] 张孝荣:《重动句的句法结构及其生成研究》,《解放军外国语学院学报》2017 年第 2 期,第 33～41 页。

[25] P. Waltraud, "Proxy Categories in Phrase Structure Theory and the Chinese VP", *Cahiers de Linguistique Asie Orientale*, 31(2), 2002.

[26] C.-C. J. Tang, *Chinese Phrase Structure and the Extended X'-Theory*. Ph.D. Dissertation, New York: Cornell University, 1990, pp. 197-204.

[27] D.X. Shi, "The Nature of Chinese Verb-Reduplication Constructions", in C.-C. Cheng, J. L. Pachard, J. H. S. Yoon, *Studies in Chinese Linguistics* (*Studies in the Linguistic Sciences* 26(1-2)), Urbana: University of Illinois, 1996, pp. 271-284.

[28] 王奇:《动词拷贝句的非拷贝分析》,《现代外语》2016 年第 3 期,第 305～313 页。

[29] 熊仲儒:《汉语重动句的句法分析》,《华文教学与研究》2017 年第 2 期,第 72～80 页。

[30] 王晨:《跨语言视角下动词复制结构的句法推导》,《外语教学与研究》2019 年第 3 期,第 372～384 页。

[31] C.-T. J. Huang, *Logical Relation in Chinese and the Theory of Grammar*, Ph. D. Dissertation, Cambridge, M.A.: MIT, 1982, pp. 41-51.

[32] F.-F. Tsao, "On the So-Called 'Verb-Copying' Construction in Chinese", *Journal of Chinese Language Teacher's Association*, 2, 1987.

[33] L. S. Tieu, "Standard vs. Sideward Movement in Verb Copying", in Y. Xiao, *Proceedings of NACCL-21 Vol.2*, Smithfield, RI: Bryant University Press, 2009, pp. 584-600.

[34] B. Huba, "Mandarin V-Copying is (often) VP Copying", Paper presented at EACL-3, Ghent, 2003.

[35] B. Huba, "Mandarin Verb Copying: VP-Copying vs. V-Copying", Paper presented at IACL-16, Beijing, 2008.

[36] G. Jules, "Verb-Copying and the Linearization of Event Structure in Mandarin", Paper presented at GLOW 27, Thessaloniki, 2005.

[37] 程工:《语言共性论》,上海:上海外语教育出版社,1999 年,第 261～264 页。

[38] 何元建:《现代汉语生成语法》,北京:北京大学出版社,2011 年,第 424 页。

[39] A. Y.-H. Li, "Chinese Ba", in M. Everaert, H. C. van Riemsdijk, *The Blackwell Companion to Syntax*, Oxford: Blackwell Publishing, 2006, pp. 374-468.

[40] Y.-Y. Hsu, "The Sentence Internal Topic and Focus in Chinese", in M. K. M. Chang, H. Kang, *Proceedings of NACCL 20 Vol. 2*, Columbus, OH: Ohio State University, 2008, pp. 635-652.

[41] J. Fang , P. Sells, "A Formal Analysis of the Verb Copy Construction in Chinese", in T. H. King, M. Butt, *Proceedings of the LFG07 Conference*, Stanford: CSLI Publications, 2007, pp. 198-213.

[42] K. R. Stanley, *The Antisymmetry of Syntax*. Cambridge, Mass: MIT Press, 1994, pp. 32-46.

[43] 杨大然、程工:《线性对应定理与汉语重动句的词项融合》,《外国语》2013 年第 4 期,第 37～46 页。

[44] J. Nunes, *Linearization of Chains and Sideward Movement*, Cambridge, Mass: MIT Press, 2004.

[45] 刘丽媛:《拷贝结构产生的深层机制——句法、韵律的相互作用》,《古汉语研究》2019 年第 4 期,第 75～86 页。

[46] 冯胜利:《汉语句法、重音、语调相互作用的语法效应》,《语言教学与研究》2017 年第 3 期,第 1～17 页。

[47] L. L.-S. Cheng, V. Luis, "Verb Doubling in Mandarin Chinese", *Journal of East Asian Linguistics*, 22, 2013.

[48] 张力、刘鸿勇:《极限程度义"X 得不能再 X"结构的句法分析》,《现代外语》2018 年第 3 期,第 333～343 页。

医患会话研究的动态可视化分析

刘　灏

（华中师范大学文学院，湖北武汉，430079/

昆明医科大学国际教育学院，云南昆明，650500）

内容摘要：文章以 CNKI 和 Web of Science 索引库为研究数据来源，通过提取两个数据库中关于医患会话分析的相关文献信息，借助计量可视化分析软件 CiteSpace 对医患会话研究国内外动态发展趋势进行可视化分析。文章对比了国内和国外发文情况动态趋势、研究热点、突现关键词、高被引作者及作者合作情况、高被引期刊和中国学者在国际上的研究情况，力图探求医患会话这一研究领域的发展演进历程、热点趋势和前沿主题。

关键词：医患会话；文献计量分析；Citespace；科学知识图谱

一、引言

近年来，健康话语(health discourse)逐渐成为语用学、话语研究等关注的重要对象，主要包括医疗问询、临床治疗、康复医疗等语境下的语言使用，涉及身心方面的健康与治疗问题[1]。医患会话可说是贯穿不同语境下的重要话语，为了准确把握国内外关于医患会话的研究现状及趋势，本文运用 Citespace 文献计量工具对现有文献进行了梳理。CiteSpace 应用于科学文献中识别并显示科学发展新趋势和新动态，可以“将一个知识领域来龙去脉的演进历程集中展现在一幅引文网络图谱上”。Citespace 自 21 世纪初兴起于情报学以来，迅速为其他学科借鉴使用，如医学、教育学、经济学等。近年来，CiteSpace 也逐渐在语言学研究领域得到一定范围的应用，主要包括语言政策与规划[2]、外国语言学研究进展[3]、二语习得[4]等。现有的研究多为针对国内或国外某一研究领域的单边研究，同时对二者进行分析的双边研究少有触及[5]。因此，为了更全面清楚地把握国内医患会话研究的动态和趋势，分析其各自的研究热点和研究范式，本研究拟采用 CiteSpace 对国内外医患会话的研究进行可视化分析，通过分析文献共被引、关键词共现、作者共被引、国家机构的合作情况等，对比国内外医患会话研究的前沿与趋势，以便双方更好地交流互鉴。

二、研究方法和数据来源

本研究基于 CiteSpace(5.7.R2 版本)对医患会话国际和国内两个数据库的相关文

献进行关键词、期刊、作者、机构和国家共现分析。通过高频关键词及突现词的时间分布，分析该研究领域研究热点的动态情况；通过期刊、作者、机构和国家的共现分析，展示该领域的研究阵地、学术群体和地域分布情况，以期大致描绘出医患会话研究的国内外现状趋势图谱。

考虑到国内对医患会话的相关研究起步较晚，成果相对较少，为了保证国内研究数据的完整性和文献对比的对等性，本研究选取了 CNKI 为国内文献的来源数据库，以 Web of Science 核心合集(包括 SCI-EXPANDED 和 SSCI)为国际文献的来源数据库。国内文献在“哲学与人文科学”“社会科学Ⅰ辑”“社会科学Ⅱ辑”文献类别目录下，分别以“医患会话”“医患话语”“医患对话”“医患交际”为主题，起始时间不限，检索日期为 2020 年 11 月 6 日(下同)。共检索出文献 227 篇，经数据核查，剔除 3 篇会议通知，最终有效文献有 224 篇，其中 CSSCI 期刊来源文献 27 篇。226 篇文献中发表时间最早的为 1993 年。国外文献按自定义检索式 TS＝(clinician communication * or doctor-patient conversation * or physician-patient communication * or medical consultations * or clinical discourse * or doctor-patient interaction *)进行检索，时间不限，筛选学科门类为“Linguistics”和“Language Linguistics”，文献类别为“Article”(论文)，得到文献 829 篇。利用 WOS 导出文献题录信息后，在 CiteSpace 中进行清洗和除重，得到有效文献 826 篇，其中发表最早的为 1981 年的一篇。

三、国内外医患会话研究动态可视化对比分析

(一) 发展趋势及热点分析

1. 发展趋势

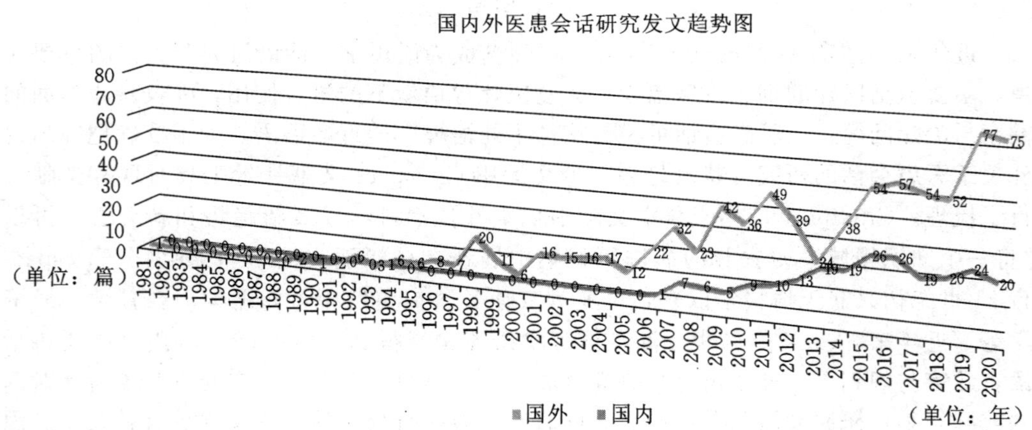

图 1　国内外医患会话研究年度发文量(1981—2020)

医患会话研究属于会话分析的研究分支，隶属于语用学的研究范畴，而语用学作为一门独立学科的标志是 1977 年 *Journal of Pragmatics* 的创刊，四年后，一篇探讨医患会话相关因素(Rosaria Conte 1981)的文章就发表于此刊物上。可见，国外在语用学的研究初期就有学者关注到医患话语分析的研究视角，但短期内暂未形成较大影响，直到 1989 年才重新开始有相关成果显现。1989 年—1997 年是一个缓慢发展的

进程，直到 1998 年以后相关研究成果逐渐增多，呈现出曲折上升的趋势。国内早期的语用学研究可溯至胡壮麟和沈家煊。胡壮麟先生(1980)[6]将语用学介绍到国内，概述了语用学的研究对象和方法、各语言学派对语用学的评论以及语用学与其他学科的关系等。沈家煊先生先后翻译了 Levinson(1983)《语用学》一书中的主要内容[7]。国内对医患会话分析最初的探讨始自 1993 年[8]，他们意识到了医患之间话语沟通所应遵循的一些原则，如得体性、方式性和情感性原则，将格莱斯的合作原则引入用于指导医患对话沟通。经历了一段时间的沉寂后，2006 年起开始有相当数量的成果出现，总体增长趋势相比国外总体情况较为平缓。

2. 热点分析

(1) 国内研究热点。关键词是科学计量研究的重要指标[9]，关键词在不同文献中的出现情况，包括共现和突现情况，能够反映出某一研究领域的热点。在关键词共现图谱网络中，关键词字体显示越大，代表中心性越强，表明其在相关研究领域的共现网络中的影响力较大。由图 2 可知，国内医患会话研究的关键词聚类主要包括医患会话、会话分析、合作原则、修正策略、会话结构、弱化、情感绑定等。在整个发展历程中这几个方面受到较高的关注，是该领域研究的热点。为了更为准确地挖掘医患会话相关研究的主题，可以进行关键词突现分析，关键词“突现”指的是某一关键词在特定的时段内有相当频率地突然显现，可以从出现和持续时间以及出现强度等多个角度解读研究的关注点和热度，通过 CiteSpace 关键词突现分析得出图 3。

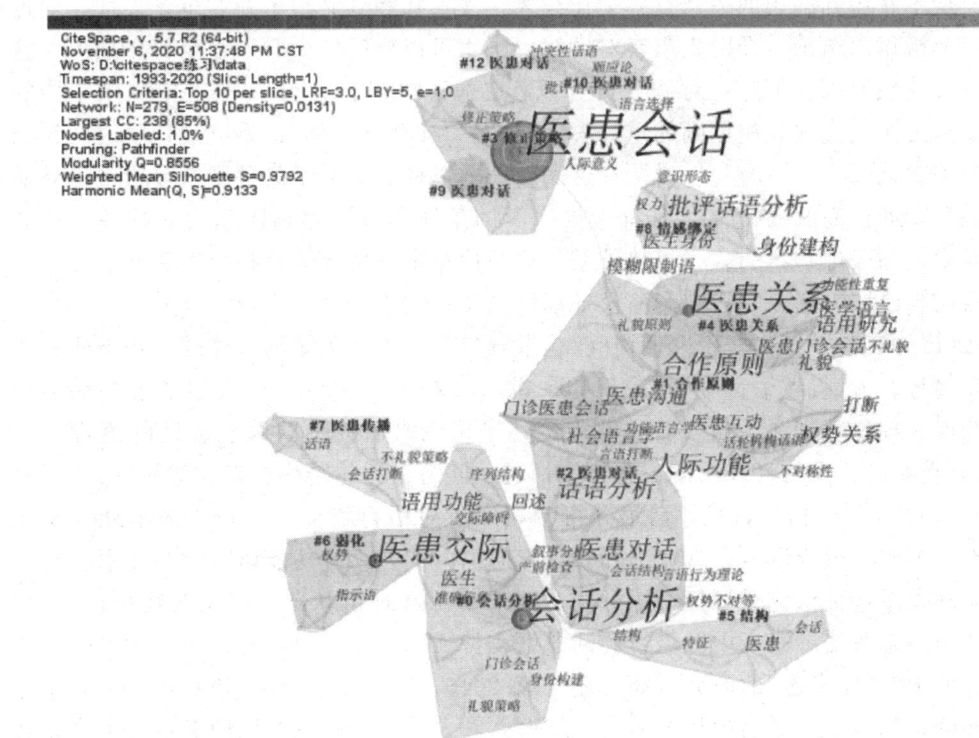

图 2 国内医患会话关键词共现关系图谱

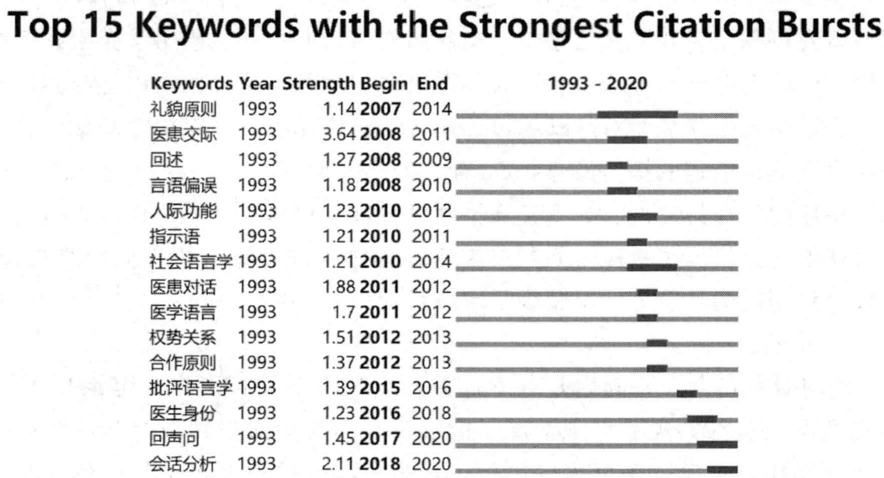

图 3　国内医患会话研究关键词突现图(以突现开始时间排序)

“礼貌原则”是出现较早(2007 年)且突现时间最长(8 年)的一个关键词，这说明国内医患会话研究的早期主要关注这方面的内容，如：梁雪清(2007，2012)[10]从 Lakoff(1973)和 Leech(1983)提出的礼貌原则的理论基础上阐释了医患对话中的委婉语的礼貌功能，同时作了医患会话中委婉语的礼貌分析，常用策略有“省略”“同情准则”和“模糊限制语”的使用等；程骋(2011)[11]认为语言现象中的礼貌行为是一个动态过程，从不礼貌到礼貌的表达是一个连续体，从不礼貌到必须不礼貌也是如此，通过语料库分析得出结论：在医生患者对话时，医生可以提醒、命令，甚至警告病人，这虽然违背礼貌原则，但却是对病人负责任。赵海燕(2014)[12]认为医生模糊限制语的普遍使用是医生遵守礼貌原则的重要策略之一。“社会语言学”也是突现持续时间较长的一个关键词(2010—2014)，说明在这一时期内以社会语言学的角度来分析医患会话较受关注，如：高丽(2010)[13]从社会语言学的角度分析了影响医患会话的各类社会文化因素，如医患知识图式、权势关系、病情信息掌握情况等，指出医患会话分析需结合语域与语体、话轮转换与策略及外部社会文化因素等。

“批评语言学”“医生身份”“回声问”是近五年来突现的关键词，体现了当下研究的热点和趋势。就“批评语言学”相关研究来说，如刘兴兵(2007)[14]介绍了批评话语分析的特点、理论基础和一般步骤，重点论述了可用来研究中国医患会话的语言工具(包括分类系统、及物性、情态、预设、话题、问答、话轮转换、对应结构等)；谭晓风(2015，2017)[15]指出，批评话语分析旨在通过对语言特征的分析，揭示社会现实中的不平等现象以及语言呈现权力和意识形态的方式。系统功能语言学关注语言与社会的辩证关系，被认为是批评话语分析的重要方法和理论基础，在从名物化、分类、及物性和情态系统考察了中医门诊会话的语言特征，证实了语言是医患不对等权力的产物。关于“医生身份”的研究，如：夏玉琼(2016)[16]参考 Brewer 和 Gardner 的身份表征理论，基于医患会话的相关语料，从群体、人际和个体三个层面考察医生多元身份的建构。在医患会话中，医生通过在言语上有策略地建构不同的身份与患者交流，可以对医患关系进行有效管理，构建和谐的医患关系。关于“回声问”的研究，如：张帅(2018)[17]先后撰文两篇考察了回声问的特征及其修辞功能，回声问具有问句和重复的双重特征：以平声调或高声调表疑问，以全部重复或部分重复对方前一话语为重复特征，重复的先前话语可以是陈述句、祈使句、疑问句；回声问的修辞功能有要求证实、要求解释、语篇构建、语境制约和人际情感等五种功能。

(2) 国外研究热点。国外医患会话相关研究的关键词共现聚类图谱如图 4 所示，从图中可看到主要聚类有“communication(沟通)”“narrative discourse(叙事话语)”“social networks(社会网络)”“language impairment(言语损伤/障碍)”“access(途径)”“treatment(治疗)”“adolescents(青少年)”“underlying structure analysis(基本结构分析)”“neuropsychological evidence(神经心理学证据)”“speech(言语)”等。从图谱中也能看到很多与病理语言学相关的关键词显现出来，如“aphasia(失语症)”“dementia(痴呆)”“traumatic brain injury(外伤性脑损伤)”等，可见，在国外医患会话的相关研究中，对患者言语损伤的研究是比较突出的一个特点，传统语言学研究渗透到了医学范围内，开拓出了病理语言学研究领域。

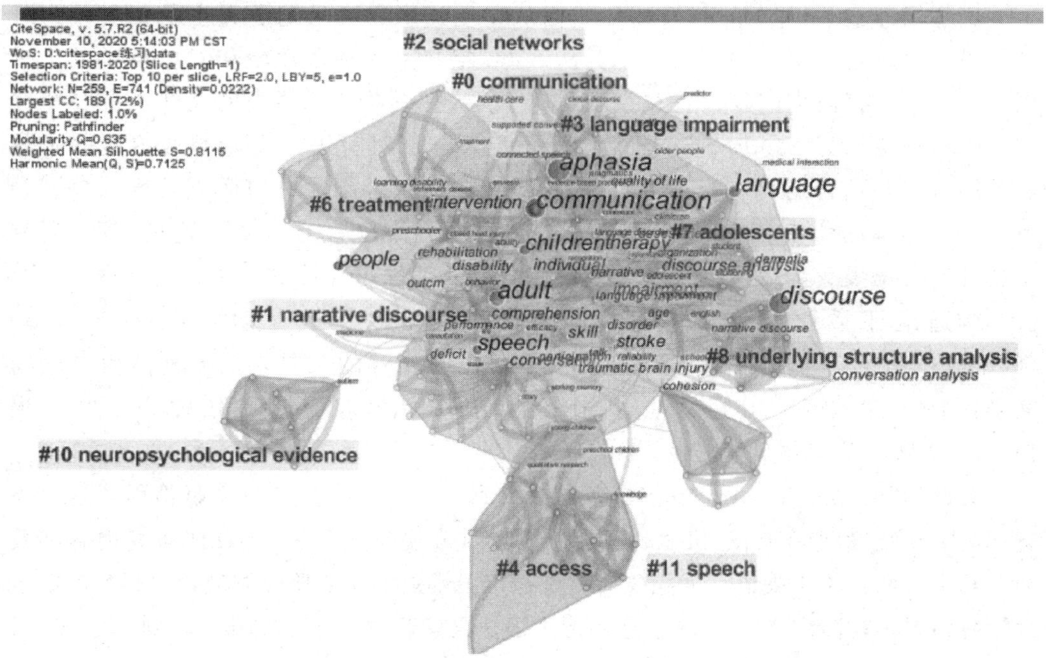

图 4 国外医患会话研究关键词共现关系图谱

通过对关键词突现情况分析，得到了图 5，图 5 显示了 1981 年—2020 年突现的 15 个关键词：“disability(言语失能)”“performance(表现)”“language impairment(言语损伤/障碍)”“assessment(评估)”“outcome(效果)”“health(健康)”“narrative(叙事)”“people”“communication(交际)”“conversation analysis(会话分析)”“stroke(中风)”“intervention(干预/介入)”“impairment(损伤/障碍)”“individual(个体)”“therapy(治疗)”。

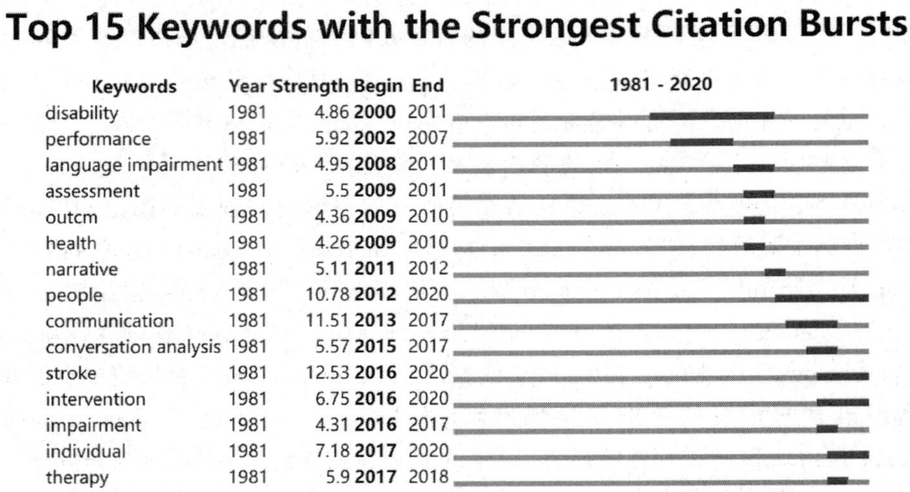

图 5　国外医患会话研究关键词突现图(以突现开始时间排序)

虽然国外相关研究始于 1981 年，但从突现词来看，早期研究主题相对较为分散，没有突现出相对集中的关键词，从 2000 年开始出现了比较相对成聚类的关键词“disability(言语失能)”，且在突现后的 12 年中一直受到相当的关注，主要研究有：Girolametto L(2000)[18]调查了八名儿童保育员对言语发育障碍或迟缓儿童的语言输入，从语言结构指标来进行考察，主要包括语速、平均话语长度、单词种数、与总用词的比率(TTR)以及语篇特征(指导性、互动性、语言建模)等，研究发现针对言语发育障碍或迟缓的儿童的语言输入需以指导性的为主，为促进与其交流和沟通应注重调整游戏环境及语言使用策略以促进互动。Yaruss，J Scott (2006)[19]考察了一种新的测量言语流利障碍(stutter)的工具，从流利障碍者的角度来评估治疗效果。考察其他言语失能及康复治疗的还有失语症[20]、听力损伤[21]、学龄儿童口语叙事技巧[22]等。

关键词“people”从 2012 年开始突现持续到 2020 年，有 56 篇文献施引了这个关键词，突现强度(Strength)值也达到了“10.78”(强度排名第三)，具体研究内容涉及如下几个方面：关于失语症的相关研究是这个关键词的主要研究领域，包括从功能语言学视角看语言障碍[23]，一改以往用形式语法来解释的局面，提供了一种语言模型，使研究人员和临床医生能够在各种情况和语境变量中探讨语言障碍患者的技能，检查他们可以利用的语言资源；成人失语症策略使用预测[24]，流利失语症与非流利失语症患者口述语篇使用的比较[25]等方面；其他相关研究有住院医师之间的话语沟通[26]，从跨学科领域的视角解释痴呆症与语言学的关系[27]，渐进性构音障碍与会话中的增强性和替代性交流：建立构音障碍-互动特征的可靠性[28]等。

近几年的突现词还有“stroke”“intervention”“individual”。“stroke”在 29 篇文献中突现，主要研究包括右半脑损伤后话语特征，分析发现右半脑损伤患者的话语特征和健康的老年人有类似之处，进一步提出质疑：话语特征的变化是由于神经系统受损还是正常的年龄增长过程中会出现的情况[29]；大型非临床样本中三种不同话语任务的主要概念[30]，这三种任务是半自发话语任务：图片序列叙述(破窗)、讲故事(灰姑娘)、一系列程序(花生、黄油和果冻)；有语言损伤史青少年句法发展的随访研究[31]，使用口语语篇任务和标准化测试对青少年的句法发展进行了研究，对《语言基础的临床评价》(第三版)进行了二次测试。"intervention"在 39 篇文献中突现，主要研究有：阿尔茨海默患者日常生活中护理人员沟通策略的效果分析[32]；医学社会化对家庭医生口译员的影响[33]；从家长视角看儿童语言恢复治疗中的医患关系(Ebert Kerry Danahy 2018)[34]，分析了医生与儿童的会话特征，倡导会话将游戏与乐趣相结合，以儿童为导向的会话方式。"individual"在 30 篇文献中突现，相关研究包括：有沟通障碍儿童的叙事技巧[35]，背景叙述性评估对有特定语言障碍的儿童和患有自闭症儿童的交流障碍有较为明显的效果，分别测量这两组儿童在叙事能力上是否有缺陷，试图回答语言和语用能力如何影响叙事能力；失语症的故事疗法(Carragher Marcella 2020)[36]，研究测试了一个专为失语症患者设计的在线平台 Eva Park，结果显示平台提供的讲故事疗法是可行有效的，对患者功能性交流能力的提高有一定效果。以上研究显示了国外医患会话研究的热点和趋势，关于言语障碍的康复或治疗是研究的主流，研究方法多采用实证性的研究。

(二) 科研合作网络分析

作者合作图谱可以发现某个研究领域学者或研究机构之间的社会关系，有利于发现值得关注的科研人员、国家或机构[37]，科研作者用节点表示，节点越大代表该科研作者在整个时间跨度内被引用的次数越多[38]，颜色较深的代表相关作者研究年限较早。两个节点之间的连线表示两者存在共同被引用的关系，连线的长短和粗细表示了两个节点之间连结的强度，也就是合作的密切程度。

图 6 显示了国内医患会话研究的作者合作情况，CiteSpace 数据处理显示共有节点 257 个，连线 155 条，即国内研究成果共涉及 257 位作者，连线的数量代表着作者间合作的次数。图 7 是国外医患会话作者合作情况，共有节点 1 577 个，连线 2 641 条，由于是国际性的数据库，收录研究成果的作者数量较国内多，国外连线数量远远高于了节点数，说明关于该领域研究，国外作者之间的合作较国内作者更为频繁和密切。国内作者的合作从图 6 中可见较为密切的有四组，线条的密集程度显示了合作的密切程度。图 7 中显示国外作者合作网络更为密集，表示国外作者间的合作较为密切。在作者合作网络图谱中字体越大的显示发文数量越多，单个节点连线越多的显示该作者的合作情况越多。从发文量来看，国内作者发文量前五位学者分别为王茜、刘兴兵、于国栋、夏玉琼、张帅(见表 1)，国外相关研究发文量最多的前五位学者分别为 Wright HH，Worrall L，Ferguson A，Simmons-Mackie N，Tompkins CA(见表 2)。表中最高被引文献及其被引次数也能在很大程度上显示作者在该领域的影响力，同时，高被引文献也在一定程度上呈现了该领域的知识基础。

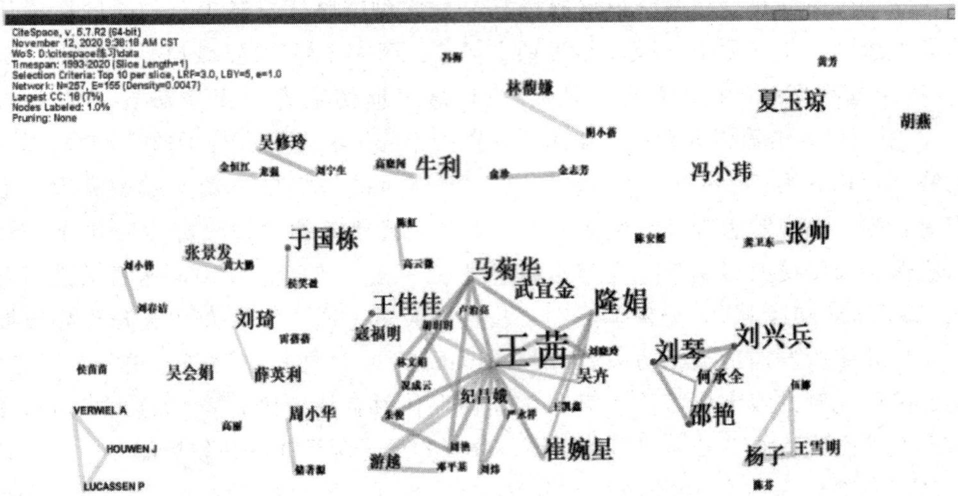

图 6　国内医患会话研究作者网络图谱

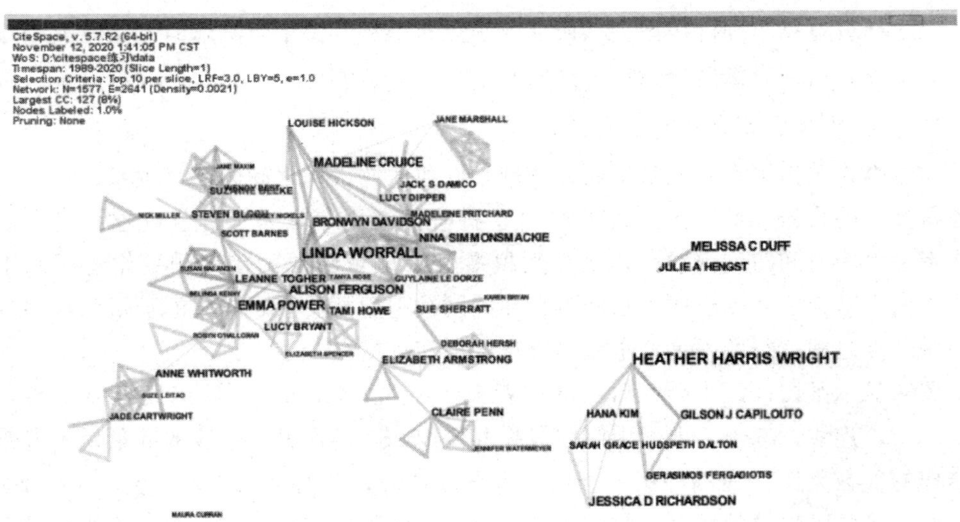

图 7　国外医患会话研究作者网络图谱

表 1　国内医患会话研究作者发文及高被引文献情况

第一作者	发文量	最高被引文献	被引次数
王茜	14	基于 100 例医患会话的社会学分析	31
刘兴兵	5	构建医患会话的合作原则	62
于国栋	4	产前检查中建议序列的会话分析研究	70
夏玉琼	4	医患会话中医生身份对医患关系的管理	12
张帅	4	医患门诊会话中回声问的语用修辞功能研究	9

表 2 国外医患会话研究作者发文及高被引文献情况

第一作者	发文量	最高被引文献	被引次数
Wright HH	16	*Lexical Diversity for Adults with and without Aphasia across Discourse Elicitation Tasks*	42
Worrall L	14	*The Validity of Functional Assessments of Communication and the Activity/Participation Components of the ICIDH-2: Do they Reflect What Really Happens in Real-life?*	39
Ferguson A	13	*The Influence of Aphasia, Familiarity and Activity on Conversational Repair*	64
Simmons-Mackie N	11	*"Speaking for Another": The Management of Participant Frames in Aphasia*	27
Tompkins CA	10	*Working-Memory and Inference Revision in Brain-Damaged and Normally Aging Adults*	137

（三）期刊共被引分析

期刊共被引分析可以了解该领域主要受关注文献的发表阵地，掌握该领域的核心期刊群，还可以为文献搜集和管理提供依据，为同行研究提供重要情报源引导[39]。通过期刊共被引可视化分析，国内医患会话高被引期刊主要有《外国语》《外语学刊》《外语教学》《现代外语》《医学与哲学》《山西大学学报》(哲学社会科学版)等；国外高被引期刊主要有 *Journal of Speech Language and Hearing Research*, *Journal of Speech Language and Hearing Research*, *Aphasiology*, *International Journal of Language Communication Disorders*, *Brain and Language*, *Language Speech and Hearing Services in Schools* 等。从中可以看到，国内医患会话的研究阵地主要在外语类、医学与人文类及学报上；国外与其研究聚焦热点较为一致，发文也多见于言语与语言康复类语言学杂志及神经语言学杂志，也有一部分研究见于传统的语用学杂志 *Journal of Pragmatics*。

（四）WOS 中来自中国的文献研究情况

为了更清楚地了解和掌握国外医患会话研究的国别分布情况及中国学者在国际期刊上的发文情况及影响力，我们对 WOS 搜索到的 826 篇文献进行了国家分布情况可视化操作，如图 8，从节点和字体的大小可以清楚地看到国外医患会话研究主要集中在美国、澳大利亚、英国、加拿大、中国、新西兰等国，后台数据显示来自中国的论文有 20 篇。

对 20 篇来自中国的文献进行关键词、发文期刊和作者机构等可视化分析，得到了如下一些信息：从关键词共现情况来看，主要有“手势”“口语语篇”“诊疗会话”，关

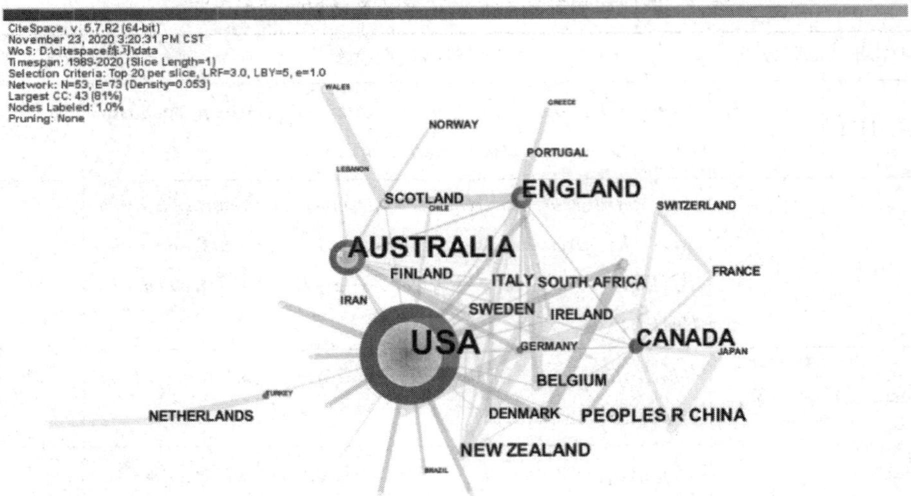

图 8　国外医患会话研究国别分布情况

于“手势”的研究主要包括：失语症患者的共语手势——失语症严重程度、语言和语义技能、偏瘫对手势使用的影响[40]，自闭症谱系障碍儿童用手势交流脑中不存在物体的研究[41]，流利失语症和无障碍控制的粤语使用者在找词困难时共语手势的使用[42]；关于“口语语篇”的研究包括：失语症自发讲故事语篇的综合分析[43]，图片描述任务来评估失语症和痴呆等疾病患者的言语能力[44]；关于“诊疗会话”的研究包括：中医会诊中建议的直接性[45]，中医会诊中重复的话语含义及其语用功能研究[46]，心理治疗话语中的运动隐喻[47]，随诊医疗服务中不同阶段话语分布的特点及影响转诊分配的因素[48]等。

从来源期刊来看，主要是 *Journal of Pragmatics*(3 篇)、*Journal of Speech of Language and Hearing Research*(2 篇)、*International Journal of Speech Language Pathology*(2 篇)、*Aphasiology*(1 篇)等，在医患会话研究领域，和国际主流高被引期刊也多有交叉和重合。从研究机构来看，主要有香港理工大学、香港大学、香港浸会大学、香港中文大学、中山大学、北京中医药大学、北京科技大学、广东外语外贸大学等，从地域分布来看，南方主要在香港、广州，北方主要在北京。相关研究机构合作网络中香港大学与美国中佛罗里达大学(University of Central Florida)的合作较为密切，香港浸会大学与香港中文大学的合作较为密切。

四、结论及启示

本研究运用文献计量软件 CiteSpace 对 CNKI 和 Web of Science 中关于医患会话的文献进行了可视化分析，研究发现：

(一) 发展趋势和热点

从发文量及增长趋势来看，国外较早开始关注到医患会话的相关研究，从发文量来看自 1998 年后逐年递增趋势较国内明显，国内相关研究起步较晚，发文增长趋势较为平缓。从研究热点来看，国内研究热点主要集中在“礼貌原则”“社会语言学”角度的医患会话分析，近年来出现“医生身份构建”“回声问”“批评语言学”的研究趋势和方向；国外的相关研究比较偏重于研究患者的“言语”和“语言”，如“言语损伤与康复”“失语症”“医学叙事”等，对于医患双方的话语研究主要为“与语言障碍患者的沟通策略及技巧”。从研究视角上看，国内医患会话的研究多为传统语用学视角及社会语言学视角，试图从语言学角度探讨构建和谐医患关系的途径；国外研究在传统语用学视角上延伸渗透到了医学领域，从病理语言学和神经语言学等角度来认识语言和语用，国内国外的研究都在不同程度上体现出了语言学主动服务于社会的、服务于特定语言运用群体的意识和实践。

（二）作者合作情况及研究阵地

从作者合作网络来看，国外作者之间的合作较国内作者更为频繁和密切。国内广州和香港地区的作者与国外作者有合作，其研究方向也与国际趋势更为贴近。从发文量来看，国内作者发文量前五位学者分别为王茜、刘兴兵、于国栋、夏玉琼、张帅，国外相关研究发文量最多的前五位学者分别为 Wright HH，Worrall L，Ferguson A，Simmons-Mackie N，Tompkins CA。从期刊共被引情况来看，主要是外语类的核心期刊，如《外国语》《外语学刊》《外语教学》《现代外语》等期刊被引频次较高，是国内医患会话研究的主要阵地；国外共被引期刊较高的有 *Journal of Speech Language and Hearing Research*，*American Journal of Speech Language Pathology*，*Aphasiology*，*International Journal of Language Communication Disorders*，*Brain and Language*，主要是言语与语言康复及病理语言学类型的刊物。

（三）研究启示

理论上，有待进一步深入挖掘。无论是国内在传统语用学与社会语用学结合的层面，还是国外拓展到临床语用学、病理语言学、神经语言学等领域，在理论上都呼吁进一步拓展和深化。国内期刊和国际期刊的热点趋势各有侧重也反映出来两者需要在更广的空间和理论基础上加强良性互动与交流，开拓学术视野，完善学科理论框架，贡献各自的智库力量，实现学术的互利共赢。

视角上，有待进一步丰富拓展。医患会话国内外研究对象包括了医生和患者，患者从年龄上又分为了儿童、成人；根据是否有言语失能情况又可分为正常的医患沟通与言语损伤患者的“言语”研究，不仅研究会话性的“言语”还研究共语手势等肢体语言；国内比较有特色的诊疗模式决定了医患会话中还伴随有陪同人员甚至是翻译人员的会话，因而也呼吁“医-患-护-陪(翻)”的多角度研究；在以往的研究中，包括了西医和中医的门急诊会话研究较多，住院或特殊场景下的诊疗会话研究较少，这些都提醒我们可以进一步拓宽研究视角和思路。

方法上，有待进一步交叉融合。国内文献多以医患会话“录音-转写”的模式来构建分析语料，多是以文本语料的形式来进行分析；国外文献也有类似的方法，目前更偏向于采用多模态语料库的方法、医疗叙事手段、实验语言学等方法来进行研究，如运用国际口语多模态语料库 Talkbank(https://talkbank.org/)，其中包括失语症、痴呆症、儿童语言、二语习得等多个子库，结合 Praat、Elan 等音频视频多模态分析工具对语料进行分析和标注，实验语言学手段包括用 fMRI、脑电仪等设备进行神经病理语言学的研究。

可以预知，在构建人类卫生健康共同体的大背景下，随着中外学术交流的逐渐增多，医患会话的研究主题热点将会随之变化，理论不断得到丰富、视角不断创新、方法不断融合，医患会话的研究成果将在更新的领域、更广的范围、更深的层次服务于社会的发展。

* 本文为昆明医科大学教研教改基金2022年立项重点课题“国情教育视阈下来华医学留学生汉语言能力提升的路径探索实践”【22-JY-Z-07】的阶段性成果。

注释:

[1] 冉永平、魏敏文《健康话语的语用学研究:现状与趋势》,《解放军外国语学院学报》2020年第6期,第1～9、157页。

[2] 范波:《21世纪以来我国民族语言政策与规划研究文献的计量分析》,《民族学刊》2020年第5期,第93～101、152～153页。

[3] 王露杨、杨国立:《基于科学知识图谱的外国语言学研究进展分析》,《西南民族大学学报》(人文社会科学版)2019年第10期,第233～240页。

[4] 徐锦芬、聂睿:《基于CiteSpace的国际二语写作研究动态可视化分析(2004-2014)》,《外语电化教学》2015年第4期,第3～9页。

[5] 任伟、高满满,等:《国内外语言测试研究(1998—2019)动态可视化对比分析》,《中国外语》2020年第4期,第77～86页。

[6] 胡壮麟:《语用学》,《国外语言学》1980年第3期,第1～10页。

[7] 袁周敏、徐燕燕:《基于CSSCI源刊的语用学知识图谱研究:分析与启示》,《外语电化教学》2018年第4期,第72～77页。

[8] 周雍雍、孙洪文:《医患之间的话语沟通》,《当代修辞学》1993年第5期,第34～35页。

[9] 李金兵、唐方方:《低碳城市研究关键词共词网络的可视化分析》,《科技管理研究》2012年第8期,第40～44页。

[10] 梁雪清:《委婉语的礼貌性在医患对话中的运用》,《前沿》2012年第12期,第44～145页。

[11] 程骋、苏玉洁:《医疗中违反礼貌原则的必要性》,《社科纵横(新理论版)》2011年第1期,第235～236、238页。

[12] 赵海燕:《从礼貌原则角度分析医生模糊限制语的运用》,《太原城市职业技术学院学报》2014年第10期,第190～191页。

[13] 高丽:《社会语言学视角下的医患会话》,《中国高等医学教育》2010年第11期,第120～121页。

[14] 刘兴兵、刘琴等:《使用批评话语分析研究中国医患会话》,《中国医学伦理学》2007年第5期,第24～28页。

[15] 谭晓风:《中医门诊医患会话中批评话语分析的研究》,《中国医学伦理学》2015年第1期,第

8～12 页。

[16] 夏玉琼:《医患会话中医生身份对医患关系的管理》,《医学与哲学(A)》2016 年第 1 期,第59～62 页。

[17] 张帅:《医患门诊会话中回声问的特征分析》,《上海理工大学学报》(社会科学版)2018 年第 3 期,第 207～212、252 页。

[18] G. L. Lametto et al, "Directiveness in Teachers' Language Input to Toddlers and Preschoolers in Day Care", *Journal of Speech and Hearing Research*, 5, 2000.

[19] S. Yaruss & W. Robert, "Overall Assessment of the Speaker's Experience of Stuttering (OASES) Documenting Multiple Outcomes in Stuttering Treatment", *Journal of Fluency Disorders*, 2, 2006.

[20] M. Cruice et. al, "Conceptualizing Quality of Life for Older People with Aphasia", *Aphasiology*, 3, 2010.

[21] L.-L. Ariane et. al, "Predictors of Rehabilitation Intervention Decisions in Adults with Acquired Hearing Impairment", *Journal of Speech and Hearing Research*, 5, 2011.

[22] M. F. Westerveld & C. A. Moran, "Expository Language Skills of Young School Age Children", *Journal of Speech and Hearing Research*, 2, 2011.

[23] E. Armstrong, "Language Disorder: A Functional Linguistic Perspective", *Clinical Linguistics & Phonetics*, 3, 2005.

[24] M. Purdy & A. Koch, "Prediction of Strategy Usage by Adults with Aphasia", *Aphasiology*, 2, 2006.

[25] S. J. Wallace et. al, "Which Outcomes Are most Important to People with Aphasia and Their Families? An International Nominal Group Technique Study Framed Within the ICF", *Disability and Rehabilitation*, 14, 2017.

[26] D. G. Hewett et. al, "Communication Between Hospital Doctors: Under-accommodation and Interpretability", *Language & Communication*, 2, 2015.

[27] A. Wray, "The Language of Dementia Science and the Science of Dementia Language: Linguistic Interpretations of an Interdisciplinary Research Field", *Journal of Language and Social Psychology*, 1, 2016.

[28] N. Miller & S. Bloch, "A Survey of Speech-language Therapy Provision for People with Post-stroke Dysarthria in the UK", *International Journal of Language & Communication Disorders*, 6, 2017.

[29] M. L. Blake, "Clinical Relevance of Discourse Characteristics After Right Hemisphere Brain Damage", *American Journal of Speech-Language Pathology*, 3, 2006.

[30] J. D. Richardson & S. G. Dalton, "Main Concepts for Three Different Discourse Tasks in a Large Non-clinical Sample", *Aphasiology*, 1, 2016.

[31] M. A. Nippold et. al, "Syntactic Development in Adolescents with a History of Language Impairments: A Follow-up Investigation", *American Journal of Speech-Language Pathology*, 3, 2009.

[32] J. A. Small et. al, "Effectiveness of Communication Strategies Used by Caregivers of Persons with Alzheimer's Disease During Activities of Daily Living", *Journal of Speech and Hearing*

Research, 2, 2003.

[33] E. A. Jacobs & L. C. Diamond, *Providing Health Care in the Context of Language Barriers*, Bristol:Channel View Publica, 2017, pp.156-167.

[34] K. D. Ebert, "Parent Perspectives on the Clinician-client Relationship in Speech-language Treatment for Children", *Journal of Communication Disorders*, 2, 2018.

[35] C. F. Norbury & D. V. M. Bishop, "Narrative Skills of Children with Communication Impairments", *International Journal of Language & Communication Disorde*rs, 3, 2003.

[36] S. Harvey et. al, "Dose Effects in Behavioural Treatment of Post-stroke Aphasia: a Systematic Review and Meta-analysis", *Disability and Rehabilitation*, 4, 2020.

[37] 李杰、陈超美:《CiteSpace:科技文本挖掘及可视化》,北京:首都经济贸易大学出版社,2016 年,第 105 页。

[38] 辛伟、雷二庆,等:《知识图谱在军事心理学研究中的应用:基于 ISI Web of Science 数据库的 Citespace 分析》,《心理科学进展》2014 年第 2 期,第 334~347 页。

[39] 向明友:《语用学研究的知识图谱分析》,《外国语》(上海外国语大学学报)2015 年第 6 期,第 36~47 页。

[40] A. P.-H. Kong et. al, "Co-verbal Gestures Among Speakers with Aphasia: Influence of Aphasia Severity, Linguistic and Semantic Skills, and Hemiplegia on Gesture Employment in Oral Discourse", *Journal of Communication Disorders*, 3, 2015.

[41] W.-C. So et. al, "The Development of Co-Speech Gesture and Its Semantic Integration with Speech in 6-12-year-old Children with Autism Spectrum Disorders", *Autism*, 7, 2014.

[42] A. P.-H. Kong & S.-P. Law, "Cantonese Aphasia Bank:An Annotated Database of Spoken Discourse and Co-verbal Gestures by Healthy and Language-impaired Native Cantonese Speakers", *Behavior Research Methods*, 2, 2019.

[43] A. P.-H. Kong et. al, "Measuring Discourse Coherence in Anomic Aphasia Using Rhetorical Structure Theory", *International Journal of Speech-Language Pathology*, 4, 2018.

[44] L. Cummings, "Describing the Cookie Theft Picture Sources of Breakdown in Alzheimer's Dementia", *Pragmatics and Society*, 2, 2019.

[45] J. W. C. Yip & C. Zhang, "Understanding the Co-construction of Medical Consultations in Traditional Chinese Medicine: A Discourse Structural Analysis", *Expanding Horizons in Health Communication*, 2, 2020.

[46] J. Ying, "Playback: An Investigation of the Discursive Implications and the Pragmatic Functions of Repetition in Traditional Chinese Medical Consultations", *Journal of Language and Social Psychology*, 5, 2020.

[47] D. Tay, "Metaphor and Psychological Transference", *Metaphor and Symbol*, 1, 2016.

[48] Z. Yang, " Turn Allocation Within the Medical-Service-Seeking Party in Chinese Accompanied Medical Consultations", *Journal of Pragmatics*, 5, 2019.

说“于是”和“因此”

张恒君

（河南师范大学文学院，河南新乡，453007）

内容摘要： 汉语中“于是”“因此”是一对近义连词。从汉语史的角度来看，两者的使用互有交错，彼此消长。先秦时期“于是”居多，“因此”较少，前者还常带后缀“乎”，后来“因此”逐渐增多并超过“于是”；到了现代汉语，“于是”又多。之所以如此，原因在于：“于是”既可以表示承接还可以表示结果，且分布范围大；特别是“于是”与因果复句共现时更是如此。“于是”“因此”的本质区别是二者的主观性程度不同。

关键词： 于是；因此；篇章功能；主观性

一、前人对“于是”“因此”的研究

黎锦熙《新著国语文法》将“于是”“因此”这两个连词明确地分在两个不同类型的复句中：“于是”为表顺序性的承接句，“因此”属于表因果性的原因句；前者为等立句，后者为主从句[1]。这种早期的分法基本奠定了传统汉语语法的分类格局，并深刻影响了《中学汉语教学语法系统提要（试行）》。张静（1981）的分类是具代表性的：首先将复句分为联合复句和偏正复句，然后于这两种类型中进行再分类。前者有下位关系的承接：“两个以上分句按时间先后或事情发生的顺序依次相承”，各分句之间常用或可能用上“于是”等连词；后者有下位关系的因果：“两个分句有的表示原因，是偏句，常用或可能加上‘因为’‘由于’‘既然’等原因连词；有的表示结果，是正句”，常用或可能加上“因此”等结果连词[2]。这种分类带有明显的教学语法特征：强调其对立，规定性比较强。

刘世儒（1963）对黎先生的分类有继承又有所突破，他将承接复句分为三种类型：一是顺承的——“依时间而鱼贯”，“时间的先后，就是构成这种复句的重要因素”，分句间常用“跟着、接着、然后、于是”等连词；二是推探的——“按事理而蝉联”，“下句对上句或推论效果，或探索原因”，分句间常用“那么、只好、因此、所以、以便、免得、可见、原来”等连词；三是解断的——“下句对上句加以解析或推断”，分句间常用“就是说、这就是说、例如、总之、总而言之”等词组或句子来临时充当关联成分[3]。这一分类将“于是”“因此”两个关联词划归到一个大类，即都归入了承接复句，似乎与通常人们的观念有较大的距离。不管这种分类的初衷如何，但其客观上也确实能够反映“于是”和“因此”相互接近的一面。

邢福义(2001)认为，复句关系词语“没有十分明确的标准，因而没有十分明确的范围”，这种判断本身就不是用理想化的明确标准去规定客观事实，而是着眼于对象的实际运用情况试图给予真实的揭示。他在其著作中对“于是”特征的描写便给予相当坚实的证明：“于是”句可表示因果和连贯两种关系。有时前一分句使用“因为”或“既然”，构成“因为……于是……”或“既然……于是……”，既具有述说或推论因果的作用，又具有较强的连贯性。表示单纯连贯关系的“于是”也比较着重说明后一件事是前一件事的结果[4]。不难看到，邢先生是从研究的角度对似乎成定论的观点进行再探讨，为认识的深化提供了可贵的启示。

正是承继了邢先生的思想，后来的探索取得了相当的进展。比较引人注目的有郭继懋(2006)和刘丽慧(2012)的研究，其中又以前者的认识最富探索性。郭文认为，要想将“于是”与“所以”的特征厘析清楚，需要借助篇章语法的观念：如果将表达的方式归纳为叙事、描写、说明和论证四种类型的话，两词的侧重分别处在这个连续统的两极；这种总的特点在具体的话语及句法组合中还可以得到进一步的印证，像反问句、祈使句等适合接纳“所以”而排拒“于是”等。主要的结论是：“连贯关系有两种，一种是因果情境里的连贯关系，一种是不含因果联系的连贯关系。显然，‘于是’只能表示前一种连贯关系。由于这种连贯关系与因果关系是同一事物的两个方面(现象与本质)，并不是两个不同的关系，所以我们不说‘于是’表示连贯和因果两种关系，而说它只表示因果情境里的连贯这一种关系。”[5]最后诸多结论中还响应了开始时的另一个问题：连贯和因果之间是什么关系？说：“连贯关系与因果关系都是因果情境的一部分，前者是其外部表现，后者是其内在本质。”综观郭文，其理论的推导还是非常严密并具有新意的，然而最终的表述似乎让人们又进入了另一难堪的境地：因果情境怎样理解？此情境里的“连贯关系”到底应该怎样归属？刘文虽然从前者的论述中获益很多，但还是将“于是”分为“时间顺承连词”和“因果顺承连词”两类[6]。

郭文结论中有一段话非常值得肯定的：“为什么有些‘于是’句表示的叙事比较单纯，而有些却兼有一些阐释原因的意义呢？这个问题还需要研究。”我们知道，语言是一个宏观系统，对语言现象单纯的断代分析，往往侧重说明该现象的有无和多寡；认知的分析若能结合历时的考察，或许从中会给人们提供民族先期整体思索的信息，生命的脉动体现得会更真实。很自然，缘由之追溯会反映得更充分。本文之所以没有像过去学者所做的那样，直接选取“于是”与“所以”进行对比，而是选择了“因此”，也有这方面的考虑。

二、先秦时期的“于是”“因此”及其他

(一)“于是”作为词组的用法

1.“于是”“于时”的纠葛

在早期汉语中，“于是”是一个相当活跃的词组形式。最早的“于”为动词，其意义及其用法一直沿用至宋代。请看例子：

(1) 丁未卜，争贞：王往，去刺**于**敦。(合 5127)

(2) 十有六年春，王正月戊申朔，陨石**于**宋五。(《春秋·僖公十六年》)

(3) 白茧糖法：熟炊秫稻米饭，及热**于**杵臼净者舂之为糌，须令极熟，勿令有米粒。(《食次》)

武丁时期的“于”做动词，随后虚化得较为明显，也就是做介词，与时间名词组合。在这之后的汉语中，这种用法相当普遍。例如：

(4) 贞，**于**庚申燎。(合 40504)

(5) 先王有服，恪谨天命，兹犹不常宁；不常厥邑，**于**今五邦。(《尚书·盘庚上》)

“于”与“是”是何时开始结合在一起的，确切的时间难以界定。但是，《诗经》中“于时”的用法能够为我们提供较多的思考。例如：

(6) 京师之野。**于时**处处，**于时**庐旅，**于时**言言，**于时**语语。(《诗·大雅·公刘》)

(7) 我其夙夜，畏天之威，**于时**保之。(《诗·周颂·我将》)

郑玄笺：“于，於；时，是也。”[7]对例(6)的解释是：“京地乃众民所宜居之野也，于是处其所当处者，庐舍其宾旅，言其所当言，语其所当语，谓安民馆客，施教令也。”[8]对例(7)的解释是：“早夜敬天，于是得安文王之道。”[9]很明显，《诗经》中的“于时”通“于是”，表现很自然的顺承义。

考察还发现，《左传》中有相当多的“于是”相当于“于时”，即“在这个时间”。例如：

(8) 在晋先君悼公九年，我寡君**于是**即位。(《襄公二十二年》)

(9) **于是**卫大旱，卜有事于山川，不吉。(《僖公十九年》)

(10) 晋人归楚公子谷臣，与连尹襄老之尸于楚，以求知罃。**于是**荀首佐中军矣，故楚人许之。(《成公三年》)

王慧兰(2007)[10]、范江兰(2009)[11]、李萌、马贝加(2017)[12]等学者都认为，“于是”表时间与表事件因果关系有时很难分得清楚，于是两者之间便实现了很好的过渡。例如：

(11) 夏四月辛巳，败秦师于崤，获百里孟明视、西乞术、白乙丙以归，遂墨以葬文公。晋**于是**始墨。(《左传·僖公三十三年》)

(12) 公曰：“子之教，敢不承命。抑微子，寡人无以待戎，不能济河。夫

赏，国之典也。藏在盟府，不可废也，子其受之!”魏绛**于是**乎始有金石之乐，礼也。(《左传·襄公十一年》)

例(12)中的“于是乎”，李萌、马贝加(2017)就解释为“从此”，然后再凭此勾画，说这类意义的“于是”还可以理解成“在这件事上”，那么该词表结果就顺理成章了。其实，强行按照一定的意愿，或按照固定的模式去解释语言现象的做法是不合适的。从已有研究来看，学者多认定《左传》和《国语》这两部书中“于是”的语义如何如何，而对于语义之间演变的过程却展示得不够清晰。

2. “因此”“所以”“是以”的使用状貌

统观先秦时期“于是”的种种用法，除了上述它与“于时”的音义纠葛之外，主要还在于它最基本的介宾结构的属性，即最初的动宾语义特征。如：

(13) 民之有口，犹土之有山川也，财用**于是乎**出，犹其原隰之有衍沃也，衣食于是乎生。口之宣言也，善败**于是乎**兴，行善而备败，其所以阜财用，衣食者也。夫民虑之于心而宣之于口，成而行之，胡可壅也?若壅其口，其与能几何?(《国语·周语上》)

该例中，“于是”显然是“借此、靠它”一类的意思。其实，很多所谓中间状态或曰过渡状态的“于是”，都可以做类似的解释。如：

(14) 夫合诸侯，民之大事也，**于是乎**观存亡。(《国语·周语下》)

(15) 及景王多宠人，乱**于是乎**始生。(《国语·周语下》)

(16) 公说，故使魏绛抚诸戎，**于是乎**遂伯。(《国语·晋语》)

这一时段意义相同或相近的词语，如“因此”“所以”“是以”等，在它们运用的最早时段，也都是以动宾结构或变体结构的方式进入句法组合的。如：

(17) 大学之书，古之大学**所以**教人之法也。(《中庸》)

(18) 故燕礼者，所以明君臣之义也；乡饮酒之礼者，**所以**明长幼之序也。(《礼记·射义》)

(19) 民之饥，以其上食税之多，**是以**饥。(《道德经》)

(20) 说而丽乎明，柔进而上行，得中而应乎刚，**是以**小事吉。(《周易·睽卦》)

(21) 越人迎流而进，顺流而退，见利而进，见不利则其退速。越人**因此**若势，亟败楚人。(《墨子·鲁问》)

(22) 以土会之法，辨五地之物生：一曰山林，其动物宜毛物，其植物宜皂鳞。其民毛而方。二曰川泽，其动物宜鳞物，其植物宜膏物，其民黑而津。三曰丘陵，其动物宜羽物，其植物宜核物，其民专而长。四曰坟衍，其动物宜介物，其植物宜荚物，其民晳而瘠。五曰原隰，其动物宜羸物，其植物宜丛物，其民丰

肉而庳。**因此**五物者民之常。(《周礼·地官司徒第二》)

也就是说，上述这些双音节的复合词，一开始自身也都经历过句法组合的阶段，也都有“凭借着某种原因、基于某种条件”等可以解读的语义，参与到句法结构的关系之中。它们之间的差别就在于意义上的虚实程度以及形式上的鲜明与否。“所以”和“是以”在形式上最为相似，但后者在随后的竞争中招致淘汰。“所以”与“因此”相比，前者较早实现了词汇化，在表因果职能上也表现得最强大，特别是多被先秦阶段诸子百家所使用，使其使用频率异常高涨；但汉语传统文化中逻辑思维并不呈主流状态，嗣后一直到晚清，后者数千年都主要在状语位置上表条件，它并没有充分地发挥表因果关联的功能。

(二)“于是(乎)”的因果功能及其扩展

总的来说，“于是”在词汇化的形式上似乎最为明确，因为先秦时期只有它的后面可以带一个标记性的“乎”，从上述诸多例证即可看到，当它确实表时间的时候，即做状语表“在这个时候”时，是不带“乎”的；但一旦意义上发生了变化，可以做多种理解的时候，不一定说它已经真正实现了词汇化，如上例(12)(13)(14)，它就带上了“乎”。当然，带与不带，并非强制性的，有相当的自由度，对比例(11)、例(12)就可以看得清楚。然而又不能不说，“于是”表结果的用法还是有的，如例(13)接下来的记述是：

(23) 王弗听，**于是**国人莫敢出言。三年，乃流王于彘。(《国语·周语上》)

该例中“于是”显然与例(13)的“于是”不一样，因果关系表现得较为明显。但由于古人行文简练，且又是对具体事实现象进行说明，故又使得这种关系变得不是那么显豁。下面的例子亦如此：

(24) 宋襄公即位，以公子目夷为仁，使为左师以听政，**于是**宋治。故鱼氏世为左师。(《左传·僖公九年》)

(25) 襄王十六年立晋文公，二十一年以诸侯朝王于衡雍，且献楚捷，遂为践土之盟，**于是**乎始霸。(《国语·周语上》)

(26) 阳伏而不能出，阴迫而不能蒸，**于是**有地震。(《国语·鲁语上》)

也正如休谟(1748/1999)对因果关系所产生的怀疑一样[13]，中国古人对这种关系处理得也并不理想。请看如下两例：

(27) 若视听不和，而有震眩，则味入不精，不精则气佚，气佚则不和。**于是乎**有狂悖之言，有眩惑之明，有转易之名，有过慝之度。(《国语·周语下》)

(28) 如是，而铸之金，磨之石，系之丝木，越之匏竹，节之鼓而行之，以遂八风。**于是乎**气无滞阴，亦无散阳，阴阳序次，风雨时至，嘉生繁祉，人民和

利，物备而乐成，上下不罢，故曰乐正。(《国语·周语下》)

上述两例中，“于是乎”所连接的前后言辞，就其内容来讲正好是相对相反：例(27)前面是相对抽象的精神状态，后面的则是具体表现；例(28)前面是具体表现，后面的则是抽象的自然及社会情状。难道互为因果？这肯定是说不通的。

正因为如此，“于是”在先秦的文字表述中更多起到的是语义、语气进递、关联作用。例如：

(29) 古者包牺氏之王天下也，仰则观象于天，俯则观法于地，观鸟兽之文与地之宜，近取诸身，远取诸物，**于是**始作八卦，以通神明之德，以类万物之情。(《周易·系辞》)

(30) 夫古者不料民而知其少多，司民协孤终，司商协民姓，司徒协旅，司寇协奸，牧协职，工协革，场协入，廪协出，是则少多、死生、出入、往来者皆可知也。**于是乎**又审之以事，王治农于籍，蒐于农隙，耨获亦于籍，狝于既烝，狩于毕时，是皆习民数者也，又何料焉？(《国语·周语上》)

(31) 古者，先王既有天下，又崇立上帝、明神而敬事之，**于是乎**有朝日、夕月以教民事君。(《国语·周语上》)

三、现代汉语中的“于是”“因此”及其他

(一)“于是”在现代汉语中的新发展

先秦时期，“于是”“因此”的用法基本上奠定了它们在其后两千余年文言文中的大致格局，也为现代汉语的用法奠定了基础。拿“于是”的用法来说，整体上没有大的变化：主要是表句子间的承接关联，适当体现事理间的相承相继，紧密联系，时有进递，似乎前后事件之间具有必然性的推进关系。当然，“于是”也是有一定发展变化的，具体表现如下：

其一，正像邢福义(2001)已经注意到的那样，现代汉语中该词与前边表原因的连词相呼应，相应地也就将原有的兼带表结果的这种逻辑语义给突显出来了。例如：

(32) 据旧小说《捉鬼传》：钟馗是唐代秀才，后来考取状元，因为皇帝嫌他相貌丑陋，打算另选，**于是**“钟馗气得暴跳如雷”，自刎而死。(鲁迅《彷徨》)

(33) 在合资企业中，**由于**注重强调产品外销，**于是**出现了一些企业创汇不少，盈利甚微的现象。(《报刊精选》1994)

(34) **既然**人已经死了，再往里搭钱就不上算了，**于是**太平间能凑合就凑合了。(《报刊精选》1994)

其二，随着人们思维方式的复杂化和严密化，“于是”可以参与到与其他因果关系紧密相连的逻辑关系中，如假设、条件等逻辑语义之中。张新明(2008)首先注意到这

种现象，不过他在划分句子之间层次与包涵关系上似乎颠倒了，他指出：“‘所以’的语义辖域比‘于是’宽，其限制是‘所以’可以套‘于是’(因果套连贯)，而‘于是’一般不能套‘所以’。”[14]如：

(35) **因为**他病得很厉害，**所以**不能起床，**于是**整整一天没吃到饭。

(36) **因为**路途比较远，**所以**得早一点出发，**于是**我们早上六点就上车了。

我们认为，上述两例句间的层次关系切分不应该是“因为……/所以……//于是……”，而应该是“因为……//所以……/于是……”。何以见得？下面的例子可以说明问题：

(37) 敌人在我们这个大国中占地甚广，但他们的国家是小国，兵力不足，在占领区留了很多空虚的地方，**因此**抗日游击战争就主要地不是在内线配合正规军的战役作战，而是在外线单独作战；并且由于中国的进步，就是说有共产党领导的坚强的军队和广大人民群众存在，**因此**抗日游击战争就不是小规模的，而是大规模的；**于是**战略防御和战略进攻等等的一全套的东西都发生了。(毛泽东《抗日游击战争的战略问题》)

例(37)是一个相当典型的多层复句，逻辑关系比较复杂，“于是”和“因此”得以共现。推究其语意，前边的两个“(由于)……因此……”，显然都是末了一句的条件或原因，这里的“于是”才是结论性的认定。由此可见，顺承性的关联要宽于因果关系的关联，当然，顺承的形式“于是”，并不排拒事物之间的密切联系与隐性的逻辑关系。上述语句看似平易评述，实则体现着举重若轻的意味效果。

(二) 现代汉语“于是”“因此”“所以”的使用差异

前人诸多研究表明，承接和因果的区别还是比较清楚的。如郭继懋(2006)对“于是”“所以”的具体分辨，那些逐条的匹配情况，如果做一些归纳的话，即可知道：“于是”侧重叙事，往往是对已有事实的记述，客观性自然体现于其中；而所谓论证，则多侧重言语主体逻辑思维的演进，主观的因素变得突出鲜明。为何“于是”不能出现在反问句、祈使句中？这是因为，在陈述、疑问、祈使、感叹这四种句类序列中，正好体现着客观与主观两极连续统的逐渐过渡，那么“接着”“于是”“因此”“所以”这些关联词语即处在不同的节点上，尽管说对应得不一定非常整齐，但这种基本位置分布还是存在的。请看下面两例：

(38) (孔乙己)直起身又看一看豆，自己摇头说，“不多不多！多乎哉？不多也。”**于是**这一群孩子都在笑声里走散了。(鲁迅《孔乙己》)

(39) 他的话引得大家都笑了，室内的空气**因此**轻松了很多。(《现代汉语词典》第7版)

比较而言，例(38)似乎更自然，例(39)好像有点儿诘屈。《现代汉语词典》(第7版)[15]对“于是”的释义是“表示后一事紧接着前一事，后一事往往是由前一事引起的”，上述两例中的关联词前后之间的逻辑承继关系应该是相似的，即与“于是”所体现的逻辑语义较为吻合，例(39)若改作“于是”则显得更为自然。之所以这样，跟该词典的定位有直接关系。因为《现代汉语词典》(第7版)对“因此”的释义是“因为这个”，据此举出两个例句，除例(39)外，另一个是：“我和他认识多年，因此很了解他的性格。”该例中的“因此”若改为“所以”则更为合适，实际上《现汉》对“因此”的理解并不到位。我们有必要对上述序列做出解释：“所以”与“因此”的差异在于：前者已彻底词汇化，它出现在主语后边的时候都是因果倒序的用法，即相当于“(之)所以……其原因……”；“因此”表因果稍弱于“所以”，主要表现在：它出现在主语之后状语位置上的用例才真正体现的是“因为这个”，但这种用法极少。如：

(40) 我的讲话可能触犯一些人，我个人可能惨遭不幸，但是，如果我**因此**不敢讲自己的意见，我这个共产党员就一钱不值！(《人民日报》1979 年 1 月 6 日)

出现在主语前边的“因此”，有的也可以理解为“因为这个”。如：

(41) 墓在南晹岐西北四里，1958 年大兴水利的时候，靠近墓地新开了一条河道，**因此**我们可以溯流而上，直到离墓地不远的地方，这才舍舟登陆，径奔墓地而来。(侯仁之《访黎霞客故乡》)

但绝大多数主语之前的“因此”，都只能理解为典型的表因果关系的连词。例如：

(42) 但这一类格式都能有限度地扩展，即插入“得”或“不”(看得见，看不见)，**因此**我们把它们作为词组看待。(朱德熙《语法讲义》)

(43) 在舞蹈艺术里有着强烈的感情，**因此**我们说：舞蹈是艺术领域中的一种形式。(孙景琛《舞蹈讲座》)

(44) 恒星离我们很远，它的光要经过许多年才能到达地球，**因此**我们看到的恒星爆炸的光一定是在很多年以前发出的，从那个时候以来，光一直在向地球传播着。(人民教育出版社物理室《物理》)

有时，“因此”所表示的因果关系，也确实像郭继懋(2006)所认定“于是”所表达的逻辑关系那样，是形式上的。如：

(45) 金字塔是埃及国王的巨大陵墓，塔基呈四方形，越往上越狭窄，直到塔顶，从四面看，都像汉字的“金”字，**因此**我国称它为金字塔。(人民教育出版社历史室《世界历史》)

还有就是，“因此”往往在认定性的文字中出现频率高。如：

(46) 林业是国民经济的重要组成部分。发达的林业，是国家富足、民族繁荣、社会文明的标志之一。在相当长期的历史上，我国林业基础极为薄弱，森林破坏却非常严重。**因此**，在社会主义现代化建设进程中，保护林木，发展林业，是一项十分紧迫的战略任务，必须引起全党和全国各族人民的高度重视。(中共中央、国务院《关于保护森林发展林业若干问题的决定》)

(47) 由于历史上遗留下来的森林很少，我们对林业的重要性认识不足，工作指导上又有“左”的错误和影响，**因此**尽管做了大量工作，林业的落后面貌仍然没有改变。(中共中央、国务院《关于保护森林发展林业若干问题的决定》)

而在典型性的或者省略形式的三段论推证性文辞中，则最宜于用“所以”。例如：

(48) 人总是要死的，但死的意义有不同。中国古时候有个文学家叫做司马迁的说过，人固有一死，或重于泰山，或轻于鸿毛。为人民利益而死，就比泰山还重；替法西斯卖力，替剥削人民、压迫人民的人去死，就比鸿毛还轻。张思德同志是为人民利益而死的，他的死是比泰山还要重的。(毛泽东《为人民服务》)

(49) 因为我们是为人民服务的，**所以**，我们如果有缺点，就不怕别人批评指出。不管是什么人，谁向我们指出都行。只要你说得对，我们就改正。你说的办法对人民有好处，我们就照你的办。(毛泽东《为人民服务》)

例(48)是个比较典型的三段论格式，结论语句“张思德同志……”之前如若添加关联词语的话，以“所以”为妥，此时若用“因此”，论证的语气稍弱；例(49)是例(48)接下来的论述，少了一个不言自明的大前提，“因为”本来该用在大前提上，由于省略，故移用到了小前提上，这里的“所以”使用得非常合适。

再以形式上的参照进行比较：“于是乎”的用法是古汉语的孑遗，更多的是不带“乎”，且其语气顺承的意味愈发鲜明。如：

(50) 清朝虽然尊崇朱子，但止于“尊崇”，却不许“学样”，因为一学样，就要讲学，于是而有学说，于是而有门徒，于是而有门户，**于是**而有门户之争，这就足为“太平盛世”之累。(鲁迅《买〈小学大全〉记》)

(51) 他和我走到车上，将橘子一股脑儿放在我的皮大衣上。**于是**扑扑衣上的泥土，心里很轻松似的。(朱自清《背影》)

(52) “我们找个地方去!”他们嚼着沙子和雨雪，含混不清地互相说。**于是**他们奔跑起来了。(王蒙《风筝飘带》)

(53) 小白回来了。一层层打开布包。**于是**，我在北中国湛蓝的天空下，看到一件雪白的T恤衫。(毕淑敏《预约死亡》)

而“因此”和“所以”却增添了过去所没有的缀加形式“嘛/呀/说”等，至于添加的情况是：前者没有后者添加得自由，但多了一个比较独特的缀加形式“上”。

四、结语

以上我们对“于是”“因此”及相关词语进行了历时与共时的考察，从中可以看出，在古代汉语中，“于是”词汇化后可以表因果，而“因此”数千年来主要在状语位置上表条件。在现代汉语中，“于是”“因此”“所以”三个连词正好可以构成一个连续统：“于是”往往侧重于事物发展之间的自然进递，客观性强；“所以”则多强调逻辑关系紧密相承、必然结局，主观性强；处于中间的“因此”，主观性强于“于是”，客观性强于“所以”。

*本文为2020年河南师范大学国家级科研项目培育基金【5101099171806】的阶段性成果。

注释：

[1] 黎锦熙：《新著国语文法》，北京：商务印书馆，2007年，第233～234、245～247页。

[2] 张静：《汉语教学语法体系建议方案》，《郑州大学学报》1981年第3期，第1～18页。

[3] 刘世儒：《现代汉语语法讲义》，北京：商务印书馆，1963年，第164～167页。

[4] 邢福义：《汉语复句研究》，北京：商务印书馆，2001年，第28、526～529页。

[5] 郭继懋：《“于是”和“所以”的异同》，《汉语学报》2006年第4期，第27～34+95页。

[6] 刘丽慧：《复音顺承连词演化考察》，江西师范大学硕士学位论文，2012年。

[7] 阮元：《毛诗正义》，《十三经注疏》，北京：中华书局，1980年，第542、588页。

[8] 阮元：《毛诗正义》，《十三经注疏》，北京：中华书局，1980年，第542、588页。

[9] 阮元：《毛诗正义》，《十三经注疏》，北京：中华书局，1980年，第542、588页。

[10] 王慧兰：《“于是”的词汇化——兼谈连词词汇化过程中的代词并入现象》，沈家煊、吴福祥、李宗江编：《语法化与语法研究(三)》，北京：商务印书馆，2007年，第231～245页。

[11] 范江兰：《“于是”的语法化探析》，《民族论坛》2009年第2期，第56～57页。

[12] 李萌、马贝加：《再议连词“于是”的产生》，《唐山师范学院》2017年第4期，第16～20页。

[13] [英]休谟：《人类理智研究》，吕大吉译，北京：商务印书馆，1999年，第21～24页。

[14] 张新明：《连词“所以”和“于是”的差异》，齐沪扬编：《现代汉语虚词研究与对外汉语教学》第2辑，上海：复旦大学出版社，2008年，第175～186页。

[15] 中国社会科学院语言研究所词典编辑室：《现代汉语词典》第7版，北京：商务印书馆，2016年，第1584页。

[16] 中国社会科学院语言研究所词典编辑室：《现代汉语词典》第7版，北京：商务印书馆，2016年，第1548页。

【对外汉语研究】

词汇知识对汉语听、读、写技能的影响
——基于结构方程模型实证研究

李靖华

（北京语言大学汉语学院/语言科学院，北京，100083）

内容摘要： 词汇学习在外语学习中扮演着重要角色。本研究采用结构方程模型(SEM)的方法，考察了初级汉语学习者词汇知识与听力、阅读、写作技能的关系以及不同词汇知识的影响途径。结果发现：(1)词汇知识对听力、阅读、写作能力有着不同的显著影响。(2)词汇广度知识和深度知识密切相关且存在回溯性，不是简单的正向递归关系。(3)乙级词汇、词汇用法是对三项技能影响最大的两个子因素。文章最后对结果进行了分析和讨论。

关键词： 词汇知识；词汇广度；词汇深度；结构方程模型

一、引言

词汇是语言发展的基石，是语言表达的重要载体。词汇知识是指学习者关于词汇的知识，在语言学习中发挥重要作用。桂诗春[1]、Carlisle and Beeman[2]、Nation[3]、Qian and Schedl[4]、Proctor[5]、Gottardo and Mueller[6]等都通过规模的量化研究发现词汇量与外语理解能力存在显著相关，相关系数从0.50到0.75不等。

词汇知识是如何影响语言水平的，这是中外学者们几十年来孜孜探求的一个问题。从质和量的角度来看，词汇知识分为广度和深度两种知识，这一对概念由Anderson and Freebody[7]首次提出。随后Nation[8]将这一对概念纳入其词汇知识理论框架中进行了完备的阐述。词汇广度指的是一个人知道或了解的单词数量，词汇深度是指理解的质量或深度。在这一区分的影响下，相应的研究也在广度和深度知识两个维度上细化。Qian[9]分别对学习者的词汇广度和深度知识进行了测量，再将结果与托福考试的阅读理解成绩进行多层回归分析，发现词汇的深度和广度知识对阅读理解都有显著的预测作用，深度知识解释了阅读成绩11%的方差，广度知识解释了3%的方差。类似的研究还有Li and Kirby[10]，Y. Kang，[11]李晓[12]，张学宾，邱天河[13]，赵雯，宋乔[14]，Moinzadeh and Moslehpour[15]等。这些研究的结果都表明词汇深度知识和广度知识对阅读理解成绩存在显著影响，只是在哪一项词汇知识的影响更大上还存在分歧。

除阅读之外，也有学者调查了词汇知识对听力的影响。Stæhr[16]调查了 88 名学习英语的丹麦学生，发现词汇量与阅读能力高度相关(r=0.83)，与听力能力的相关虽然显著(r=0.69)，但要弱于阅读能力。Mecartty[17]发现词汇知识能解释听力理解成绩 13%的差异。张晓东[18]发现词汇广度知识和深度知识与听力理解总分的相关分别为 0.52 和 0.45，分别能解释 27%和 2%的分数差异。

汉语教学界的相关研究并不多，有一些研究部分涉及词汇知识的影响作用，如李慧、朱军梅[19]在对汉语水平考试(HSK)初中等试卷进行相关分析时发现，相比听力、语法等分测验，阅读与词汇的相关最高，在因素分析中，词汇和阅读均在因子 3 上的载荷较高，有别于其他观测变量。吴思娜[20]发现词汇知识对阅读理解的作用大于词汇推理和语素意识。

不论是针对英语学习还是汉语学习，以上研究大都集中在阅读领域，对听力和写作影响力的研究比较少。另外，现有研究对词汇知识的维度划分多为广度和深度的二维划分，缺少更细致深入的分层考察。还有，已有研究在广度知识和深度知识解释效力的差异上还存在分歧。

从研究方法来看，已有研究多采用相关分析和回归分析的方法。学习者的词汇知识，阅读、听力理解的能力，语言水平等都是通过研究者选取的各种测试推导的，在这一过程中不可避免地存在测量误差，自变量和因变量都含有测量误差，而相关分析和回归分析都假设自变量是没有测量误差的。相较之下，能够同时处理多个潜在变量的结构方程模型更适合此类研究。本研究拟采用结构方程模型的方法，结合相关分析和回归分析，探讨词汇知识对阅读理解、听力理解和写作的不同影响及路径。

根据已有研究可以知道，词汇知识对听力、阅读和写作存在影响，但影响的力度未知；广度知识和深度知识之间存在联系，但联系的方向性无法确定。因此，在做具体分析之前，本研究提出了一个“词汇-技能”理论模型，见图 1。

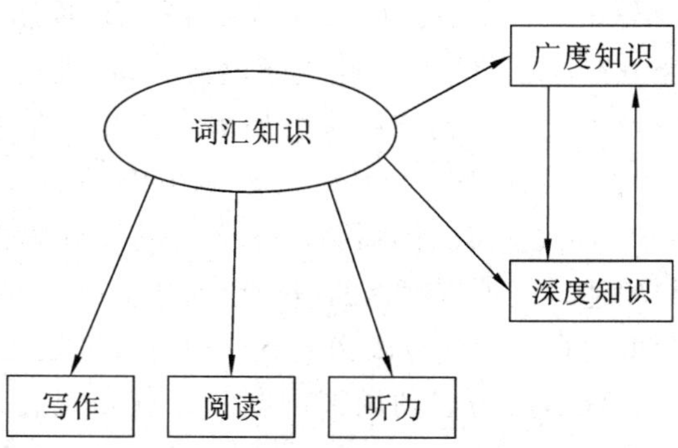

图 1 “词汇-技能”理论模型

二、研究方法

（一）研究问题

（1）词汇知识与听、读、写能力关系如何？广度词汇知识和深度词汇知识对不同技能的预测力如何？

（2）广度词汇知识和深度词汇知识之间的影响路径是什么？

（3）哪个级别的广度词汇知识对听、读、写能力有着最有效的预测能力？哪个层次的深度知识对听、读、写能力有着最有效的预测能力？

（二）被试

本研究被试为在北京语言大学汉语学院就读一年级下的留学生，共183名。他们来自巴基斯坦、日本、韩国、俄罗斯、巴西、葡萄牙、美国等多个国家，其中男101名，女82名，年龄在18岁～22岁之间，学习汉语一年到一年半，大部分拥有新HSK4级水平证书，部分通过了新HSK5级考试。

（三）测试过程

整个测试过程分为两个阶段，词汇知识测试阶段和语言技能测试阶段，均在线下教室环境完成。

词汇知识测试阶段，包括词汇广度知识和词汇深度知识测试。词汇广度主要参考词汇水平测试（Vocabulary Levels Test）[21]的形式，采取词-义配对的客观选择题形式，共120个考察词汇，其中包含60个目标词汇，均从《汉语水平词汇与汉字等级大纲》[22]中随机选择，甲、乙、丙、丁级词各30个。

词汇深度知识（见图2）参考了词汇知识量表（The Vocabulary Knowledge Scale）[23]的自测评分量表。Ⅰ、Ⅱ测试学习者对目标词的初步感觉，分别记为0分、1分。Ⅲ～Ⅴ考查学习者对目标词的了解程度：Ⅲ考查词汇的发音，Ⅳ考查词汇的意义，Ⅴ从输入转为输出，考查词汇的运用。在Ⅳ中，被试可以使用各种方法表示他们知道词义。英文或母语翻译，中文解释，写同义词等方式均可以接受。Ⅱ～Ⅴ每一项的得分为1分，因此，如果都掌握，得满分4分。选择I“不认识这个词”，得0分。

清楚

（　　）Ⅰ我不认识这个词。

（　　）Ⅱ我见过这个词。

（　　）Ⅲ我认识这个词，它的拼音是：__________。

Ⅳ我认识这个词，

它的意思是：（synonym or antonym or translation）

____

Ⅴ我认识这个词，它的造句是：

____

图2　词汇深度知识例题

语言技能测试阶段，词汇知识测试的第二周进行。被试需分别完成根据被试水平编制的听力测试、阅读测试和写作测试。听力测试和阅读测试为客观化试题，旨在考察被试对短对话、长对话、短语段、长语段的理解程度。写作测试则是要求被试在 2 小时内完成一篇 500 字的命题作文。作文由两名具有二十多年汉语教学经验、且不认识被试的教师独立评阅，最终成绩取两人平均分。三个测试均不得使用词典。

最后 183 名被试中，四项测试均参加了的有 178 名，因此有效数据为这 178 名被试的数据。

（四）统计方法

本研究使用 SPSS 19.0 统计软件进行各测验结果的描述性统计，信度检验，相关分析以及回归分析。使用 AMOS(25.0)建立结构方程模型，使用多重模型估计的方法选择最优模型。

三、研究结果

（一）描述性分析及相关分析

表 1 汇总了各测试的描述性统计结果。从平均数和中位数看，写作、阅读、听力三个技能测试之间的难度差距并不大，从标准差看，被试之间的水平差异也比较稳定。为了保证后续研究的可靠性，我们考察了各测试(写作除外)的信度 Cronbach Alpha 系数。按照惯例，Cronbach Alpha 值≥0.80 时，属于高信度；0.70≤Cronbach Alpha 值<0.79 时，属于尚可；Cronbach Alpha 值<0.70 时应用范围有限。从下表的数据看，本研究各测试的信度系数都比较理想，表明结果是可信的。

表 1　各变量的描述性统计结果与测试信度系数(n=178)

	写作	阅读	听力	深度知识	广度知识	词汇知识
平均值	84.27	77.93	76.58	42.13	47.47	89.60
标准差	10.48	15.07	13.47	15.36	8.46	19.44
中位数	85	82	79	40.5	49.5	88
信度	—	0.702	0.689	0.881	0.874	0.893

从平均分上看，被试的写作成绩最高，之间的差异也最小，阅读和听力的成绩相近，阅读成绩的方差稍大一些。接着，我们对各变量进行了相关性考察(表 2)。

表 2　各变量之间的相关性统计结果(n=178)

	词汇知识	广度知识	深度知识	听力	阅读	写作
词汇知识	1					
广度知识	0.663**	1				
深度知识	0.908**	0.288*	1			

续表

	词汇知识	广度知识	深度知识	听力	阅读	写作
听力	0.372**	0.143	0.405**	1		
阅读	0.335**	0.247*	0.306**	0.715**	1	
写作	0.459**	0.152	0.533**	0.524**	0.465**	1

** 表示在 0.01 级别(双尾),相关性显著。* 表示在 0.05 级别(双尾),相关性显著。

从相关结果看,各变量之间的相关基本是显著的。

总体来说,学习者的词汇知识与其听力、阅读、写作成绩均显著相关。

词汇知识内部的两个部分:广度知识和深度知识与三个技能的相关系数则呈现出一些差异。深度知识与听力、阅读、写作三个技能的相关均为显著相关,但广度知识与听力、写作成绩的相关并不显著,与阅读理解成绩相关显著。

深度知识和广度知识之间也存在显著的相关关系($r=0.288$, $p<0.05$)。

(二)结构方程模型分析

结构方程分析是基于变量的协方差矩阵来分析变量之间关系的一种统计方法[24],能够通过分析观察变量间彼此的复杂关系来测量无法观察到的构念间的关系[25]。

广度知识在已有研究中的界定一般比较明确,即特定词表内词汇的识别数量。本研究中广度词汇量的分层按照取样来源分为甲、乙、丙、丁四类难度上存在差异的词。

深度词汇知识到底涉及哪方面知识在已有的研究中有着不同的处理。有些学者认为深度词汇主要涉及一个词与其他词在词义上的区别,例如 Read[26]、Qian 从词义和搭配的角度考察深度知识,实际上考察的是学习者词汇网络的建立程度。有学者认为词汇深度知识与理解单词的多重含义以及如何在多种语境中使用主题有关,如 Tannenbaume[27] 利用不同的语境来测试学习者对词义的掌握情况,实际上考察的是从语境中提取词义的流利度和准确度。有学者认为深度知识涉及的是与词汇密切相关的音系、形态、正字法、句法等其他语言知识,例如 Li and Kirby 提出形态知识才是最关键的词汇深度知识。

本研究将词汇的深度知识划分为语音、语义和用法三个层次。因为词是音义结合的语言结构,词是语音和语义的体现者,也是载体[28]。词汇的核心是词义[29]。语用,或语境中语言使用方式,是第二语言学习者需要学习的部分[30]。

由于声调是汉语的一大特点,本研究也将声调意识作为一个独立的观测变量进行统计。对声调意识进行判别的标准为:声调完全正确,得 2 分;有声调但不正确,得 1 分;不写声调,得 0 分。语音判别标准为:如出现的错误仅属于拼写规则问题也能得 1 分。用法判定标准为:跟目标词相关的错误判定为 0 分,如果句子中出现与目标词无关的错误仍得满分 1 分。

在建模之前,对数据进行正态性检验,结果显示多变量峰度系数(kurtosis)为 0.21,远低于存在异常数据的临界值,说明多变量接近正态分布成立。

然后,使用一般最小平方法(Generalized Least Squares Method)进行整体模型配适度估计，建立了如下模型。

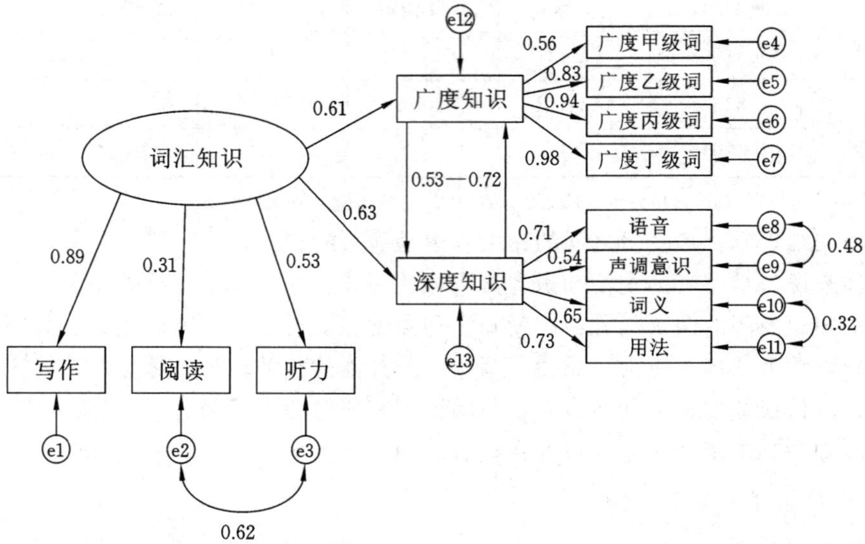

图 3 “词汇-技能”结构方程模型

该模型的配适度估计参数如表 3。

表 3 词汇知识结构方程模型配适度估计参数

$\chi^2(df)$	χ^2/df	P 值	RMSEA	PCLOSE	GFI	CFI	EVIC
46.673(5)	1.867	0.60	0.063	0.285	0.903	0.911	1.879

根据常用的 SEM 模型配适标准，GFI>0.9，CFI>0.9，结果比较理想，且 p 值>0.05，说明模型结果能代表实际数据。RMSEA＝0.063(<0.1)，PCLOSE＝0.285(>0.05)等数据均说明假设理论模型与观察数据的整体适配度佳。

各项路径检验的指标如表 4。

表 4 “词汇-技能”模型路径分析

	标准化 回归系数	未标准化 回归系数	标准化 误差	临界 比率值	p 值
写作←词汇知识	0.892	0.495	0.149	3.327	***
阅读←词汇知识	0.311	0.403	0.200	2.010	***
听力←词汇知识	0.532	0.686	0.204	3.361	***
广度甲级词←广度知识	0.562	0.110	0.024	4.625	***
广度乙级词←广度知识	0.833	0.353	0.042	8.354	***
广度丙级词←广度知识	0.939	0.610	0.035	17.204	***
广度丁级词←广度知识	0.975	0.761	0.042	17.985	***

续表

	标准化回归系数	未标准化回归系数	标准化误差	临界比率值	p值
语音←深度知识	0.714	0.164	0.022	7.622	***
声调意识←深度知识	0.545	0.326	0.068	4.763	***
词义←深度知识	0.646	0.166	0.024	6.795	***
用法←深度知识	0.731	0.182	0.024	7.570	***

* 表示 $p<0.05$，** 表示 $p<0.01$，*** 表示 $p<0.001$。

相关路径检验指标比较清楚地反映了各个变量之间的影响机制。从表 4 中的标准化回归系数可以看出，外生潜变量词汇知识对内生潜变量写作、阅读、听力的影响都是显著的，其中，词汇知识对写作的影响最大，标准化回归系数是 0.892，其次是对听力的影响，标准化回归系数是 0.532，最后是对阅读的影响。

同时，残差 e2 和 e3、e8 和 e9、e10 和 e11 之间存在关联(图 3)。它们之间协方差结果显示 e2 和 e3、e8 和 e9 之间的有显著的共同协方差，相关关系分别为 0.62 和 0.48；e10 和 e11 之间则没有显著意义上的协方差。

（三）回归分析

结构方程模型的路径分析考察的都是变量之间的直接作用，为了考察广度知识和深度知识下一级的子自变量与各技能之间的关系，我们将各技能成绩作为因变量，各下一级词汇知识得分作为自变量，采用逐步回归的方法分析了自变量对因变量的预测力。回归结果如表 5。

表 5　各词汇知识子类对各技能的影响

因变量	显著自变量	R^2	β值(标准化)	T值及显著性	不显著自变量
写作	用法	0.392	0.528	4.21***	声调意识、语音、词义、丙级词、丁级词
	甲级词		0.354	2.947***	
	乙级词		0.274	2.278**	
阅读	用法	0.257	0.384	2.772***	声调意识、语音、词义、甲级词、丙级词、丁级词
	乙级词		0.403	3.757***	
听力	用法	0.187	0.432	4.096***	声调意识、语音、词义、甲级词、丙级词、丁级词
	乙级词	0.174	0.418	3.928***	

表 5 的数据显示，对写作能力来说，显著的自变量有甲级词和乙级词，以及深度词汇知识中的“用法”，其中甲级词的解释力为 35.4%，乙级词的解释力为 27.4%，“用法”的解释力为 52.8%。对阅读来说，只有自变量“用法”和乙级词是显著的，解释力分别是 40.3%和 38.4%。对听力来说，显著自变量仍只有“用法”和乙级词，解释力

分别是 43.2%和 41.8%。

总体而言，学习者在乙级词上的差异、在词汇“用法”上的差异最能有效预测各个技能的变化。其他各子类词汇知识的表现对听、读、写成绩的影响并不显著。

四、结论与讨论

对于本研究提出的三个问题，经过考察，我们发现：

(1) 词汇知识对听力、阅读、写作的影响是显著的。不同的词汇知识在各技能发展中扮演了不同的角色。

词汇知识显著影响了学习者的听力、阅读、写作成绩。就影响力大小来说，词汇知识对写作的影响是最大的，其次是听力，最后是阅读，标准化回归系数分别为 0.89，0.53，0.31(图 3)，这与相关分析的结果(表 2)一致：$r_{\text{词汇知识-写作}}=0.459$，$r_{\text{词汇知识-听力}}=0.372$、$r_{\text{词汇知识-阅读}}=0.335$。早期词汇知识重要性的实证研究将词汇知识与阅读关联起来，发现了词汇在阅读中的重要作用，后来有学者将目光转向听力和写作，但大多是单项研究，本研究将三项技能置于同一验证平台，证明词汇知识对阅读存在影响，同时对听力和写作具备更明显的影响。

虽然整体来说词汇知识对三个技能的影响都显著，但从相关结果和模型中的间接效应数据来看，词汇知识内部的两个不同知识对三个技能的影响并不一致。

对写来说，深度词汇知识的影响大于广度。也就是说，在写作中，词义、语用上的深层次把握比词汇的广度更重要，学习者正确、恰当地使用词汇比使用更多不同的词更容易得到高分。这与吴继峰[31]，吴继峰、周蔚、卢达威[32]、王艺璇[33]对写作质量评估的研究结果一致，他们的研究都表明词汇正确性对写作内容质量的影响最大。

对听来说，深度知识的影响也大于广度知识。这是因为在听力理解的过程中，关键词语的不理解往往会导致整体理解的偏差，而关键词语的理解需要词汇的深层知识。另外，只有高度自动化的词汇才能使听者理解线性语音材料，而广度词汇知识不能保证词汇的高度自动化。

对阅读来说，广度知识的作用更大。这与 Stæhr 的研究结果一致。从文本的角度看，文本覆盖率达到 90%学习者就可以读懂语料[34]，广度知识的作用可见一斑。Zhang[35]对 190 名高级阶段英语学习者的研究也表明，相比于语法知识，词汇知识与英语阅读理解能力的相关更高。可以说词汇量已经被证明是影响第二语言学习者阅读理解能力的一个重要因素。

(2) 广度词汇知识和深度词汇知识之间存在相互影响，但影响的方向难以确定。

广度词汇知识和深度词汇知识相互联系，又相互独立。在 Nurweni and Read[36]、Qian、Zhang 等研究中两者都是显著相关的，因此本研究在建立“词汇-技能”模型时，将两者之间建立了非递归关系。根据结构方程模型的结果(图 3)，广度知识对深度知识的标准化回归路径为 0.53，深度知识对广度知识是−0.72，为反向相关关系。

为了更好地探索深度知识和广度知识的关系，我们进行了多重模型估计。具体做法为：在已有“词汇-技能”模型的基础上设置广度和深度知识之间不同的路径模型，分别对应四个不同的模型(模型Ⅰ-模型Ⅳ)，命名广度知识对深度知识的回归系数为

B1，反之为 B2。设定模型Ⅰ中 B1＝B2；模型Ⅱ中 B1＝0；模型Ⅲ中 B2＝0；模型Ⅳ中 B1、B2 不加以限定。

结果为，四个模型的配适指标均达到标准且一样。只是 B1 和 B2 的赋值(非标准化路径)不同，其中，模型Ⅰ：B1＝B2＝0.15，模型Ⅱ：B1＝0，B2＝0.22，模型Ⅲ：B2＝0，B1＝0.42，模型Ⅳ：B1＝1，B2＝0.36。这说明在目前的“词汇-技能”模型中，广度知识和深度知识之间的关系较难确定，他们相互关系的方向性对整体模型的成立影响并不大。

广度知识和深度知识作为词汇知识质和量的两个维度，有学者将他们的关系看作连续体的关系，如 Hague[37]，Palmberg[38]等，他们将词汇知识定义为“一个连接着能初步理解词汇和能自动激活词汇的连续体”[39]。连续体的一端代表词汇的最初的模糊印象、另一端代表词汇在语音、语义、语用等方面的准确理解和使用。按照这种理解，广度知识和深度知识之间应该有着方向明确的递归关系。但本研究表明，两者是相互影响的，但是他们之间的关系存在回溯性，属于共生关系，很难给广度知识和深度知识相互影响的方向性下结论，他们的关系并不是简单的正向递归关系，并不能简单地说广度词汇知识会朝着深度词汇知识转化。

(3) 广度词汇知识中的“乙级词”、深度词汇知识中的“用法”对三个技能的影响最大。

从结构方程模型分析的结果来看，甲、乙、丙、丁四类词汇的掌握情况对学习者的广度知识都有显著影响，尤其是乙、丙、丁级词，标准化回归系数高达 0.83、0.94 和 0.98。但就各项技能的影响来说，回归分析的结果显示乙级词最能反映分数差异。这并不难解释。本研究的被试大部分为初级学习者，水平在新 HSK4 级左右，对他们来说，甲、乙级词是与其水平相对应的，相比之下，丙、丁级词汇上的差异能更明显地区分出不同的词汇广度，因此对词汇广度的影响力更大。而在技能测试中，听力和阅读测试的编制是与被试水平相对应的，涉及的丙、丁级词汇并不多。甲级词汇作为基础词汇，学习者的差异并不大，因此对于阅读、听力和写作测试来说，丙级词上的差异才是最具有影响力的差异。另外，输入词汇与输出词汇存在难度上的差异，因此在自主输出的写作测试过程中，学习者在甲级词上的差异带来的影响仍是显著的。

深度知识被界定为包括“语音”“声调意识”“词义”和“用法”四个子类目。从结构方程模型分析的结果看，这四个子类目对深度知识的影响都是显著的，且“用法”的影响最大，“声调意识”的影响最弱。回归分析的结果也显示，对听、读、写三个技能来说，“用法”是作用最为显著的深度词汇知识。因此，可以说词汇学习决不能仅仅止步于了解词义，只有把握了词汇相关的语法义、语体义、语域特征等相关知识，知道如何准确、恰当地将词汇运用在句子中，才具备较高的语言输入、输出能力。

五、结语

本研究就词汇知识对不同语言技能的影响进行了调查分析，再次证明词汇知识与各技能的显著正向相关关系。还发现，广度词汇和深度词汇知识之间相互影响的方向不明晰，它们之间并不是简单的线性关系，对不同的技能存在着不同的影响。另外，

"乙级词"和"用法"分别是最重要的广度和深度词汇知识要素。

本研究的发现对国际中文教学有着重要的参考价值。教师词汇教学的着力点应有所不同，阅读训练中的词汇教学应从量入手，侧重提升学习者的词汇量，写作和听力训练中的词汇教学应从质入手，重在培养学习者深入掌握符合其水平词汇的各项用法。学习者不应一味追求词汇量的突破，广度词汇知识并不一定会转化为深度词汇知识，两者相互联系又相对独立，词汇的浅层认知需要有意识的单独学习才能转入深层理解和运用。

本研究还有较大的拓展空间。一是调查对象是初级学习者，因此乙级词汇在模型中得到了较大的彰显，如果对中、高级学习者再进行调查，广度词汇知识的内在层级凸显程度可能会有所调整。二是汉语特有的"声调意识"似乎没有显示其"应有"的重要性。今后如将口语表达能力囊括进来，"声调意识"的分析结果可能会有所变化。

最后，虽然词汇知识对语言水平有着重要影响，但同时也应意识到与语言技能相关的因素还有许多。例如从模型(图 3)可以看到，阅读理解和听力理解的残差 e2 和 e3 之间有着较大的共同协方差，这可能与学习者在阅读和听力理解中采用了共同的应试策略或篇章处理策略有关。写作的评价实际上还与作文是否切题、举例论证是否恰当等其他非语言因素相关。因此，词汇是影响汉语习得效果的重要因素，但并不是唯一的影响因素，提高学习者的汉语水平仍需要从各要素出发进行全面的训练。

* 本文为北京语言大学校级项目(中央高校基本科研业务费专项资金)"汉语学习者连词运用中的概念迁移研究"【16YBB07】的阶段性成果。

注释：

[1] 桂诗春:《我国英语专业学生英语词汇量的调查与分析》,《现代外语》1985 年第 1 期,第 1～6 页。

[2] J.Carlisle, M. Beeman, "The Effects of Language of Instruction on the Reading and Writing Achievement of First-grade Hispanic Children", *Scientific Studies of Reading*, 4, 2000, pp.331-353.

[3] P. Nation, *Learning Vocabulary in Another Language*, Cambridge: Cambridge University Press, 2001, p.146.

[4] D. Qian, M. Schedl, "Evaluation of an In-depth Vocabulary Knowledge Measure for Assessing Reading Performance", *Language Testing*, 21(1), 2004, pp.28-52.

[5] P. Proctor, M. Carlo, D. August, C. Snow, "Native Spanish-speaking Children Reading in English: Toward a Model of Comprehension", *Journal of Educational Psychology*, 97, 2005, pp. 246-256.

[6] A. Gottardo, J. Mueller, "Are First- and Second-Language Factors Related in Predicting Second-Language Reading Comprehension? A Study of Spanish-Speaking Children Acquiring English as a Second Language from First to Second Grade", *Journal of Educational Psychology*, 101, 2009, pp.330-344.

[7] R.C. Anderson, P. Freebody, "Vocabulary Knowledge", in J. T. Guthrie, *Comprehension and Teaching: Research Reviews*, International Reading Association, 1981, pp.77-117.

[8] P. Nation, *Learning Vocabulary in Another Language*, Cambridge: Cambridge University Press, 2001, p.138.

[9] D. Qian, "Assessing the Roles of Depth and Breadth of Vocabulary Knowledge in Reading Comprehension", *Canadian Modern Language Review*, 56 (3), 1999, pp. 282-308; D. Qian, "Investigating the Relationship Between Vocabulary Knowledge and Academic Reading Performance: An Assessment Perspective", *Language Learning*, 52(4), 2002, pp.513-536.

[10] M. Li, J. Kirby, "The Effects of Vocabulary Breadth and Depth on English Reading", *Applied Linguistics*, 36(5), 2015, pp.611-634.

[11] Y. Kang, H.S. Kang, J. Park, "Is It Vocabulary Breadth or Depth that Better Predict Korean EFL Learners' Reading Comprehension?", *English Teaching*, 67(4), 2012, pp.149-170.

[12] 李晓:《词汇量、词汇深度知识与语言综合能力关系研究》,《外语教学与研究》2007 年第 5 期,第 352～359 页。

[13] 张学宾、邱天河:《词汇知识和阅读关系的实证性研究》,《外语教学》2006 年第 1 期,第 38～42 页。

[14] 赵雯、宋乔:《一项英语词汇知识与语言能力的关系的实证研究》,《外语教育研究》2015 年第 3 期,第 16～20 页。

[15] A. Moinzadeh, R. Moslehpour, "Depth and Breadth of Vocabulary Knowledge: Which Really Matters in Reading Comprehension of Iranian EFL Learners?", *Journal of Language Teaching and Research*, 3(5), 2012, pp.1015-1026.

[16] L.S. Stæhr, "Vocabulary Size and the Skills of Listening, Reading and Writing", *Language Learning Journal*, 36(2), 2008, pp.139-152.

[17] F.H. Mecartty, " Lexical and Grammatical Knowledge in Reading and Listening Comprehension by Foreign Language Learners of Spanish", *Applied Language Learning*, 11, 2000, pp.323-348.

[18] 张晓东:《词汇知识与二语听力理解关系研究》,《外语界》2011 年第 2 期,第 36～42 页。

[19] 李慧、朱军梅:《汉语水平考试 J324 卷构想效度的验证研究》,谢小庆主编:《中国汉语水平考试(HSK)研究报告精选》,北京:北京语言大学出版社,2005 年,第 270～279 页。

[20] 吴思娜:《词汇知识、语素意识、词汇推理与二语阅读理解——来自结构方程模型的证据》,《世界汉语教学》2017 年第 3 期,第 420～432 页。

[21] P. Nation, *Learning Vocabulary in Another Language*, Cambridge: Cambridge University Press, 2001, p.235.

[22] 国家对外汉语教学领导小组办公室:《汉语水平词汇与汉字等级大纲》,北京:北京语言学院出版社,1992 年。

[23] T. S. Paribakht, M. Wesche, "Vocabulary Enhancement Activities and Reading for Meaning in Second Language Vocabulary Acquisition", in Coady, Huckin, *Second Language Vocabulary Acquisition: A Rationale for Pedagogy*, Cambridge: Cambridge University Press, 1996, pp.174-200.

[24] 邱皓政、林碧芳:《结构方程模型的原理与应用(第 2 版)》,北京:中国轻工业出版社,2019 年,第 6～8 页。

[25] 侯杰泰、温忠麟、程子娟:《结构方程模型及其应用》,北京:教育科学出版社,2005 年,第 17～19 页。

[26] J. Read, "Validating a Test to Measure Depth of Vocabulary Knowledge", in A. J. Kunnan, *Validation in Language Assessment*, Mahwah, NJ: Lawrence Erlbaum, 1998, pp.41-60.

[27] K. Tannenbaum, J. Torgesen, R. Wagner, "Relationships Between word Knowledge and Reading Comprehension in Third-grade Children", *Scientific Studies of Reading*, 10, 2006, pp. 381-389.

[28] 葛本仪:《现代汉语词汇学(第 3 版)》,北京:商务印书馆,2014 年,第 25 页。

[29] 蒋绍愚:《两次分类——再谈词汇系统及其变化》,《中国语文》1999 年第 5 期,第 323～330 页。

[30] S. Gass, L. Selinker, *Second Language Acquisition: An Introductory Course*, New York: Routledge, 2008, p.208.

[31] 吴继峰:《韩语母语者汉语书面语句法复杂性测量指标及与写作质量关系研究》,《语言科学》2018 年第 5 期,第 510～519 页。

[32] 吴继峰、周蔚、卢达威:《韩语母语者汉语二语写作质量评估研究——以语言特征和内容质量为测量维度》,《世界汉语教学》2019 年第 1 期,第 130～144 页。

[33] 王艺璇:《词汇丰富性研究方法及现状》,《海外华文教育》2017 年第 12 期,第 1643～1652 页。

[34] M. Hu, Marcella, P. Nation, "Unknown Vocabulary Density and Reading Comprehension", *Reading in a Foreign Language*, 13, 2000, pp.403-430.

[35] D. Zhang, "Vocabulary and Grammar Knowledge in Second Language Reading Comprehension: A Structural Equation Modeling Study", *The Modern Language Journal*, 96(4), 2012, pp.558-575.

[36] A. Nurweni, J. Read, "The English Vocabulary Knowledge of Indonesian University Students", *English for Specific Purposes*, 18(2), 1999, pp.15-27.

[37] S. Hague, "Vocabulary Instruction: What L2 can learn from L1", *Foreign Language Annals* 3, 1, 1987, pp.72-79.

[38] R. Palmberg, "Improving Foreign Languages Learners' Vocabulary Skills", *RELC*, 21(1), 1990, pp.25-33.

[39] C. Færch, K. Haastrup, R. Phillipson, *Learner Language and Language Learning*, Köpenhamn: Gyldendals Sprogbibliotek and Clevedon: Multilingual Matters, 1984, p.84.

汉语作为第二语言的词义习得透明度

王洪涌

（华中师范大学文学院，湖北武汉，430079）

内容摘要：汉语的词义习得透明度指从汉语作为第二语言习得的角度看复合词的整体意义从语素义获得的难易程度。影响词义习得透明度的主要因素有语素义习得的先后顺序、构成复合词的多义语素义提取、语素义在复合词义中的显示度、复合词形成后是否还有词义引申、语素的性质和构词能力等。以《国际中文教育中文水平等级标准》不同等级词为例进行量化分析，汉语的词义习得透明度可以分为完全透明、比较透明、比较隐晦和完全隐晦四个类型。汉语词汇习得透明度可以为汉语考试、汉语教学、汉语教材和工具书编写提供参考。

关键词：词义习得透明度；汉语词汇；《国际中文教育中文水平等级标准》

引言

词汇是语言系统中重要的语言单位，在语言习得中占有重要的地位。在习得词汇时，词义透明度影响学习者的猜词能力和词汇学习效果。“词义透明度指词义可从构成要素的意义上推知的难易度。”从汉语本体的角度进行分析，汉语的词义透明度有“词典透明度”和“大众透明度”之分[1]。但对汉语作为第二语言学习者来说，这两种透明度都不完全适用于他们对词汇的认知。按照人们的认知常识，对于零起点的汉语学习者来说，初学的生词几乎都是不透明的。对于初级或中级汉语学习者来说，先学习词语的意义和语素义可能会对后学的词语产生正迁移，但有些多义词或多义语素的义项有可能会对新词的理解产生负面影响，导致负迁移。汉语作为第二语言的词义习得透明度随着学习者对汉语语素和词义关系的理解逐渐变化。因此，从习得的角度分析汉语复合词的词义透明度，便于根据不同级别汉语词的词义透明度有针对性地进行教学。这种从第二语言角度分析的词义透明度，称为“词义习得透明度”。

当然，母语非汉语学习者在习得汉语时，由于教学大纲不同、教材不同、环境不同、教学方法不同，再加上学习者往往还有“伴随性学习”，很难用严格的标准来判断习得词汇的先后顺序和难易程度。本文以《国际中文教育中文水平等级标准》[2]（以下简称《等级标准》）为依据，根据其中的《国际中文教育中文等级标准词汇表》（以下简称

《等级标准词汇表》)所分的三级九等(初、中、高三等，每等三级，共一到九级)来考察汉语的词义习得透明度。从严格意义上来说，这不是第二语言学习者实际习得的词义透明度，是一种基于大纲和标准的理论习得透明度。

由于单音词的词义透明度的机制与合成词不同，合成词中的派生词词缀表义比较明确，所以本文讨论的词义习得透明度范围限于双音节复合词。

一、词义习得透明度

汉语的词义习得透明度指从汉语作为第二语言习得的角度看复合词的整体意义从语素义获得的难易程度。跟以往的“词义透明度”重点在“词典透明度”或“大众透明度”不同，本文的研究侧重于母语非汉语的第二语言学习者的词义习得透明度，主要研究学习者先前习得的语素义对后习得的复合词词义的影响。如果后习得的复合词的词义等于先习得的语素义的直接相加，学习者很容易能够通过已知语素义获得新词词义，则该词的词义是透明的；如果后习得的词义与先习得的语素义没有直接关系，学习者难以推测新词词义，甚至推测出错误的释义，则该词的词义是不透明的。

学者们对汉语词汇中的语素和词义关系进行了不少研究。苑春法、黄昌宁在清华大学大规模语素库的基础上统计了57588个词，二字词中有72.2%的词构词语素在构词前后意义保持不变[3]。郑厚尧(2008)考察了《现代汉语词典》1850个多义复合词词义与语素义间的关系，发现由语素的多义性产生的多义复合词，其词义基本上可以由语素的字面意义获得[4]。李晋霞以《信息处理用现代汉语分词单位词表》和《现代汉语词典》为考察对象，对33095个词进行考察，完全透明的9488个，约占28.67%；比较透明的21467个，约占64.86%；比较隐晦的1534个，约占4.64%；完全隐晦的606个，约占1.83%[5]。这些研究说明，汉语的复合词的词义大部分可以由构成复合词的语素推知。

研究者也从第二语言的角度分析了词义的透明度。于志坤分析了《国际汉语教育音节汉字词汇等级划分》中级词，分为完全透明、比较透明、比较隐晦、完全隐晦四个等级，其中完全透明和比较透明词近80%[6]。许艳华以《汉语水平等级标准和等级大纲》《HSK大纲》和汉语教材为基础，筛选6042个词，从第二语言教学的角度考察了词义透明度，分析结果是完全透明和比较透明分别为21%和40%，比较隐晦和完全隐晦分别为18%和13%[7]。这些数据跟汉语作为第一语言的统计相比，要低一些。其他学者也进行了汉语作为第二语言的词义透明度分析，但总体看来，大部分研究者判断词义透明度时，还是以母语的语感为基础。许艳华在论文里提出词义的“绝对透明度”和“相对透明度”，其中“相对透明度的相对性取决于主观因素的影响，主要是学习者对词语的熟悉程度”[8]。这里的“相对透明度”比较接近本文所说的“词义习得透明度”。这些研究也大多是依据之前的教材、大纲或等级规范来进行研究的。从学习者的角度来研究2021年新颁布的《国际中文教育中文水平等级标准》词义透明度，目前还不多见。

词义习得透明度不同于学习者实际的词汇获得后对词义难易的判定。词义习得透明度的关注重点是词汇的意义，是从第二语言学习者的角度考察词汇的特性。第二语言词汇习得重点关注学习者获取词义时的影响因素。

二、影响词义习得透明度的因素

研究者在对词义透明度进行研究时，都关注到了词义透明度的影响因素。李晋霞、李宇明认为"词义透明度递减的过程，词的构词理据逐渐模糊的过程，也就是语义词化程度递增的过程"，即语义词化程度高，词义透明度相对就低[9]。任敏认为影响复合词语义透明度的因素不仅有语言内部的字形、字义，语法结构、语义结构，也有语言外部的文化因素等[10]。高翀总结了影响复合词语义透明度的因素包括语素义、组合义、转义、专科义以及常规搭配、非常规搭配等[11]。这说明从汉语本体来看，影响复合词透明度的因素是复杂的。

从汉语作为第二语言教学的角度，研究者进行了不同类型的实验。刘颂浩通过实验，指出词的内部构造、一字多义、语境和学习者语言水平都会对学习者猜词的正确性产生影响，特别是"语言水平直接影响到学习者对句子之间关系的理解，理解不对，就无法正确利用语境信息"[12]。高兵、高峰强通过词汇判断作业发现词频和语义透明度都会影响到汉语字词的识别，且透明词的词汇判断速度快于不透明词，在识别低频词和高频词时，透明度所起的作用是前者大于后者[13]。干红梅通过对中级汉语阅读中词汇学习实验认为影响因素大小依次为：语素(熟悉义项)＞语境＞句法信息＞词语结构[14]。许艳华分别对汉语母语者和汉语第二语言学习者进行了实验，认为在对复合词语义透明度进行评定时各因素对透明度影响的高低顺序依次为："语素多义性＞语素频率＞语素表义度＞语素间语法关系＞语素性质＞汉语水平＞母语背景(二语者)。"[15]赵丽娜认为影响语义透明度的因素主要是"语素因素和词义项因素。其中，语素因素包括语素表义度、语素频率和语素多义性。而词义项因素则从义项数量和不同义项间是否具有关联性进行考察"[16]。

通过以上研究可以发现，学界对于影响词义透明度的相关因素考察得越来越细致，而且也注意到了汉语作为第二语言学习者对词义透明度的理解与母语者的区别。但总体看来，大家仍然是把汉语词汇看作是一个整体进行研究。实际上，学习者习得第二语言，跟母语习得有很大差异。表现在词汇方面，词汇习得的先后顺序对词汇习得的过程和结果影响很大。其次是语素的多义性、语素义的显示度、语素的性质及构词能力、词义的引申等。

以下分别阐述影响词义习得透明度的若干因素。

(一) 语素习得的先后顺序

美国心理学家布鲁纳和奥苏伯尔在认知结构的基础上提出了关于迁移的理论和见解。布鲁纳认为："学习是类别及其编码系统的形成。迁移就是把习得的编码系统用于新的事例。正迁移就是把适当的编码系统应用于新的事例；负迁移则是把习得的编码系统错误地用于新事例。"[17]奥苏伯尔认为认知结构是学习者头脑里的知识结构，是影响学习和迁移的重要因素。"新信息的习得高度地依赖于认知结构中已经有的有关观念，人类的意义学习是通过新信息与认知结构中现有的有关观念的相互作用而实现的。”[18]第二语言词汇学习也遵循这个规律。在零起点汉语学习中，学习者学习词汇建立对于汉语词汇的编码系统，形成语素意识，后习得的词往往都是建立在先习得的词的基础之上的。从这个角度看，第二语言学习者习得词汇、语素的先后顺序，对新词的理解产生重要影响。

本文以《等级标准》为对象进行研究，假定学习者习得的先后顺序与《等级标准词汇表》中的各级顺序保持一致。尽管同一级中的词汇可能也有先后顺序差异，本文出于研究方便考虑，对同级内的词不做先后顺序的差异化处理，只考虑前一级语素在后一级中出现的情况。

（二）多义语素的提取

Treisman 提出“心理词典”概念后，心理学家认为学会了语言和阅读的人，都有一个心理词典[19]。国内学者的实验表明，在中文心理词典中，中文是“以字的形式存储在心理词典之中”。汉语的单音节语素占有绝对优势，单音节语素的书面形式就是汉字[20]。学者们的研究还表明，“随 L2 熟练水平的增加，L2 心理词典的独立性逐渐增加，影响 L2 心理词典建构的因素就主要是 L2 的熟练程度和 L2 本身的因素了。……L2 心理词典的建构从一开始就必须同时建立音、形、义表征，同时进行形一音一义的联结，建构的难度要大得多、也复杂得多”[21]。

《等级标准词汇表》所收的词中，构成单音词和复音词的语素往往是多义的。零起点汉语学习者在学习汉语词汇、建立心理词典时，往往是形音义兼顾；在学习高一级词汇时，如果遇到之前学过的语素，则需要先把新词与之前学过的旧语素义进行对比，对之前的心理词典进行补充和完善。因此，对习得透明度进行判定时，多义语素会影响习得透明度的等级。对有些复合词来讲，前一等级所习得的语素在后一级词汇习得中往往会起干扰作用，词义习得透明度可能为负数。

根据统计，《等级标准词汇表》初等词汇(1—3 级)收 2245 个词，中包括 1232 个语素(单义语素 977 个、多义语素 255 个)，多义语素平均承载 2.4 个语素项[22]。在中高等词汇中，语素的数量增加不多，但单个语素构词的数量却很多，其中，大部分是语素构成的新词，多义语素所占的比例很高。

下面以“安”在《等级标准词汇表》中分布为例说明。“安”出现在 2—6 级及高等词汇表中，一共 24 个词(包括单音节词“安”)。“安”语素有 4 个义项：①动 使有适当的位置；安装。②形 安定，心情平静。③形素 安全(和“危”相对)。④动 存着，怀着(某种念头，多指不好的)[23]。它在各级词语中的意义如下(词后的带圈数字表示义项序号)：

二级：**安**静②　**安**全③　平**安**③　晚**安**②　一路平**安**③

三级：**安**排①　**安**装①　保**安**③　不**安**②

四级：**安**(动词、形容词)①　②　④　**安**置①

五级：治**安**③　**安**慰②

六级：公安③　安检③

高等：公安局③　心安理得②　安定②　安抚②　安眠药②　安宁②　安稳②　安心(形)②　安逸②

从上述所列可以看出，在二级词汇学习中，“安”语素出现在5个词语中，它的义项分别是“②安定、安宁”和“③安全”。在一级词中未出现“安”和有“安”语素构成的词，所以这里的“安”语素在词义习得透明度中的贡献度为0。

如果学习者在二级阶段建立了语素意识，习得了“安”语素的两个义项，在习得三级词“安排”“安装”时，“安”在二级习得的语素义会影响“安排”“安装”的词义习得透明度，其中“安”对这两个词的习得透明度的贡献甚至可能为负数－0.2(－n，n为前级义项数)。而在“保安”和“不安”中，由于二级已经习得了两个语素义，在学习新词中学习者可能不知道如何选择，因此，“安”在这两个词的习得透明度中贡献度为1/n(n为本级义项数)。

同理，四级中的“安置”词义习得透明度中，“安”语素受三个义项的影响，这里的影响因子记为1/n。如果同级出现了与该词语素相同的义项，由于无法判断习得先后顺序，则按前级透明一半计算。五级、六级和高等词的词义的习得透明度中，“安”对词义透明度的影响都受到了多义语素的影响，都可以记为1/n。

(三) 语素义的显示度

学者们在分析语素义和词义的关系的时候，将语素义和词义之间的关系分为了若干种。其中符淮青先生的观点比较有影响，他把语素义和词义的关系分为五种类型[24]。仲崇山对其中的第三种类型进行了细化，分析了词义是语素义借代义的三种类型和词义是语素义的比喻义的四种类型[25]。

结合学者们的研究，我们把《等级标准词汇表》中语素义对词义的关系也分为五类：

(1) 复合词中语素义直接表示词义，或者语素义等于复合词的词义，如“迟到”“代替”。

(2) 复合词语素义部分直接地表示词义，或者提示词义的部分内容，如“采访”“抄写”。

(3) 复合词的语素义不直接在词义中显现，往往是两个语素结合成词后词义产生了引申(包括产生了比喻义和借代义)，比如“出席”“公安”。

(4) 构成复合词的语素义脱落，或者语素义是辗转引申后与另一个语素结合，看不出语素义和词义的直接关系，比如“刺激”“倒闭”。

(5) 语素义完全不在复合词词义中显示，比如“锻炼”。

第一种情况对应的词义透明度是“完全透明”，第二种情况对应的是“比较透明”，第三、四种对应的是“比较隐晦”，第五种情况对应的是“完全隐晦”。

(四) 语素的构词能力

词义习得透明度的影响因素还包括语素的构词能力。一般来说，如果构词能力强，构成的复合词多，形成的“同语素词语族”之间的意义相互联系，语素出现的频率高，有助于巩固建立心理词典，词义的习得透明度也就越高；如果语素的构词能力弱，语素构成的复合词少，语素出现的频率低，词义的习得透明度也就越低。

(五) 语素的性质

根据语素的活动能力，语素可以分为只单用语素、既可以单独成词又可以与其他语素组合成词的半自由语素、只能与其他语素组合成词的黏着语素三种[29]。在合成词中，半自由语素对词义习得透明度的贡献大于黏着语素。据统计，初等词汇 1—3 级中，只单用语素 73 个、自由语素 771 个、黏着语素 388 个[26]。这些语素是构成中高等词汇的基础，对词汇的习得透明度按等级顺序产生不同的影响。实际构词中，语素的性质往往体现在语素的构词能力上。

实际上，词义习得透明度还受到其他因素的影响。其中学者们关注比较多的是复合词的构成方式，它反映的是构词语素之间的语法关系。通常的复合词构词方式包括并列、主谓、偏正、动宾、动补等。关于哪种构词方式对词义习得影响大，学者们进行了一些实验。冯丽萍以词汇测验的方式研究发现“偏正结构是学习外国学生较易掌握的一种构思方式”[27]。刘颂浩通过实验研究发现：“并列式合成词的一部分(如‘孤独、攻击’)猜测起来最容易。偏正式合成词(如‘正视、武断’)，如果知道中心语素，可以部分猜出整词的意思。猜测陈述、支配、补充式合成词难度更大。”[28]许艳华通过实验结果表明，复合词语素和整词间的五种语法关系中，透明度由高到低的顺序为陈述关系＞支配关系＞修饰限制关系＞并列关系＞补充关系[29]。

这些实验结果差异很大，或许是汉语词汇的特点造成的。复合词往往是实语素加实语素构成，语素的意义在词义中占主要地位。语素间结构改变，语素义也相应发生改变。因而，单独从构词方式来看，这几种构词方式大都由实语素参与构词，语法间关系孰先孰后难以分辨。基于这样的考虑，在进行词义习得透明度分析时，暂不把语素间的语法关系作为加权项。

另外，汉字字形、语境、学习者的母语等都会对词义习得透明度产生影响。还有，判断复合词词义习得透明度的时候，还要注意复合词是否多义，不同义项的复合词词项呈现出的词义透明度不同。复合词由两个语素复合而成后再产生引申义，也会增加词义的不透明度。不过，从《等级标准词汇表》来看，大部分的词词性和词义比较明确，所以这里不把复合词多义项作为主要影响因素。复合词义项不同，语素义的显义度不同。本文只对《等级标准词汇表》中的词进行分析，所以，暂且不考虑其他的因素。

三、词汇词义习得透明度分级

参考学者们的研究成果，词义习得透明度也分为四个等级：完全透明、比较透明、比较隐晦、完全隐晦。根据上一部分对词义透明度影响因素的分析，词义习得透明度可以通过量化的方式来计算确定。下表我们尝试对词义习得透明度相关影响因素赋值，设计《等级标准》中词义习得透明度的计算方法。

词义习得透明度影响因素赋值表

<table>
<tr><th>影响因素</th><th>语素关系</th><th>赋值</th></tr>
<tr><td rowspan="6">语素义习得的先后顺序及多义语素的提取</td><td>语素义前级未出现</td><td>0</td></tr>
<tr><td>语素义前级出现且单义</td><td>1</td></tr>
<tr><td>语素义前级出现且多义且义项与本级同</td><td>1/n(n为前级义项数)</td></tr>
<tr><td>语素义前级出现且多义且义项与本级不同</td><td>－n/10</td></tr>
<tr><td>语素义同级出现单义</td><td>0.5</td></tr>
<tr><td>语素义同级出现多义</td><td>0.5/n</td></tr>
<tr><td rowspan="3">语素的性质和构词能力</td><td>构词能力强(构词数≥10)</td><td>0.5</td></tr>
<tr><td>构词能力一般(构词数5—9)</td><td>0.3 * 0.4</td></tr>
<tr><td>构词能力低(≤4)</td><td>0.1—0.2</td></tr>
<tr><td rowspan="4">语素义在词义中的显示度</td><td>两个语素义直接全面显示词义</td><td>1</td></tr>
<tr><td>语素义部分直接地表示词义,或提示词义的部分内容</td><td>0.5</td></tr>
<tr><td>两个语素结合成词后词义产生了引申(包括产生了比喻义和借代义)</td><td>0.2</td></tr>
<tr><td>语素义完全不在复合词词义中显示</td><td>0</td></tr>
</table>

以上共分三栏，每栏上限为1。其中左边一列的前两栏需分别计算两个语素义，第三栏仅计算复合词词义，最高分值为5。

根据分值计算情况，词义习得透明度四级划线为：≥3为完全透明，2—2.9为比较透明，0.2—1.9为比较隐晦，0.2以下为完全隐晦。

以下以上文所举的“安”语素构成的不同级别的词，举例说明。

【安静】(二级)

语素1“安”：语素义为②形安定，心情平静。前级未出现，同级出现有“安全”“晚安”(语素义相同)，还有“平安”“一路平安”(语素义“安全”)，多义语素会对学习产生干扰，记为0.5/2＝0.25。“安”为语素构成的二级词有5个(各级词共有24个)，构词能力强，记为0.5。

语素2“静”：语素义是“形没有声音”，一级二级没有出现“静”语素。其他各级构词6个，构词能力较强，记为0.3。“安静”复合词是并列式复合词，两个语素都提示复合词词义，语素义显示度为1。

“安静”词义习得透明度：语素1义0.25＋语素1构词能力0.5＋语素2义0＋构词能力0.3＋语素义显示度1＝2.05。比较透明。

【保安】(三级)

语素1“保”有三个义项：①保卫，保护。②维持住。③保证。一、二级未出现

“保”。三级含有“保”的词及义项分别是：保①、保安①、保持②、保存①、保护①、保留②、保险①、保证③、环保①、确保③。其他各级“保”构词有 12 个。

语素 2“安”：同上。

“保安”是动宾式复合词，词义产生了引申，指“①动保卫治安”“②动保护工人安全”“③名指保卫治安工作的人”。

习得透明度＝语素 1 同级多义 0.5/3＋构词能力 0.5＋语素 2 前级多义 1/3＋构词能力强 0.5＋词义引申 0.2＝1.7。比较隐晦。

【安置】(四级)

语素 1“安”：同上。

语素 2“置”：有三个义项：①放(书面语)。②把某个东西固定在某个地方。③购买。前三级未出现，四级出现的词及义项是：设置②、布置①、安置①、位置①、装置(动、名)②。其他各级构词 6 个，构词能力一般。

“安置”的词义习得透明度＝语素 1 前级多义 1/3＋构词能力 0.5＋语素 2 前级无 0＋构词能力 0.3＋显示度 1＝2.1。比较透明。

【治安】(五级)

语素 1“治”：有两个义项：①治理。②治疗。四级出现的词和义项是：治(动)①②、治疗②、政治①。五级出现的词和义项是：治安①、治理①、防治②。

安：同前。

“治安”的词义是“名社会的秩序”，词义产生了引申。

“治安”的习得透明度＝语素 1 前级同级多义 0.4＋构词能力 0.5＋语素 2 前级多义 0.3＋构词能力 0.5＋语素义显示度 0.2＝1.9。比较隐晦。

【公安】(六级)

语素 1“公”：有 8 个义项：①属于国家的，属于集体的②公事，公务 ③公共的，共同的 ④国际通用的 ⑤使公开，让大家都知道 ⑥ 公平的，公正的 ⑦男子尊称 ⑧用于“老公”。

构词和语素义项如下：

二级：公园① 公司① 公共汽车③ 公交车③ 公路③ 公斤④ 公里④ 公平⑥

三级：公布⑤ 公共③ 公开⑤ 公民⑤ 高速公路③ 公务员②

四级：老公⑧ 公元④

五级：公告⑤ 公认⑤ 公式④ 公正⑥

六级：办公② (形) 公安 公路 公众 ⑦公主

其他各级构词还有“公仆”“公道”等 26 个。

语素 2“安”：同前。

“公安”的意思是“名社会治安”。

“公安”词义习得透明度＝语素 1 义前级多义 1/8＋构词能力 0.5＋语素 2 前级多

义1/4＋语素2构词能力0.5＋词义透明度0.2＝1.575。比较隐晦。

以上是举例分析从第二语言角度分析的词义习得透明度的判定方法。当然，由于词义习得透明度受多种因素影响，实际判定中，可能会有主观因素影响。这里的词义习得透明度赋值及计算是一种尝试，但从这些例词来看，词义习得透明度要低于“词典透明度”和“大众透明度”。

四、词义习得透明度的应用价值

从第二语言的角度探讨汉语词义的透明度，可为汉语教材编写、工具书编纂、汉语教学和汉语考试提供参考。

《国际中文教育中文水平等级标准》是国家语委首个面向外国中文学习者全面描绘评价学习者中文语言技能和水平的规范标准。标准发布之后，引起了国内外的广泛关注。怎样将《等级标准》应用于国际中文教育的学习、教学、测试与评估，学界都还在探讨。《等级标准》包括了音节、汉字、词汇和语法标准。如果能依据这套标准，深入探讨，通过语素把语音、汉字和词汇结合起来，充分发挥汉语汉字的特点，依据分级的原则分析不同等级的词义透明度，将会大大提高国际中文的词汇教学效果。

从第二语言的角度分析词义习得透明度，有利于教材编写和中文教学。学者们曾经探讨过汉语教学中的“旧字新词”的问题，即教材中对生词的注释往往是根据课文语境来注释的，等再次出现的时候，可能是新的义项。但之前注释过的词条，教材往往没有再注释。这就使学生的学习和老师的教学产生了困惑，因为汉语中的同形词、多义词、多义语素很常见，母语非汉语学习者往往会依据旧义推测新义，容易出现偏误。如果依据《等级标准词汇表》对各级词进行透明度分析，具体到构成复合词的语素，按等级划分不同的义项，根据习得透明度的等级来进行学习或教学，势必会事半功倍。教师在教学的时候可以根据语素等级及词义习得透明度等级，确定学生已有的知识基础，再根据学生的知识基础进行教学，从而使得学生真正是“有意义学习”，提高教学效率。

同时，词义习得透明度的分析也可以为汉语考试提供借鉴。新的汉语水平考试3.0研制在即，面向普及化水平的“多维平衡语言材料和自动评测系统”已经提上日程。自动评测的考试系统，依靠的是对汉语汉字内在标准的细致描写。音节、汉字甚至语法，都有比较明显的形式标记，但词汇却不易进行形式描写，因为它包含的数量多、意义复杂。如果能够依据等级标准，把三等九级11092条词按习得透明度分级，再依据分级确定词汇学习难度，这就可以为考试的命题及测试提供参考。

词义习得透明度的分析也可以为工具书或教材编写提供参考。李行健在《等级标准》发布会上提出要组织编纂和出版一部适应新的国际中文教育需求的学习型词典，“尤其是初等和中等分册的义项收录范围，应该注意只收释《等级标准》词表中所列该词词性在现代汉语普通话中的常用义项”[30]。这其实就是我们所探讨的在初等阶段进行语素分级，在语素和语素项分级的基础上，分析不同等级词的词义习得透明度。当前有很多汉语学习的APP小程序。如果汉语词汇的语素分级和词义习得透明度分级研究得比较好，做成一款应用程序，可以服务更多的国际中文教学的师生。

注释：

[1] 李晋霞、李宇明:《论词义的透明度》,《语言研究》2008年第3期,第60～65页。

[2] 教育部、国家语言文字工作委员会:《国际中文教育中文水平等级标准》(GF0025—2021),教育部网站 http://www.moe.gov.cn/jyb_xwfb/gzdt_gzdt/s5987/202103/t20210329_523304.html。

[3] 苑春法、黄昌宁:《基于语素数据库的汉语语素及构词研究》,《世界汉语教学》1998年第2期,第7～12页。

[4] 郑厚尧:《汉语双音复合词词义和语素义关系研究》,华中师范大学博士学位论文,2006年。

[5] 李晋霞:《词与短语区分的理论与实践》,北京:中国社会科学出版社,2013年,第51、64页。

[6] 于志坤:《〈汉语国际教育用音节汉字词汇等级划分〉中级双音节词的语义透明度分析》,暨南大学硕士学位论文,2014年。

[7] 许艳华:《面向汉语二语教学的常用复合词语义透明度研究》,北京师范大学博士学位论文,2014年。

[8] 许艳华:《面向汉语二语教学的常用复合词语义透明度研究》,北京师范大学博士学位论文,2014年。

[9] 李晋霞、李宇明:《论词义的透明度》,《语言研究》2008年第3期,第60～65页。

[10] 任敏:《影响现代汉语双音复合词语义透明度的机制研究》,《河北师范大学学报》(哲学社会科学版)2012年第4期,第85～91页。

[11] 高翀:《语义透明度与现代汉语语文词典的收词》,《中国语文》2015年第5期,第439～450页。

[12] 刘颂浩:《关于在语境中猜测词义的调查》,《汉语学习》2001年第1期,第45～49页。

[13] 高兵、高峰强:《汉语字词识别中词频和语义透明度的交互作用》,《心理科学》2005年第6期,第1358～1360、1365页。

[14] 干红梅:《语义透明度对中级汉语阅读中词汇学习的影响》,《语言文字应用》2008年第1期,第82～90页。

[15] 许艳华:《面向汉语二语教学的常用复合词语义透明度研究》,北京师范大学博士学位论文,2014年。

[16] 赵丽娜:《面向对外汉语教学的双音复合形容词语义透明度研究》,福建师范大学硕士学位论文,2020年。

[17] 王春阳、杨彬、张婕:《教育心理学》,成都:电子科技大学出版社,2017年,第166页。

[18] [美]D.P.奥苏伯尔,等:《教育心理学—认知观点》,佘星南、宋钧译,北京:人民教育出版社,1994年,第78页。

[19] A. M. Treisman, "Contextual Cues in Selective Listening", *Quarterly Journal of Experimental Psychology*, 12, 1960, pp.242-248.

[20] 彭聃龄:《汉语认知研究》,济南:山东教育出版社,1997年,第219页。

[21] 徐彩华、史芬茹、陈颖:《中文心理词典理论与对外汉语词汇教学》,《第七届国际汉语教学讨论会会议论文选》,北京:北京大学出版社,2004年,第572～573页。

[22] 钟以兰:《〈国际中文教育中文水平等级标准〉初等词汇语素和语素项分级研究》,华中师范大学硕士学位论文,2022年。

[23] 本文词义解释主要参考鲁健骥、吕文华:《商务馆学汉语词典》,北京:商务印书馆,2006年;中国社会科学院编:《现代汉语词典》(第7版),北京:商务印书馆,2016年;施光亨主编:《汉语教与学词典》,北京:商务印书馆,2011年。

[24] 符淮青:《词义和构成词的语素义的关系》,《辞书研究》1981年第3期,第98~110页;《现代汉语词汇》(第2版),北京:北京大学出版社,2004年,第217~218页。

[25] 仲崇山:《词义和构成词的语素义的关系补论》,《佳木斯大学社会科学学报》2002年第21期,第56~58页。

[26] 钟以兰:《〈国际中文教育中文水平等级标准〉初等词汇语素和语素项分级研究》,华中师范大学硕士学位论文,2022年。

[27] 冯丽萍:《认知视角的对外汉语教学论》,北京:北京大学出版社,2013年,第123页。

[28] 刘颂浩:《关于在语境中猜测词义的调查》,《汉语学习》2001年第1期,第45~49页。

[29] 许艳华:《面向汉语二语教学的常用复合词语义透明度研究》,北京师范大学博士学位论文,2014年。

[30] 李行健:《一部全新的立足汉语特点的国家等级标准——谈〈国际中文教育中文水平等级标准〉的研制与应用》,《国际汉语教学研究》2021年第1期,第8~11页。

从土耳其基础教育阶段中文教学现状看国际中文教育在地化发展策略

程海燕

（武汉大学文学院，湖北武汉，430072）

内容摘要： 近年来，国际中文教育遇到一些新情况和困难，亟须探寻对策。通过对土耳其基础教育阶段的中文教学状况的剖析，我们发现，在新的国际形势下，要进一步发展国际中文教育，寻求政府重视是关键，强化实施是保障，乘势借力是良策，刺激需求是妙招，突破“三教”瓶颈是要务。其中，最为核心的一点，就是努力推进国际中文教育的在地化，通过在地化实现大发展和可持续发展。

关键词： 国际中文教育；土耳其基础教育；在地化；发展策略

近年来，国际局势发生了深刻变化，一些对中国不友好的声音不时出现，加上疫情的影响，国际中文教育遇到了一些新情况和新问题。怎样适应新形势，克服困难和阻力，继续推进国际中文教育发展，以满足世界各国对中文教育的需求，是我们目前面临的一个重要问题。有人士曾指出：“中文的未来不是大学，而是基础教育。中文要和西班牙语、意大利语一样，获得在欧洲基础教育体系中的地位，这样才能巩固汉语走向国际型语言的成果。”[1]这是颇为中肯的。鉴于过去的经验、教训和新的国际形势，我们也认为，推动国外本土基础教育阶段的中文教学，将是一条很好的国际中文教育发展之路。因而，我们重点关注基础教育阶段的中文教育。

土耳其扼东西之要冲，是一个拥有“中东、欧洲、中亚”三位一体身份的战略要地[2]，同时，也是一个典型的在21世纪将中文纳入基础教育的国家。2005年土耳其将中文纳入高中教学体系，2017年土耳其教育部又宣布，从2018年起在全国初级中学普遍开设中文选修课。这期间，中文教育已在土耳其部分中小学（含职业高中）开展，这为我们研究中文进入一国基础教育阶段后的在地化发展情况提供了良好的样本。因此，本文考察其现状、经验和问题，探讨推动国际中文教育在地化发展的策略和路径。

一、土耳其基础教育阶段中文教学概况

土耳其在基础教育阶段正式开设中文课，是从2005年该国教育部宣布将中文列

为高中阶段的语言课程开始的。最初在部分高中试行，此后得以逐步发展。笔者曾在土耳其担任中文教师志愿者，对有关情况进行了调查和分析。

（一）目前开课的基础教育机构

土耳其基础教育阶段的教学机构有约 6 万所[3]。根据作者的调查统计，目前全土耳其大约有 20 所中小学开设了中文课程。这些学校分布在首都安卡拉，经济重镇伊斯坦布尔、伊兹密尔、梅尔辛等主要城市。如表 1 所示，2018 年在安卡拉和伊斯坦布尔开设中文课的中小学有 12 所，其中有 7 所公立高中：阿塔图尔克高中(Ataturk Anadolu Lisesi)、安卡拉职业高中(Ankara Mesleki ve Teknik Anadolu Lisesi)、迈哈迈特职业高中(Mehmet Ali Büyükhanlı Mesleki ve Teknik Anadolu Lisesi)、厄提雷尔职业高中(Etiler Mesleki ve Teknik Anadolu Lisesi)、雷贝里岛高中(Heybeliada Anatolian Lisesi)、艾冉哲高中(Ayrancı Anadolu Lisesi)、三甲克高中(Sancak Lisesi)；1 所公立初中：白杨溪中学(Kavaklıdere Ortaokulu)；4 所私立学校：佳蕾学校(Jale Tezer Koleji)、阿斯燕学校(Asiyan Koleji)、奥努尔学校(Onur Koleji)、欧雅阿肯学校(Oya Akın Yıldız Koleji)。这几所私立学校为一贯制学校，学生层次从幼儿园至初中。白杨溪中学是当时唯一一所开设中文课程的公立初级中学，为中东技术大学孔子学院的教学点。

表 1　2018 年土耳其基础教育阶段开设中文课的部分学校

序号	学校名称	所在地	性质	开课时间	课程性质
1	阿塔图尔克高中	安卡拉	公立	2006 年	选修课
2	安卡拉职业高中	安卡拉	公立	2008 年	必修课
3	迈哈迈特职业高中	伊斯坦布尔	公立	2010 年	必修课
4	厄提雷尔职业高中	伊斯坦布尔	公立	2010 年	必修课
5	雷贝里岛高中	伊斯坦布尔	公立	2012 年	必修课
6	艾冉哲高中	安卡拉	公立	2012 年	必修课
7	三甲克高中	安卡拉	公立	2016 年	选修课
8	白杨溪中学	安卡拉	公立	2016 年	选修课
9	佳蕾学校	安卡拉	私立	2008 年	选修课
10	阿斯燕学校	安卡拉	私立	2010 年	选修课
11	奥努尔学校	安卡拉	私立	2010 年	选修课
12	欧雅阿肯学校	安卡拉	私立	2012 年	选修课

资料来源：作者对安卡拉大学汉学系原主任欧凯(Bülent Okay)教授、中国驻土耳其大使馆文化参赞史瑞琳、当地中文教师的采访信息综合。

(二)课程的具体安排

目前，中文课程在土耳其的中小学一般被确定为选修课，在部分高中为必修课。据调查，2018年开设中文必修课的高中有5所，分别是安卡拉职业高中、迈哈迈特职业高中、厄提雷尔职业高中、艾冉哲高中和雷贝里岛高中。其中，安卡拉职业高中、迈哈迈特职业高中和雷贝里岛高中全校只有英语和中文两门必修外语课程；厄提雷尔职业高中有4门外语必修课程，除了英语和中文外，还有德语和俄语必修课；艾冉哲高中除了英语和中文必修课外，还有一门德语选修课。在其他中文为选修课的学校，一般还有法语、德语、西班牙语、俄语等选修课程。

在教学时长的安排上，土耳其教育部对基础教育阶段的外语课程量有明确的规定，一般为必修课每周4～8学时，选修课每周2～4学时[4]。中文课也不例外，大部分学校都选择了教育部规定的最低学时数，只在一些专门的学校，如伊斯坦布尔的厄提雷尔职业高中，11年级的学生每周中文课达到了教育部规定的最高学时8学时(见表2)。

表2 2018年土耳其基础教育阶段部分学校中文课开设情况

序号	学校名称	开课年级	周学时	选课人数
1	阿塔图尔克高中	9～12年级	10～12年级2学时 预备班4学时	150
2	安卡拉职业高中	9～12年级	5学时	56
3	迈哈迈特职业高中	10～12年级	4学时	36
4	厄提雷尔职业高中	11～12年级	11年级8学时 12年级4学时	60
5	艾冉哲高中	9～12年级	4学时	210
6	三甲克高中	9年级	2学时	70
7	白杨溪中学	4～8年级	2学时	200
8	佳蕾学校	幼儿园～7年级	幼儿园～3年级1学时 4～7年级4学时	380
9	阿斯燕学校	4～8年级	4年级1学时 5～8年级2学时	160
10	奥努尔学校	1～7年级	2学时	250

资料来源:同表1。

语言课的班级人数，该国教育部也有规定，一般不超过20人。有些学校也会有超过20人的情况，如中东技术大学孔子学院的教学点艾冉哲高中，每个班近50人。目前，全土耳其有1500多名中小学生学习中文课(见表2)。

（三）中文教师及教材

调查发现，开设了中文课的土耳其中小学平均每所学校只有一位本土中文教师，其中，有两位土籍华人在私立学校任教。这些本土中文教师又分为正式教师和代课教师两种类型，其中，多数为代课教师。代课教师薪酬较低，福利与正式在编教师有很大差距。除本土教师之外，在与孔子学院有合作关系的中小学里，还有来自中国的志愿者教师。他们一般以本土教师助教的名义教授口语课、文化课等课型。这些志愿者教师大多为在读研究生，具有教学实习性质，任教时长通常为 1 年，期满即回国，因此流动性较大。

目前土耳其中小学所使用的中文教材都是中国出版的中文教材，使用量最大的是《快乐汉语》(土耳其语版)，其次是《跟我学汉语》(土耳其语版)、《汉语乐园》(土耳其语版)，也有学校正在使用或曾使用过《新实用汉语课本》(英文版)和《HSK 标准教程》(英文版)。

二、土耳其基础教育阶段中文教学发展的经验

土耳其基础教育阶段的中文教学从政府正式推动算起，至今已有 16 年的发展历程。从整体上看，16 年来稳步发展，积累了一些成功的经验。

（一）政府政策驱动发展

土耳其政府重视外语教育，推行多语教育政策，这为中文教学在基础教育阶段的发展提供了良好的基础和氛围。进入 21 世纪后，土耳其政府部门先后出台了三项专门的中文教育政策：2005 年，土耳其教育部将中文列为基础教育阶段的语言课程，在部分高中试点开设；2008 年，土耳其教育部宣布在全土耳其高级中学开设中文选修课，在职业高中开设中文必修课；2017 年，土耳其教育部又推出在全国初级中学普遍开设中文选修课的教育计划。这些政策的颁布，标志着中文被正式纳入土耳其的基础教育体系，为基础教育阶段的中文教育发展提供了重要保障和动力。

土耳其教育部部长曾表示，在土耳其发展中文教学，有利于中土关系，有利于土耳其人理解这个崛起中的政治和经济大国[5]。为此，政府支持中文教学。目前，土耳其境内开办了 4 所孔子学院。政府还设置了奖学金，每年选派 15～20 名学生来中国留学。

（二）教学正规保障发展

土耳其基础教育阶段的中文教学在土耳其教育部的统一管理之下，教学正规。教育部为保证外语类课程的质量，就外语课程的课型、课程量、班级人数等方面都进行了具体的规定，大部分学校中文课程的设置都遵循了教育部的规定；中小学的正式在编中文教师有严格的选拔标准，需要通过教育部组织的教师录用考试，获得相应的从业资格证书，目前，在土耳其有资格在基础教育阶段担任中文教师的人数为 25 人[6]。同时，土耳其教育部门还委托当地孔子学院或大学汉学系对中小学中文教师进行中文知识、教学技能等方面的培训；土耳其中小学目前所使用的几种土耳其语版中文教材都是依据广获赞誉、被证明效果良好的优秀教材改编的。国家教育部门的统筹安排，

使得土耳其中小学的中文教学在整体上正规有序，保障其向着高质量的方向发展。

(三) 大学先行促成发展

土耳其高等教育阶段的中文教学和研究起步较早，1935 年，在时任总统阿塔图尔克的号召下，安卡拉大学史地文学院率先成立汉学系[7]，此后陆续有十余所大学开设中文系或中文选修课，如法提赫大学、埃尔吉耶斯大学、奥坎大学开设了专业课；比尔肯特大学、中东技术大学、519 大学、海峡大学、伊斯坦布尔大学[8]、安卡拉社会科学大学等则开设了选修课。这些学校为土耳其培养了大量汉学家和中文人才，为在基础教育阶段普遍开设中文课程储备了师资。目前，土耳其中小学的中文教师大部分毕业于上述学校。汉学家也成为推动中文教学在土耳其发展的主力军。

(四) 中国文化活动助推发展

多年来，有关方面在当地开展的丰富多彩的中国语言文化活动，吸引了不少人的关注，客观上培养了潜在的中文学习者，从而助推了中文教育的发展。例如，当地孔子学院在开展中文教学的同时，还面向土耳其主流社会开展大量的语言文化活动，促进了当地人对中国的了解，提升了人们对中国语言文化的兴趣。2012 年，中东技术大学附属中学(ODTU Gelistirme Vakfi Ozel Ortakulu ve Lisesi)和艾冉哲高中的学生参加了中东技术大学孔子学院组织的第一届土耳其中学生夏令营，激起了学生对中文的兴趣，随后这两所学校都开设了中文课程[9]。

三、土耳其基础教育阶段中文教学发展的问题

来自土耳其的内在驱动和中国的外在支持，使得土耳其的中文需求处于上升趋势，基础教育阶段的中文教学势头良好，但在具体推进的过程中，也存在不尽如人意的问题。

(一) 相关部门实施力度不够制约发展

土耳其政府虽然出台了支持中文教育发展的政策，但在具体的实施方面，推动落实乏力，政府没有专门的资金支持，也没有设立专门的项目，主要靠学校和民间力量支撑。

由于政府缺乏财政上等实质性的支持，许多中小学对于开设中文课程的积极性不高。我们看到，开设中文课程的中小学数量相对过去虽然提升明显，但总量较少，且有停开现象。2005 年，在中文被纳入高中阶段课程之初，教育部原计划在 10 所高中试点开设中文课，但最后只有 7 所成功开设。2017 年，土耳其又宣布将中文纳入初中阶段的课程，教育部也计划在 10 所初中试点，但到目前为止(2022 年 2 月)，还没有学校响应该计划。同时，由于土耳其中小学中文教学起步时间不长，相关部门的具体管理政策尚不完整，也导致在宏观上出现一些问题，比如教学的系统性、连贯性较差，小学、初中、高中以及大学中文课缺乏衔接制度和机制，导致几乎每一个学段都需要从零基础学起；教材、教法、评估没有统一标准，学校在教师招聘、教材选择、教学评估等方面各自为政，自说自话等[10]。这些问题严重制约了土耳其中文教学的发展壮大。

（二）“三教”本土化薄弱影响发展

“三教”（教师、教材和教学法）是保证中文教学成功开展的重要因素。然而，目前土耳其的中文师资数量少、水平参差、队伍不稳定、后续人才缺乏；本土教材缺失、由我国学者编写的通用型教材当地适用性不强，切合当地实际的成系统的中小学中文教学法还没有形成[11]。这些问题已经成为土耳其中文教学后续发展的突出制约因素。部分学校反映，在开设中文课程时面临着招聘不到合适的师资，教材、教辅、教具匮乏，生源少等具体的困难；有的学校甚至因教师辞职、一时找不到合适的师资或教学效果不佳、生源流失等原因而选择停开中文课，如伊斯坦布尔泽伊廷博努高中（Zeytinburnu ihsan Mermerci Anadolu Lisesi）、安卡拉中东技术大学附属中学、安卡拉英吉学校（Ince Koleji）等。这些情况表明，制约当地中文教学发展的因素，已经不是需求，而主要是供给不足。

（三）认识不统一干扰发展

近年来，逆全球化的趋势以及少数西方国家对中国全面围堵的态势，影响了一部分人对于中土文化交流的积极性，土耳其政府内部也出现了一股干扰中文教学政策推行的无形力量，成为有关政策难以落地的原因之一。比如，在全土耳其初中阶段开设中文选修课计划施行缓慢，就与政府内部的反对力量掣肘有关。另外，民间对开设中文课程的必要性和重要性的认识还有限，尤其是基础教育阶段的校长、家长和学生，对于中国和中文重要性的认识明显落后于大学。这种情况在世界上具有一定的普遍性，有学者称之为“倒挂”现象，并认为是由“扩散”效应引起的[12]。土耳其即如此，高等教育阶段的中文教学历史较为悠久，而基础教育阶段的中文教学起步较晚，发展也相对缓慢，虽然政府发布了政策，但民间的跟进不如预期。这些都是制定国际中文教育发展政策和策略时需要着力解决的问题。

四、土耳其基础教育阶段中文教学现状的启示

从以上分析可以看出，土耳其政府顺应形势和发展的需要，出台中文教育政策，基础教育阶段的中文教学有了良好的起步。但在推行过程中，由于多方面因素的影响，学校、家长和学生的积极性并未得到充分激发，再加上新冠疫情的影响，近几年发展不尽如人意。据我们观察，其他一些国家和地区，尤其是西亚、中亚、中东欧、南美、非洲等中文教育处于起步阶段的国家和地区，也不同程度地存在这样的情况。

通过考察，我们感到，无论其好的做法和经验，还是某些缺憾和困难，都可为我们思考、规划和推动国外基础教育阶段的中文教学带来启示，尤其是在推进国际中文教育在地化、通过融入当地谋求发展方面具有重要的参考价值。以下几方面的思考或许可以为解决土耳其等国家的问题提供一些思路。

（一）寻求政府重视是关键

土耳其中小学中文教育之所以起步良好，最重要的因素是政府重视。正是在土耳其谋求国际发展的大背景下，因为中土关系的良好发展和我国实施“一带一路”建设，土耳其政府出台了专门的政策，支持发展中文教育，因而直接促成了基础教育阶段中

文教育的起步。一个国家的基础教育，一般都是由中央政府主导的，因而政府的态度决定了中文教育在该国基础教育阶段开展的可能性和实施力度等。因此，在推进国际中文教育在地化发展的过程中，争取政府的支持是关键。我们需要充分尊重当地政府在中文教育上的主动权和决策权，同时，积极利用该国既有体制、机制和需求来推动政府出台有利于中文教育发展的相关政策。

（二）强化实施是保障

政府的政策支持是开展中文教育的基础和重要条件，但如果仅有国家政策，而没有切实可行的实施举措，那么也就很难把中文教育落到实处，更难有良好的发展。

从土耳其的情况来看，政府多次出台政策同意和支持在基础教育阶段开展中文教育，但由于没有相应的配套措施和资金支持，跟进不够，因而虽然起步了，但发展得不尽如人意。这无疑是应当引以为戒的教训。因此，在政府政策出台后，必须努力推动有关方面出台各种有力措施积极跟进，推动落实，否则政府的政策就会成为一纸空文。

在推进国际中文教育发展的实施办法方面，国际上是有成功经验的。比如，在统筹管理和实施督察方面，新西兰、法国等国家设置了中文课程顾问或中文教学督导这样的角色，来对全国的中文教学进行宏观指导，取得了很好的效果。这些成功经验可以向当地政府有关部门进行推介，并积极推动借鉴。

利用当地既有的相关政策和项目来推动中文教学，也不失为一项重要的对策。因为有基础、有参照，相对容易成功。比如，2011年，土耳其教育部启动了一项为期5年的英语教学提升工程，投入1.5亿里拉(按2011年汇率折算约合人民币5.55亿元)在学校开设英语咖啡馆，为流行卡通电视片和儿童电影翻译英文字幕，聘请母语为英语的教师与土耳其英语老师共事等[13]。那么，我们也可以尝试推动当地政府设立类似的项目计划。

要将政策落到实处，还需要深入他国社会开展需求调研和相关国情民情调研，根据对方需求和基础来制定推进计划，这是国际中文教育融入当地发展的关键环节。就土耳其的情况来看，虽然国家有支持政策，但许多中小学校长对中文课程不感兴趣，响应者不多。出现这种情况的原因在于，一些中小学校长对中国不了解，或是没有看到中文课程对学校发展可能带来的好处，因而影响了政策的落实。深入调研，一是可以加强与有关人士的沟通，增进了解和互信；二是可摸清对方的兴趣和需求，从而制定对方感兴趣的合作项目以刺激其开办中文课程的积极性。

（三）乘势借力是捷径

土耳其政府对中文教育的重视，其中一个重要的原因是中土经贸合作的不断加强，尤其是我国“一带一路”倡议的实施，使其看到了发展机遇。土耳其总统埃尔多安曾公开表示：“‘一带一路’倡议将为提高沿线国家基础设施和技术水平，开拓连接各大洲的陆路、海路和空中交通走廊做出重要贡献，土耳其会不遗余力地参与并支持‘一带一路’建设。土耳其非常高兴能与中国一起来共同实现这个具有历史意义的伟大计划。”[14]这表明，国际中文教育的发展，需要善于利用我国与其他国家的重要合作事项，来乘势推进，借力前行。正如有学者所指出的那样："借重'一带一路'等各种大战略和对外交流，以及企业的国际合作，主动融入，搭载传播，借力发展。这是两全其美之事。"[15]这不仅有利于扩大发展，也有利于融入当地。

充分利用当地资源也至关重要。世界各国都或多或少存在着有利于中文教学开展的因素，如当地的华人组织、高等教育机构中跟中国有关的院系、中外友好协会、中国商会、当地社区教育管理机构和学校董事会等，我们要充分利用这些机构的社会影响力和资源来展开活动。"努力融入当地的教育体系、社会组织体系、制度体系、'生态'体系和话语体系，逐步在地化，落地生根，持续发展。"[16]只有深度在地化，才可能大发展、可持续。

与此同时，也需要关注影响中文教学的消极力量。世界各地都难免存在程度不同的反对者和不理解者，反对理由五花八门，有些是出于政治警惕，有些是出于对学生压力过大的担忧，有些是出于对民族语言的维护……就需要我们深入研究反对者的动因和意图，有针对性地化解隔阂和误解，以排除阻力。

（四）刺激需求是良策

土耳其中小学中文教学情况给我们的另外一个重要启示就是，采取各种方式刺激需求、创造需求，很见成效。例如，可通过举办丰富多彩的文化活动，来吸引更多的人了解中国语言文化，刺激其学习需求，以培育潜在的学习者。从土耳其的情况来看，土耳其社会有着巨大的待开掘的中文需求潜力。但目前整个社会中文学习的氛围还不够浓厚，校长、家长和学生层面许多人缺少对中文学习的兴趣，主要原因还是对中国和中国语言文化了解不够。从相关实践来看，在当地有计划地系统举办形式多样的活动，可营造了解中国语言文化和学习中文的氛围。例如，孔子学院在当地持续举办"汉语桥"大学生中文比赛等品牌活动；土耳其国际学术与文化研究基金会已连续数年联合我驻土大使馆举办"我想象的中国"高中生绘画比赛，并组织由获奖学生及教师代表等组成的"中土友好希望之星访华团"访华……这些活动有效地激发了学生学习中文的兴趣，甚至促成了相关学校中文课程的开设，将学习兴趣转化为实际的学习需求。

（五）突破"三教"瓶颈是要务

我们调查发现，中文教师缺乏、教材不尽适用、教法不切实，也是制约土耳其基础教育阶段中文教学发展的重要因素。在土耳其，由我国提供的通用教学大纲、教学标准、通用教材以及中文师资，虽在中文教学发展初期起到了缓解燃眉之急的作用，但都程度不同地出现了水土不服的现象。此外，美国等西方国家近年来对我国语言文化传播的污名化，也挑起了一些国家对我国外派教师的戒心，使得我国外派教师发展国际中文教育增添了阻力。因此，从长远来看，无论师资、教材，还是大纲、标准和其他教学资源，都还须借助当地的力量来解决，不断提升在地化程度，以保障可持续发展。同时，我们也应主动作为，加强研究，积极为当地解决"三教"瓶颈问题提供帮助。在师资方面，除了派遣志愿者之外，还应努力推动和协助当地加大培养本土教师的力度，甚至可以协助对方具备条件的学校开办中文教育师范专业，实施多样化培养，包括以“请进来”的方式合作培养；在教材和教法方面，建议中外语言交流合作中心等相关单位，可以考虑设立国外基础教育阶段中文教学研究专项，大力推动和支持更多的研究者与相关国家教师合作，研发国别化、针对性强的基础教育中文教材和辅助学习资源，研究适应当地中小学的中文教法，为国外基础教育阶段的中文教学提供切实有效的帮助。

结语

本文以土耳其基础教育阶段的中文教学为样本，对其现状、经验和问题进行了考察。土耳其基础教育阶段的中文教学经历了 16 年的稳步发展，既有成功的经验，也存在一些困难和问题。据我们的初步考察，土耳其政府出台了专门的中文教育政策，为中文教学在土耳其基础教育阶段的发展提供了重要动力；土耳其教育部门的统筹安排，保障了土耳其中文教学的正规有序发展；既有的中文教学和汉学研究基础为土耳其中文教学提供了良好的基础条件；同时，为了助推中文教学发展，有关方面组织了各类中国文化活动，刺激了学生和家长对中国语言文化的兴趣，产生了良好的效果，有些活动直接促成了中文课程的开设。另外，土耳其的中文教学发展也存在实施力度不够、“三教”本土化薄弱、认识不统一等问题，使得发展不尽如人意。这些都对我们探讨国际中文教育在地化发展的策略和路径具有借鉴意义。它给我们的重要启示是，在新的国际形势下，要进一步发展国际中文教育，关键是寻求当地政府重视，同时要强化实施，把中文教育落到实处；在具体的实施过程中，要善于利用我国与其他国家的重要合作事项，借助当地的有利时机和资源来乘势推进，借力前行；采取各种措施，刺激需求，创造需求；加强研究，协助当地突破“三教”瓶颈。其中，最为核心的一点，就是努力推进国际中文教育的在地化，通过在地化实现大发展和可持续发展。

当然，由于每个国家的国情不同，国际中文教育不可能有统一模式，其发展，尤其是在地化发展，必须因地制宜，努力探索适合不同国家国情的发展之路。

* 本文系教育部哲学社会科学重大课题攻关项目【18JZD015】“新时代国家语言文字事业的新使命与发展方略研究”的阶段性成果。

注释：

[1] 桂涛:《为何法国汉语教学领跑西方——专访欧洲汉语教学协会会长白乐桑》,《参考消息》2017 年 5 月 31 日,第 11 版。

[2] 肖宪:《构建中国与土耳其新型战略合作关系》,《西亚非洲》2011 年第 9 期,第 14～16 页。

[3] 刘军、王亚克:《土耳其教育体制与汉语国际教育研究》,《云南师范大学学报》(对外汉语教学与研究版)2019 年第 3 期,第 62～71 页。

[4] E. Gürsoy、Ş. Ç. Korkmaz、E. A. Damar,“Foreign Language Teaching Within 4＋4＋4 Education, System in Turkey:Language Teachers' Voices”,*Egitim Arastirmalari-Eurasian Journal of Educational Research*, 53/A, 2013,pp.59-74.

[5] 昝涛:《中土关系及土耳其对中国崛起的看法》,《阿拉伯世界研究》2010 年第 4 期,第 59～66 页。

[6]《土耳其初级中学明年将开设汉语选修课 教材编撰中》,《海外华文教育动态》2017 年第 11 期,第 130 页。

[7] [土]阿尤布·撒勒塔史:《1935 年以来的土耳其汉学研究》,《西亚非洲》2014 年第 2 期,第 149～157 页。

[8] 杨晓霭:《中文"本土化"教学与汉语国际教育专业硕士的培养——以土耳其汉语教学为个案》,《中国大学教学》2012 年第 6 期,第 35～38 页。

[9] 王亚克、刘军:《土耳其中小学汉语教学发展问题研究》,《海外华文教育》2018 年第 4 期,第 94～102 页。

[10] 刘军:《土耳其汉语教学的发展与困境》,《国际汉语教育》2012 年第 2 期,第 75～83 页。

[11] 王亚克、刘军:《土耳其中小学汉语教学发展问题研究》,《海外华文教育》2018 年第 4 期,第 94～102 页;刘军:《土耳其汉语师资现状调查与分析》,《国际汉语学报》2012 年第 3 卷第 1 辑,第 196～201 页;贾昊:《土耳其安卡拉地区汉语教学"三教"(教师、教材、教法)问题调查研究》,云南大学硕士学位论文,2015 年。

[12] 李敏:《美国大学的中文教育管窥——以佐治亚理工学院为例》,《第九届国际汉语教学研讨会论文选》,2008 年,第 23～29 页。

[13] G. Saricoban,"Foreign Language Education Policies in Turkey", *Procedia-Social and Behavioral Sciences*, 46,2012,pp.2643-2648.

[14] 侯隽:《土耳其总统埃尔多安:"一带一路"是共赢之路》,《中国经济周刊》2017 年 Z2 期,第 69 页。

[15] 赵世举:《中国语言文化国际传播的境遇及反思》,《中国语言战略》2016 年第 3 卷第 2 期,第 10～16 页。

[16] 赵世举:《积极应对国际中文教学的新情况》,《中国社会科学报》2021 年 5 月 11 日,第 A03 版。

【民间文学研究】

基于社会建构主义的身份认同建构

——日本民俗学关于非遗保护的探讨

徐 磊

（广东外语外贸大学日语语言文化学院/东亚文化研究中心，广东广州，510420）

内容摘要：在差异无处不在的后现代语境中，身份认同问题成为学界研究热点。日本民俗学者围绕非遗保护进行了长期深入的探讨，讨论的焦点之一便是身份认同的建构问题。相关研究展现了日本民俗学界由本质主义向建构主义，继而向社会建构主义发展的过程，也折射出世界范围内哲学思想背景的变迁。作为对后现代主义的超越，社会建构主义运用辩证法分析社会知识的发生机制，探究身份认同的建构属性与具体建构方式，其思想理路一方面走出了后现代主义的虚无困境，另一方面又将身份认同的相关思考引向了实践方式的探讨。身份认同的建构也是中国民俗学者必须直面的重要课题，从社会建构主义的视角分析日本民俗学界关于非遗保护的论争，可为中国民俗学的学科发展以及非遗保护的实践提供启示。

关键词：社会建构主义；非遗保护；身份认同；日本民俗学；中国民俗学

在非遗保护的热潮中，民俗遗产化、文化产业化使得民俗事项及其传承者和保护者发生着前所未有的变化，给民俗学者带来一系列的学术与实践难题。日本民俗学者围绕非遗保护引发的一系列现实问题，从民俗学学科发展的角度展开了深入探讨。日本权威期刊《日本民俗学》以研究动态专号的形式，两次开设专栏讨论非遗保护的课题[1]。相关讨论的焦点之一是身份认同的建构问题，而这一问题也是中国民俗学者在非遗保护热潮中必须直面的重要课题。

围绕非遗保护与身份认同的课题，中国学者或主张非遗保护对构建民族文化身份认同的重要意义；或讨论非遗保护中身份认同的构建路径；或探索非遗保护中身份认同构建所涉学科理论问题。如林青、高秀华指出，非遗保护是构建闽台共同文化记忆的重要途径，对增强民族凝聚力，建构文化身份认同乃至国家认同意义重大[2]；刘垚探讨了非遗老字号品牌认同重构的主要路径——以民俗叙事建构民俗认同，强化地域认同，进而促进品牌“差异性”和“优势性”的确立[3]；刘晓春认为通过非遗维护民族文化认同的同时，应注意非遗是一种现实的社会建构，民俗学应超越“探求本真性”的学术范式[4]；季中扬探讨了非遗保护中区域文化认同的排异性、多样性，指出建构地域文化认同时应尽可能利用非遗等地域文化资源[5]。

中国学界的相关先行研究一方面肯定了非遗保护对身份认同建构的重要意义，另一方面关注到非遗保护中文化认同的建构性，探讨了从本质主义到建构主义的哲学思想转变中民俗学应采取的学科立场。就目前研究现状来看，有待进一步深入探讨的问题是，超越本质主义“探求本真性”的学术范式之后，除了解构本质主义所谓的“文化本真性”，揭示非遗时代文化认同的建构性，民俗学者还应做些什么？民俗学将去往何方？关于这一课题，日本民俗学界的相关论争可为中国学界提供有益的参照。以下从社会建构主义的视角出发，围绕身份认同问题，分析日本民俗学界关于非遗保护的论争，进而探讨其对于中国民俗学的学科发展以及中国非遗保护实践的启示。

一、社会建构主义与身份认同

当代身份认同问题的探讨始于关于个体主体性的精神分析的研究。20 世纪 80 年代以来，随着全球化与地方化的两级互动，文化研究异军突起，在差异无处不在的后现代语境中，认同问题成为学界关注的焦点，认同理论也随之经历了从精神分析到文化研究的转变，探讨对象由个体主体性转向集体主体性。

关于身份认同的论争主要围绕两种模式展开——本质主义模式与建构主义模式。本质主义模式认为身份认同的形成源于共同的起源、结构，或是一定时间段内连续相同的共同经历，其内容包含内在、本质、永恒不变的部分；而建构主义模式则强调身份认同在差异的语境中被交错甚至是对立的话语实践并建构着，一直处于动态、变化的过程中。人们关于知识的关注焦点，从本质主义的“知识是什么”的问题，转向建构主义的“知识是如何发生”的问题[6]。这两种模式的论争体现了理论思想界从现代主义向后现代主义的转向。后现代主义主张揭示知识的建构性，以解构主义消解各种决定论，从而实现对现代主义的批评，但这种消解并不以新知识的确立为目的，最终极易陷入相对主义的虚无。

面对后现代主义的虚无危机，社会建构主义提出了建设性的新主张。“社会建构”一词最早出现在《实在的社会建构》一书中，该书作者美国社会学家贝格和德国社会学家卢克曼认为，包括日常生活中的常识在内，所有的知识都来自社会的交往。人们的交往强化了他们关于实在的共识[7]。社会建构主义最初只是一种知识论立场，后被广泛运用于各种精神现象，乃至物质现象的阐释中，成为一种本体论世界观，为学界提供了广阔的哲学视野。

总体而言，理论思想界经历了从现代主义向后现代主义、再向社会建构主义转变的过程，其发展体现在理论范畴、方法原则、概念构架、真理观、理论目的等各个方面。现代主义关注主客体间的关系，坚持绝对主义的方法论，提倡用结构主义反映世界，以本质主义为宗旨，强调真理的绝对性或价值中立；后现代主义关注主体间的关系，坚持相对主义的方法论，提倡以解构主义消解一切，以反本质主义的建构主义为宗旨，强调无真理或理论负荷性；社会建构主义关注主体间以及主客体间的关系，坚持共建的辩证方法，主张共建主义，提倡社会地建构世界，以本质的建构主义为宗旨，强调真理的共建性或社会性[8]。

尤其值得注意的是，社会建构主义认为任何知识或其他人造物都是集体智慧的结晶，是社会建构的结果。与建构主义模式相同，社会建构主义反对决定论，肯定知识的建构性。但社会建构主义强调知识共建的辩证性，主张从单向决定论转向互动论，其目的不是质疑一切知识的本质、永恒，不是解构本质主义，而是建构"共建知识的辩证法"[9]。换言之，社会建构主义不仅探讨知识如何被建构，更将目光最终指向"如何建构知识"的实践问题。其对于实践问题的关注主要体现在关于辩证性的主张中。

社会建构主义的辩证性可归纳为互动性、商谈性、超越性这三种形式。其中，互动性指通过语言或知识，使人与世界、客观与主观、个人系统与社会系统等之间互相转化，反映了作为集体的人与所处社会世界之间的相互作用；商谈性指群体内成员使用共享的语言进行交谈；超越性指通过客观知识(社会或公共知识)与主观知识(个体知识)之间的不断循环，达到不断超越自我、超越知识的目的[10]。从社会建构主义的视角而言，人与外部世界之间可通过语言或知识相互建构，这种建构应以一种平等对话的商谈方式达成，在这一建构过程中知识得以不断丰富和发展。

社会建构主义侧重于分析知识或关涉人的社会现象，十分适用于探讨身份认同的问题。在身份认同研究领域成就显著的社会认同理论，正是基于社会建构主义的视角，打破了个体与群体的区隔，将个体的自我认同解读为在群体关系中形成的建构产物，强调身份认同的社会建构性、集体性[11]。面对当今非遗保护现状，有必要从社会建构主义的视角出发，进一步深入探讨非遗保护过程中突显的身份认同的建构问题。

二、日本民俗学关于非遗保护的探讨

(一) 从乡土研究到历史民俗学——本质主义的身份认同

作为日本民俗学之父，柳田国男大力倡导乡土研究，指出研究过去是为了看清现在的问题所在，帮助人们走出现实困境。其乡土研究以民众幸福生活为目的，旨在通过研究民俗，让民众过上幸福生活。柳田国男十分重视非物质文化遗产的保护，参加了日本最初的文化保护制度的制定工作，但他对当时日本文化保护的相关做法持批评态度。在最初的日本文化保护制度中，民俗文化被用于政府的爱国教育，文化财产被当作为国家民族主义服务，构建全民族身份认同的工具。柳田国男反对这种自上而下一刀切，无视当地住民生活的做法[12]。在这场官方主导的爱国教育运动中，民众作为身份认同的主体是缺席的，完全由国家和部分持民族主义思想的民俗学者操控着话语权。

其后，日本民俗学离民众越来越远，将民俗学研究对象固化为出现三代以上的民间传承[13]，开启了历史民俗学派的研究道路。总体而言，历史民俗学派主要关注民俗文化的历史，力图透过历史梳理，构建文化传统，树立大和民族的民族精神，确立大和民族的集体身份认同。在坚持历史民俗学研究道路的学者们眼中，本质、内在、永恒不变是身份认同的核心，且身份认同的形成源于共同的起源、结构，或是相当长的时间段内连续相同的经历。这种本质主义身份认同的认识在日本民俗学界长期处于主流地位，至今仍具有极大的影响力。

（二）民俗学主义视角下的反思——建构主义的身份认同

全球非遗热潮兴起后，西方民俗学主义以及公共民俗学理论传入日本，对日本民俗学界关于非遗保护的探讨产生了极大影响。由于日本学术界传统倾向保守，西方新理论在日本民俗学界的接受过程较为艰难。1990 年，河野真首次将民俗学主义介绍到日本，但并未很快得到学界强烈反响。直至 2003 年，日本民俗学权威学术团体——日本民俗学会才在学会杂志《日本民俗学》上以民俗学主义专号的形式，发表了十余年来日本民俗学主义研究的阶段性成果。这些论文围绕民俗文化资源化、遗产化等问题展开探讨，其研究焦点是："民俗是什么""面对民俗的利用，民俗学应该做什么"等问题[14]。

关于"民俗是什么"这一课题，日本民俗学主义研究者普遍认为，在非遗保护运动和民俗文化资源化热潮的推动下，"民俗"不再是固定不变的传承，在观光客、地域社会、媒体、政府等多方影响下，民俗文化不断被重构，被更新。其中，民俗的资源化现象尤为突出，包括以振兴地方经济为目的的观光资源化，以新的认同建构为目的的素材化等等[15]。日本民俗学者明确认识到观光客、经济团体、媒体、政府等外来因素是重构民俗文化，建构传承地住民的身份认同的重要力量。

而关于"民俗学应该做什么"的问题，日本民俗学主义研究者批判了经济团体、政府、学者等外部力量对民俗的利用，相关研究或提倡对研究对象精准地进行科学观察与分析，重点考察民俗是如何被利用，被建构的；或认为民俗学者应帮助民众反抗来自政治、强权的外部压制。作为"民俗学主义专号"的组织者，岩本通弥主张运用"记忆"这一概念，在田野调查和研究中"努力记录记忆的复数性和多样化的住民的声音"[16]，从而达到为民发声的目的。

由上可知，日本民俗学者从民俗学主义视角出发，解构了传统的本质主义民俗观，颠覆了关于民俗的内在、本质的界定。但同时也应注意，无论是主张考察民俗文化被重构的现象，还是批判政治性的利用，这些观点大都只停留在揭示身份认同的建构性或批判社会文化政策上，其影响基本限于学术领域，对现实社会产生的作用甚微[17]。

从哲学思想而言，后现代主义对于决定论的反思贡献重大，但其对于决定论的消解并不以新的知识为目标，这就使得解构的垃圾越堆越高，极易导向相对主义的虚无。日本民俗学主义视角下的反思充分体现了世界范围内后现代主义语境下身份认同的建构主义研究模式。相关探讨虽然反思了过去固化的本质主义民俗观，拓宽了学人的研究视野，将目光转向了现代，但其极端发展也极易导致相对主义的虚无。民俗学主义传入日本后，有的学者极大地扩展研究范围，开始研究关于人生问题的热线电话、手机、便利店、色情服务等等课题[18]，民俗似乎成了什么都是，又什么都不是的空洞概念。这种相对主义的虚无也引起了日本民俗学者的警惕与批判[19]。

（三）新公共民俗学的新在野之学——社会建构主义的身份认同

在民俗学主义的推动下，日本民俗学界开始就新时代民俗文化的变化、民俗的现代性问题展开深入思考，学者们开始呼唤民俗学应该回归民众。作为当代日本民俗学泰斗，福田亚细男提出回到“在野之学”的主张，认为民俗学应该回归对当地民众生活的关注。他指出，日本民俗学最初身处国家学科体系之外，是关注民众现实生活的在野之学，而在20世纪60年代之后，学院派出现并占据日本民俗学主流地位，渐渐远离民众生活。福田亚细男认为民俗学不应依存于政治体系，而应回归在野之学。学者应按照自己的意识去研究地方文化，再将研究成果回归于野，在当地开展带有公共性质的民俗实践[20]。

值得注意的是，福田亚细男虽然认为民俗学者应该开展民俗实践，但他不主张学者与政府官方合作。与福田亚细男不同，日本新公共民俗学认为政府也是民俗实践协同合作的行为方之一，学者是沟通地方民众与政府之间的桥梁，学者与政府官方的合作不仅不可避免，而且是至关重要的。

公共民俗学作为西方理论，在日本民俗学界的发展过程也十分艰难。公共民俗学认为学者应发挥沟通桥梁的作用，将民众与官方等不同的机构组织联系在一起。在此基础上，日本民俗学者菅丰提出新在野之学——新公共民俗学。他主张学者深入参与当地公共性的社会实践活动，真正进入当地，成为当地的一员。菅丰也认为民俗学应回归柳田国男为民众谋幸福生活的宗旨。他提倡以此为宗旨的文化资源化，提出通过嵌合式管理制度实现研究者、当地住民、经济团体、官方等各行为方的共同协作[21]。菅丰认为，非物质文化遗产具有生成传统性这一特殊感情和感觉的特征，有独特的经济价值、精神价值和社会价值，在为人类谋幸福方面意义重大，应保护、保存以及有效利用非物质文化遗产，从而守护和创造人类的丰富生活[22]。

菅丰称自己受到建构主义的重大影响[23]，而并未提及社会建构主义。实际上，他确实从建构主义视角对民俗文化的建构性进行过论述，但他并未止步于此，而是进一步探讨如何合理地开展民俗实践活动，提出建构地方身份认同的具体方式——各行为方平等享有话语权，共同协作。其思路正是社会建构主义的身份认同的思想理路：强调互动性，强调知识“共建”的辩证性，最终目的是建构“共建知识的辩证法”。

三、对中国民俗学发展及非遗保护的启示

反观中国民俗学的学科发展以及非物质文化遗产保护的现状，中国民俗学者正面临非遗保护带来的一系列理论与实践难题，而日本民俗学者相关探讨的发展历程以及新兴的研究视角、学术观点正可为中国学界提供参考。

(一) 社会建构主义对中国民俗学的启示

近年来，中国民俗学界兴起了关于实践性的探讨，吕微、户晓辉等学者提出实践民俗学的主张[24]，实践民俗学逐渐成为民俗学领域的热点话题[25]。实践民俗学主张将民俗学引向实践，以经世济民为目的。吕微借助康德对理性的分类，探讨了三种不同的学术范式，并指出中国民俗学应过渡到纯粹实践理性的学术范式[26]。社会建构主义同样源于康德，受到康德的建构思想的极大影响，从知识的生产过程入手，强调知识的建构性、建构的社会性、“共建”的辩证性，将身份认同的相关思考引向了实践方式的探讨。社会建构主义的视角以及充分体现了其核心理念的日本新公共民俗学的

民俗实践，可为中国实践民俗学的探讨提供有益的参考。

此外，学术伦理问题也是中国民俗学界的热点话题之一。在“主体间性”的伦理要求下，学者们开始积极探讨研究者与被研究者之间如何进行平等对话的问题[27]。随着非遗保护中企业、媒体、政府等外部力量的突显，这些外部因素的影响也进入了学者们的研究视野。在当下“遗产主义”[28]时代，相关探讨也引发了学界关于文化遗产本真性的讨论。刘晓春指出，所谓“本真”文化实际上是现实的社会建构，随时代发生变化，并持续地为人们所认同，即呈现其“本真性”，应避免少数掌握话语权者对“本真”文化进行歪曲的建构[29]。关于如何防止歪曲的建构，黄涛提出以“社区认同”为非遗本真性的重要衡量标准，主张“社区之外的力量对特定非遗项目保护中重要问题的看法、所采取的保护措施以及其它外部因素对非遗传承的影响都必须获得社区认同”[30]。

对于上述民俗学界关于学术伦理、民俗文化本真性等学术前沿问题的探讨，社会建构主义也可提供有益的思路参考。如前所述，社会建构主义的辩证性包括互动性、商谈性、超越性这三种形式。就互动性而言，人与所处社会一直发生着相互作用，民俗文化由人传承，处于不断被建构的过程中；就商谈性而言，非遗保护应通过平等交谈的话语方式达成身份认同的建构，而交谈各方应包括作为传承主体的社区以及政府、学者、媒体、企业等外部影响因素；就超越性而言，包括身份认同在内的知识处于不断丰富和发展之中，所谓文化的“本真”不是固化不变的客体存在，而是个体知识与社会、公共知识不断循环发展，不断建构而成的具有超越性的本真。

实际上，上述民俗学界热点论题最终都指向真理观的探究。吕微曾从哈贝马斯的三种有效宣称出发，反思了启蒙主义以来工具理性无节制的泛滥，提出研究者应坚持沟通理性的整体真理观，重视研究者与被研究者之间的主体间性，“承担起应负的知识伦理责任或知识责任伦理”[31]。从真理观的视角而言，社会建构主义的观点反映了沟通理性的整体真理观，强调顾及沟通效果的责任伦理、关怀伦理，相较于真理宣称，更关注正当(规范)宣称和真诚宣称。此外，社会建构主义探讨的范围不仅限于研究者与被研究者，而是关涉社区身份认同建构过程中发挥作用的各方力量，主张各行为方之间的相互协商。

虽然社会建构主义也存在一定的局限性，难免理性与非理性之间的解释循环[32]，但在后现代主义与现代主义的对决发展至极限之时，尤其是后现代主义走向相对主义虚无之时，社会建构主义基于辩证法开辟了一条知识“共建”的新道路，这无疑为包括民俗学在内的人文社会学科提供了新思路、新方向的可能。

（二）非遗保护中民俗学者的责任

以福田亚细男为首，日本民俗学者普遍认为应回归柳田国男的民俗学，坚持民俗学为民谋幸福的目的，以应对当前非物质文化遗产保护浪潮中民俗文化的变化。日本新公共民俗学更是将民俗实践进行到底，深入参与社区公共性的社会实践活动。民俗学的实践问题已成为日本民俗学界讨论的焦点[33]。

如前文所述，近年来，中国学者也十分关注民俗学的实践性问题。户晓辉从学科性质的角度，借助亚里士多德对科学的分类说明，提出民俗学属于实践科学，应贯彻实践，以为民谋幸福为最终目的，而非陷入认识科学的困境[34]。亚里士多德的学科分类包括理论学科、实践性学科和创造性学科三类，民俗学除具有实践性科学的特点之外，也具有创造性科学的特点，到底在分类上属于哪类科学，尚值得商榷，但户晓辉关于民俗学实践性的论述对于民俗学的学理探讨十分有建设性。民俗学在成立之初便具有鲜明的实践性，民俗学所研究的民俗从来不是自然客观事实，而是人为建构而成的研究范畴，其界定也一直在发展变化当中。

基于建构主义视角的民俗学研究批判外部因素对民俗文化的歪曲建构，但并不主张研究者参与探讨“如何避免歪曲建构，如何开展合理建构”的民俗实践。当民俗学者积极参与民俗实践时，会受到建构主义关于谁才有资格判断何为“合理”建构的质疑。可是，若按照建构主义消解一切的思维模式来看，何为外部因素对民俗文化的“歪曲”的建构，作为传承某一特定民俗文化的当地人以外的学者，恐怕也没有下判断的资格。这就使得问题又回到了原点，从建构主义视角来看，研究者的任何话语行为都是建构，关于研究对象的一切观点都是作为外部因素的研究者操控自己的学术语言进行的个人言说，是德里达所说“甘冒意义虚无的危险”的“延异游戏”[35]。问题的关键在于，如果不跳出这种建构主义消解一切的思维定式，民俗学将陷于极端建构主义的虚无困境而难以前行，而社会建构主义为这一困境提供了一个可能的出口。

从社会建构主义的视角而言，人是社会的产物，社会也是人的产物。身份认同是身处社会的人所拥有的社会知识，必然具有建构性。社会建构主义的重要突破之一在于将知识建构问题引向了建构方式的探讨，而这对于身处非遗保护浪潮的中国民俗学者具有重要的启发意义。从建构主义视角出发论述非物质文化遗产的建构性，批判外界的过度干预，这固然十分重要，但其对现实社会产生的实际效用十分有限。要充分发挥民俗学的实践性特征，达成民俗学为民谋幸福的宗旨，民俗学者在揭示民俗文化之建构性的基础上，还应主动承担起非遗保护的重任，通过亲自参与民俗实践与相关理论探讨，摸索如何尽量避免歪曲的建构，如何开展合理的建构。当然，民俗学者们的知识结构、学术取向、研究兴趣不尽相同，不能要求所有学者都投入非遗保护的践行与理论研究中去，但民俗学者在非遗保护工作中确实有着不可推卸的责任。

（三）非遗保护中身份认同建构的问题

非遗保护中身份认同建构的问题十分复杂，学者们面临一系列的难题与挑战：谁为谁如何建构怎样的身份认同？在此，社会建构主义主张的互动性、商谈性与超越性，以及日本民俗学界的学术探讨与民俗实践，可以为我们提供广阔的视角与实践参考。总体而言，在非遗保护过程中，实施身份认同建构的行为者是社区、政府、学者、媒体、企业等各方力量；建构身份认同的目的是实现当地民众的幸福生活，应以当地住民为受益者；在身份认同的构建过程中，必须充分尊重作为非遗传承主体的当地住民的主体性，坚持采取各行为方平等对话、协同合作的方式；促成不断丰富、持续发展的，以社区认同为重要衡量标准的文化身份认同。

在实践中，学者面临许多非遗保护工作的具体问题。比如，要充分重视社区民众的主体性，应如何收集当地人的想法？当社区内部人们的意见不统一时，应如何处理？实际上，这些问题不是民俗学独有的问题，而是政治、经济、社会、伦理等实践性科学共有的，涉及价值哲学所说的价值与事实关系的重大难题[36]，需要多学科的研究者共同探讨解决的可能性。

此外，在现实生活中，社区、政府、学者、媒体、企业之间的平等对话与协同合作很难实现。打造平等交流与协作的平台，需要各方形成统一认识，并付出长期的不懈努力。日本学者菅丰提出嵌合式管理方式，主张在这种理想的管理方式下促进各方平等沟通，但他也坦言实践当中要实现这种以当地民众幸福为宗旨的平等协商极其困难[37]。在中国，一方面，像菅丰那样开展介入式日常实践的民俗学者少之又少；另一方面，虽然近年来政府越来越关注与学者、社区、团体之间的交流，但目前这种交流与协作仍然不够充分。

然而，困难重重，并不意味着民俗学者会放弃民俗学的实践性。事实上，已有一批学者迎难而上，积极坚定地摸索着民俗学的实践之路。虽然吕微、菅丰等中日学者关于民俗学实践性的倡导目前看来十分理想主义，难以实现，但为民俗学指出了一个可能的方向，鞭策着民俗学者们砥砺前行[38]。

综上所述，本文从社会建构主义的视角出发，围绕身份认同问题，分析日本民俗学界关于非遗保护的论争，进而探讨其对于中国民俗学发展与非遗保护的启示。总体而言，世界范围内的民俗遗产化、文化产业化给民俗学者带来了一系列学术与实践难题，民俗学者都必须直面身份认同建构的课题。学者们一方面要坚持自己的学科立场，另一方面要借鉴其他相关学科的思想观点、理论方法，在民俗学的实践之路上充分重视社区的主体性，积极参与非遗保护等与民众生活息息相关的实践活动。学者们学术专长不同，或擅长民俗实践，或擅长理论阐发，都可发挥各自的研究优势，以自己的方式展开实践之路的探索。希望本文能起到抛砖引玉的作用，吸引更多学者投入相关研究，以促进非遗保护工作的推进和民俗学学科的进一步发展。

* 本文为广东外语外贸大学2021年校级研究生教育创新计划项目"'一带一路'战略下面向基础教育需求的日语硕士研究生核心素养提升研究"【21GWYJSCX-04】的阶段性成果。

注释：

[1][日]真野俊和、菅豊，等:《特集・日本民俗学の研究動向(1997～1999)》，《日本民俗学》2001年第227号，第1～272页；[日]宮本袈裟雄、[日]山下裕作，等:《特集・日本民俗学の研究動向(2003～2005)》，《日本民俗学》2009年第247号，第1～240页。

[2] 林青、高秀华:《非遗是构建闽台共同文化记忆的重要途径——以"保生大帝信俗"的认同研究为例》，《南京理工大学学报》(社会科学版)2020年第1期，第19～26页。

[3] 刘垚:《民俗消费视域下上海非遗老字号品牌的认同重构》，《广西民族大学学报》(哲学社会科学版)2019年第3期，第2～7页。

[4] 刘晓春:《文化本真性:从本质论到建构论——"遗产主义"时代的观念启蒙》，《民俗研究》2013年第4期，第34～50页。

[5] 季中扬:《"非遗"保护与区域文化认同的建构》，中山大学中文系、中山大学中国非物质文化遗产研究中心，《粤港澳大湾区非遗保护与文化认同研讨会论文集》，2019年，第35～37页。

[6] 钟帆、刘艳、潘哲,等:《形象文本研究:西方文化身份认同建构视域下的思考》,成都:四川大学出版社,2018 年,第 9～10 页。

[7] P. L. Berger and T. Luckmann, *The Social Construction of Reality: A Treatise in the Sociology of Knowledge*, NYC: Anchor Books,1966,p.204.

[8] 安维复:《社会建构主义:后现代知识论的"终结"》,《哲学研究》2005 年第 9 期,第 60～67 页。

[9] 安维复:《社会建构主义:后现代知识论的"终结"》,《哲学研究》2005 年第 9 期,第 60～67 页。

[10] 安维复:《社会建构主义:后现代知识论的"终结"》,《哲学研究》2005 年第 9 期,第 60～67 页。

[11] 丁海琴:《论全球化时代的文化认同》,《国际关系学院学报》2009 年第 2 期,第 51～57 页。

[12] [日]岩本通弥:《以"民俗"为研究对象即为民俗学吗——为什么民俗学疏离了"近代"》,[日]宫岛琴美译,王晓葵校,《文化遗产》2008 年第 2 期,第 78～86 页。

[13] [日]岩本通弥:《以"民俗"为研究对象即为民俗学吗——为什么民俗学疏离了"近代"》,[日]宫岛琴美译,王晓葵校,《文化遗产》2008 年第 2 期,第 78～86 页。

[14] [日]才津裕美子:《民俗"文化遗产化"的理念及其实践——2003 年至 2005 年日本民俗学界关于非物质文化遗产研究的综述》,[日]西村真志叶编译,《河南社会科学》2008 年第 2 期,第 21～27 页。

[15] [日]才津裕美子:《民俗"文化遗产化"的理念及其实践——2003 年至 2005 年日本民俗学界关于非物质文化遗产研究的综述》,[日]西村真志叶编译,《河南社会科学》2008 年第 2 期,第 21～27 页。

[16] [日]岩本通弥:《作为方法的记忆——民俗学研究中"记忆"概念的有效性》,王晓葵译,《文化遗产》2010 年第 4 期,第 109～115 页。

[17] [日]菅丰:《日本现代民俗学的"第三条路"——文化保护政策、民俗学主义及公共民俗学》,陈志勤译,《民俗研究》2011 年第 2 期,第 52～71 页。

[18] [日]西村真志叶:《民俗学主义:日本民俗学的理论探索与实践》,《民间文化论坛》2007 年第 2 期,第 58～66 页。

[19] [日]小松和彦:《名为"灵魂"的记忆装置——围绕"民俗"概念的素描》,周星主编,《民俗学的历史、理论与方法(上册)》,北京:商务印书馆,2006 年,第 383～384 页。

[20] [日]福田アジオ:《日本の民俗学——「野」の学問の二〇〇〇年》,東京:吉川弘文館,2009 年;[日]福田アジオ:《現代日本の民俗学:ポスト柳田の五〇年》,東京:吉川弘文館,2014 年。

[21] [日]菅丰、张帅、邢光大:《公共民俗学与新在野之学及日本民俗学者的中国研究——东京大学东洋文化研究所菅丰教授访谈录》,《民俗研究》2017 年第 3 期,第 38～48 页。

[22] [日]菅丰:《何谓非物质文化遗产的价值》,陈志勤译,《文化遗产》2009 年第 2 期,第 106～110、30 页。

[23] [日]菅豐:《今回のシンポジウムの目的と「理論」「思想」について》,《民俗学论坛》。[2010 年 8 月 4 日]http://www.chinesefolklore.org.cn。

[24] 吕微:《两种自由意志的实践民俗学——民俗学的知识谱系与概念间逻辑》,《民俗研究》2018 年第 6 期,第 5～13 页;户晓辉:《非遗时代民俗学的实践回归》,《民俗研究》2015 年第 1 期,第 16～30 页。

[25] 李向振:《新时代实践民俗学理论与本土话语体系构建》,《中国社会科学报》2019 年 7 月 3 日,第 6 版。

[26] 吕微:《两种自由意志的实践民俗学——民俗学的知识谱系与概念间逻辑》,《民俗研究》2018 年第 6 期,第 5～13 页。

[27] 吕微:《反思民俗学、民间文学的学术伦理》,《民间文化论坛》2004 年第 5 期,第 3～8 页; 吕微、刘宗迪,等:《我们如何进行学术对话》,《民间文化论坛》2006 年第 5 期,第 1～19 页。

[28] 刘晓春将关于地方文化的遗产化观念及其社会文化实践称为地方传统文化的"遗产主义"。参见刘晓春:《文化本真性:从本质论到建构论——"遗产主义"时代的观念启蒙》,《民俗研究》2013 年第 4 期,第 34～50 页。

[29] 刘晓春:《文化本真性:从本质论到建构论——"遗产主义"时代的观念启蒙》,《民俗研究》2013 年第 4 期,第 34～50 页。

[30] 黄涛:《社区认同与非物质文化遗产本真性》,中山大学中文系、中山大学中国非物质文化遗产研究中心:《粤港澳大湾区非遗保护与文化认同研讨会论文集》,2019 年,第 4～12 页。

[31] 吕微:《两种自由意志的实践民俗学——民俗学的知识谱系与概念间逻辑》,《民俗研究》2018 年第 6 期,第 5～13 页。

[32] P. L. Berger and T. Luckmann, *The Social Construction of Reality: A Treatise in the Sociology of Knowledge*, NYC: Anchor Books, 1966, p.204.

[33] 参见[日]福田アジオ、[日]菅豊、[日]塚原伸治:《「二〇世紀民俗学」を乗り越える一私たちは福田アジオとの討論から何を学ぶか?》,東京:岩田書院,2012 年。2010 年 7 月 31 日,在东京大学东洋文化研究所举行了具有划时代意义的日本现代民俗学会第六次研讨会,题为"超越福田亚细男——我们能够实现超越'20 世纪民俗学'的飞跃吗?"。该书是对此次研讨会的全程讨论记录。

[34] 户晓辉:《非遗时代民俗学的实践回归》,《民俗研究》2015 年第 1 期,第 16～30 页。

[35] [法]雅克・德里达:《多重立场》,佘碧平译,北京:生活・读书・新知三联书店,2004 年,第 16 页。

[36] 刘进田:《40 年来中国价值哲学的思维特征及其时代意义》,《社会科学辑刊》2019 年第4 期,第 15～22 页。

[37] [日]菅丰:《民俗学者的田野介入与社会现实的再建构——通过田野调查构筑现实》,邢光大译,张帅校,《民俗研究》2017 年第 3 期,第 49～56 页。

[38] 施爱东:《民俗学的未来与出路》,《民间文化论坛》2019 年第 2 期,第 67～80 页。

艺术自觉与文化自信：王子怡汉绣传承研究

韦秀玉

（湖北美术学院视觉艺术基础部，湖北武汉，430205）

内容摘要：汉绣艺术绚丽多彩，美妙绝伦。王子怡作为汉绣传承人，创作了既有地域文化符号和传统技艺特色，又有新时代气息的艺术作品，在国内外文化交流中深受业界关注与好评。本文运用口述史方法并结合艺术批评，呈现王子怡习于苏绣而归于汉绣的艺术历程，发掘她挚爱汉绣而深入实践的艺术自觉，从非遗技艺与本土文化的有机融合中，建构汉绣的楚艺术品格。同时，从其传承谱系、传统工艺的创新等方面考察传统美术类非遗的艺术传承逻辑，即艺术家由自知之明到艺术自觉，再到艺术反思，达于文化自信的基本逻辑。

关键词：王子怡；汉绣；传承；艺术自觉；文化自信

随着国家对非遗保护的日益重视，非遗工作有了积极的推进，传承和弘扬非遗成为公共文化教育的重要内容。2011 年，国务院颁布《中华人民共和国非物质文化遗产法》，明确了"非遗"的概念[1]。能否将中华民族的文脉传承下去，传承人是极为重要的载体。传承非遗，需要每一个人的参与，承担保护、弘扬和传承非遗的责任。传统美术类项目中，传承人的作品只是非遗的物质化形态，其艺术作品中凝聚的传统技艺与文化精神才是非遗传承的核心。近年来，学界对汉绣进行了广泛的研究。冯泽民、邱红、叶云等学者系统梳理汉绣发展的历史、文化内涵及工艺特色，并对汉绣传承人的从艺经历和艺术价值作了详尽的记录和分析，深度解析经典汉绣作品，探寻汉绣的可行性保护和传承模式[2]。黄敏、汪小娇、高峰、赵静等学者研究汉绣艺术的文化内涵，考察汉绣衍生产品的现状，讨论汉绣设计与开发的原则，探讨其发展模式。已有研究为进一步研究汉绣奠定了基础，然而，深入的系统性汉绣传承研究，略显不足。

王子怡[3]是一名积极参与国际文化交流的汉绣代表性传承人，可以作为非遗传承研究的典型范例。笔者拟从艺术批评视角，探讨非遗中传统美术艺术性创作的价值，从个案切入考察非遗传承人增强文化自觉和文化自信的路径，探寻传统手工艺传承、转化、创新以及赋予其新时代内涵的新方法和新形式[4]。

一、艺术自觉与汉绣寻根

生活是非物质文化遗产传承和发展的土壤，日常生活是非遗传承人文化表达的阳光与水源，人的价值与目的从日常生活中得以深度发掘。生活的艺术性具有文化意味，促使生活回归到“人”的精神需求方面，而物质需求退居其次。人与人的社会交流是生活的基本形式，在艺术生活中，分享价值和情感，传播认同和信念，以庄重而抽象的程式建立人与社会、人与自然的内在逻辑，融入新的意象和结构，实现寻常生活所不能实现的整合功能。非遗活动中的艺术性带来了非遗传承人独特的文化身份，他们在重要的时间节点和生活事件中华丽出场，常常以过人的才艺形态呈现自己，口头唱颂、音乐、舞蹈、戏剧、美术以及民俗展演等多样表达，成为非遗传承人的艺术情景，艺术也成就了非遗传承人区分常人的身份。非遗传承人的文化传统与当代建构密切联系，探讨非遗传承人的认同价值和凝聚功能有助于厘清多元主体来源，为非遗传承的主体建设提供新路径。对于艺术类非遗项目的研究中，我们有必要从非遗传承人对待非遗的概念入手，调整视角，建构谱系，辩证非遗传承人的日常性与艺术性，期望从非遗传承人的谱系中找到文化艺术的价值与认同[5]。正如中国艺术研究院邱春林所言：“由于手工艺本身承载着最正统的中国传统文化，它既是物质的，又是精神的，所以，自然地它在今天成为了文化认同的重要载体之一。”[6]湖北汉绣作为区域性绣种，凝结着楚地的族群智慧和文化记忆，对新时代当地的文化认同和文化自信建构无疑具有重要价值。

然而，基于同一文化基础上产生的认同并非一蹴而就，而是伴随着对“他者”的认知才逐步建构起来，这种认同以对“他者”的排斥而得到体现。王子怡自幼有刺绣情结，逐渐将刺绣从生活应用转向艺术创作。她曾学习苏绣、湘绣和苗绣，被不同绣种的艺术所吸引，因此志于学习不同绣种的高超技艺。在学习苏绣灵动的猫、湘绣逼真的虎和苗绣自由绚烂的牛之后，王子怡的刺绣技艺日臻娴熟，开始思考文化归属问题。2000 年，她开始寻找湖北本地刺绣，那时汉绣并不多见，在荆州博物馆，她首次领悟到楚绣的灵动。后来她又接触到粗犷朴实的大冶刺绣，寻思湖北是否有更为精致的刺绣。2008 年，汉绣经国务院批准列入第二批国家级非遗名录，汉绣活动逐渐增多，她也更为全面地认识汉绣。2009 年，王子怡在展会上欣赏到汉绣国家级代表性传承人任本荣先生的作品，后随任老学习汉绣。2010 年，王子怡拜汉绣代表性传承人黄圣辉为师学习汉绣。在汉绣学习过程中，王子怡时常和同行一起讨论汉绣的特质，有人认为汉绣讲究“俗”和“满”，但她对此有不同的看法。在学习了汉绣的齐针和分层破色之后，她有个强烈的愿望，就是寻找汉绣的独特性形式和内涵，并结合当代人的审美需求进行个性化创作。2013 年，王子怡建立个人工作室，全力投入汉绣艺术创作中。2015 年，王子怡获批去清华大学非遗研修班学习，在专家和学者们的指导下，逐渐明确汉绣创作的方向，将传统楚艺术的图像符号和审美逻辑应用于汉绣的艺术创新实践。

现代社会的文化认同亦是建构多元和谐社会的可行性路径，需以文化自觉为基础。费孝通先生认为对本土文化的自知之明是为了加强对文化转型的自主能力:“文化自觉是指生活在一定文化中的人对其文化有‘自知之明’,明白它的来历、形成过程、所具有的特色和它的发展趋向,不带任何‘文化回归’的意思,不是要‘复旧’,同时也不主张‘全盘西化’或‘全盘他化’。”[7] 1997 年,费孝通在北大社会人类学研究所开办的第二届社会文化人类学高级研讨班上作“反思·对话·文化自觉”主题发言,详尽论述了自知之明的目的,即加强文化转型的自主能力,以使文化个体在新环境、新时代文化中取得理性选择的自主地位。美术类非遗中的手工技艺传承至今,承载着浓郁的文化记忆和艺术精神。随着社会的发展,人们的审美趣味已然迥异,如何将传统文化技艺转换为适应当代审美需求的艺术形式,是当代非遗传承人面临的重大课题。

王子怡在清华大学非遗研修班接受专家学者们的指导之后,刻苦钻研汉绣技艺的独特性与楚地文化的特色,大胆探索新的题材内容与艺术语言,自觉以极具个性的手法诠释汉绣技艺与楚地文化的当代传承。

二、文化自尊与汉绣传承

2006 年,我国正式实施国家级代表性传承人名录制度。这一制度使得非遗传承人与国家文化制度密切关联。国家文化制度将非遗传承人提升到高层级的文化结构中,成为非遗领域的精英代表,即国家、省或市命名的非遗代表性传承人。代表性传承人的文化身份使其脱离纯粹的民间生活而成为区域或国家文化的代言人。因此,制度谱系的非遗传承人实质上是整体意义的传承人代表,他们不是独立于非遗传承人的特殊群体,而是凝聚、引领、激活非遗传承人文化信心的制度符号,为守护优秀传统文化与技艺提供保障,也为职业化的非遗传承人群体设定了国家性标准,对于非遗的社会化和市场化将产生深远影响。简言之,非遗传承人的概念,是从日常生活的传承出发,面向社会需要而成为一种职业,被国家文化系统认定为传统文化的守护者和传承者,将人的价值与目的赋予特定的意义,激励人的智慧,为中国文化振兴确立了主体力量。

新时代语境中的非遗传承人,有一个基本的文化归属,即民间传统的继承者。在都市文化高度发达的时代,作为中华优秀传统文化重要组成部分的非遗,它的本源是民间文化传统,这一传统决定了传承人的文化担当与精英品格。刺绣属于国家级非遗名录中的传统美术,归属于艺术领域。刺绣传承人担当着传承和发展优秀传统文化的重要使命,以明确的价值观和高超的技艺、丰富的地方知识,传达世代积累的文化理念与生活信仰,并以地方形态展现人的智慧、审美与爱的意义。非遗传承人的文化担当就是民族民间文化传统的延续力量,具有文化担当的内在逻辑,是一个传统的接受者与传播者,具有文化自觉意识与文化认同情感[8]。非遗传承人担当着文化使者的重要职能,“发掘中华优秀传统文化的丰富宝藏,为世界文化的继承和发展贡献独具一格的中国智慧和中国价值”[9]。文化担当不仅是实际行为,更是情感流露和精神品格。非遗传承人是具有文化自信与文化创新能力的开拓者,文化担当是他们对文化传统的延续与开拓。国家非遗制度要求非遗传承人遵循推陈出新、与时俱进的历史规律,坚持传统本源，融入时代因素，提倡师承与自学相结合，突出文化自身的特质与优势，不断强化固有文化传统的积极价值。非遗传承人需要不断提升自我的技艺技能，丰富非遗的地方性知识，总结承继非遗的生活经验与谱系智慧，及时反馈时代因素。国家把非遗作为发展传统文化的一个重要举措，不仅给非遗传承人提供了参与传统文化建设的政策支持，而且创新了非遗传承人的发展路径，将非遗传承人与文化建设密切关联，还原了非遗传承人的历史功能，赋予了新的时代意义。如今，众多非遗传承人肩负文化担当，他们成为名副其实的文化开拓者，不拘泥于旧的传统，顺应时代潮流，以开放的心态参与当代文化和艺术实践。

2015 年，王子怡作为非遗传承人参加文化部在清华大学举办的“中国非遗传承人研修研习培训计划”。研修班的主旨是，希望能通过研培为非遗传承人搭建传统工艺与学术、艺术、现代技术、现代设计、当代教育以及大众生活的桥梁，提升非遗传承人的综合文化修养，提高其设计创新能力，催生具有民族特色的知名品牌。文化部对非遗传承人明确提出要求：复兴传统文化和工艺，强基础、拓眼界，立足当代、面向未来，创作具有创新理念的作品。王子怡确定了自己创新实践的方向，将寻找自己家乡的文化根脉作为汉绣创作的基石，在楚文化艺术中发掘适于汉绣创作的艺术符号，将包含楚文化基因的非遗以新的气象面世，纯粹而厚重。在清华大学研修期间，王子怡创作了汉绣《东湖楚韵》，参考楚艺术造型的凤鸟是画面的主体形象，单脚屹立于东湖清河桥上，远处有东湖楚城的双阙望楼，编钟悬挂于空中，似乎刚举办过大礼，余音缭绕，清脆的旋律依稀在耳。由此作品可以看到王子怡已然从一个传统的手工艺人转向一个具有独立精神的艺术创作主体，能够在作品中表达个人对文化的探寻与艺术的追问，顺应国家对非遗传承的要求，将传承人的传统身份向现代制度的文化担当转变。

将王子怡 2015 年之后的作品与前期的作品对比可以看出，她在清华大学接受了系统培训之后，树立了艺术自觉和文化自尊，以个性化艺术创作实践汉绣的创新性发展。非遗基本上源自农耕文明生活，体现区域性文化特质，长期以来是非主流文化，在现代社会发展中是小众文化，各界关注较少，学术性探讨不足。许多非遗传承人由于文化程度不高，也没有合适的交流平台，对自己的传统工艺缺乏深度理解，对其在当代语境中的现代性转型认识不够深刻。非遗传承人研修班针对提高传承质量和创新发展的首要问题，加强了非遗传承人的文化主体意识，提高非遗传承人的文化艺术修养，提升传承与创新能力。王子怡在此阶段创作的作品中，最突出的变化是她的文化自塑能力，这是非遗传承的内动力，是其汉绣创作的原基础。她的汉绣作品不再是传统形式的复制，而是将汉绣技艺从传统的装饰实用功能转换为艺术性个性表达，发掘地域文化资源，根据个人的理解进行主题性创作，实践传统手工艺的当代艺术创作。

在汉绣艺术创作中，王子怡非常注重汉绣传统技艺特色的传承与精益求精，以个性化形式诠释文化自尊。技艺是非遗美术传统手工艺实现其物质形态的关键，技艺也蕴含了传统手工艺价值和区域文化的精神内涵。从王子怡的汉绣创作中，我们不难看到她严谨地使用汉绣传统针法，巧妙地应用于新颖的构图中，并且灵活地处理线条、色彩和空间等艺术语言，适度地抽象化，传达个人细腻的情思，为观者提供丰厚的艺术体验。由此可言，对非物质文化传统手工艺的创作除了要把握传统手工精湛技艺外，还要对技艺内涵，即工匠精神进行精心设计。技艺是一种实践技能，传承者要研习多年甚至上十年才能应用自如，但在当代传承的艺术创作中，也不能固守成规，千人一面，丧失非遗传承的时代活力和手工艺作品的艺术魅力。一言以蔽之，传统手工艺的艺术创作是非遗活态传承的重要形式之一。

三、汉绣创新与楚艺术品格

汉绣是一个具有历史性和地域性的概念，当代汉绣应具有什么样的文化品质，不同的非遗传承人和专家学者有个人不同的看法。学术争鸣是文化繁荣的一种迹象，有碰撞就有思辨，有利于文化在交流中得以发展。王子怡潜心研究汉绣及楚地文化的历史与艺术理论，以个人的非遗传承实践成果回复各种质疑。她曾荣获国家级和国际性奖项，2018 年，其汉绣作品《楚天神鸟》被我国外交部推介会选中参加文化交流，为非遗汉绣“活化”传承提供了优秀范例。王子怡说：“非遗传承人应该知道自己持有的非遗项目是从哪里来，要到哪里去。弄清楚了这个问题，不忘本来，才能开创未来，才能有自己的坚守底线和发展方向。以我的实践感受，在我的心目中，汉绣是代表荆楚文化特色的国家级非遗，荆楚文化是汉绣的根脉，这是汉绣的文化定位，而区别于其他绣种。所以在传承实践中，汉绣的荆楚文化特色是我坚守的方向。”[10] 王子怡的汉绣作品格调转向楚文化题材，采用浪漫、疏朗的线条造型。她认为“满”“板”的传统表现手法难以表达楚文化的浪漫气质，这种个性化处理源于她长期对汉绣和楚文化之间关系的思考。她发掘楚文化资源创作汉绣作品，一方面，提高汉绣的审美价值，将传统的实用功能转向当代的欣赏目的；另一方面，讲求制作工艺的精致性，强化汉绣的装饰性技艺特质。在此基础之上，再开发衍生品。汉绣以及其他传统工艺美术品类在发展中都应当注意这样一个问题，即提升艺术性，同时也注重非遗与生活之间的融合。如果希望传统手工艺在现代都市生活中复活，应当思考诸多问题：既要重视传统手工艺的创新性，又要兼顾它的大众性；在艺术创作中重视提升它的艺术性，在衍生品设计中坚持它的日用性。

为了寻找汉绣的根脉，王子怡研读了大量有关楚地文化艺术的文献，她表示：“中国各地刺绣的风格，有写实与装饰之分。苏绣是仿画写实绣的典型代表，从沈寿提出以油画为蓝本的刺绣设想，到 30 年代著名画家吕凤子及其学生杨守玉创造出表现物象色、光、影的乱针绣，至今有百年历史。汉绣源于楚，楚文化的浪漫是汉绣千年传承的精髓，屈原是伟大的浪漫主义创始者，对荆楚文化特色产生了深远的影响，这是汉绣至今坚持浪漫装饰艺术的文化力量。”[11] 王子怡在汉绣创作中，通过汲取古楚艺术的审美理念来增强汉绣的艺术性和文化内涵。正如刘玉堂先生所言：“实质上，‘浪漫’只不过是楚人艺术精神的外化表征，唯有追求个性和自由才是楚艺术的精神特质。”[12] 楚艺术是以审美意象来反映现实，追求空灵之象，是想象中的高度抽象化艺术形象，幽渺空灵，象外无穷，是楚人在艺术品中寄予他们的玄诞之意，浪漫之情。如1974年湖北江陵李家台4号墓出土的《虎座立凤》（战国中期漆器，通高103厘米，现藏湖北省荆州博物馆），楚人发挥其“流观”[13]的审美观照方式，通过想象把凤鸟、鹿角与虎并置于作品中。造型自由浪漫，不拘泥于客观现实而追求精神性象征意味，超越现实而亦梦亦幻[14]。王子怡在汉绣创作中，同样采用“流观”的空间构成方式，将传说中的神鸟作为画面的主体，这只神鸟图像也许来自楚国的刺绣、漆器，也许来自她的心中。神鸟与战国编钟、东湖景致、滚滚波涛、灵异祥云巧妙组合，营造了一个令人产生无限遐想的梦幻空间。

王子怡用个人独特的方式来实践楚艺术精神中的梦幻意味，她说：“近现代的汉绣传统图案是不留白的，设计以丰满求热闹，主要是用于戏服、宗教、生活实用品。我创作的汉绣是工艺美术画，讲究构图造型的审美意境，这在汉绣传承上是一个很大的跨越。另外，从四大名绣看，以苏绣为代表，是以国画、油画、照片为蓝本，讲究满绣，在绣地空白处也全绣。相对于此，汉绣作品留白，是突破。其精神动力，是受到博大精深的中国画审美理念的影响，‘留白’成为中国画重要的构图法则和审美特征。同时，我在楚文化的学习研究中，意识到留白与楚艺术空灵幽深的意境特质相通，可以让汉绣的艺术特色更具中国味和独特性。”[15]王子怡在汉绣创作中大胆采用留白、曲线承继楚文化的浪漫精神，给观者以想象的空间。她在《东湖楚韵》《楚天神鸟》两幅作品中，大面积留白，营建楚人崇拜凤鸟的灵异仙境。比如其中的祥云图像，如果做满就难以让观者产生虚幻的感觉，作品就少了韵味。她通过曲线连接不同的物象，强调神韵的表达，把观者带入遥远的历史时空，利用画面虚幻的元素和画面的非正常逻辑组合产生仙境幻觉。

正如清代丁佩所言：“五采章施，原期绚烂，然而亦有雅俗之分。”[16]人们用五彩刺绣期望获得绚烂美丽的效果，但历来有雅俗之分。王子怡在汉绣创作中，依照楚艺术中的配色逻辑，采用绚烂而古雅的色彩组合。楚艺术追求对比强烈的色彩，正如屈原在《离骚》中对色彩的吟诵：“佩缤纷其繁饰兮，芳菲菲其弥章”“建雄虹之采旄兮，五色杂而炫耀”[17]，楚人喜欢繁复绚丽的色彩。有些古楚艺术作品即使只用雅致的两套色彩，丰富变化的形状也使颜色耀眼夺目。王子怡近期创作的汉绣作品色彩与楚艺术的色彩审美逻辑遥相呼应，大面积的盘金散发着熠熠光辉，其中匀称、细腻的盘金使金银丝线的肌理和颜色变化丰富，引发观者仔细品味。另外，她巧妙利用对比色，绿色绣地上点缀小面积的黄色和红色，色彩浓丽，却不喧闹。“物之富丽者，莫锦绣若也。”[18]刺绣最本质的美学特征就是富丽，王子怡以楚式浓丽的色彩隐喻楚人自强不息的气度，与神鸟对话，表现地方文化精神，与武汉的城市精神“敢为人先，追求卓越”相契合，将汉绣的技艺特性和楚文化的浪漫巧妙融合，承继楚人唯我独尊的自信气质。

结语

王子怡执着追求传统汉绣的精湛技艺，秉持追求卓越的精神，与时俱进地进行汉绣艺术创作。同时，她对不断改良汉绣技艺、图像和构图，以楚地古今的文化符号为艺术创作源泉，以诗性艺术语言为创作手法，旨在满足新时期人们生活生产及审美的需求。王子怡年逾花甲依然不惜投入大量时间和精力打造精致的汉绣艺术品，追求汉绣创作的高妙品质，将极普通而自然的丝线刺绣成精美的艺术作品，对年轻习艺者有着积极的借鉴意义。

王子怡的汉绣传承经历为美术类非遗的当代传承提供了可资参考的优秀范例，即传承人在非遗传统美术项目的创新性发展中需要加强艺术自觉和文化自尊，以此建构文化认同和文化自信。其一，在非遗创新活动中，应当熟悉非遗项目的历史、特质与传承逻辑，坚守底线。要看到非遗传统的“根”，不能随意“嫁接”。其二，非遗艺术创作要符合中国传统审美逻辑。美术类非遗项目以特殊媒介和技艺见长，在艺术创作中应当尊重材料性质，充分发挥技艺特色，这是非遗传承的首要问题。在中国传统文化逻辑中传承非遗技艺，吸纳其他传统艺术门类的优秀基因与艺术精神，增加非遗艺术创作的历史厚度和审美维度。有些非遗技艺是在特殊历史时期满足人们社会生活需要的产品，如今现代化的生活方式已然改变传统的传承土壤，在非遗传统技艺的艺术创作中可以借鉴传统艺术的优秀基因和艺术精神，提升非遗美术的审美价值。其三，在全球文化视野中发展非遗，将技艺传承与区域文化、当代审美需求巧妙结合。传承人的本职工作是将传统技艺传下去，但在传承过程中，也应强调思辨精神，取其精华，去其糟粕，发掘地域文化资源，吸纳古今中外合宜的艺术语言与理念，创作具有时代精神的艺术作品，满足人们诗意栖居的审美需求。简言之，在美术类非遗传承中，我们可以拾起历史的碎片，尊重材料，传承技艺，选择形式，实践高品质的艺术创作，以此推进传统手工艺的活态传承。与此同时，运用非遗传统技艺的艺术创作也将拓宽“中国艺术”的内涵和外延。

*本文系湖北美术学院重大科研资助培育项目“传统手工艺的传承创新研究”【20ZD04】的阶段性成果。

注释：

[1]《中华人民共和国非物质文化遗产法》,2011 年 2 月 25 日。

[2] 冯泽民、赵静:《汉绣文化内涵及其传承发展》,《丝绸》2010 年第 4 期,第 50～53 页。

[3] 王子怡是汉绣代表性传承人,湖北省工艺美术大师,曾在中国工艺美术学会举办的大展中获金奖,曾受邀参加中国驻日本大使馆主办的“日本 2019 中国节”文化交流活动、文化部民族民间文艺发展中心主办的“中美文化寻力”交流(2018)、湖北省外事办、省文化厅主办的德国 · G20 峰会期间感知中国湖北非遗文化交流(2017)、湖北省外事办、省文化厅主办的赴丹麦 · 欢乐春节行湖北省非遗文化交流(2017)、湖北省外事办、省文化厅主办的新西兰 · 湖北省非遗文化展演交流(2016)、武汉市外事办、市文化局主办的法国巴黎 · 湖北省武汉市非遗文化展演交流(2014)。

[4]《关于实施中华优秀传统文化传承发展工程的意见》,2017 年 1 月 25 日。

[5] 孙正国、熊浚:《乡贤文化视角下非遗传承人的多维谱系论》,《湖北民族学院学报》(哲学社会

科学版)2019年第2期,第9～16页。

[6] 廖明君、邱春林:《中国传统手工艺的现代变迁——邱春林博士访谈录》,《民族艺术》2010年第2期,第17～34页。

[7] 费孝通:《中国文化的重建》,上海:华东师范大学出版社,2014年,第127页。

[8] 孙正国、熊浚:《乡贤文化视角下非遗传承人的多维谱系论》,《湖北民族学院学报》(哲学社会科学版)2019年第2期,第9～16页。

[9] 郭英德:《中国古代文学研究的文化担当》,《文学遗产》2016年第5期,第15～18页。

[10] 汉绣省级代表性传承人王子怡口述,笔者采集于王子怡家,2020年7月29日。

[11] 汉绣省级代表性传承人王子怡口述,笔者采集于王子怡家,2020年7月29日。

[12] 刘玉堂:《楚艺术的精神特质》,《理论月刊》1994年第4期,第48～49页。

[13] 刘纲纪:《楚艺术美学五题》,《文艺研究》1980年第4期,第81～96页。

[14] 韦秀玉:《视觉艺术语言研究》,武汉:武汉大学出版社,2017年,第39～41页。

[15] 汉绣省级代表性传承人王子怡口述,笔者采集于王子怡家,2020年7月29日。

[16] (清)丁佩著,姜昳编:《绣谱》,北京:中华书局,2012年,第38页。

[17] (战国)屈原:《离骚》,《楚辞》,林家骊译注,北京:中华书局,2010年,第12、175页。

[18] (清)丁佩著,姜昳编:《绣谱》,北京:中华书局,2012年,第145页。

恩施土家族女儿会的文化叙事

毕　曼

（湖北民族大学文学与传媒学院/湖北民族大学学报编辑部，湖北恩施，445000）

内容摘要： 文化传统的形成与演化，常常隐藏于独特的文化形态之中。恩施土家族女儿会以其性别指向与浪漫风采而成为民族文化标识，显示出鲜明的文化个性，具有新时代的创新智慧。如何理解女儿会的生成机制，如何传承女儿会的文化精髓，正是论文运用文化叙事理论观照女儿会的题旨。梳理文化史和学术史，从盐水女神叙事、土司文化叙事、集市文化叙事、土家族婚恋叙事和节日叙事五个维度，系统讨论了女儿会的起源、发展与演变，还原了土家族始祖女神的创新智慧、自由包容和追求理想的优秀品格，张扬了女儿会深邃的女性气质、坚韧的融合功能和原创的文化力量。

关键词： 恩施土家族女儿会；文化叙事；盐水女神；土司文化；女性智慧

一、问题的缘起

恩施土家族女儿会以其性别指向与浪漫风采成为民族文化标识，也成为国内民族文化研究者的关注内容。关于女儿会文化最早的研究见于 1987 年的《求索》杂志，学术短文《土家族女儿节源于原始社会之女权制》，该文对女儿会的起源进行了说明。女儿会的起源是女儿会文化研究的历史基础和学理前提，这一学术观点有着重要的价值与意义。颇为遗憾的是，此后的研究并未沿此展开。这和当时当地民间文艺工作者更注重着眼民间，想要跳出纯学术理论研究的圈子来疏理女儿会文化源头有关。女儿会的研究成果很大一部分来自本土文化工作者的田野调查与政府部门开展的申遗研究，主要有恩施市政协文史资料《恩施土家女儿会》与恩施州民间文艺家协会的研究成果《恩施土家女儿会演变揭秘》。随着非遗越来越受到重视，女儿会也越来越受到关注，研究者开展了大量文化实践活动，唤起了人们对女儿会文化传承紧迫性及其意义的认识。然而，如何理解女儿会的生成机制，使女儿会文化的传承与发展实现从外部推动到内部自为的转变？如何传承女儿会的文化精髓，使民族文化拥有者的保护与传承意识实现从自在到自为的转化？这些都还需要进一步的研究和实践。

叙事学在原初意义上是针对非遗的研究方法，其思想渊源可以追溯到 20 世纪

20 年代普洛普开创的结构主义叙事。普洛普与列维·斯特劳斯等早期叙事学家主要以民间故事、神话为研究对象来进行文本结构的探讨[1]。20 世纪 60 年代，叙事学开始从民间故事和神话等非遗叙事研究走向文学文本叙事形态研究。20 世纪 80 年代，叙事学向文化领域的转向已成熟，从文化角度切入对叙事问题的研究，被称为文化叙事学。英国叙事学家马克·柯里在其《后现代叙事理论》一书中认为叙事具有“无所不在”的普遍性，强调在研究文化问题时必须接触到文化叙事学[2]。张开焱是中国“文化叙事学”理论构想的国内开创者之一，“从文化角度切入对叙事问题的研究”[3]成为文化叙事学的学术界定。从文化叙事理论观照女儿会的生成机制和文化精髓，可以拓展女儿会研究，更清晰地呈现出女儿会的民族信仰、生活理想和民族智慧。

二、盐水女神叙事：母权文化孕育了女儿会

在清江流域流传着一则关于巴人先祖廪君与盐水女神的神话。因清江古称夷水、盐水，女神便被尊称为盐水女神。盐水女神的传说，见于《世本》《后汉书》《录异记》等典籍。《后汉书·南蛮西南夷列传》记：

> (廪君)乃乘土船，从夷水至盐阳。盐水有神女，谓廪君曰：“此地广大，鱼盐所出，愿留共居。”廪君不许。盐神暮辄来取宿，旦即化为虫，与诸虫群飞，掩蔽日光，天地晦冥。积十余日，廪君思其便，因射杀之，天乃开明。廪君于是君乎夷城，四姓皆臣之。廪君死，魂魄世为白虎。巴氏以虎饮人血，遂以人祠焉。[4]

中国的原始女神有着颇为相似的境遇：随着母系社会到父系社会的转变，她们自觉地从主角滑落到配角，就好比创世女神女娲后来站在了伏羲的身后，退位成为伏羲的妻子，这种社会角色的转变，显示出中国女神形象的悲剧性。在这则神话中，廪君是主角，他是积极而勇敢的夸父式英雄。盐水女神作为英雄的对立面出现，代表的是“掩蔽日光，天地晦冥”的黑暗能力。盐水女神“暮辄来取宿，旦即化为虫”的神性力量来源于母系氏族基于繁衍与生存需要的原始本能。廪君射杀盐水女神，这固然反映的是历史上两性权力的位移，但盐水女神的形象显然具有超越意义。这种超越主要体现在：相比廪君，盐水女神更加具有一种积极主动的人格力量。盐水女神身上洋溢着一种原始激情，这激情是生命蓬勃的动力，是不甘蛰伏的勇敢，是免于沉默的爆发，是女性对世界变化最敏感又最有力的回应。因此，神话中并非主角的盐水女神比廪君更具感染力与吸引力，盐水女神身上展现出的力量与奇美，亦是土家族积极主动、追求理想的性格写照，也奠定了女儿会女性主体的民族品格基调。无论是源于巴巫文化的楚辞《九歌》，还是流传于楚地的傩戏《姜女下池》，都能与神话彰显的人性内涵相互印证(如歌为媒、“女趋男”、裸浴等)。从这个角度而言，女儿会或是恩施土家族对盐水女神的一种巫诞式祭奠。盐水女神作为神话原型，其与巫山高唐神女一样是具有情爱意义的爱神，女儿会中主动追求爱情的女儿在精神特质上与巫山神女具有高度的一致

性与因袭性。

神话无论多么离奇诡谲，其仍然是不同历史时期现实生活的反映。恩施土家族地区曾经历过较长的母系氏族社会。母系氏族部落首领在清江流域，统领其部落开辟洪荒草莽，守土务实，传宗接代。盐水女神"愿留共居""暮辄来取宿""旦即化为飞虫，与诸虫齐飞"的言行，则充分显示了其在爱情婚姻上的大胆与炽烈。按照荣格的观点，集体无意识是人格结构最底层的无意识，是祖先的活动方式和经验库存在人脑中的遗传痕迹。这种对婚姻爱情的积极性与主动性作为一种集体无意识，深刻地影响了土家族人民特别是土家族女性的心理和行为。从恩施土家族女儿会的呈现形态而言，女儿应该是其标志性的符号代码，如果对女儿这一符号进行转码还原，很显然，盐水女神即是其指向。

值得注意的是，在神话中，盐水女神被廪君所射杀，廪君被奉为土家族的先祖。但与之同时，盐水女神也没有被遗忘，她被土家后人尊称为德济娘娘，与廪君一起被供奉。这说明，土家人真心怀念昔日的领袖，且十分看重盐神与廪君之间的浪漫爱情，并由盐水女神与廪君的爱情演绎出了种族繁衍的佳话，将之纳入巴民族的文脉之中。民族的发展是一个不断融合的过程，这其间必然充斥着冲突与争斗。从文化学的角度而言，盐水女神与廪君的故事应从部落之间争取生存发展权来理解。但是在土家族人眼里，盐水女神不是一个战败的部落首领，而是一个死于一腔火焰般爱情的女神。死去的盐水女神在土家族人心中得以复活，她与廪君相亲相爱，繁衍、兴旺了一代又一代土家人，这也是土家族人更愿意接受和理解的民族本源。把部落争斗的故事演绎成一段热烈的爱情故事，充分显示了土家人大胆、丰富而自由的想象力与对美好爱情的看重与期许。土家族人一直以来都对爱情婚姻无比重视，甚至不惜将生命搁上爱的祭坛。女儿会正是土家人对婚姻爱情自由追求的产物。

神话是集体无意识的原型体现，"当相应于某一特定的境况出现时，该原型便被激活起来，成为强制性的显现，像本能冲动一样……"[5]恩施土家族女性不仅和男性一样从事劳动生产，还在家庭生活中具有一定的自主权，以自由婚配为主，显示出了母权遗风的残膏剩馥。土家族女性在生产生活中的自主性较高，在婚姻与男女交往上也相应地享有较大的抉择权。因此，相较而言，土家族女性比汉族女性更为洒脱热情，一般都会主动表达爱意，并没有太多避忌。这些行为虽被汉族封建统治者视为"伦理俱废，风化难堪"，却正是原始婚姻制度的珍贵遗存。

巴霍芬的《母权论》从文字史料的蛛丝马迹中推测出人类历史上曾有过一个母权时代。在现代人类学家看来，巴霍芬的母权制是被其建构起来的学术神话，但《母权论》仍然具有积极的意义。巴霍芬讨论的话题虽然出于古典，但观照的却是当时人们自身的生活，从某种程度而言，巴霍芬的讨论推进了甚至在本质上影响了现代世界的构造。巴霍芬认为，母权制原则代表着生命原则、统一原则与和平原则。而母权制原则对自由与平等的推崇，对和平与慈爱的坚守，依然是我们现世幸福的基础。母权制原则代表着无条件的爱与天赋平等，代表着对血缘联系与地域联系的强调，而这些都是女儿会得以酝酿的温床，也是女儿会能历经沧桑流传至今的原因。

三、土司文化叙事：民族自治制度发展了女儿会

土司制度在恩施土家族地区存在数百年之久，可谓影响深远。土司制度是中央王朝对少数民族采取的绥靖政策，少数民族首领被授予土官之职。在汉族与少数民族杂居之地，统治者往往采用流官和土官分治之法，而在鄂西南这类少数民族聚居之地，则是一概统以土司。史料记载，明朝唐崖土司覃鼎骁勇善战，自继承土司之位起便一直被外调，四处征战，朝廷为奖励其战功特赐牌坊——正面刻有“荆南雄镇”，反面为“楚蜀屏翰”(这块牌坊至今矗立在唐崖土司遗址)。值得注意的是，史料还浓墨重彩地记录了覃鼎之妻——田氏的事迹。据记载，唐崖土司夫人本是龙潭土司之女，嫁与覃鼎后辅佐其事业，在其外出征战期间更是代夫掌印。在咸丰民俗博物馆内田氏和覃鼎一起被列为唐崖第十二世土司。

在恩施地区的土司叙事中，女性常常成为主角，在恩施附近还流传着其他类似田氏夫人的传说，笔者在咸丰调研时，曾听当地人说起过覃瑛拯救城邦的故事，故事梗概如下。

> 相传，明朝初年，朝廷派兵到西南平定土司，唐崖土司覃启处送率兵抵御，后受伤卧病不起。苦于儿子不争气，无人继位，覃启处送心中忧虑不安，突然想到自己女儿虽为女流之辈，但是足智多谋，勇敢果断，于是破除陈规，立女儿覃瑛为王。覃启处送去世后，官兵再次讨伐唐崖司。覃瑛便带着兵将、侍女来到柳城街安营扎寨，囤积粮草，操练军队，复兴父王基业，并由此命名为女儿寨。驻扎蜀东的将军孙旺，率兵攻打女儿寨，均以失败告终。后孙旺哄骗覃瑛下山谈判，当时寨中众人反对覃瑛冒险前去，可机智勇敢的覃瑛为了寨中百姓仍然前往马家沟，孙旺暗中埋伏，但被覃瑛识破，并果断射死孙旺。朝廷由此派出更多兵力围攻女儿寨，覃瑛宁可饿死也不投降，最终决定放手一搏，带领众人带上全部家当，打开雨伞，跳下悬崖，想抓住一线生机突围。最终，神奇的事情发生了，所有人都平稳落到崖底，无人受伤，覃瑛带着将士、侍女奔往四川，后来相传他们扎根于石柱。

这则传说虽无历史考证，但女土司的故事却在恩施土家族地区广为流传。从唐崖土司夫人的传说与女土司覃瑛的传说中，我们可以发现一些共性：女性、首领、救难……女性土司在明清时期的恩施地区出现，是特定时代与特定地区的产物，这与土司制度的实施，以及当地的文化特点均有密切关系。与中央王朝的嫡长子继承制度有所不同的是，土司承袭制度一方面承认嫡长子继承制，另一方面，土司的妻女亦可承袭。这种特殊的承袭制度为女土司的产生提供了可能。作为土司的妻子、女儿，与土司关系亲密，一旦掌握了政治、军事的主动权，很容易成为这个体系的核心。再加上西南地区女性在劳动中占据重要地位，因而具有果敢、聪慧的特质，在社会中拥有更多的话语权，所以女土司大多能保境安民，对社会发展起推动作用。

土司制度归根结底是封建王朝在难以直接统治少数民族地区的情况下实行的权宜之计。雍正十三年，清政府开始实行改土归流，土司制度被彻底废除，恩施土家族地区被直接置于中央王朝的统治之下。《清史稿》卷五百十二载："雍正十一年，田兴爵以横暴不法拟流，以其地为恩施县。"[6]民族隔离政策被废除，汉文化得以在恩施土家族地区广泛传播，这客观上促进了民族间的交流，推动了土家族文化与汉文化的融合。而另一方面，在相互的交流融合中，恩施土家族仍保持着自身的民族特点。"邑民有本户客户之分，本户皆前代土著，客户则乾隆设府后贸迁而来者，大抵本户多质直，客户之民商圆通。"[7]改土归流促进了恩施土家族地区的经济发展和社会进步，为女儿会的产生奠定了经济基础。

关于女儿会的起源，恩施当地人普遍认为与祝银姑的故事有关。相传清朝咸丰年间，在石灰窑洗脂棚一带有一个名叫祝银姑的女子。她不仅生得非常美丽，还能歌善舞、能说会道。祝银姑走街串巷，全然不顾封建礼教的诸多羁绊，凭自己的聪明才智解决了众多家族纠纷。更为重要的是，祝银姑还鼓励年轻女子自主选择婚恋对象（她自己也先后嫁过三个丈夫），她在乡街搭建歌台，为青年男女对歌传情提供场地。因为歌台的搭建，民间乡场变得十分热闹，久而久之，就形成了女儿会。祝银姑是一个有着强烈女性意识的土家族女子，她的传说突出了女儿会的情爱主题，加强了女儿会的女性主义色彩。祝银姑的故事存在于乡民的口述之中，究竟是否存在这样一位女子？是否真的对女儿会的产生起到了如此大的作用？在当地人的引领下，笔者在石灰窑社区易家湾附近实地调研，找到了祝银姑的墓碑，碑文内容如下：

> 恩深祖妣吴母祝老孺人墓。盖闻木本水源，而人何异。嗟夫！吾祖生当世之中，而有功于当世，脉生二子二女，俱备□养成……父早失，故失祭扫，忽以恩之，悲之何及。余是以同姑母共议刊碑，以将生死列右，及为万古不朽耳。生于癸丑年浊月初四寅时，在本邑石灰窑生长，亡于乙巳年九月二十八日亥时，□在生里而没矣。民国丙子年八月十七日。

墓碑内容说明了祝银姑的真实性。祝银姑生活的时间为清朝改土归流之后，她应该非常熟悉儒家伦理中倡导的"男尊女卑""内外有别"等观念，但是实际情况是，儒家伦理纲常对祝银姑并没有产生多大影响。祝银姑的行事做派非常开放，民间甚至有人称她为祝淫姑，儒家伦理纲常对她而言形同虚设。改土归流后，贞洁伦理观念在鄂西南地区逐渐普及，但以祝银姑为代表的部分土家族女儿却并没有完全涵化其中，而是以自己的勇气与胆略恪守着原有的婚恋习俗。另一方面，也可知改土归流作为土司制度变迁后的一个阶段，仍然延续了对女儿会一定程度的包容，延续了土家族传统文化精神。祝银姑的故事关乎女儿会的起源，凸显了女儿会的一种精神实质，这精神使女儿会的内涵与其名字一样，闪耀着女性的光芒。

四、集市文化叙事：经济贸易推动了女儿会

女儿会的发展是随场的发展而发展的，这里的场是指农村或小城市中定期买卖货

物的市场，古代也叫墟市、集墟。改土归流促进了恩施土家族地区集市的发展，而集市的发展正是女儿会产生和发展的重要条件。因为土家村寨多处在高山峡谷之中，交通闭塞、信息落后，人与人之间的交往十分有限，集市便成为山里人从事交流活动的重要场所。恩施土家族地区的集市贸易最早称为草市，草市即为在空旷地带自发进行交易活动。

女儿会的发源地被考证为恩施的石灰窑乡。石灰窑历史上曾被称为“十个棚”。清政府对土司辖地实行改土归流政策，废除土司制，实行流官制度，鼓励进山开荒，对开垦的土地“永准为业”。而此时适逢长江一带发生洪涝灾害，人们被迫迁入石灰窑一带。相传有张、薛、李、覃、曹、黄、王、杨、田、滕等十姓人家在石灰窑定居，他们搭棚据地，挽草为界。石灰窑境内现存有立于清道光二十一年的朱世太墓碑，上保留有“湖北施南府恩施县东乡崇宁里十甲十个棚十家坪”的字样。“十个棚”人家在这里定居生活，由选举产生的乡士管理十个棚的日常事务。

民国元年《黄氏日用杂志》手抄本载有《十个棚女儿会》一文。《黄氏日用杂志》于1952年被齐书清发现，其中“十个棚女儿会”的记载是学界公认的与“女儿会”有关的最早记录，《恩施市供销商业志》中所载的康熙五十一年，张、薛二姓乡士倡议在石灰窑开集建市，可与此互证。《十个棚女儿会》的故事大致内容如下：

> 薛姓有一乡士，常年在外。某一年薛乡士远游，于敬“亡人”之前(农历七月十一)归家，对他的九个女儿说：“明晨(农历七月十二)你姊妹可理头善妆，上街赶场，沿商埠游玩一日，平时不可。”其妻反对，认为不成体统。薛乡士便道：“江湖一带之女子，当老板、当掌柜、当店员，是经商里手，水上会划船，饭馆会厨师，服装会缝纫，能歌善舞，杰女之多，令我钦佩。我要女儿们上街赶场，商埠游玩，增添交谊，见多识广，大有益也。”于是薛乡士的九个女儿便精心梳妆打扮一番，上街游玩，街上的行人无不称奇艳羡。自此以后每年农历七月十二，“十个棚”的年轻女子都穿戴一新，相邀上街“赶场”一日。久而久之，积之成习，人们便称农历七月十二日为“女儿会”。

薛乡士打开禁区，其他乡民纷纷效之。从此，女性不可抛头露面的禁锢被打破，农历七月十二这天，当地青年男女纷纷上街赶场相亲，经商贸易也随之兴旺起来。明末清初，湖南等外地人大量迁来恩施石灰窑，开拓田地，创家立业，亦认同这里男女自由相识的遗俗，并鼓励女儿参加。随着当地药材商贸经济的发展和集市的形成，男女相会的习俗发展为在集市商品买卖交易中讨价还价相识相好相会的表现形式，并得以广为流传，使得周边地区的青年男女广泛参加，也吸引了全国各地的商人借商品交易之机，到此参加这男女相会的节日。

清政府改土归流后，革除诸多约制，积极立地招商，以致商旅麇集。贸易的繁荣使许多汉族商人定居于恩施专事经商，还有不少本地人弃农从商，负土货出境。随着商贸的发达，恩施地区也形成了多个较大的集市。高山集市的发展促进了女儿会这一习俗的产生，致使青年男女不畏路途遥远，前来赶场。在场上，商贾云集，物阜货丰，交易活跃，而居住在深山里的土家女子更是趁赶场来“见世面”，借买卖东西之名，寻访意中人。每逢场期，远近妇女便携纱易棉，摩肩接踵，女儿会就这样借贸易的形式在场中发展开来，所以赶女儿会也被称之为赶女儿会场。女儿会最初以集市交易作为依托，本质上是男女婚恋的相亲场所。但随着商品经济的发展，贸易往来逐渐占据了主要地位。女儿会在其后的发展中，也正是凭借这种强包容性和强汇集性，逐步成为恩施土家族最具代表性的文化旅游品牌。

五、土家族婚恋叙事：人类情感滋养了女儿会

恩施土家族地区长期以来保持着相对自由的婚配形式，“土司地处万山之中，凡耕作出入，男女同行，无拘亲疏，道路相遇，不分男女，以歌为奸淫之媒，虽亲夫当前，无所畏避”[8]。土家族男女自由相恋，少受约束，土家族妇女也没有为丈夫守贞的义务，拥有再婚的自由，“旧日土民妇女，以夫家贫寒，或以口角细故，背夫逃回。而女家父兄不加训诫，以女为是，收留经年累月，纵其所为，甚至背义毁盟，妄称改嫁”[9]。土家族男女只要相爱，经土老司作证后即可成亲，不受任何限制，也不要男方钱财聘礼，“不凭媒妁，止以曾经一言议及，即称曰‘放话’，执为左券者”[10]。土家族青年男女多以唱土家族山歌和吹木叶来自由选择婚恋对象，流传至今的不少山歌就反映了历史上土家族男女自由相爱的情况，如“大山砍柴不用刀，大河挑水不用瓢，好姐不用媒来讲，山歌搭起五彩桥”[11]等。土家族男女青年且歌且舞，彼此倾吐爱与情，自由选择对象。

恩施土家族属复合型农耕经济形态，两性在社会分工上并不明确，更多的农业生产由男女合作完成。颇具特色的薅草锣鼓就反映了土家族这种大型的联合生产习俗，“每夏耘时择善诱者一人，击鼓而歌锣钹应之，谓为‘薅草鼓’，盖欲耘者乐而忘疲也”[12]。土家族人劳动是不分男女的，这不仅使女性和男性成了拥有共同劳动目的的搭档与伙伴，也使他们在你来我往的氛围中滋养了情谊。“男女之情”的表达是薅草锣鼓歌的主要组成部分，以下是恩施地区流传的一首女子对男子表达爱意的歌：

一个小伙白如银，问你帮人不帮人？
你要帮人来帮我，免得爹妈请别人。
爹妈出钱一吊九，我愿出钱二吊零。
恐防爹妈不答应，我在旁边打总成。
白天火炉由你做，夜晚活路凭你行。
三场两场随你赶，吃茶吃酒奴应成。
这个踏踏你不帮，还在哪里去帮人？

这首薅草锣鼓歌讲的是一位土家姑娘请一位心仪的小伙帮她做活路(劳动)，姑娘列出了诸多诱人的条件：宁愿多出钱、做活路由小伙做主、好茶好酒招待……很显

然，姑娘是醉翁之意不在酒，之所以愿意自己吃亏请小伙帮她做活路，要表达的正是自己对小伙的好感与喜爱之情。在传统的情爱叙事中，女子在择偶上一般处于被动地位，即使心动，也多表现得含蓄而矜持，多是男性更为主动和积极。但从这首薅草锣鼓歌可以看出，这位土家女儿是热情大胆的，她极力邀请小伙来做自己的帮工，还愿意拿出自己的私房钱，虽然没有直接表达爱意，但浓郁的情意却喷薄而出，生动地体现了土家女子在爱情上的热情和大胆、淳朴与真诚。

除了在劳动生产中，日常生活中土家族男女交往也非常自由，无拘无束。相对宽容的社会环境，为土家族妇女的自由婚恋提供了现实的机遇，也成为女儿会得以产生的文化土壤。改土归流后，汉族商人和农民大量迁入，恩施土家族地区的社会形态发生了变化，封建礼教和婚姻制度也随之浸入，包办婚姻逐渐取代了原有的自由婚姻。但是土家族人并没有完全妥协，尤其是土家族女性，在追求爱情时更加果敢与大胆，具有主动性和更加强烈的反抗性。有一首土家族情歌是这样唱的：

豌豆开花角对角，
连姣就要把话说。
只要情郎是真意，
三言两语赶撇脱。

“撇脱”一词是土家方言，是爽快、直截了当的意思。土家族女性的这种敢爱敢恨，在爱情面前绝不拖泥带水的性格也使得其在婚恋中居于主导地位。女儿会的产生很大程度上是土家男女对封建婚姻制度的反抗，而土家族女性无疑扮演了更为重要的角色。在“《鄂西土家族传统情歌》所搜集的 332 首情歌中，明显由女性吟唱的有 139 首，占 41.87%；没有明显性别特征、可由男女两性共同吟唱的有 69 首，占20.78%；由男性吟唱的有 124 首，占 37.35%”[13]。从土家族情歌的内容来看，很多是土家族女性主动大胆地追求美好爱情与幸福生活，维护捍卫爱情的内容，呈现出与封建礼教束缚下汉族女子迥然不同的性格特点与人物形象。在女儿会讨价还价的试情过程中，是以女性为主导的，同意交往则降低物价，不同意则抬高物价结束交谈。女儿会是土家族女性主体性的表现和结果，构筑起了土家族女性文明的丰碑。

六、土家族节日叙事：节庆融合促进了女儿会

从民俗学角度而言，女儿会是与端午节、月半节相生相伴的节俗。恩施土家女儿会，分别是农历五月初三、七月初九(大山顶女儿会)和七月十二(石灰窑女儿会)，五月初三在端午节前两天，七月初九、七月十二正处于月半节期间。女儿会的形成与端午节、月半节有着密切的内在联系。

端午节为农历的五月初五，是中华民族古老而隆重的传统节日之一。端午节也称端五、端阳。除此之外，端午节还有许多别称，据不完全统计，端午节在民间的称谓大致有二十余种。女儿节也是端午节的别称之一。春节是中国最隆重的节日，拜年是

春节中最主要的活动。但是按照民间习俗，拜年是男人们的事，女人不宜出门。因为双五在八卦中为“比和”之象，大吉，利出行。因此，出嫁的女人纷纷选择在端午这天回娘家省亲，女儿节由此得名。

“端午节的主要习俗在不同民族和地区都是相同的，但一些具体的习俗与观念又呈现出丰富的民族和地区之间的个性差异。很多少数民族由于受汉族文化的影响，端午节也成为少数民族的重要节日。”[14]恩施土家族也十分看重端午节。我国大部分地区端午节指的是每年的农历五月初五，而在恩施土家族，每年有三个端午节，分别是五月初五、五月十五和五月二十五，被称为小端午、大端午、末端午。三个端午在土家族人心中都很重要。恩施土家人过端午最突出的特点是娘家要把出嫁的姑娘接回来一同过节。娘家在将女儿、女婿接来共度端午佳节时，女儿、女婿要背来糖、烟、酒、面条和猪肉，作为五色礼敬献给岳父母。于是，在端午节之前，女儿们要去集市采买礼品，农历五月初三的赶女儿会也由此产生了。

农历七月十五为月半节，月半节又叫中元节、鬼节、亡人节。恩施土家族也过月半节，但土家族的月半节显得更为隆重，时间也略有提前，从七月一日到七月十五皆可过月半节，并且还有“年小月半大”之说。“七月‘中元’，封包纸钱，上书祖先名讳，供于中庭，三日乃于门前焚烧。出嫁之女，是日亦必迎归饮福。”[15]清同治二年《宣恩县志》卷二十载：“‘中元’前三日，各家具酒馔祭祖先，男妇序拜，如事生礼。十四日，焚楮钱送之。”[16]清同治五年《来凤县志》卷三十二载：“七月十五日，道书所谓‘中元节’，俗名‘亡人天’。前二三日，祭祖先，焚楮钱，各庙做‘盂兰会’，赈济无主鬼魂，故又谓之‘鬼节’。”[17]清同治五年《来凤县志》卷三十二载：“中元前三日，为祖先位，迎于门外，供于庭中，朝夕必祭，男女序拜如事生礼。届期，封包纸钱，上书祖先名氏，祭而焚之。”[18]清同治六年《鹤峰州志续修》卷十四载：“七月中元日，谓之‘过月半’。具酒馔祀祖，用纸封楮钱，名‘包袱’，上书祖宗考妣姓名，祭毕焚化，较他时祭祀更虔，曰‘年小月半大’。”[19]由此可知，恩施土家族的月半节是祭拜祖先的节日，同时这一天也要接出嫁的女儿归家。恩施土家人认为“年是拜，月是接”的，意思是说，过年的时候是要上门拜年，而月半则是要将亲人接回来团聚。恩施土家族月半节之前，父母要接出嫁的女儿回家团聚，参加祭祀祖先的活动。因此，这一天出门的女性比较多，她们利用这次出门的机会去集镇赶场，场上女儿云集，女儿会也因此得名。也正因为这一天女儿众多，女儿会便成了孕育爱情的温床。

女儿们除了要在月半回娘家祭祖外，还要赶女儿会。与其他地方中元祭祖的沉郁气氛相悖的是，土家族的月半节往往很热闹，此有土家族诗人田泰斗有诗云：“中元天气暑初除，姣女迎归笑语舒。”在怀亲悼人的中元节却笑语盈盈，其中扭转气氛的关键元素，无疑是土家女儿的婚恋。

> 明清以来，每至农历七月十二日，未婚妇女理头善装，穿着一新，相邀上街，赶场一日，结缘男女，乘此良机，互相瞥见，中意者嫣然一笑，以为情愿，约定交谈，倾吐爱慕，至晚而归。[20]

月半节是祭死，女儿会是迎生，与月半节的融合，使女儿会具有了送死迎生的意义，这也说明了土家族人始终施以一种达观的态度对待生死。女儿会的这一天，出嫁的姑娘回娘家祭祖，既可以和自己的亲人共叙亲情，又可以相邀上街，赶场一日，而“互相瞀见，中意者嫣然一笑”莫不是最美的爱情。另一方面，女儿会的自定姻缘，也使土家族人的交往突破了亲族关系的限制，扩大了土家族人的社会关系网络。从这个角度而言，节庆融合赋予了女儿会更加多元的意义。

结语

女儿会浓缩了优秀的民族文化，在其自身的发展过程中，革故鼎新，连接了古老和现代。女儿会“现代建构的过程，表现在活动空间的移置、形式内容的重组、主体对象的变更、功能价值的增强四个方面”[21]，如今的女儿会已经成为恩施土家族文化的一个传承场域，它一方面使土家族优秀文化资源得以继承，另一方面又使土家族文化随着社会的发展不断吐故纳新和改弦易辙。女儿会不仅多角度多方位多层面地展示了恩施土家文化的丰富内涵，自发地发挥着和谐人际关系的功能，于潜移默化中传播着土家人的处世经验与民族文化，更以其深邃的女性气质、坚韧的融合功能和原创的文化力量，散发着持久的魅力。英国社会学者贝拉·迪克斯对文化展示进行了较为系统的研究，认为“随着越来越多的空间被转换成可视的和可参观的，一个更加世俗的期望扎了根——我们穿越的空间将呈现连贯和‘可读’的一组象征和信息”[22]。在贝拉·迪克斯看来，可参观性是现代化延续的基础。女儿会就是恩施土家族的“会说话的环境”，它是土家文化资源和文化产品的交易会，是外界了解恩施、走进恩施、体验恩施的重要渠道，更是土家族女性特质与民族气质的展演平台，这也是女儿会能不断发展并最终适应时代潮流的基础和条件。

＊本文为湖北省哲学社会科学繁荣计划研究项目“少数民族文化资源研究”【RZ1900001768-(ZSD18026)】的阶段性成果。

注释：

[1] [俄]普罗普：《故事形态学》，贾放译，北京：中华书局，2006 年，第 3～17 页。

[2] [英]马克·柯里：《后现代叙事理论》，宁一中译，北京：北京大学出版社，2003 年，第 159 页。

[3] 张开焱：《文化与叙事》，北京：中国三峡出版社，1994 年，第 12 页。

[4] (南朝·宋)范晔：《后汉书》卷一百一十六，上海：上海古籍出版社，1986 年，第 1160 页。

[5] [瑞士]荣格：《神话：原型批评》，叶舒宪译，西安：陕西师范大学出版社，1987 年，第 111 页。

[6] (清)赵尔巽：《清史稿》卷五百十二，北京：中华书局，1977 年，第 14210 页。

[7] (清)多寿、罗凌汉：《恩施县志》，清同治七年刻本。

[8] (清)张天如、顾奎光：《永顺府志》卷十一《檄示》，乾隆二十八年抄刻本。

[9] (清)毛峻德：《鹤峰州志》(风俗·条约·第五条 背夫私逃之风宜禁)，清乾隆六年刻本(复印本)。

[10] (清)毛峻德:《鹤峰州志》(风俗·条约·第五条 背夫私逃之风宜禁),清乾隆六年刻本(复印本)。

[11] (清)李焕春、龙兆霖、郑敦祜:《长乐县志》卷十二《风俗》,清同治光绪间刻本(复印本)。

[12] 尹旦萍:《当代土家族女性婚姻变迁——以埃山为例》,北京:社会科学文献出版社,2009 年,第 31 页。

[13] 刘荣、蒋述东、任光敏:《土家族哭嫁歌中骂媒现象新解》,《湖北民族学院学报》(哲学社会科学版)2012 年第 5 期,第 6～9 页。

[14] 孙正国:《端午节》,北京:中国社会出版社,2006 年,第 2 页。

[15] (清)罗德昆、田赤:《施南府志》卷三十《杂志》,道光十七年印刻本。

[16] 丁世良、赵放:《中国地方志民俗资料汇编·中南卷》,北京:书目文献出版社,1990 年,第 647 页。

[17] 丁世良、赵放:《中国地方志民俗资料汇编·中南卷》,北京:书目文献出版社,1990 年,第 447 页。

[18] 丁世良、赵放:《中国地方志民俗资料汇编·中南卷》,北京:书目文献出版社,1990 年,第 446 页。

[19] 丁世良、赵放:《中国地方志民俗资料汇编·中南卷》,北京:书目文献出版社,1990 年,第 439 页。

[20] 田发刚:《鄂西土家族传统文化概观(修订本)》,武汉:长江文艺出版社,1998 年,第 209 页。

[21] 毕曼:《少数民族传统文化现代转化的规律与策略研究——以恩施土家"女儿会"为例》,《华中师范大学学报》(人文社会科学版)2021 年第 6 期,第 78～85 页。

[22] [英]贝拉·迪克斯:《被展示的文化——当代"可参观性"的生产》,冯悦译,北京:北京大学出版社,2012 年,第 18 页。

【海外汉学研究】

理雅各《孟子》译本中的美学思想

陈逸鸣

（厦门大学人文学院中文系，福建厦门，361005）

内容摘要： 理雅各的《孟子》英译本是西方汉学界的典范之作，其对《孟子》的美学思想作了细致而深刻的诠释。理雅各以译注互补的方式介绍了《孟子》的美学思想，他的译注继承了中国经典诠释传统，既有对原文主旨的精准把握，也注重训诂释义、考辨探源等工作。理雅各在比较文化研究的视域中评价了《孟子》的美学思想，表现出既接纳又批评的矛盾态度。理雅各的矛盾态度与他所持的“前见”有密切关系。传教士与汉学家的双重身份是造成理雅各之“前见”的根本因素，深刻地影响了他诠释《孟子》时的视域融合。研究理雅各对《孟子》美学思想的诠释，剖析其中的视域融合现象并总结经验教训，这对于当下推动《孟子》的海外传播、开展中西文化的比较研究等都具有重要的启迪意义。

关键词： 理雅各；《孟子》译本；美学思想

晚清来华的苏格兰新教传教士理雅各(James Legge，1815—1897)是一位卓有成就的汉学家，曾将儒家的四书五经、道家的《老子》《庄子》等中国文化经典翻译成英文。《孟子》英文译注本是理雅各的得意之作，至今仍是西方汉学界推崇的典范。理雅各诠释《孟子》视角多元、方法独到，其中对《孟子》的美学思想的解读尤为值得关注。《孟子》的美学思想博大精深，以人格美学为基础，延展至文艺美学，体现着中国古圣对于人生真谛与文艺价值的上下求索。理雅各是以海纳百川的姿态学习、研究中国传统文化的汉学家，他满怀热情地向西方读者介绍《孟子》的美学思想。理雅各也是致力于宣扬基督信仰的传教士，他探寻《孟子》美学思想的精髓，并将其与基督教美学展开比较研究，力求构筑起中西文化交流与沟通的桥梁。

一、以译注互补的方式解释

理雅各《孟子》译本有一大特色，即不仅完整地翻译了原文，而且针对原文内容作了详细的脚注。理雅各所写的脚注往往比译文还要长得多，他曾对注释工作作过说明：“可能一百个读者当中，九十九个丝毫不会对长长的评论性的注释在意……就只为了这第一百个读者，我也应该将这些注释写出来。”[1]译本的脚注不仅内容丰富，包含题解、字义解读、音韵说明、考证辨析和案语等，而且旁征博引，充分借鉴中国历代的《孟子》诠释成果，尤其是赵岐和朱熹的注释。《孟子》美学思想抽象复杂，单靠翻译原文自然无法解释清楚，因此理雅各巧妙地运用了译注互补的诠释方式，使译文与注释互相补充、互相印证，从而较为全面地介绍了《孟子》的人格美学思想与文艺美学思想。

(一) 人格之美：以善为源，畅于四肢

《孟子·尽心下》第二十五章里有一段关于美学思想的重要论述。孟子评价乐正子是善人、信人，并且解释道：“可欲之谓善，有诸己之谓信，充实之谓美，充实而有光辉之谓大，大而化之之谓圣，圣而不可知之之谓神。”[2]理雅各将“可欲之谓善”一句译为：“A man who commands our liking is what is called a good man.”[3]译文的意思是一个赢得众人喜爱的人就叫作善人。关于“可欲之谓善”一句，朱熹《孟子集注》：“天下之理，其善者必可欲，其恶者必可恶。其为人也可欲而不可恶，则可谓善人矣。”[4]杨伯峻《孟子译注》：“那人值得喜欢便叫做好。”[5]朱熹和杨伯峻的理解，与理雅各是很相近的。也有学者将“可欲谓之善”理解为“值得喜欢(追求)的就是善”，比如赵岐《孟子注》、傅佩荣《孟子新解》。这两种解释表面上有差异，但在实质上却是相通的。理雅各对“可欲之谓善”作了一个很重要的脚注：“It is assumed here that the general verdict of mankind will be on the side of goodness. Hence when a man is desirable, and commands universal liking, he must be a good man.”[6]理雅各指出，“可欲之谓善”有一个假设的前提：人类普遍都是向善的。当一个人是善的时候，旁人必然喜爱他，反过来说，一个人能受到普遍的喜爱，他就应当是善人。故而，与其说此人是“可欲”的，不如说此人之“善”是“可欲”的，再进一步说则是：善即可欲，可欲即善。可见无论是何种解释，归根结底，善是人们真正所喜爱的。在《孟子》里，一切美好的人格境界都是以“善”为根源的。所以理雅各在翻译“有诸己之谓信”“充实之谓美”“充实而有光辉之谓大”时，将这三句话中隐藏的“善(Goodness)”之意思都翻译出来了。他在脚注里特别指出：“Goodness is an attribute entering into all the others, and I have therefore thrice expressed it in the translation.”[7]意思是：善是贯穿在其他精神境界里的基本属性，所以译文里用了三次“Goodness”。理雅各通过译注互补的方式揭橥了孟子美学的根基——心之善是美之源。

“充实之谓美”是孟子论“美”的极重要的一句话，理雅各译为：“He whose goodness has been filled up is what is called a beautiful man.”[8]将译文再译回白话文就是：一个被善充满的人就叫作“美人”。朱熹《孟子集注》也说：“力行其善，至于充满而积实，则美在其中而无待于外矣。”[9]在孟子看来，真正的美是源于善，是善在人的身上充满之后的表现。这种美不仅停留在内心世界，当善的力量足够强大后，美就会从内而外地散发出来，呈现出辉煌壮观的气象。所以孟子说，“充实而有光辉之谓大”，理雅各将其译为：“He whose completed goodness is brightly displayed is what is called a great man.”[10]意即当一个人的完美善性满有光辉地展现出来，这个人就是“大人”。

在孟子看来，当内在的善性满有光辉地开显出来时，这个人的形体也会实际地呈现出美。按照朱熹的话说是："和顺积中，而英华发外，美在其中，而畅于四支。"[11]《离娄下》第二十五章很好地传达了这一思想："孟子曰：'西子蒙不洁，则人皆掩鼻而过之。虽有恶人，斋戒沐浴，则可以祀上帝。'"[12]对此，理雅各的翻译是："Mencius said，'If the lady Hsi had been covered with a filthy head-dress，all people would have stopped their noses in passing her. Though a man may be wicked，yet if he adjust his thoughts，fast，and bathe，he may sacrifice to God.'"[13]将译文译回白话文是：孟子说，"如果西子蒙了一条肮脏的头巾，所有从她身边走过的人也会掩着鼻子。即使是坏人，如果肯转变思想，禁食，沐浴，那么他也能祭祀上帝。"

理雅各还为《离娄下》第二十五章作了较长篇幅的脚注。首先是一个题解："IT IS ONLY MORAL BEAUTY THAT IS TRULY EXCELLENT AND ACCEPTABLE."[14]意即只有道德之美才是真正优越且值得羡慕的。然后，脚注对"西子"这一人物作了介绍和考辨，很好地再现了"西子"的美女形象，为读者理解《离娄下》第二十五章的美学思想提供了帮助。理雅各又对"恶人"这一关键词以及整章的主旨作出分析：

> 惡，both by Chao Ch'i and Chu Hsi，is taken in the sense of "ugly"，in opposition to the beauty of the lady Hsi. I cannot but think Mencius intended it in the sense of "wicked"，and that his object was to encourage men to repentance and well-doing... By the laws of China，It was competent for the sovereign only to sacrifice to the God. The language of Mencius，in connexion with this fact，very strikingly shows the virtue he attached to penitent purification.[15]

理雅各的意思是：对于文中的"恶"，赵岐和朱熹都解释为容貌上的"丑"，以此与西子的美貌相对应。但是理雅各并不认同两位学者的解释，他说这里"恶"应当理解为品德上的"坏"，孟子以此鼓励人们悔改并追求善行。根据中国古代的法律，只有君主是有资格祭祀上帝的。但孟子的话却明确地将美德和悔改的净化作用联系在一起。

将理雅各的脚注与译文联系起来看，可以发现他有意突出"改过自新"的意思。理雅各译文"Though a man may be wicked，yet if he adjust his thoughts，fast，and bathe，he may sacrifice to God"中的"adjust his thoughts"(转变思想)是原著中没有的，属于理雅各的增译。尽管他对"恶人"的理解与赵岐、朱熹不同，但无疑也是一种可以成立的解释。在《孟子》中"恶人"一词一共只出现过两次，另外一处是在《公孙丑上》第九章，孟子说伯夷："不立于恶人之朝，不与恶人言；立于恶人之朝，与恶人言"[16]，这里的"恶人"无疑就是"坏人"的意思。其实，无论将《离娄下》第二十五章的"恶人"理解为丑人还是坏人，都不会从根本上影响对孟子人格美学的把握。赵岐注对于"恶人"及整章主旨的解释是："恶人，丑类者也。面虽丑而斋戒沐浴，自治洁净，可以待上帝之祀。言人当自治以仁义乃为善也。"[17]朱熹《孟子集注》道："尹氏曰：'此章戒人之丧善，而勉人以自新也。'"[18]可见两位大师也和理雅各一样，认为自新自洁带来的道德之美才是值得羡慕的。相较而言，理雅各的解释更加强调悔改对于改善人与上帝之间的关系的重要意义，而这与他本人的基督信仰有着密切的关系，下文还将解释这一问题。

（二）文艺之美："心之所同然"与"以意逆志"

在理雅各的译著《中国经典》的各卷扉页上，都印有一句话："不以文害辞，不以辞害志，以意逆志，是为得之。"此语出自《孟子·万章上》，是理雅各翻译中国文化经典时的座右铭。而"以意逆志"说也正是孟子的文艺美学思想的核心内容。孟子提出的"以意逆志"的美学观，仍是以他的人性论——性善论为理论根基。张伯伟说："'以意逆志'说提出的哲学基础，是以孟子为代表的儒家人性论。"[19]周光庆也说："孟子的人学思想"是"以意逆志"说的"理论基础"。[20]

《告子上》第七章阐释了孟子"以意逆志"说的理论基础。在这一章里，孟子说人类有着共同的生理基础，味觉、听觉和视觉上的审美观都是相近、相通的。他举例说，一说到口味，天下人都期望做到易牙所做的那样；一说到声音，天下人都期望做到师旷所做的那样；一讲到子都，天下没有人不觉得他是美丽的。理雅各译本的脚注里对易牙、师旷和子都作了介绍，有助于读者理解孟子的意思。孟子进而将审美的范畴推至心灵世界："至于心，独无所同然乎？心之所同然者何也？谓理也，义也。圣人先得我心之所同然耳。"[21]孟子认为，人在味觉、听觉和视觉上有相似的爱好，在心灵上也有共同的善之本性。理雅各将"理也，义也"翻译为"the principles of our nature, and the determinations of righteousness"[22]，将此译文译回白话文是：我们本性的原则与正义的抉择。看理雅各的脚注可以更好地理解他如此翻译的原因："理＝心之體，'the mental constitution,' the moral nature, and 義＝心之用, that constitution or nature, acting outwardly。"[23]理雅各指出了"理"和"义"的关系："理"是心之体，"义"是心之用，"义"是由"理"向外开显出来的。所以理雅各将"理也，义也"译为我们本性的原则与正义的抉择。这意味着正义抉择是依据本性的原则作出的。关于"理"和"义"的关系，朱熹《孟子集注》引用程子的话说："在物为理，处物为义，体用之谓也。"[24]可见朱熹和程子也认为"理"和"义"之间是体和用的关系，但是程子说"在物为理"，这暗示了"理"是客观的，是处于外物之中的。而理雅各则将"理"视为"心之体"，即主观的、内在于人心的。如果联系全章之主题来看，理雅各的解释显然更符合孟子的本意。理雅各在脚注里对整章内容作了题解："ALL MEN ARE THE SAME IN MIND; —SAGES AND OTHERS. IT FOLLOWS THAT THE NATURE OF ALL MEN, LIKE THAT OF THE SAGES, IS GOOD."[25]题解大意是：所有人的心都是一样的，不管是圣人还是凡人。像圣人一样遵循人类共有的天性，这就是善的。理雅各的题解准确地归纳出了此章的主旨。孟子所强调的是"心之所同然"，"理"自然是内在而非外在于人的。

前文说过，天下人对师旷之音乐无不以为美，这已经涉及文艺审美的范畴。在《梁惠王下》第一章里，孟子与梁惠王的对话提到"独乐乐"不如"与人乐乐"，"与少乐乐"不如"与众乐乐"[26]，理雅各在注释里说："獨樂樂，—the second 樂 is lo, 'joy,' 'delight.'"[27]意即"独乐乐"的第二个"乐"念作"lo"，是快乐、喜悦的意思。理雅各的注释能够帮助读者理解孟子与梁惠王的对话。此处对话所折射出的，也是世人的文艺审美观相通相近的道理。正因为人具有共同的本性、相近的审美口味，所以才有可能在文学批评中"以意逆志"。《告子上》第七章说，"圣人先得我心之所同然耳"[28]，换言之，一般人的心与圣贤的心是相通的。《万章下》第八章则提倡与古圣先贤交朋友："……又尚论古之人。颂其诗，读其书，不知其人，可乎？是以论其世也。是尚友也。"[29]理雅各的脚注解释了其中的关键词："尚＝上。又尚，'he proceeds and ascends.'頌＝誦，'to repeat,''croon over.'……其世，'their age,'i. e. what they were in their age。"[30]理雅各的解释基本上与朱熹《孟子集注》的相同。从《万章下》的此处文句看，孟子认为圣贤的人格之美可以表现在关于他的诗、书上，带着正确的鉴赏眼光去"颂其诗""读其书"，这是实现与古人心心相印的基本方法。反过来说，只有"知其人"和"论其世"，才能真正读懂其人之诗、书，领略诗、书所蕴含之美。诗、书的艺术之美，本质上就是在彰显圣贤人格之美。

孟子在《万章上》第四章更加明确地阐述了文学审美的基本原则："故说诗者，不以文害辞，不以辞害志，以意逆志，是为得之。"[31]理雅各将其翻译为："Therefore, those who explain the odes, may not insist on one term so as to do violence to a sentence, nor on a sentence so as to do violence to the general scope. They must try with their thoughts to meet that scope, and then we shall apprehend it."[32]理雅各将"以意逆志"的"逆"翻译成"meet"，"meet"有迎接之意，这和朱熹的解释——"逆，迎也"是相近的。对于文中出现的两个"志"，理雅各分别译为"the general scope"和"that scope"，指的是诗文的主旨大意。在脚注中理雅各进一步解释说："志，'the scope', i. e. the mind or aim of the writer。"[33]意思是，"志"即作者的心思或意图。理雅各此处的注释相当重要。如果从伽达默尔的哲学诠释学的视野来看，文本的意义不等于作者的心思意图，文本的意义是在读者的诠释之后才得以产生。而在《万章上》这段话里，孟子所说的"志"显然是指作者的心思意图，他强调要用自己的心意去迎合作者的本意。朱熹《孟子集注》也有相同的理解："言说诗之……当以己意迎取作者之志，乃可得之。"[34]理雅各通过译注互补的方式准确地阐明了"以意逆志"的含义。

二、对《孟子》美学思想的接纳与批评

理雅各在译本里不仅介绍了《孟子》美学思想的基本内涵，而且在比较文化研究的视野中对其作出了价值上的评判。理雅各没有一味地高抬或贬低《孟子》美学思想，他的评价呈现出既接纳又批评的矛盾态度。

（一）对《孟子》美学思想的接纳

在译本的绪论第二章《孟子及其弟子》里，理雅各引述了《告子上》第一章和第二章的内容。这两章记载了孟子与告子的关于人性的辩论。理雅各作出以下评论：孟子在阐述性善论时，再没有比这更强硬的措辞了，对于很多基督徒读者而言，这是一个绊脚石和冒犯(a stumbling-block and offence)。但理雅各大胆地说，很多基督徒的这种看法没有充分根据。孟子所说的人性是其理想状态(its ideal)，并不是实然状态(it actually is)。通过研究就会确信，那是指人性的“应然”(it ought to be)，而非“使然”(it is made to become)。理雅各说，在上面的译文中他使用了“tendency”一词，这可能会遭到反对，不过孟子本人会认可理雅各的，因为他表达出了孟子的意思[35]。

理雅各所说的使用“tendency”一词，指的是在翻译《告子上》第二章的时候。在这一章里，告子以水为喻阐述自己的人性观——“人性之无分于善不善”[36]；孟子操斧伐柯，同样以水为喻：“人性之善也，犹水之就下也。人无有不善，水无有不下。”[37]理雅各将孟子的话翻译如下：“The tendency of man' s nature to good is like the tendency of water to flow downwards. There are none but have this tendency to good, just as all water flows downwards.”[38]这段译文译回白话文是：“人性之趋向善，就像水向下流一般，所有人都有这种对善的趋向，正如所有水都是向下流的。”理雅各将“善”翻译成“对善的趋向”(tendency to good)，换言之，理雅各认为孟子是相信人性向善，而非人性本善。因此理雅各说，孟子所言人性之善是其理想状态，并不是实然状态。

在绪论里，理雅各继续引述《告子上》第六章的内容，并且作出评论：

> Replying to Kung-tu's question, whether all the other opinions prevalent about man's nature were wrong, and his own, that it is good, correct, he said: 'From the feelings proper to it, we see that it is constituted for the practice of what is good. This is what I mean in saying that the nature is good. If men do what is not good, the blame cannot be imputed to their natural powers.' Those who find the most fault with him, will hardly question the truth of this last declaration. When a man does wrong, whose is the blame, —the sin? He might be glad to roll the guilt on his Maker, or upon his nature, —which is only an indirect charging of his Maker with it; —but it is his own burden, which he must bear himself.[39]

理雅各在此处翻译了《告子上》里的话：“乃若其情，则可以为善矣，乃所谓善也。若夫为不善，非才之罪也。”[40]理雅各将“为善”翻译为“the practice of what is good”，意即“践行善”。按理雅各这样的翻译，孟子此处对于“善”的解释就不是人性本善，甚至也不是人性倾向于成为善，而是人性的构成是可以行善的。理雅各说，即便是那些最能挑孟子毛病的人，也无法质疑孟子这段宣告所包含的真理。一个人犯错了，应该责怪谁？是原罪(the sin)吗？他会很高兴地将罪责推给造物主，或者归咎于他的本性——这是间接地责怪他的造物主。但这是他自己的责任，他本人必须为之负责。理雅各明确地将孟子人格美学和基督教的人性论作了关联。由此可见，理雅各不仅肯定了孟子的人格美学，甚至试图以此来弥补基督徒的人性观的某些不足。

在绪论第二章的另一段话里，理雅各借鉴孟子人格美学的意图更加明显。现将这段英语原文译成白话文如下：

人可能是堕落了，但是在接受公正的审判后，他的本性仍然在对抗着一切的不义。“没有律法的外邦人，自己就是自己的律法。”正如使徒保罗所确信的那样。我们在希腊和罗马的道德教师那里找不到像孟子这样宏大的论述。我要问那些被孟子的话冒犯的人，如果他倡导一个相反的教义，告诉人们：人的本性是恶的，人们越是顺从它的所有欲望和激情，就越是符合本性的、越是走正确的道路，难道这种教导对孟子的同胞们更好吗？答案不言而喻。要正确利用孟子的理论，来谴责中国人——还有我们自己——谴责他们和我们所犯的各种各样的罪过。[41]

理雅各列出了一句引文——“没有律法的外邦人，自己就是自己的律法”(译本的原文作：“a Gentile without the law，is still a law to himself”)，这是化用了《圣经·罗马书》2：14-15 里的话：“没有律法的外邦人，若顺着本性行律法上的事，他们虽然没有律法，自己就是自己的律法。这是显出律法的功用刻在他们心里，他们是非之心同作见证，并且他们的思念互相较量，或以为是，或以为非。”[42]在理雅各的诠释之下，孟子的人格美学似乎与基督教人性论并无冲突，甚至比基督教人性论更能倡导向善、谴责恶行。因此在译本的绪论里，理雅各将孟子学说与约瑟夫·巴特勒(Bishop Joseph Butler，1692—1752)的思想相提并论，他说：毋庸置疑，在英国巴特勒主教是清晰、公正地思考这一问题的思想家，而且我们将看出他的主张和孟子几乎是别无二致的。在术语的表达和结构的组织方面，巴特勒主教优于孟子；在阐述的精妙和文风的魅力上，这位中国哲学家技高一筹；但二者的教义却是高度契合的[43]。作为一位新教传教士，理雅各宣称孟子的人性观与巴特勒主教的如出一辙，这无疑是对孟子人格美学的高度肯定。

（二）对《孟子》美学思想的批评

如果单看上文所述的对于孟子人格美学的肯定，理雅各似乎更像是一位儒家弟子，而不是一位虔诚的新教徒。但这并不是理雅各译本的全部，他对于孟子的人格美学也有持批评态度的一面。在《告子上》第二章的题解里，理雅各说：“His opponent's views were wrong，but did he himself have the whole truth?”[44]意思是，孟子对手的观点是错谬的，但他自己就掌握了所有真理吗？在理雅各的心里，答案是否定的，孟子当然没有掌握关于人性、人格的所有真理。在《告子上》第十五章的注释中，理雅各说道：“His saying that the nature of man is good may be reconciled with the doctrines of evangelical Christianity，but his views of human nature as a whole are open to the three objections stated in the note to the twenty-first chapter of the *Chung Yung*.”[45]理雅各的意思是：孟子所说的人性善或许与基督教福音派的教义一致，但他的人性论从整体上而言，应当受到《中庸》第二十一章注释里的三个反对意见的批评。理雅各所说的《中庸》第二十一章是：“自诚明，谓之性；自明诚，谓之教。诚则明矣，明则诚矣。”[46]而理雅各说的三个反对意见是在他的《中庸》英文译注本里。在《中庸》译本里，理雅各为这一章作了脚注，大意如下：关于这一章有三个特别的教义很值得质疑。第一，有些人是圣人，他们很自然就处于完美的道德境界(a state of moral perfection)；第二，其他人没有达到完美的道德境界，是因为自己生理构造

(material organization)的阻碍和外在条件(external things)的影响;第三,只要理解了什么是善,就会达到这个完美的道德境界[47]。

理雅各批评的这三个教义的确是《中庸》《孟子》里的内容。理雅各所说的第一个教义应当是《中庸》里的"自诚明,谓之性"一句。朱熹对此的注释是:"德无不实而明无不照者,圣人之德。所性而有者也,天道也。"[48]对于圣人而言,他们因真诚而自然明白大道。理雅各所言第二个"有问题"的教义,当是针对《孟子·告子上》第十五章的内容。在这一章里,孟子指出一些人沦为"小人",原因是他们不以"心之官为主",而以"耳目之官"为主,"耳目之官不思,而蔽于物。物交物,则引之而已矣"[49]。孟子将人性之恶归结于生理构造的阻碍以及外在事物的牵引。第三条"有问题"的教义是《中庸》里的"诚则明矣,明则诚矣"一句,朱熹对此注释道:"诚则无不明矣,明则可以至于诚矣。"[50]意思是真诚就自然明白大道,明白大道后自然会真诚。

在注解《尽心下》第二十五章时,理雅各也曾引用《中庸》里的话语,并且将《孟子》《中庸》的人格美学与基督教思想相比较。对于孟子所言的人格之美的最高境界——"圣而不可知之之谓神",理雅各注释道:

> 聖而不可知之之謂神,—with this we may compare what is said in the Doctrine of the Mean, 至誠如神, "the individual possessed of the most complete sincerity is like a spirit."... Some would translate 神 by "divine", a rendering which it never can admit of, and yet, in applying to man term appropriate to the actings and influence of Him whose way is in the sea, and His judgments a great deep, Chinese writers derogate from the prerogatives of God.[51]

理雅各指出,"圣而不可知之之谓神",可比较《中庸》的"至诚如神"——一个人拥有最完全的诚就是与神相似。理雅各所引用的"至诚如神",出自《中庸》第二十四章:"至诚之道,可以前知。国家将兴,必有祯祥;国家将亡,必有妖孽;见乎蓍龟,动乎四体。祸福将至:善,必先知之;不善,必先知之。故至诚如神。"[52]《中庸》此处的"神人"能通过占卜等方式预知未来,带有极强的宗教神秘色彩。而孟子所言的"圣而不可知之之谓神"却是指一种纯粹的人格之美的境界,朱熹注将"大而化之之谓圣"与"圣而不可知之之谓神"联系起来解释:"程子曰:'圣不可知,谓圣之至妙,人所不能测,非圣人之上又有一等神人也。'"[53]但理雅各认为二者本质上是一致的,都是企图使人成为神。理雅各还特别指出,"Chinese writers derogate from the prerogatives of God",在他看来,中国学者夸大了人类可以达到的精神境界,这是亵渎了神的权威。

故而,理雅各认为孟子缺乏一种谦卑的品质。他在译本的绪论里说:"There is only one subject which I shall here notice, with Mencius's opinions upon it, —the position, namely, which he occupied himself with reference to the princes of his time. He calls it that of 'a Teacher', but that term in our language very inadequately represents it."[54] "Never did Christian priest lift up his mitred front, or show his shaven crown, or wear his Geneva gown, more loftily in courts and palaces than

Mencius, the Teacher, demeaned himself."[55] "I do desiderate in Mencius any approach to humility of soul."[56] "The absence of humility is naturally accompanied with a lack of sympathy. There is a hardness about his teachings."[57] 理雅各说，孟子总是将自己视为"师"，他的目标就是要作帝王之师。基督教的牧师从不会像孟子那样，在宫殿里展现出一副自高自傲的模样。理雅各非常希望孟子能对心灵的谦卑有所认识和论述，他认为，谦卑的缺乏伴随着同情心的缺乏，所以孟子的说教就显得生硬。

三、理雅各的"前见"及其对诠释的影响

伽达默尔的哲学诠释学认为，任何的诠释者总是带着"前见"(presupposition)走进文本世界的，在理解与诠释的过程中必定发生"视域融合"(fusion of horizon)的现象。理雅各在诠释《孟子》的美学思想时也是如此。要探讨理雅各对《孟子》美学思想持有矛盾态度的原因，必须剖析他诠释时的"前见"。理雅各之"前见"的形成，与他的汉学家与传教士的双重身份有密切关系。比起大多数的晚清来华传教士，理雅各显然更愿意以包容、谦和的心态面对中国传统文化，然而他也没忘记传播基督信仰的初心。理雅各在译介《孟子》时致力于建筑起中西文化沟通交流的桥梁，但同时也坚守着基督信仰的基本立场。作为一位新教传教士，理雅各深受《圣经》美学思想的影响，译本中对《孟子》美学所持的肯定态度与批评意见，都是以《圣经》美学思想为参照维度的。以《圣经》美学思想为参照维度来审视《孟子》美学思想，可以发现二者有许多相近的、可以沟通对话的地方，然而就本质上说二者又是截然不同的两种思想体系。

在《圣经》美学中，神是一切美的根本源头，甚至美就是神的名字。《圣经·诗篇》54：6："耶和华啊，我要称赞你的名，这名本为美好。"[58] 在《圣经》里，神创造了宇宙万物，也创造了美。《创世记》1：31 说："神看着一切所造的都甚好。"[59] 此处的"甚好"就有"甚美"的意思。《创世记》1：27 还特别指出："神就照着自己的形象造人。"[60] 人类始祖被造之初不仅是"甚好"的，而且具备神的美好形象。然《孟子·尽心上》则有言："尽其心者，知其性也。知其性，则知天矣。"[61] 换言之，人的心性与宇宙的终极存在——"天"有密切的关系。但是孟子对"天"的直接描述非常少，他将战国时期国人的信仰焦点从外在的"天"转向内在的心性。故而，在《孟子》这里，与其说"天"是美和善的源头，不如说人之本性是美和善的根本，正如孟子所言，"万物皆备于我矣"[62]，"仁、义、礼、智，非由外铄我也，我固有之也"[63]。

《圣经》宣称："世人都犯了罪，亏缺了神的荣耀。"[64]（《罗马书》3:23）在神眼中，罪人是如此丑陋："他们的喉咙是敞开的坟墓；他们用舌头弄诡诈，嘴唇里有虺蛇的毒气，满口是咒骂苦毒。"[65]（《罗马书》3:13-14）但堕落后的人并没有失去良心。前文提及理雅各引用的《罗马书》2：14-15，就将这个问题说得很清楚。每一个人"就是自己的律法"，"是非之心"能够发挥功用，使人明白何为是、何为非[66]。然而因为与生俱来的罪性，人又往往违背良心行事，正如《罗马书》7:18："立志为善由得我，只是行出来由不得我。"[67] 人是无法自救的，必须悔改并信靠基督的救恩，才能离开罪恶，进入神的美妙国度。而在《孟子》里则没有"罪性"或者"原罪"的概念。每个人本来都有

美好的心性，之所以没有彰显出来，是因为顺从耳目之官以及外在事物的诱惑。《告子上》第八章说："牛山之木尝美矣，以其郊于大国也，斧斤伐之，可以为美乎？……虽存乎人者，岂无仁义之心哉？其所以放其良心者，亦犹斧斤之于木也，旦旦而伐之，可以为美乎？"[68]牛山之木本来极美，但每天受到砍伐就失去了本来之美。同样地，良心本来极美，然而现实中人们不断容许它遭到破坏，于是就面目全非了。因为人性归根结底是善的，所以人可以自救。人没有成为圣贤、君子，"是不为也，非不能也"[69](《梁惠王上》)，"学问之道无他，求其放心而已矣"[70](《告子上》)，孟子一切的学问无非就是要人寻回本心。《孟子》没有谈论救主，而是推崇圣人。"天下之生久矣，一治一乱。"[71](《滕文公下》)依心性之觉迷言，人类历史的前行不是线性上升的，而是时高时低，反复曲折。故而奉圣贤为典范是每个时代都需要的，尧、舜、禹、文王、武王、周公、孔子等，是后世生民克服自身弱点、挽救文明危机所一再师法的榜样。

《圣经》美学认为人类的文学艺术应当反映神之美善，文艺最重要、最美好的用途是赞美神，歌颂神的荣美形象。《圣经·诗篇》一共150章，内容大多数都是赞美神，与美之源头沟通交流。基督教神学家奥古斯丁在《论真正的宗教》里说："诗歌展示了那种美的终极的印痕，那种美为艺术所保存，永恒不动如斯，时时变易如斯。"[72]但是依《孟子》来看，真正的文学经典承载着圣人之言，文学之美来源于圣贤的人格之美。《公孙丑上》第二章里，孟子说自己"善养吾浩然之气"[73]。理雅各为"浩然之气"作的脚注中说道："Mencius, it seems to me, has before his mind the ideal of a perfect man, complete in all the parts of his constitution. It is this which gives its elevation to his language."[74]理雅各指出，在孟子的心目中有一个关于完美人格的理想，孟子的一切都在充分体现这个理想，这一理想也使得孟子的语言得到了升华。孟子所谓的"先知觉后知""先觉觉后觉"离不开圣贤之诗、书。鉴赏文学作品的目的不在于与神相交，而在于尚友古圣，正如他说的："颂其诗，读其书，不知其人，可乎？"[75]

《孟子》美学与《圣经》美学这种本质上的冲突，是理雅各等来华传教士必须直面的。在他们看来，孟子学说过分相信人性，缺乏一种谦卑的精神；如果中国人笃信孟子学说，就不可能承认自己有罪且无法自救，自然也谈不上接受基督的拯救。因此如前文所述，理雅各在诠释《中庸》第二十一章时批评了那些过于信赖人性的教义；在解读《离娄下》第二十五章时，理雅各又特别突出悔改对于改进人与上帝的关系的重要作用。不过比起一般的传教士，理雅各的高明之处在于：他在译本里不仅有对《孟子》思想的直言不讳的批评，而且采用了"创造性误读"的方式，来化解《孟子》思想与《圣经》思想之间的张力。胡亚敏《比较文学教程》说："更多的创造性误读是一种视域融合，即接受者与外来因素的同时改造……它创造出来的是一种新质。"[76]本文第二章说过，理雅各将孟子的性善论解读成人性向善而非人性本善，这就属于一种"创造性误读"的视域融合。《告子上》第二章说："人性之善也，犹水之就下也。人无有不善，水无有不下。"理雅各将其中的"善"翻译成"对善的趋向"(tendency to good)。就语法而言，"人性之善也"的"之"的确既可以解释为动词，也可以解释成助词。然而纵观整部《孟子》的思想，孟子所主张的显然是人性本善而非人性向善，前文引用过的《孟子》的话，如“万物皆备于我矣”“仁、义、礼、智，非由外铄我也，我固有之也”等，足以充分说明这一点。理雅各译注《孟子》时参考最多的是赵岐和朱熹的注释，而赵岐和朱熹的注释都没有将孟子的意思解读成人性向善。许多传教士也不认可理雅各的这种解读。比如，1878 年美国传教士谢卫楼(Davelle Z. Sheffield，1841—1913)在《教务杂志》上发表专文，系统地批评了理雅各对儒家人性论的看法。谢卫楼认为，孟子主张人性本善而不是主张人性向善，理雅各将《告子上》第二章的那两句关键性的话译错了。对于“人性之善也，犹水之就下也。人无有不善，水无有不下”，谢卫楼的译文是：“The goodness of man's nature is like the flowing down of water; there is no man who is not good, there is no water that does not flow down.”[77]意思是：人性的善像往下流的水，人的本性没有不善的，就像没有不往下流的水。但是理雅各进行了“创造性的误读”，并在此基础上给予孟子思想以肯定的评价。前文论及，理雅各甚至将《告子上》第六章里“为善”翻译为“the practice of what is good”(践行善)，这就更是在抹煞孟子对于人性的那份信赖。理雅各很清楚，如果孟子主张仅仅是人性向善、人性可善而非人性本善，那么孟子思想与基督教思想之间的冲突就大大减小了。

当然，理雅各对于《孟子》美学的肯定并非都基于“创造性误读”，他也竭力去发扬《孟子》美学中与基督教思想相符、相通的内容。本文第二章说过，理雅各确实看到了《孟子》美学里的许多闪光点，这些闪光点甚至可以用来纠正某些基督徒的错误观念。值得一提的是，理雅各是一位笃信“后千禧年主义(post-millennialism)”的基督徒。“后千禧年主义”是与“前千禧年主义(pre-millennialism)”相对立的。前千禧年主义者一般认为，社会历史前行的总体趋势是越来越坏的，直等到基督再临后，人间才会进入完美的千禧年国度。而后千禧年主义者则相信，凭着人类的努力改革，这个世界将会越来越好，甚至进入千禧年国度，而基督的再临是在千禧年国度之后。19 世纪下半叶，随着资本主义社会的发展进步，后千禧年主义思想在欧美国家里非常流行。比起信仰前千禧年主义的传教士，理雅各对于人性有一份独特的信心，所以他能在《孟子》的人格美学里找到共鸣，正如前文所述，他在译本的“绪论”里强调人可能是堕落了，但他的本性仍然在对抗着一切的不义。换言之，人性对于美善的追求是永恒不变的。

理雅各对《孟子》美学思想的诠释，为后世留下了许多宝贵的经验。理雅各不满足于简单地翻译原文，而用详细的注释弥补翻译上的局限。他的注释不仅包含对于每章主旨的精准把握，而且注重文献学层面的研究工作，比如对重点字词作出训诂释义，对相关的名物、典制、历史人物的生平事迹等进行考辨。他的译注充分借鉴了赵岐、朱熹等历代名家注解成果，体现出对于中国经典诠释传统的虚心接纳。更难得的是，理雅各致力于在比较文化研究中，建筑起中西文化的沟通对话的桥梁。他没有一味地褒扬或贬低《孟子》的美学思想，而是表达了既接纳又批评的态度，其中既有入木三分的剖析、值得商榷的“创造性误读”，也包含不必要的文化偏见。理雅各译介《孟子》时出现的得与失都提醒我们，在研究海外汉学家的论著、译作时，不仅要学习、借鉴他们独到的研究视角与研究方法，而且必须充分了解他们所处的“传统”、所持的“前见”，重点关注那些因为文化背景差异造成的误读。总之，研究理雅各对《孟子》美学思想的诠释，对于今天继续深化《孟子》研究、推动《孟子》的海外传播、开展中西文化比较研究等，都具有重要的启迪意义。

注释：

[1] [美]吉瑞德著:《朝觐东方:理雅各评传》,段怀清、周俐玲译,桂林:广西师范大学出版社,2011 年,第 520 页。

[2] J. Legge, *The Works of Mencius. vol. II of the Chinese Classics*, Taipei: SMC Publishing Inc., 1991, pp.490-491.

[3] J. Legge, *The Works of Mencius. vol. II of the Chinese Classics*, Taipei: SMC Publishing Inc., 1991, p.490.

[4] (宋)朱熹:《四书章句集注 · 孟子集注》,北京:中华书局,2012 年,第 378 页。

[5] 杨伯峻:《孟子译注》,北京:中华书局,1960 年,第 334 页。

[6] J. Legge, *The Works of Mencius. vol. II of the Chinese Classics*, Taipei: SMC Publishing Inc., 1991, p.490.

[7] J. Legge, *The Works of Mencius. vol. II of the Chinese Classics*, Taipei: SMC Publishing Inc., 1991, p.490.

[8] J. Legge, *The Works of Mencius. vol. II of the Chinese Classics*, Taipei: SMC Publishing Inc., 1991, p.490.

[9] (宋)朱熹:《四书章句集注 · 孟子集注》,北京:中华书局,2012 年,第 378 页。

[10] J. Legge, *The Works of Mencius. vol. II of the Chinese Classics*, Taipei: SMC Publishing Inc., 1991, p.490.

[11] (宋)朱熹:《四书章句集注 · 孟子集注》,北京:中华书局,2012 年,第 378 页。

[12] J. Legge, *The Works of Mencius. vol. II of the Chinese Classics*, Taipei: SMC Publishing Inc., 1991, p.330.

[13] J. Legge, *The Works of Mencius. vol. II of the Chinese Classics*, Taipei: SMC Publishing Inc., 1991, p.330.

[14] J. Legge, *The Works of Mencius. vol. II of the Chinese Classics*, Taipei: SMC Publishing Inc., 1991, p.330.

[15] J. Legge, *The Works of Mencius. vol. II of the Chinese Classics*, Taipei: SMC Publishing Inc., 1991, p.330.

[16] J. Legge, *The Works of Mencius. vol. II of the Chinese Classics*, Taipei: SMC Publishing Inc., 1991, p.206.

[17] (汉)赵岐注,(宋)孙奭疏,李学勤主编:《孟子注疏》,北京:北京大学出版社,1999 年,第 230 页。

[18] (宋)朱熹:《四书章句集注 · 孟子集注》,北京:中华书局,2012 年,第 302 页。

[19] 张伯伟:《中国古代文学批评方法研究》,北京:中华书局,2002 年,第 3 页。

[20] 周光庆:《中国古典解释学导论》,北京:中华书局,2002 年,第 352 页。

[21] J. Legge, *The Works of Mencius. vol. II of the Chinese Classics*, Taipei: SMC Publishing Inc., 1991, p.406.

[22] J. Legge, *The Works of Mencius. vol. II of the Chinese Classics*, Taipei: SMC Publishing Inc., 1991, p.406.

[23] J. Legge, *The Works of Mencius. vol.* Ⅱ *of the Chinese Classics*, Taipei: SMC Publishing Inc., 1991, p.406.

[24] (宋)朱熹:《四书章句集注·孟子集注》,北京:中华书局,2012 年,第 336 页。

[25] J. Legge, *The Works of Mencius. vol.* Ⅱ *of the Chinese Classics*, Taipei: SMC Publishing Inc., 1991, p.404.

[26] J. Legge, *The Works of Mencius. vol.* Ⅱ *of the Chinese Classics*, Taipei: SMC Publishing Inc., 1991, p.151.

[27] J. Legge, *The Works of Mencius. vol.* Ⅱ *of the Chinese Classics*, Taipei: SMC Publishing Inc., 1991, p.151.

[28] J. Legge, *The Works of Mencius. vol.* Ⅱ *of the Chinese Classics*, Taipei: SMC Publishing Inc., 1991, pp.406-407.

[29] J. Legge, *The Works of Mencius. vol.* Ⅱ *of the Chinese Classics*, Taipei: SMC Publishing Inc., 1991, p.392.

[30] J. Legge, *The Works of Mencius. vol.* Ⅱ *of the Chinese Classics*, Taipei: SMC Publishing Inc., 1991, p.392.

[31] J. Legge, *The Works of Mencius. vol.* Ⅱ *of the Chinese Classics*, Taipei: SMC Publishing Inc., 1991, p.353.

[32] J. Legge, *The Works of Mencius. vol.* Ⅱ *of the Chinese Classics*, Taipei: SMC Publishing Inc., 1991, p.353.

[33] J. Legge, *The Works of Mencius. vol.* Ⅱ *of the Chinese Classics*, Taipei: SMC Publishing Inc., 1991, p.353.

[34] (宋)朱熹:《四书章句集注·孟子集注》,北京:中华书局,2012 年,第 312 页。

[35] J. Legge, *The Works of Mencius. vol.* Ⅱ *of the Chinese Classics*, Taipei: SMC Publishing Inc., 1991, p.59.

[36] J. Legge, *The Works of Mencius. vol.* Ⅱ *of the Chinese Classics*, Taipei: SMC Publishing Inc., 1991, p.395.

[37] J. Legge, *The Works of Mencius. vol.* Ⅱ *of the Chinese Classics*, Taipei: SMC Publishing Inc., 1991, pp.395-396.

[38] J. Legge, *The Works of Mencius. vol.* Ⅱ *of the Chinese Classics*, Taipei: SMC Publishing Inc., 1991, pp.395-396.

[39] J. Legge, *The Works of Mencius. vol.* Ⅱ *of the Chinese Classics*, Taipei: SMC Publishing Inc., 1991, p.59.

[40] J. Legge, *The Works of Mencius. vol.* Ⅱ *of the Chinese Classics*, Taipei: SMC Publishing Inc., 1991, p.402.

[41] J. Legge, *The Works of Mencius. vol.* Ⅱ *of the Chinese Classics*, Taipei: SMC Publishing Inc., 1991, pp.64-65.

[42]《圣经(中英对照)》,上海:中国基督教三自爱国运动委员会、中国基督教协会,2007 年,《新约》部分第 267 页。

[43] J. Legge, *The Works of Mencius. vol.* Ⅱ *of the Chinese Classics*, Taipei: SMC Publishing Inc., 1991, pp.56-57.

[44] J. Legge, *The Works of Mencius. vol.* Ⅱ *of the Chinese Classics*, Taipei: SMC Publishing Inc., 1991, p.395.

[45] J. Legge, *The Works of Mencius. vol. Ⅱ of the Chinese Classics*, Taipei: SMC Publishing Inc., 1991, p.418.

[46] J. Legge, *The Doctrine of the Mean. vol. I of the Chinese Classics*, Taipei: SMC Publishing Inc., 1991, pp.414-415.

[47] J. Legge, *The Doctrine of the Mean. vol. I of the Chinese Classics*, Taipei: SMC Publishing Inc., 1991, pp.415-416.

[48] (宋)朱熹:《四书章句集注·中庸章句》,北京:中华书局,2012 年,第 32～33 页。

[49] J. Legge, *The Works of Mencius. vol. Ⅱ of the Chinese Classics*, Taipei: SMC Publishing Inc., 1991, p.418.

[50] (宋)朱熹:《四书章句集注·中庸章句》,北京:中华书局,2012 年,第 33 页。

[51] J. Legge, *The Works of Mencius. vol. Ⅱ of the Chinese Classics*, Taipei: SMC Publishing Inc., 1991, pp.490-491.

[52] (宋)朱熹:《四书章句集注·中庸章句》,北京:中华书局,2012 年,第 34 页。

[53] (宋)朱熹:《四书章句集注·孟子集注》,北京:中华书局,2012 年,第 378～379 页。

[54] J. Legge, *The Works of Mencius. vol. Ⅱ of the Chinese Classics*, Taipei: SMC Publishing Inc., 1991, p.52.

[55] J. Legge, *The Works of Mencius. vol. Ⅱ of the Chinese Classics*, Taipei: SMC Publishing Inc., 1991, p.52.

[56] J. Legge, *The Works of Mencius. vol. Ⅱ of the Chinese Classics*, Taipei: SMC Publishing Inc., 1991, p.53.

[57] J. Legge, *The Works of Mencius. vol. Ⅱ of the Chinese Classics*, Taipei: SMC Publishing Inc., 1991, p.71.

[58]《圣经(中英对照)》,上海:中国基督教三自爱国运动委员会、中国基督教协会,2007 年,《旧约》部分第 932 页。

[59]《圣经(中英对照)》,上海:中国基督教三自爱国运动委员会、中国基督教协会,2007 年,《旧约》部分第 3 页。

[60]《圣经(中英对照)》,上海:中国基督教三自爱国运动委员会、中国基督教协会,2007 年,《旧约》部分第 2 页。

[61] J. Legge, *The Works of Mencius. vol. Ⅱ of the Chinese Classics*, Taipei: SMC Publishing Inc., 1991, p.448.

[62] J. Legge, *The Works of Mencius. vol. Ⅱ of the Chinese Classics*, Taipei: SMC Publishing Inc., 1991, pp.450-451.

[63] J. Legge, *The Works of Mencius. vol. Ⅱ of the Chinese Classics*, Taipei: SMC Publishing Inc., 1991, p.403.

[64]《圣经(中英对照)》,上海:中国基督教三自爱国运动委员会、中国基督教协会,2007 年,《新约》部分第 269 页。

[65]《圣经(中英对照)》,上海:中国基督教三自爱国运动委员会、中国基督教协会,2007 年,《新约》部分第 269 页。

[66]《圣经(中英对照)》,上海:中国基督教三自爱国运动委员会、中国基督教协会,2007 年,《新约》部分第 267 页。

[67]《圣经(中英对照)》,上海:中国基督教三自爱国运动委员会、中国基督教协会,2007 年,《新约》部分第 275 页。

[68] J. Legge, *The Works of Mencius. vol. II of the Chinese Classics*, Taipei: SMC Publishing Inc., 1991, pp.407-408.

[69] J. Legge, *The Works of Mencius. vol. II of the Chinese Classics*, Taipei: SMC Publishing Inc., 1991, p.143.

[70] J. Legge, *The Works of Mencius. vol. II of the Chinese Classics*, Taipei: SMC Publishing Inc., 1991, p.414.

[71] J. Legge, *The Works of Mencius. vol. II of the Chinese Classics*, Taipei: SMC Publishing Inc., 1991, p.279.

[72] [美]谢大卫:《论奥古斯丁(不完整的)圣经美学》,《圣经文学研究》2014 年第 2 期,第 301～329 页。

[73] J. Legge, *The Works of Mencius. vol. II of the Chinese Classics*, Taipei: SMC Publishing Inc., 1991, p.189.

[74] J. Legge, *The Works of Mencius. vol. II of the Chinese Classics*, Taipei: SMC Publishing Inc., 1991, p.190.

[75] J. Legge, *The Works of Mencius. vol. II of the Chinese Classics*, Taipei: SMC Publishing Inc., 1991, p.392.

[76] 胡亚敏:《比较文学教程》,武汉:华中师范大学出版社,2011 年,第 91 页。

[77] 韩振华:《从宗教辩难到哲学论争——西方汉学界围绕孟子"性善"说的两场论战》,《中山大学学报》(社会科学版)2012 年第 6 期,第 156～166 页。

寒山诗在美国"垮掉派"文学中的化用与价值延伸

刘淑玲

（吉林大学文学院/吉林大学公共外语教育学院，吉林长春，130012）

内容摘要： 寒山诗以其"浅辞藏奥旨"之诗风，自唐代以降，虽未在本土位列经典，却于20世纪下半叶在西方学界掀起译介与研究的热潮。寒山诗在美国之所以受到广泛关注，既是文学选择与文化移用的结果，亦是中国古典美学精神进入异质话语体系与不同文体类别的体现。就美国垮掉派作家对寒山诗的接受而言，寒山诗的风格义理符合其期待视野，另者，垮掉派遵循自我的美感运思去认识和理解寒山诗，适其所需而用之。寒山诗在西方的经典化为其拓开了本土再度经典化的路径，同时也昭示出东西方文学在交流互动中借鉴融通以及中国诗学话语体系走向世界的可能性。

关键词： 寒山诗；"垮掉派"文学；跨语境阐释；诗学互动；价值延伸

德国哲学家伽达默尔（Gadamer，Hans-Georg，1900—2002）在《真理与方法》一书中有言："在异己的东西里认识自身、在异己的东西里感到是在自己的家，这就是精神的基本运动，这种精神的存在只是从他物出发向自己本身的返回。"[1] 伽氏意在诠释将真理扩大到精神学领域去理解哲学问题，然而，"从他物出发向自己本身返回"的认知轨迹与唐代寒山诗从他国译介到原土再接受的流传历程互为映照，寒山诗以"浅辞藏奥旨"之诗风，自唐代以降，虽未在中国本土得到广泛传播，却于20世纪下半叶在西方世界掀起译介与研究的热潮。究其缘由有二：其一，第一次世界大战打破了西方工业文明创造的物质神话的同时，也引起了西方世界对自身文明特质和文化精神的反思与质疑。罗曼·罗兰在战后写给泰戈尔的信中即讲："大战之惨祸，已明白昭示欧洲文化弊病之重，非吸取东方文化之精髓，融东西文化于一炉，不足以言自存。"[2] 西方有识之士意欲在异质文化中探寻救世良方之时，中国文化以其宁静、内敛的生命哲学与生存智慧为西方世界提供了反躬自省的镜鉴。另者，寒山诗以其词约义丰的独特韵致与美国二战后垮掉派文学宣扬的轻视文学形式、关注情绪表达的文学立场颇为相类，故而被以盖瑞·施耐德（Gary Snyder，1930— ）、杰克·克鲁亚克（Jack Kerouac，1922—1969）等人为代表的垮掉派作家不断译介再创，从而大放异彩。

一、从本土到异域：“垮掉派”对寒山诗的选译与移用

“垮掉派”是二战后在美国出现的后现代文学流派，其代表者为一群被称为“垮掉的一代”的诗人、作家。而“垮掉的一代是专指那些对越战后美国的社会现实不满，在麦卡锡主义的压迫下，选择以放纵、颓废的生活方式表达抗议的一代”[3]。由于垮掉派所表现出来的举止不羁、狂放反叛的特点，1958 年，赫博·卡恩创造了“披头族”一词来讽刺其行为怪异、玩世不恭之态。研究发现，垮掉派诗人在衣着言行上的放荡不羁，以及文学风格上的反叛传统，与文学创作中的遁世母题，皆与寒山诗的作者——中国唐代诗僧寒山子及其诗作高度契合。史料记载，寒山就是一位破衣木履、傲世不羁，常做讥讽时世、通俗易懂却哲理深刻诗作之人。然而，寒山诗是如何被译介至西语世界，又是何时进入美国文学语境，学界尚存争议。有研究称，寒山诗最早经由英国学者阿瑟·韦利(Arthur Waley，1899—1966)于 1954 年翻译到英语世界[4]。另有学者在经过史料勾沉后证实英译寒山诗移入美国的时间较之先前论断提早了 21 年[5]。抛却寒山诗最早进入美国文学语境的时间之争，垮掉派对其选译与移用以及寒山诗的文本跨界亦为必然。

垮掉派兴起于第二次世界大战的后战争时代，彼时的美国正面对享受工业文明成果与遭受生态失衡的尖锐矛盾中，战争的灾难性颠覆了西方乌托邦的同时，也造成空前的精神危机。德国哲学家斯宾格勒(Oswarld Spengler，1880—1936)在一战刚刚结束即出版《西方的没落》(1918)一书，卫礼贤紧随其后推出《东方之光》(1921)一文。两部重要著述均明确表达西方世界欲从机械科学与冷漠逻辑中寻找生存智慧，必须突破西方文化的限囿，从古老的东方文明中寻找思想之光。人们开始反思西方“理性文明”的弊端，并正视西方的没落现实，转而东寻出路。其实，早在 1915 年，第一次世界大战正如火如荼之时，精通中西文化的辜鸿铭(1857—1928)就已经用英文写就《中国人的精神》(*The Spirit of the Chinese People*)一书，力阐中国文化价值，称其为疗愈西方文明弊病的一剂良药。其以东方拯救西方的论述极大推动了“东方文化救世”思潮的酝发与高涨。垮掉派作为二战后美国社会现实的产物，精神危机笼罩下的颓败、放纵、反叛成为这个群体的集体无意识，选择一种既颠覆主流又救治时弊的异己话语体系来重建秩序，成为这个流派的整体诉求。

至于垮掉派代表之一的斯奈德是如何选译了寒山诗，他在自述中明确表达是在其就读加州大学师从陈世骧教授学习古汉语时，在其老师推荐阅读下并将其英译[6]。更为重要的是，寒山诗中的生态整体观与超然物外的人生哲学极大迎合了垮掉派，并最终发展成为垮掉派的核心思想和创作理念。姚斯(Hans Robert Jauss，1921—1997)接受美学认为，文学接受者在对一种文学现象接受之前，即先在地拥有基于自身人生经历与审美经验共同建构的定式期待。姚斯指出，文学作品的接受过程即是接受客体的主观化过程，或曰“期待视域”的对象化过程。当接受客体与读者期待视域产生某种程度的契合，接受过程便具备发生的可能性。这足可阐释寒山诗被美国垮掉派文学接受、转译的直接缘由。

寒山诗在美国广为垮掉派关注、译介的另一主因是 20 世纪 50 年代风靡美国的禅

宗文化热潮。有研究表明:“到了 1950 年代末期,美国各地的文学艺术杂志上出现多篇有关禅宗的论文和故事,还有禅师和禅画。美国各大学东亚系所开的佛教史课程也成为热门课。”[7]这一独特的文化运动加之“垮掉派”一代对于当时西方社会的不满与迷茫,寒山诗以其清新的禅境和神秘的东方色彩在此独特语境下风光尽现。“美国学者罗伯特·科恩(Robert Kern)曾感慨地回顾道:‘在当时的语境下,斯奈德笔下的寒山——这位唐代诗人、疯癫的山之隐者——变成了一位垮掉的英雄(a beat hero)和反文化的先锋……’”[8]科恩所提及的斯奈德就是 Gary Snyder,也被译作施耐德或史耐(奈)德,此人便是寒山诗在美国经典化的主要推动者之一。有研究者认为:“寒山子之诗的流行,乃是得力于两位美国作家的引荐,他们是诗人史奈德和小说家杰克·克鲁亚克(Jack Kerouac)。史奈德译了二十四首寒山诗,1956 年发表在《长青评论》(*Evergreen Review*)上;克鲁亚克于 1958 年出版了一部小说《得道的流浪汉》(*The Dharma Bums*)。”[9]小说《得道的流浪汉》便是以寒山为原型塑造出来的隐遁并顿悟的人物形象,此后寒山诗便在异质文学语境中被广泛熟知。垮掉派代表诗人之一、《麦田守望者》的作者塞林格(J. D. Salinger,1919—2010)曾模仿寒山隐居小镇几十年,被称为美国的文坛隐士[10]。因此,就美国垮掉派作家对寒山诗的接受而言,一方面寒山诗的风格和义理符合其期待视野,另者,垮掉派遵循自我的美感运思去认识和理解寒山诗,适其所需而用之,这亦是文学选择和文化移用的结果。

二、从想象到建构:寒山诗在“垮掉派”文学中的化用

爱德华·萨义德(Edward Said,1935—2003)在 1983 年出版的《世界、文本和批评家》一书中提出“旅行理论”,“他非常形象地将理论的传播比喻成植物的杂交繁殖或动物和人的迁徙”[11]。依据萨义德的旅行理论,理论的越界传播总是要在经过跨时空迁移后,与新环境之间发生交互消长,如果理论要在新的环境中生存下来,就必然发生与之适应过程中的某种变异。文学文本的跨文化传播亦然。寒山诗歌文本在携带东方文化特质进入西方文化语境时,“异域文本因此就很可能、也很容易在目标语文化背景中受译者本土意识的驱使而被打上本土文化的烙印”[12]。施耐德对寒山诗的译介一方面凭借他早年对中国山水画与中国文化的强烈兴趣,一方面得益于在进入加州大学伯克利分校师从陈世骧教授修习中国古典文学后,陈世骧教授的帮助和指引。“然而,有时他在翻译时,不守信实的原则,把自己在北美的生活经验注入寒山诗的英译中。”[13]施耐德翻译的第九首寒山诗里,将自身的诗境想象与生活经验相结合,在译文中进行了诗歌意境的再建构:

杳杳寒山道,落落冷涧滨。
啾啾常有鸟,寂寂更无人。
Rough and dark — the Cold Mountain trail,
Sharp cobbles — the icy creek bank,
Yammering, chirping — always birds
Bleak, alone, not even a lone hiker.[14]

寒山诗原文中的“杳”字，出自《楚辞·九章·怀沙》：“眴兮杳杳，孔径幽默”，该字在中文中传达的意境多作“幽远”“隐约、依稀”“昏暗”讲，原诗用字蕴含着中国文化的悠然含蓄，但在译文中被译作：rough(崎岖的)，施耐德译文表达糅合进西方文化的直观外放，赋予了该字更加强烈的语感和物象即视感，增强了文字的冲击力；同样地，与“啾啾”相对比来突出孤寂清静的“寂寂”则被翻译为 bleak(荒凉的)，译者吸收了寒山诗的整体诗意，将个别用词进行了符合本土语境与自身表达需求的再创性置换，以完成寒山诗的跨语境文本旅行。

人与自然的关系是古老且常新的人类共同议题。哈贝马斯(Jurgen Habermas，1929—)在探讨自然与技术关系时阐明其自然观：“我们不把自然当作可以用技术来支配的对象，而是把它作为能够‘同我们’相互作用的一方。我们不把自然当作开采对象，而试图把它看作‘生存’伙伴。”[15]这是从人类发展模式角度暗示出生活世界殖民化必将导致文明危机的出现。人类作为认知主体，应把自然界作为另一个主体看待，而不是非此即彼、二元对立。如此敬畏生命的生态伦理观念，同寒山子与施耐德的人类—宇宙精神化为一统。

作为颇具生态关怀的诗人，施耐德的诗歌创作深受寒山子的影响，其诗作呈现出与寒山诗明显互文的“自然”“隐逸”等主题。在寒山子的自然观中，人与自然是和谐统一的存在，其诗中“石床临碧沼，虎鹿每为邻。自羡幽居乐，长为象外人”[16]将大自然的山川河岳认定为人类最可靠的信赖依托，虎、鹿与人是位于相互平等的生命次第，不仅如此，同人类一样，动物亦拥有不可忽视的智力和情感：“鹿生深林中，饮水而食草。伸脚树下眠，可怜无烦恼。系之在华堂，肴膳极肥好。终日不肯尝，形容转枯槁。”[17]施耐德同样承认人和自然的平等性。他在《荒野》一文中谈到，文明问题的根源在于，我们错误地相信自然不具备与人同等的真实性，亦缺乏活力与智慧。人类将自然视为某种意义上的死亡，并将所有动物置于智力与情感的空无的低端，因而坚信其感知可以被忽视[18]。作为对寒山诗文本及寒山思想的回应，施耐德在诗歌 *By Frazier Creek Falls*(《在弗雷泽瀑布旁》)中将纯净的自然之美通过溪流(creek)、山谷(valley)、天空(sky)、松树(pine)等事物错落交映、活脱互动地表达出来：

By Frazier Creek Falls

Standing up on lifted, folded rock
looking out and down—
The creek falls to a far valley.
Hills beyond that
Facing, half-forested, dry—
clear sky
strong wind in the
stiff glittering needle clusters

Of the pine—their brown
Round trunk bodies
Straight, still
Rustling, trembling limbs and twigs
Listen.
This living flowing land
Is all there is, forever
We are it
It sings through us—
We could live on this Earth
Without clothes or tools.[19]

至于人与自然的关系，诗歌的结尾中说，我们就是它/它通过我们而歌/我们可生存于这大地/无需衣装与工具。在施耐德看来，自然并非人类征服改造的客体，二者在和谐共生的基础上，自然之于人更应该是“一住寒山万事休，更无杂念挂心头”的依傍和信赖。寒山诗中的亦儒亦佛亦道，化用在施耐德的诗歌中更多了一份生态主义者的关怀和思考。学者钟玲曾如是评价其“自然诗”：“史耐德以大自然为主题的诗，其大部分在内容上都与道家思想无关，他主要是强调环保主题，有时是他在诗中把道家思想扭曲以为己所用。”[20]然而，施耐德所作“隐逸诗”是与中国道家思想密不可分的：

池塘雪融
岩石温暖
我们搭好帐篷
并不想要更多
小睡一会
把思想交给清风[21]

道家的超然物外、清静无为于寒山诗中为“快活枕石头，天地任变改”[22]，在施耐德的诗中化作：“无多想的小睡”并“把思想交给风”。由于寒山诗中的道家气息与佛禅境界在以军事政治集团对峙为核心特征的冷战文明语境下，颇具有出世的功用性和摆脱荒谬世界之力，美国垮掉派作家在与其深度共鸣之中大用“他山之石”，力图通过对文化“他者”的利用、重塑和再造，构建表达其价值诉求的话语体系与生命幻象。

1955 年，施耐德正处于寒山诗的翻译过程中，他将译作分享给其好友——“垮掉派”的另一重要代表人物杰克·克鲁亚克(Jack Kerouac)。同为寒山诗以及寒山子生活方式的追随者，克鲁亚克将本人连同施耐德一起作为人物原型写进其自传体小说 *The Dharma Bums*(《达摩流浪汉》，也被译作《得道的流浪汉》《法丐》等，1958 年出版)。克鲁亚克在书中既施展文学创作，又阐发文学探讨，两位主人公切磋寒山诗的情节同现实生活互为镜像。值得关注的是，施耐德在小说中的人物形象 Japhy Ryder 被描述为类似寒山子的模样：“他目光闪烁，仿佛古中国癫笑智者的眼睛。”[23]他笑起来，“眼旁呈现出乌鸦足痕一样的皱纹，大嘴巴咧得很宽，像一个面带笑意的中国男孩。”[24]施耐德本是美国西海岸的土生子，文本在刻画以他为原型的人物形象时反复提及“中国”及中国人的样貌特征，此类身份建构下的杂糅气质充分显示出，透过寒山诗的解读，西方对东方的想象与建构。小说以主人公独特的世界观为契入，描画托钵朝圣的苦旅并探讨生命觉知的真相。结尾处以克鲁亚克为人物原型的 Ray Smith 登高望远，去寻找他心目中的英雄寒山，却看到一个身材矮小的流浪汉就站在云端，满脸沧桑、神情漠然。毫无疑问，这个“身材矮小的流浪汉”既指寒山，亦指 Japhy Ryder，二人的综合体构成了克鲁亚克将寒山本土化后的形象，也完成了对寒山期待视野的对象化过程。“这样的描摹显然已经将寒山美国化和嬉皮士化了。此时的寒山完全就是凯(克)鲁亚克在他的成名作《在路上》(*On the Road*，1957 年维京出版社初版)中所描述的那一个个‘在路上’的美国流浪汉的翻版。”[25]

不可否认，克鲁亚克的《在路上》与《达摩流浪汉》形成流浪母题上的互文。《在路上》的主人公也高谈阔论东方禅宗(Zen)，流浪是作品人物对工业文明框架下人类机械化以及自然商品化的逃离与反叛。这一母题在垮掉派文学中极为显见。艾伦·金斯堡(Irwin Allen Ginsberg，1926—1997)在成名作《嚎叫及其他诗》(1956)中大量描写逃离现实世界的青年，他们解构社会价值体系、挑战传统秩序，行文尽现愤怒的“嚎叫”之声。文坛隐士塞林格(J. D. Salinger，1919—2010)在《麦田守望者》(1951)中塑造了以反叛孤独、街头游荡对抗虚伪世界的伤感青少年形象。被誉为“垮掉派教父”的肯尼斯·雷克斯罗斯(Kenneth Rextoth，1905—1982)本人曾于青年时代背包浪迹全美，在诗歌创作中主张歌颂自然和个人经验，这同艾伦·金斯堡追求“最高真实”的创作主张极为相近。这一随性自然的文学见解对于美国五六十年代的主流文学而言，是一种反文化传统的文学另类，是对超验主义文学的开拓和延伸，也是对寒山式文学范式的改良与再造。

此外，寒山诗的语体特征与艺术手法上“接近垮掉派所服膺的‘开放诗’主旨”[26]。寒山诗鲜明的语言风格是以非诗化白话为主，通俗明朗、自成一统：“通卷寒山诗乃属不立文字一宗，于佛教经论不拘泥执着，于语言文字不讲究修饰，实相无相，古朴淡然。”[27]而施耐德在翻译寒山诗前既已吸收了庞德开创的意象派诗歌蕴含的帕格森直觉主义的哲学精神，强调去矫饰修辞、句式简洁、意象凝练的自由体诗歌主张，他所翻译的寒山诗中大量使用口语化词汇，一则符合寒山原诗的语言风格，二则迎合垮掉派简约自由的诗歌审美。小说《在路上》《麦田守望者》《赤裸午餐》等也呈现突出的口语化叙事特征及方言俚语细节，这都将写作从固有的文学语言模式中解放出来。垮掉派作家力图建立“即兴自发式”的叙述方式，通过塑造反叛、浪荡人物的文学行为，作为社会理想的符号象征，来抒发其潜藏的人生哲学探讨，“将被压制和掩饰的基本历史现实呈现到文本的表面”[28]。作品意欲通过文本人物对东方禅宗思想的追寻，达到对整个时代文化创伤的消解与治愈，其创作风格和文学意旨赋予了作品垮掉的气质，展现出作者面对外在世界所进行的“寒山式”的文本回应。

三、从东方到世界：寒山诗的美学精神在跨语境文学场域的价值延伸

寒山诗作为文化身份清晰的个体文本，其自然诗、禅意诗充分表达了人与自然同构、同律、同象以及情景互寓的中华传统文化思想核心与中国古典诗歌的美学精神。人类作为认知主体，与以大自然为主要客体的物象世界共情共鸣，方能建立起人与自然的联结和牵系，于是产生"人闲桂花落，夜静春山空"(王维《鸟鸣涧》)、"山光悦鸟性，潭影空人心"(常建《题破山寺后禅院》)、"寒山多幽奇，登者但恒慑"(寒山《寒山多幽奇》)。刘勰在《文心雕龙》中说："春秋代序，阴阳惨舒，物色之动，心亦摇焉。"[29]物感人而奇，人感物而动，人在与天地万物和谐为一的动态交互中激发出审美意趣，完成文学创作。以儒释道为思想基础的中国美学向来主张主观心灵与客观自然的和谐统一，正所谓"情以物兴，物以情观"[30]。统观寒山诗作，大多在自然物象描摹中交融深入人对于自然的美感体验以及参禅悟道的超脱幽惬，诗意与禅意交织互融，人与自然互为观照，物我无界。

当寒山诗经过施耐德的转译再创进入美国文学语境，译诗携带着特有的始源性中华文化符号在同译入语文化融合杂糅的过程中，展现出更宽阔的包容性与强大的影响力。自20世纪50年代起，美国文学中的寒山便成为一种精神象征与心灵境界，禅宗文学的逐渐壮大便是一例。被称为禅师诗人的菲利浦·沃伦(Philip Whalen，1923—2002)、犹太裔诗人阿曼德·史韦纳(Armand Schwerner，1927—1999)以及集画家与作家为一身、被称为"大自然力量"的吉姆·哈里森(Jim Harrison，1937—2016)等人在其诗歌创作中都大量注入"天人合一"的东方哲学。更有诗人比尔·波特(Bill Porter)为探究中国禅宗，驻访中国台湾及内地十余年。他在 *Finding Them Gone*(《寻人不遇：对中国古代诗人的朝圣之旅》)一书中，详细描述了他本人拜访寒山隐居过的天台山，并对寒山子隐居天台山以及表现癫狂的理由做出猜断[31]。

回归自然本性、天人合一的中国古典美学精神，不仅在20世纪中叶以后的美国垮掉派文学、嬉皮士文学中被当成重要创作元素吸收和呈现在自己的作品中，这种生存哲学也曾被一代人奉为人生宝典。美国诗人詹姆斯·冷弗斯特(James P. Lenfestey)作为一个彻头彻尾的寒山迷，就曾经说过："在美国城市中有对家庭、生意与社团的责任，与这些责任对立的是在大自然中的冥思静虑，这两者之间类似的张力确实照亮了我的生命。"[32]不仅如此，"海外汉学家同样喜欢在阐释中国文学时将其放在'天人合一'的哲学大背景下进行解读。如余宝琳(Pauline Yu)在其《中国诗歌传统的意象解读》中说：'中国本土哲学传统赞同一种基本的一元论宇宙观；宇宙原理或道可能会超越任何个体现象，但道是完全存在于固有的世界之中。……而且，在这一世界中，宇宙模式(文)与运作以及人类文化之间，存在着根本的一致性。'"[33]

如果说，寒山诗以儒家的生命关怀、道家的清静无为、佛家的空寂无常对战后美国出现的精神危机提供了心灵生态的建构范式，那么人们自此开始的自然伦理和生态关切，无不显示出中国古典美学的价值不仅表现在其开放、宽容的历史接纳性，还包括它进入异质话语体系与不同文体类别的能力。

中国传统生态世界观强调人和自然是有机的整体，人类与自然的和谐与平衡状态应在尊重自然、爱护自然的前提下取得。1968 年，美国加州大学开始爆发了著名的生态运动，这是两次世界大战后产生的人类健康生存以及环境资源忧虑以及相应开展的环境保护运动的发展和承续，人们开始质疑极端工业发展的价值性以及物质文明的主导地位，逐渐将目光转移至“自然平衡”的问题上来。美国海洋生物学专家蕾切尔·卡逊(Rachel Carson，1907—1964)在 *Silent Spring*(《寂静的春天》，1962)一书中对人类生存境况展开了颇具前瞻性的观察和思考，卡逊发现人们一直把大自然当成改造客体，而无视自然也是一个“永远变化”、“不断调整”的状态，她坦诚告诫人们：大自然的平衡“是一个将各种生命联系起来的复杂、精密、高度统一的系统，再也不能对它漠然不顾了，它所面临的状况好像一个正坐在悬崖边沿而又盲目蔑视重力定律的人一样危险”[34]。如果说，1962 年初版的《寂静的春天》所警示的生态污染对人类的威胁促发了美国乃至全球对环境生态问题的关注，那么 20 世纪初的“意象派”运动就已经在将东方美学内涵引入西方的过程中，深度传递了中国传统的自然伦理观念。这与 50 年代燃起的寒山诗热潮一起，有力地推动了天人合一生态观在异质文化中的传播，同时也促进了社会文化领域对文学思潮的接纳和吸收。

以二元论为思想基础的西方哲学将人与自然关系的认知嵌入两相对立的框架之下，在遭遇工业文明重创导致的精神危机中，卫礼贤(Richard Wilhelm，1873—1930)发现中国文化是“富有生命力的文化有机体”[35]，而 J. J. 克拉克(John James Clarke)在追溯东方精神与反思西方思想的著述中亦指出，“中国道家思想作为极其重要的东方哲学，可以被视为激荡着西方心灵的最后一股浪潮”[36]。

文化的交流向来都是双向互动的复杂过程，如果说 20 世纪 60 年代的垮掉派以及后续的嬉皮士与生态运动等是在接受并吸纳以《寒山诗》为代表之一的中国古典文化精神而生发，那么 80 年代兴起的以重视价值批判、审视文化身份为核心的“后殖民主义”在深度激活学界对欧洲中心论以及亚洲话语的思考中，也带动了中国传统文化与美学思想在异域文化土壤的开枝散叶。

揆诸上述，文学作为人类特有的精神产品，跨文化与跨语境的阐释和接受过程中必然绕不开理解的历史性与阐释的差异性问题，然而正如厄内斯特·费诺罗萨(Ernest Francisco Fenollosa)在《中国诗歌概论札记》中所说：“撩开我们自己的面纱——尽管这种自我认识难免偏狭、本土主义并带有种族意识——同时为我们一次又一次展现更为广阔的人文视野，这难道不是旅行以及研究历史和异域文本的主要价值所在吗?”[37]这也同时道出了东西方诗学交流对话、互鉴互动之意涵所在。尽管东西方诗学产生于迥然相异的文化背景和文学基础，但二者具备可以对话共通的语域。以《寒山诗》为代表的中国古典美学精神在西方的接纳和化用，一方面昭示了中国文学与西方文学在交流互动中彼此丰富发展，另一方面也透显出中国诗学话语体系走向世界的可能性。在新时代传承和弘扬中华优秀传统文化与美学精神大使命的当下，寒山诗在美国的传播与影响再现了中西文学互通镜鉴、合力开辟“学科共同体”之世界文学的新趋向与新范式。

* 本文为 2020 年度吉林省社科基金项目“唐诗在北美的译介、接受与中西诗学互动研究(1920—2020)”【2020B204】的阶段性成果。

注释:

[1] [德]汉斯-格奥尔格·伽达默尔:《真理与方法》,洪汉鼎译,上海:上海译文出版社,1999 年,第 17 页。

[2] 郑大华:《民国思想史论》,北京:社会科学文献出版社,2006 年,第 34 页。

[3] L. Jiang, *A History of Western Appreciation of English-translated Tang Poetry*, Foreign Language Teaching and Research Co., Ltd and Springer-Verlag GmbH Germany, 2018, p.221.

[4] 钟玲:《寒山与美国诗歌作品,1980 至 2007》,《学术论坛》2008 年第 7 期,第 61~65 页。

[5] 耿纪永:《远游的寒山:英译第一首寒山诗》,《中国比较文学》2012 年第 2 期,第 41~50 页。

[6] 耿纪永:《翻译与生态思想——重读斯奈德译寒山诗》,《同济大学学报》2007 年第 1 期,第90~94 页。

[7] 钟玲:《美国诗与中国梦》,桂林:广西师范大学出版社,2003 年,第 12 页。

[8] 区铁、胡安江:《文本旅行与经典重构——寒山诗在美国翻译文学中的经典化》,《中国翻译》2008 年第 3 期,第 20~25 页。

[9] 钟玲:《美国诗与中国梦》,桂林:广西师范大学出版社,2003 年,第 13 页。

[10] 钟玲著,乐黛云主编:《史耐德与中国文化》,北京:首都师范大学出版社,2019 年,第 184 页。

[11] 陶家俊:《萨义德“旅行理论”观的启示——纵论理论旅行模式及批评主体性》,《英美文学研究论丛》2008 年第 1 期,第 292~305 页。

[12] 胡安江:《文本旅行与翻译变异?——论加里·斯奈德对寒山诗的创造性“误读”》,《解放军外国语学院学报》2005 年第 6 期,第 63~68 页。

[13] 钟玲:《史耐德与中国文化》,乐黛云主编,北京:首都师范大学出版社,2019 年,第 36 页。

[14] 钟玲:《史耐德与中国文化》,乐黛云主编,北京:首都师范大学出版社,2019 年,第 36 页。

[15] [德]哈贝马斯:《作为“意识形态”的技术与科学》,李黎,等译,上海:学林出版社,1999 年,第 5 页。

[16] (唐)寒山子、徐光大校注:《寒山子诗校注》,西安:陕西人民出版社,1991 年,第 167 页。

[17] (唐)寒山子、徐光大校注:《寒山子诗校注》,西安:陕西人民出版社,1991 年,第 167 页。

[18] G. Snyder, *Turtle Island*, New York: New Directions, 1974, p.107.中文为本文作者译。

[19] G. Snyder, *Turtle Island*, New York: New Directions, 1974, p.41.

[20] 钟玲:《美国诗与中国梦》,桂林:广西师范大学出版社,2003 年,第 100 页。

[21] [美]加里·斯奈德:《山即是心》,林耀福、梁秉钧译,台北:联合文学出版社,1990 年,第 173 页。

[22] (唐)寒山、郭鹏注释:《寒山诗注释》,长春:长春出版社,1995 年,第 140 页。

[23] J. Kerouac, *The Dharma Bums*, New York: New American Library, 1959, p.12.中文为本文作者译。

[24] J. Kerouac, *The Dharma Bums*, New York: New American Library, 1959, p.142.中文为本文作者译。

[25] 区铁、胡安江:《文本旅行与经典重构——寒山诗在美国翻译文学中的经典化》,《中国翻译》

2008 年第 3 期，第 20～25 页。

[26] 赵毅衡：《对岸的诱惑：中西文化交流记》，成都：四川文艺出版社，2013 年，第 180 页。

[27] 罗时进：《唐代寒山诗的诗体体征及其传布影响》，《江西师范大学学报》（哲学社会科学版）2010 年第 5 期，第 89～95 页。

[28] J. Fredric, *The Political Unconscious: Narrative as a Socially Symbolic Act*, Ithaca, NY: Cornell UP, 1981, p. 4.

[29] （南朝梁）刘勰、范文澜注：《文心雕龙》，北京：人民文学出版社，1958 年，第 693 页。

[30] （南朝梁）刘勰、范文澜注：《文心雕龙》，北京：人民文学出版社，1958 年，第 136 页。

[31] [美]比尔·波特：《寻人不遇：对中国古代诗人的朝圣之旅》，曾少立、赵晓芳译，成都：四川文艺出版社，2016 年，第 368～380 页。

[32] 此语源自冷弗斯特 *A Cartload of Scrolls: 100 Poems in the Manner of Tang Dynasty Poet Han-shan* 之序文原稿第 7 页，由钟玲博士翻译。转引自钟玲：《中国禅与美国文学》，北京：首都师范大学出版社，2019 年，第 113 页。

[33] P. Yu, *The Reading of Imagery in the Chinese Poetic Tradition*, Princeton: Princeton University Press, 1978, p.32. 译文参考王晓路：《西方汉学界的中国文论研究》，成都：巴蜀书社，2003 年，第 214 页。

[34] [美]蕾切尔·卡逊：《寂静的春天》，吕瑞兰、李长生译，长春：吉林人民出版社，2004 年，第 215 页。

[35] [德]卫礼贤：《东方之光》，见《东方之光——卫礼贤论中国文化》，蒋锐编译，北京：外语教学与研究出版社，2007 年，第 212 页。

[36] [美]J. J. 克拉克：《东方启蒙：东西方思想的遭遇》，于闽梅、曾祥波译，上海：上海人民出版社，2011 年，第 146 页。

[37] [美]黄运特：《跨太平洋位移——20 世纪美国文学中的民族志、翻译和文本间旅行》，陈倩译，南京：江苏人民出版社，2012 年，扉页。

元禄、正德时期日本汉诗学观念的嬗变

——以木下顺庵、新井白石为例

周葵葵

（湖南师范大学文学院 湖南长沙 410081）

内容摘要：江户中叶元禄、正德年间，木下顺庵及其弟子新井白石等组成的木门派执掌诗坛，其诗学观念呈现出承上启下的过渡性特点。一方面不同于江户前期“宗宋”或“唐宋并尊”的诗学倾向，另一方面也与其后享保年间蘐园社鼓吹明七子“诗必盛唐”有所不同。木下顺庵“首倡唐音”，标志着日本自五山以来数百年的“宗宋”诗学即将为“尊唐”新声所取代。新井白石对明七子的初步肯定，以及对唐诗声律、格调的深入探讨，使其成为日人接受明代诗学的早期代表。以二人为典型，探讨这一时期的诗学观念，对于了解日本诗学对中国诗学的接受状况，梳理江户诗学观念的流变有着重要意义。

关键词：江户时代；木下顺庵；新井白石；诗学；尊唐；格调

江户时代(1603—1867)是日本儒学、汉文学发展的鼎盛时期。这一时期出现了杰出的儒学家兼汉诗人藤原惺窝、林罗山、伊藤仁斋、贝原益轩、新井白石、衹园南海、荻生徂徕、太宰春台等，最有影响力的流派木门派、堀川派、蘐园派，这些学者文士倾注毕生精力于中国文化的研究和汉文学创作，创造了日本儒学史、诗学史上的辉煌成就。江户二百余年，诗学风气屡变，江户晚期诗论家友野霞舟在《熙朝诗荟序》中对江户诗学的流变与分期有较详细评说：

> （东照大君）尊道礼儒，诞敷文教，首擢用罗山林子，以参帷幄。由是经艺之士纷然见于世。延至元禄、享保，作者林立，就中木门、蘐社之徒最盛，人人口开天而不舍，羞用唐以后之事。虽持论过高，用典太隘，均不免摸[模]拟饾饤之病，动招后人刺讥，然其有功于艺苑，亦不可废也。总而论之，建橐以后之诗，尚沿五山缁徒之陋习，一变于享保，又一变于宽政，又一变于近今。[1]

其分析大体符合史实。江户诗学约可分为三期，江户前期，庆长至贞享(1603—1687)八十余年，为五山诗学之余绪，由宗尚宋诗渐变为唐宋并尊；江户中期，元禄至天明

(1687—1788)百余年，以元禄、享保为中心，诗学达于极盛，尤以木下顺庵及其弟子组成的木门派、荻生徂徕开创的蘐园社二派影响最大，这一阶段逐渐接受了明代诗学思想，大倡"诗必盛唐"，以开元、天宝为宗，然陷于模拟，流弊滋生；江户末期，宽政至庆应(1789—1867)约八十年，诗风大变，诗坛对于蘐园社及明七子模拟之风颇为厌恶，复以宋诗为倡。弘化以后，又呈现出各家兼宗、抒写性灵的新趋向。

17世纪中末期至18世纪初叶，即元禄(1688—1703)、正德(1711—1715)年间，德川幕府建立政权已一百多年，日本经济得到空前发展，社会稳定，商业繁荣，形成了以华美、浮艳、现世关怀为特征的元禄文化，表现商人生活的庶民文学如《日本永代藏》《世间如意算盘》《曾根崎殉难》等受到欢迎。但另一方面，儒学仍受到幕府的高度重视，元禄四年，幕府在江户的汤岛建立圣堂，儒学为官学的地位不可撼动。汉诗仍为日本文学之主流。这一时期诗坛较前期以朱子学为主体的理学诗学已发生了新变，又与其后享保(1716—1735)年间独尊唐音具有一定差异，考察元禄、正德时期的诗学观念，能够较为清晰地勾勒出江户前期向中期诗学嬗变的变化轨迹。

一、木下顺庵：首倡唐音

对于江户前期诗学，历来诗论家多认为"尚沿五山缁徒之陋习"[2]，"犹沿袭宋季之派"[3]，"诗风淳朴未开，率学宋而鄙粗"[4]，认为一方面继承五山诗学的传统，另一方面宗奉宋诗，完全笼罩在宋代诗学的影响之下。张红通过较为细致的考察，指出这一时期诗学实具三种倾向，其一以藤原惺窝为代表，基本沿袭了五山传统，表现了明显的"宗宋"倾向。其二以藤原惺窝的弟子林罗山、松永尺五、那波活所、堀杏庵、菅得庵，以及林家子弟鹅峰、梅洞等为代表，主张"唐宋并尊"。"唐宋并尊"是江户前期诗学之主流，当时诗家几乎都既尊奉唐诗之高妙，亦推举宋诗之奇崛，李杜、苏黄并称，对于唐诗也较少分别初、盛、中、晚。其三是石川丈山的尊唐主张。被称为"日东李杜"的著名诗人石川丈山开始推举唐音，成为这一时期诗学的异调。"石川丈山的'首倡唐诗'，虽在当时未成风气，但为诗坛带来了新声，为江户中叶的'独尊盛唐'开了先路。"[5]对此一时期诗学观念趋向的观察和把握，应是符合历史实际的。

真正开启江户中期元禄诗学新变的重要人物为木下顺庵。木下顺庵(1621—1698)，名贞干，字直夫，号顺庵、锦里等。平安(今京都)人。自幼天赋异禀，十三岁作《太平颂》，被亚相乌丸公呈献给后光明帝，深得称赏，为一时之佳话。师从松永尺五，名震天下。天和二年(1682年)得幕府重用，聘为儒官，为当时第五代将军德川纲吉侍讲，声望隆极一时。其门下英才迭出，蔚为壮观。柴邦彦《锦里文集序》记载云：

> 盛矣哉，锦里先生门之得人也，参谋大政，则源君美在中(新井白石)、室直清师礼(室鸠巢)；应对外国则雨森东伯阳(雨森芳洲)、松浦仪祯卿(松浦霞沼)；文章则祇园瑜伯玉(祇园南海)、西山顺泰健甫、南部景衡思聪(南部南山)；博该则榊原玄辅希翊(榊原篁洲)，皆瑰奇绝伦之材矣。其冈岛达之至性、冈田文之谨厚、堀山辅之志操、向井三省之气节、石原学鲁之静退，亦不易得者。而师礼之

> 经术、在中之典刑，实旷古之伟器、一代之通儒也。夫以若数子之资，而终身奉遵服膺先生之训，不敢一辞有异同焉，则先生之德与学可想矣。[6]

这些弟子均为当时政坛、儒学、文苑之翘楚，形成了颇具影响的木门派。其中，新井白石、室鸠巢、雨森芳洲、祇园南海、榊原篁洲，世称木门五先生，加之南部南山、向井沧洲、三宅观澜、服部宽斋、松浦霞沼，共被尊为木门十哲。

木下顺庵存世文献很少，《锦里文集》十八卷为其子木下寅亮编集遗文而成，但仍能体现其诗学倾向。顺庵及其弟子，事实上成为了江户中期诗坛一股强大力量。特别值得一提的是，顺庵倡导唐诗对江户诗风转向发生的重要影响。荻生徂徕认为："锦里先生者出，而搏桑之诗皆唐矣。"[7]服部南郭亦高度称颂顺庵："实为文运之嚆矢。虽其诗不甚工，首唱唐。"[8]

木下顺庵是否"首唱唐"，学界有不同意见。如前所述，石川丈山亦推举唐诗，其生于 1583 年，较顺庵年长三十八岁，推测其倡导唐诗时间在前应可信。石川克、友野霞舟均主张丈山"首倡唐诗"[9]，松下忠则认为顺庵既提倡盛唐、中唐之诗，也肯定宋诗，并未专倡唐诗。他说："我也承认顺庵以盛唐为宗的看法，但是我不能赞成像徂徕、南郭那样把顺庵定为唐诗的提倡者，因为顺庵没有划分像唐这样的特定的时代。"[10]

对此，应该从历史发展的眼光来进行分析判断：第一，木下顺庵虽没有明确提出盛唐观念，也没有专推盛唐，但高度重视唐诗却是事实。江户前期的倡导唐诗，与中期享保时期(1716—1735)独以开元、天宝为宗不同，不能以中期的标准来评判前期诗论。第二，顺庵的诗学主张与其创作实践都倾向唐音。顺庵认为最理想的绝句应具备"词调流丽，兴趣含蓄，写意外之妙"[11]的审美特质。而词调流丽、兴趣含蓄，明显偏于唐风，尤其"兴趣"一说是严羽专指盛唐诗的诗学概念。较之同时代其他诗人，顺庵的汉诗创作明显倾向唐体，清新含蓄、情韵丰厚。第三，顺庵为世所敬仰，弟子们"终身奉遵、服膺先生之训，不敢一辞有异同焉"。木门弟子后来特别宗尚唐音，与顺庵的诗学主张必然有着重要联系。故张红提出："从日本汉诗发展史来看，木下顺庵确实开启了江户诗坛宗尚唐诗的诗学潮流，将其视为'倡唐音'者实不为过。"[12]

友野霞舟的认识比较客观，他既认可石川丈山首倡之功，又指出木下顺庵开一代风气之实。

> 建櫜以来，文治渐修，诗教渐胚，尔时虽有石川丈山等一二硕士首唱唐诗，然气运未到，旧习未袪。至锦里先生出，专以唐为宗，于此白石、南海等诸才人皆萃其门，彼唱此和，铿金锵玉，殆与开、天比隆矣。呜呼盛矣![13]

在友野霞舟看来，石川丈山虽为时间上"首唱唐诗"，但影响难与木下顺庵相比。一则，"气运未到，旧习未袪"。丈山活跃的江户前期，独尊唐诗的风气未开；前期转入中期，受明代诗学的影响，诗学风气渐变，学唐倡唐日隆，盛唐观念日益明确。二则，"才人皆萃其门"。顺庵桃李满门，大家辈出，他们尊奉顺庵的诗学主张，创作上以唐为取法对象，引导并带动诗学风气发生根本性转变。蘐园派的荻生徂徕、服部南郭皆认为木下顺庵“首倡唐诗”，应该是从诗学风尚的影响而言。

考察木下顺庵留存下来的为数不多的文献资料，仍清晰见出其宗唐倡唐之主张。这主要表现在他对唐诗、尤其是对李杜的高度评价。从他身上，我们也可约略见出明代诗学的影响。

顺庵虽也对中唐诗、宋诗有过肯定，但和盛唐诗相较，明显有高下之别。天和二年(1682 年)，顺庵与朝鲜使者互赠诗文，在《次成学士韵》的诗序中言：

> 今乃挹盛唐之高风，岑贾之芳躅，别赐三篇，以示悃愊，此亦眄睐之深，期我乎盛唐也。不敢当，不敢当，是以掬元、白之余波，撷苏、黄之残芳，仍用来韵报谢。[14]

他称成学士诗为“挹盛唐之高风，岑贾之芳躅”，言对方“期我乎盛唐也”，明显是将盛唐诗视为诗之典范，自谦称自己尚未得其法，所以说“不敢当”。进一步谦称自己只是“掬元、白之余波，撷苏、黄之残芳”。从“高风”“芳躅”与“余波”“残芳”的措辞看，顺庵对盛唐与中唐、宋诗的评价显然是界划分明。

木下顺庵对李杜最为推重，多有赞叹。有时李、杜并举，如“李神杜圣”[15]，“少陵之忠愤、太白之飘逸”[16]等，没有明显高低之分，而更多为分别赞誉。

顺庵赞誉李白为“诗仙”“谪仙”“天才”，极为仰慕。“仙李文章焰，赫如日月丽”[17]“太白仙才谁共论，赋成鹏翼掩天门。百篇一斗豪吟客，大雅千年今又存”[18]，“谪仙豪气天才异”[19]等等。在《三体诗绝句跋》中称：“唐人绝句，以青莲、龙标为正宗，虽以少陵圣于诗者，有不逮焉。”[20]显然，顺庵认为在绝句的创作方面，李白有超过杜甫之处。这在当时是少有的论调。顺庵还专为李白观瀑图、李白醉像作诗：

> 豪气能知天下士，眼高四海有深情。庐山暗挽银河水，付与汾阳洗甲兵。[21]（《李白观瀑图》）
>
> 懒看倾国醉冥冥，狂态犹含豪气馨。惆怅渔阳莨荡酒，大唐朝士几人醒。[22]（《李白醉像》）

对于杜甫，顺庵亦由衷推崇：“千载浣花水，东方折木津。诗源开世界，文焰更精神。”[23]对杜诗反复品读学习，并以诗记之：

> 少陵诗律酷幽蕴，邵傅解成如揭暾。推毂房公怀燮理，报章岩武遣残魂。清贫乐酒常忧国，独步擢材长赫门。窥杜牖窗君得髓，吟余闲适是桃源。[24]（《读〈杜律集解〉寄石征君》）
>
> 寥寥大雅葩经后，忠胆义肝堪共俦。京洛风尘年月晚，乾坤心迹鬓毛秋。陈时宁与史编异，爬痒浑如仙爪侔。惆怅百花潭上水，清流不浣一生愁。[25]（《读〈杜律〉》）

顺庵对杜诗赞赏不已，称其诗律幽深蕴藉，诗作堪为“诗史”，读之如“仙爪爬痒”，酣畅淋漓，认为杜诗为“寥寥大雅葩经后”，即《诗经》之正脉、当世之大雅正音。更盛赞杜甫之品性“忠胆义肝”“常忧国”，感其才华“独步擢材”。无处不显示出对杜甫诗才与人品的崇敬与推重。

通观顺庵对李杜的评价，有一个现象值得关注。《杜律集解》为明人邵傅的杜甫律诗集评本，顺庵反复言及，说明当时明人选本已经传入日本并为诗家接受。顺庵在《三体诗绝句跋》中，认为唐人绝句，当以李白、王昌龄为正宗，杜甫虽圣于诗，亦不能及。这一观念当源自明人高棅《唐诗品汇》。《唐诗品汇》分诗体编排，全书分为七体(五绝、七绝、五律、七律等)、九品(正始、正宗、大家、旁流等)。其中李白多居于“正宗”，杜甫多列为“大家”。“大家”这一品仅有杜甫一位。显然，顺庵受到了高棅诗学主张的影响，用明人眼光来论诗高下，开启江户诗坛一代新风。

木下顺庵曾明确提到自己认真研习《沧浪诗话》，并从中受益，“幸从严羽继诗话”[26]。《沧浪诗话》虽为南宋严羽所著，但它崇盛唐之诗，实开明代诗学之先河。从《沧浪诗话》到《唐诗品汇》《杜律集解》，清晰显示出顺庵已经接触到明代诗学观念并受其一定之影响。

二、新井白石：尊唐音与倡声律格调

完成江户中叶元禄诗学新变的重要人物则是新井白石。元禄、正德时期最重要的诗学团体为木门派，新井白石作为当时的政治领袖、最知名的汉诗人，无疑对于新诗风的形成起着举足轻重的作用。

新井白石(1657—1725)，字在中、济美，号白石，又号锦屏山人，江户人，“器资宏伟，才负经纶，洽闻多识”[27]，为当世不二之英才。由木下顺庵推荐，仕于甲府藩主纲丰，纲丰后为德川第六代将军，白石遂为重用，成为第六、七代将军之重臣，掌管朝政，革新政治，号为“正德之治”。他精通典制，长于经世治用，学问博洽，著述极多，明治四十年(1907 年)图书刊行会编行的《新井白石全集》收录其著述 79 种，共 193 卷。《先哲丛谈》称：“古今著述之富，莫若白石焉。”[28]内容涉及经学、史学、地理学、军事、外交、文字、文学等。白石汉诗创作成就亦高，影响深远。《先哲丛谈》云：“白石诗才亦为天纵，其精工当世无敌。”[29]江村北海《日本诗史》云：

> 白石天受敏妙，独步艺苑，所谓锦心绣肠、咳唾成珠、吃语谐韵者，索诸异邦古诗人中，未可多得者。而今人贵耳贱目，不甚信余言。雨芳洲所著《橘牕茶话》曰：“韩人索《白石诗草》者陆续不已。”可见异邦人犹且玉之。[30]

韩人争索《白石诗草》，其影响可见一斑。《先哲丛谈》还记载清人郑任钥为《白石诗草》作序事：“人贡琉球人得《白石诗草》归，遂致之清，清翰林郑任钥自写作之序，此本复经琉球至日本，终落白石手，白石珍藏之。”[31]其影响及于琉球、中国，这种境况在其他诗人中是极少出现的。其友著名诗人室鸠巢称：“君(白石)之诗，光华国家，溢美四方，其余波覃及海外者，北至朝鲜，南至琉球，又至堂堂清朝文化之国，莫不同然一辞，所至称善。”[32]白石诗文著作主要有《陶情诗集》《白石诗草》《白石先生余稿》《白石先生遗文》《白石先生手简》，诗学著作有《白石先生诗范》等。

对新井白石的研究成果颇丰，但多集中于语言训诂、政治、经济，尤其是外交思想等方面，对其诗学思想研究极少，目前仅有松下忠《江户时代的诗风诗论》涉及新井白石。新井白石作为元禄时期最重要的汉诗人，其诗学观念集中体现了当时的诗学风气，表现了江户前期向中期转关的主要特质。

（一）《白石先生诗范》中的尊唐观念

朝鲜聘使李礥在《白石诗草序》中说道：“白石之诗，格清而响亮，语新而趣远，往往有与唐人酷肖者。”[33]已明确言及新井白石诗歌创作学唐近唐的特色。朝鲜聘使赵泰亿称白石诗“骎骎有盛唐人口气”[34]，直指有“盛唐”风味。龙草庐《白石先生诗范叙》更称：“唐诗之行乎吾大东也旧矣，盖以先生为古今最第一人耳，余皆斗筲不足数焉。”[35]盛赞白石为日人学唐的古今第一人。其同门好友室鸠巢亦认为白石诗“俊逸清新，直与唐人上下”[36]。上述言论表明新井白石学习唐诗，诗风近唐已为当时之共识。检视其诗集，确能见出其诗情致深婉，颇得唐人风味。《白石先生诗范》为新井白石重要的论诗著作，篇幅虽短，但集中体现了他的诗学观念。

白石《白石先生诗范》中最重要的诗学主张为“尊唐”，尤其是“初、盛唐诗”。其云：“近来唐、朝鲜、此方皆学唐诗。”[37]指出了当时明人、朝鲜、日本诗学皆以唐为宗的共同趋向，对这一宗尚白石表达了充分肯定。比石川丈山、木下顺庵更进一步的是他不再空洞地谈论为何要“尊唐”，他更关注的是如何学唐诗，其云：

> 就诗而论，初唐盛唐之诗无论何体何作，皆当熟读，须再三玩味涵咏，将其韵味细细品味、体会、记诵。如此，自然能使自己之言辞渐近唐之风骨、神韵，句调也可合于唐声。作诗之法，总览收束之体格构造、具体刻画之内容，亦皆深入我心。[38]

白石最为重视的是“初、盛唐诗”，这与其师木下顺庵不甚区分“四唐”已有了一定的区别。具体到如何学习，他认为要诸体兼取，学唐诗一要学其辞藻，二要学其句调，最后诗法、内容应当用心体会，这样方能从风骨、神韵、句调、结构上近于唐风。这些都是从诗歌表现形式上来谈论学习唐诗之门径。明人重声律、格调的诗学主张已经在他的著作中有所体现，也表现了江户中叶重视诗歌艺术特质的观念已渐渐兴起。

除了有诗歌形式上的讨论，白石还谈到了“性情”的问题，即如何用唐诗固有的形式，表达一己之真性情，其称：

> 我有一言常道：诗为抒发性情之物，若胸中常有各式唐诗，则心情流露之前，必先穿行于唐诗之中，再涵咏其情，吐嘱而出。以具足唐诗风韵之形式，来表一己之情性。如注水于杯盏之中，再涂酒于杯口之上，如此静置，一旦将水倒

出，则流出之水也必带酒气。笑言唐诗风韵与酒气岂无二致？切记上述之法。[39]

他认为学诗先要背诵大量初、盛唐诗，学会其格调、声律、神韵、结构，这是写好诗的前提。但是另一方面，他又强调“诗本性情”，主张二者应该很好地融合起来。既有一己之性情，又有规范、雅正的形式，如能在抒情之先，以唐诗来规范其表达方式，则其情味与完美的艺术形式融合。由此，还举了注水于杯，酒熏染杯口，最终倒出的必是“酒气之水”为例，是以酒气喻唐诗风韵，充分表明学习唐诗、体味唐风对于诗歌创作的必要性和重要性。

从本质而言，新井白石的学习唐诗之法，有着较为明显的格调论色彩。一方面关注于唐诗的外在形式，特别是唐诗的声律、句调，主张涵咏其风味，得其雅正的形式；另一方面仍强调性情，但这种主张，一定程度而言，也是为江户中叶即将全面到来的模拟之风寻找其依据。当然，在他看来，这也是他提倡的诗歌创作的理想境界，在一定稳固的形式之内，表现仍旧鲜活的诗情。但事实上，其后的许多学习者难免陷于形式的窠臼，并未能赋予其内在的真情真性。

就诗歌内容而言，新井白石主张要学会积累和活用诗歌素材，这也是他认为李、杜诗歌值得我们学习的地方，其称：

> 将诗作依题依事分别活记活用之事：作者姓甚名谁、其诗所言何物、所思为何，如此依诗题事物分类记忆学习，自己吟诗作句亦当先审题度事，而后专致于斟酌切题合适之字句。纵是文豪李杜之辈，亦可见此功夫之深厚积累。[40]

重在学习诗事，准备诗料，以为学养。“纵是文豪李杜之辈，亦可见此功夫之深厚积累”，杜甫“读书破万卷”，足见其学力深厚，而李白世人多赏其诗歌“雄奇飘逸”“天然秀拔”，殊不知他曾“三拟《文选》”，可见学养之深厚。有见于此，白石特别指出“用典”在诗歌创作中的重要地位：“古人正是用典，其诗情才得以尽数表达，典故故事实难利用，然仍有众多之士迎难而上，典故故事之重要足见。”又谈及用典之法：

> 用典之法多矣，多如撒盐入水，乃画龙点睛之笔，尽显其味。初见不得其要，细味方恍然而得其真意。宛如粘骨之肉，相似又相连。诸如此类，不用刻意将其分辨，何况古今事多似是而非，世间全然相同之事物本不存在。寻相似而非全然一致之事物，正如细嗅风中花香，风耶？花耶？花香与风之界域又何在？可辨乎？
>
> “是与不是”有无尽之意味。[41]

用典最忌生硬，用典与诗情两两相隔，是为诗病。宋诗好用典，诗境、诗情为典故所累，读来生涩，唐人亦用典，但其典“如撒盐入水”，“尽显其味”，亦如“粘骨之肉”，相连相似，更如“风中花香”，一切了无痕迹。这里提出了用典的原则，即不伤诗意、诗心，妙合诗事，典故与所咏之事，要“似”又“不似”，“是”又“不是”，两难分际。新井白石从艺术创作规律出发，探讨艺术表现中的“相似性”与“典范性”原则，具有一定的深度。这与江户初期诗家从诗歌教化等角度推崇唐诗，尊奉杜圣有了较大差别。可以看出这一时期对于诗歌艺术特质的探讨转见深入。

新井白石最为称道的诗人是“李杜”，其云：“李杜诗中具六朝遗风，句调体势、诗体风韵，皆展露无遗。”[42]这是从渊源论角度赞赏李、杜二人的诗学涵养之功，且能从辨体方面来探讨，这也是江户前期诗学诗论甚少涉及的角度。白石诗中屡见对李白的钦慕之情，如“风神俊爽李青莲”[43]，“子猷清兴犹怀古，太白英风亦视今”[44]。其对杜诗也颇见倾心，其集中化用杜诗处处可见。

值得关注的是，江户前期各位诗家虽也极称“李杜”，但“以杜为圣”的观念深入人心，一方面因江户前期主要受到宋代诗学的影响，因宗宋而尊杜；另一方面江户前期主要为理学家把持诗坛，儒家诗学重诗教，以杜为圣也体现了他们的经学立场。至元禄时期，诗坛发生了一定的变化，明代诗学渐渐影响日本诗学，儒学家的诗学经学色彩也不及前期浓厚，因而对李白诗歌的推崇、学习也渐渐兴起。木下顺庵、新井白石都对李白有了较多关注。尤其是白石，虽称颂唐诗，但其诗风更近于李诗的天然飘逸，而较少沉郁顿挫的杜调。江村北海称其诗说：“白石天授超凡，辞藻绝尘，诚不可及，若就其全集论之，清雅秀婉，绚彩溢目，而悲壮沉郁，浑雄苍老者，集中无几。”[45]确实体察到了新井白石诗风的某种特点，这或许也正是元禄诗学变化所透露的一些新的消息。

（二）接受明代诗学、探讨声律格调

日本诗学受中国诗学影响存在一个时间差，江村北海称：“我元禄距明嘉靖亦复二百年，则七子诗当行于我邦，气运已符，故有先于徂徕已称扬七子者。”[46]他认为在元禄以前日本诗人中已有受到明诗学影响的特例，但气运未到，风气未开，到元禄时期，距明嘉靖正好二百年，“气运已符”，明七子诗学当开始风行于日本。新井白石正是接受明七子诗学的较早代表。至享保年间蘐园社影响如日中天，大倡明七子，明代诗学遂大行于世。

我们从白石的学诗经历中可以见出他兼受宋、明诗学的影响。其称：

> 初学之日，以穷乡僻壤匮乏师资，从学诗之小书，到《诗人玉屑》，再三熟览……其后《瀛奎律髓》中也可学拗字格之诗，《唐诗训解》亦有论及拗字体，可参究。[47]

《诗人玉屑》《瀛奎律髓》皆为宋元诗学著作，仍受到白石重视，而明代李攀龙《唐诗训解》已进入白石参究的范围。《白石先生诗范》中，白石还重点推荐了《唐诗训解》，以鼓励指导年轻人的诗文学习：“对于年轻者，可使熟记《唐诗训解》和《文章轨范》。”[48]白石主动接触研习明代诗学专著，重视明人唐诗选本，并作为研习的范本，对于日本诗坛诗学风气的转变有着重要的影响。

新井白石对于王世贞也有论及，在《室新诗评》中他说道：“王元美对杜甫《昆明池》[49]一诗有评：浓丽沉切，惜多平调，金石声渐卒耳。”[50]白石及其弟子接受明七子诗学，日人也有相关论述。白石好友、著名诗人梁田蜕岩评曰：

> 元禄中江户白石先生出，专述唐诗，其入门时多学万历七才子，世上诗风渐移。继而徂徕先生一改先前的诗风，以学七才子为主，其门派中人才辈出矣。[51]

在蜕岩看来，白石既继承木下顺庵诗学，尊唐重唐，又有新的开拓，接受明诗，学习明七子。其后才有荻生徂徕倡导明诗，大力推崇明七子，门下有杰出弟子，渐成风气。这确能反映出江户中期诗学发展流变的实际进程。松下忠认同蜕岩的说法，“白石提倡唐诗和明诗要早于蘐园派的诗论，特别是要早于蘐园派的明诗鼓吹，我主张白石的明诗鼓吹是蘐社的先鞭。”[52]白石接受明诗，重视明七子，表现出对声律格调的关注和积极探讨。这在他的论诗文稿《室新诗评》中，得到了较为充分的体现，和白石其他作品中表现出来的诗论观点也能相互印证。

室鸠巢曾做《秋兴八首和老杜韵》请教白石。白石阅读后以书信形式予以详细评说，提出修改意见。鸠巢收信后，进行了相应的修改，再次请教。白石再次详加批注，回信。两位当时极负盛名的大诗人相互切磋探讨，堪称诗坛佳话，也在某种程度体现了白石与鸠巢的诗学宗尚和趣致。

白石对鸠巢诗的总体评价是“沉郁之思，古色苍然”，然后逐首进行评析，提出修改意见。下面我们仅以《秋兴八首和老杜韵》其一、二两首诗的具体评改为例[53]：

鸠巢原诗句	鸠巢改后诗句
其一 萧瑟秋风动碧林，天边雾树郁森森。 鲸鲵蹴浪海氛恶，猿狖啸云山气阴。 鬓际霜侵多病日，腰间龙泣未灰心。 楼前一片如钩月，别恨谁家鸣夜砧	 萧瑟秋风动碧林，天边树色郁森森。 鲸鲵蹴浪海氛恶，猿狖啸云山气阴。 镜里鸾哀空老影，腰间龙泣未灰心。 楼头一片如钩月，别恨谁家送夜砧。
其二 城上楼台开曙晖，重门钟漏远微微。 空庭霜下井梧落，绝壁云消寒雁飞。 一国交游知己少，夙龄遐尚与人违。 世门年少慢儒客，肯信身贫心转肥。	 城上楼台开曙晖，重门钟漏远微微。 空庭霜下青梧落，绝塞云来白雁飞。 一国交游知己少，夙龄遐尚与人违。 世间年少慢儒客，肯信身贫心转肥。

注：下划线文字为鸠巢根据白石意见有所修改处；阴影字为白石指出的律拗处。

白石指出诗中“海”“山”“井”等均为拗字，但并不反对这样使用，特意说明“多见于古人之作，并非瑕疵，此为拗字格”。他认为第一首中，“天边雾树郁森森”的“雾”格致不高，“氲、氛、云、气”皆有此意，可以替换，应该寻求更妥恰的、无可替代之字；“鬓际”之句虽四平八稳，但与下一句的雄壮有出入……对第二首诗，白石表达了欣赏：“一国”“夙龄”之对多具古意。鸠巢采纳了白石的建议。白石一直强调“格致”“古意”“未见声病”。

显然,其主要着眼于声律格调来评诗论诗,虽然这样的创新往往是以“效古”“复古”“以古入律”的形式体现出来。

这两封书信中,白石反复提到拗字格。

> 于(《诗人玉屑》)第二卷得知拗字格之运用,细细品读,注意到五言七言都善用拗。其后《瀛奎律髓》中也可见用拗字格之诗,其后有丁卯句法、老杜吴体之类,无才则难以驾驭。若观古人之诗,唐初卷中此格甚少,中晚唐时而可见,至宋渐多,明七子以来则格外注重声律。《唐诗训解》之中不也论及拗体吗?[54]

“拗”就是在常规格律中有所突破,变更一两字的平仄,使之不“顺”,而音韵铿锵、有奇崛古拙之气,创作难度较大。杜甫较早创作拗体诗,他在夔州时,多调高律细之作,曾有七言诗《愁》,非古非律,亦古亦律,自注“强戏为吴体”。之后类似的诗作亦称吴体,宋代人改称为“拗体”。《瀛奎律髓》卷二十五“拗字类”小序认为,“江湖派”所称的“丁卯句法”即是“拗”。可见,白石所说“拗体格”“丁卯句法”“老杜吴体”基本是同一个概念。明七子提倡复古,倡言“诗必盛唐”,多偏重在诸如此类的格调声律方面。白石对声律格调的格外关注,实也是对明七子的较为熟悉和认同,他已经比较深入地接受明代诗学观念。

白石还对唐、宋、明诗进行了一番比较,认为唐初诗很少拗字格之运用,中晚唐诗时而可见,宋诗渐多,而明代尤其是明七子以来,格外注重。在谈到拗字格、声病等问题时,白石的态度非常明确:“唐诗中可见对此的关注,且多句律相和。至于宋人,其律颇乱。而明人对此颇善吟味。”[55]白石显然更认可明诗尤其明七子之诗,认为它们较之中晚唐及宋诗,更用心声律。这实际是要求跨越中晚唐和宋诗而由明诗直抵盛唐。

白石重视声律,也擅长声律。《白石先生遗稿》第三卷专有“律吕说”一文。其做诗,也多着力声律格调。当时的朝鲜聘使,争相为白石诗集作序作跋,任守干赞其“格秀而词藻采色相宜,音律谐叶”[56];赵泰亿称他“善绚而实茂,格高而趣雅,豪健而不流于麁硬,婉丽而不泥于纤巧”[57]。这些评价均是从音韵辞藻格调入手,一则可知当时朝鲜诗论的趣向,二则也可见白石诗的基本特色。日人中井竹山曾作专论诗格、诗法、诗律的《诗律兆》,他也对白石在声调格律上的造诣颇为首肯:“我邦先辈,留心宫商者,唯白石、万庵二家。其他盖有之,吾未之见也。夫声调有正有变,正者易知,其变也,纷纷轇轕似无头绪,而其中秩然自有我条理。此则夫二家尤未悉也。”[58]他认为只有白石和万庵两人对声律格外用心。

《室新诗评》中,在详细评说鸠巢诗的遣词用韵、音律格调时,白石忍不住感慨,“本朝虽未见对此事的关注,私以为品味斟酌如此声律之美才正是律诗之妙!”[59]他遗憾当时的江户诗坛尚未形成重视声律格调之风气。朝鲜李邦彦在《白石诗草跋》中,评价当时日人诗作“大抵声调或欠雅丽,音律或未谐叶”,而夸白石诗“格力清健,词彩华绚,不但音律之谐叶,声调之雅丽而已”[60]。这既是对白石诗的肯定,也可知同时代其他日本诗人并非普遍着力于音韵声调,明代诗学观念尚未普及。这和享保时代格调说大行其道,明代诗学盛极一时还有一段较远的距离。

从“宗宋”转向“唐宋并尊”,是江户前期诗学之主流。木下顺庵与新井白石等众弟子组成的木门派,在江户前期向中期发展的过程中,尤其是在元禄、正德年间,成为诗坛一股重要的力量。他们力倡唐音,重视音韵格律,推动了明代尊唐诗学观念的深入,至享保,人人争学李攀龙、王世贞,“独尊盛唐”的诗学观念蔚为大观。木下顺庵和新井白石的诗学思想较为典型地体现了江户诗学风气的嬗变,成为日本诗坛从“宗宋”向“尊唐”转变的一大关键。

* 本文为国家社科基金项目“日本杜诗学研究”【18BZW074】的阶段性成果。

注释:

[1] [日]友野霞舟:《熙朝诗荟序》,《熙朝诗荟》卷首,弘化四年(1847 年)序刊本。

[2] [日]友野霞舟:《熙朝诗荟序》,《熙朝诗荟》卷首,弘化四年(1847 年)序刊本。

[3] (清)俞樾:《东瀛诗选序》,《东瀛诗选》上册,北京:中华书局,2016 年,第 1 页。

[4] [日]筱崎小竹:《山阳诗钞序》,载赖山阳《山阳诗钞》卷首,天保四年(1833 年)刊本。

[5] 张红:《从“宗宋”到“尊唐”——江户前期诗学观念的嬗变》,《中国文化研究》2019 年第 3 期,第 167～180 页。

[6] [日]柴邦彦:《锦里文集序》,载木下顺庵《锦里文集》卷首。东都书肆等刊行,天明七年(1787 年)本。

[7] [日]原念斋:《先哲丛谈》卷三“木下顺庵”条引荻生徂徕语,文化十三年(1816 年)刊本。

[8] [日]原念斋:《先哲丛谈》卷三“木下顺庵”条引服部南郭语,文化十三年(1816 年)刊本。

[9] [日]石克川:《新编覆酱集后序》称“先生首倡唐诗”(石川丈山《新编覆酱集》卷首,延宝四年刊本);友野霞舟《锦天山房诗话》称“独翁(石川丈山)首倡唐诗”(池田四郎次郎《日本诗话丛书》卷八,第 373 页)。二人均主张石川丈山为首倡唐诗者。

[10] [日]松下忠:《江户时代的诗风诗论》,范建明译,北京:学苑出版社,第 273～274 页。

[11] [日]木下顺庵:《锦里文集》卷一七《三体诗绝句跋》,东都书肆,天明七年(1787 年)本。

[12] 张红:《江户前期理学诗学研究》,长沙:岳麓书社,2019 年,第 291 页。

[13] [日]友野霞舟:《锦天山房诗话》上册“木下贞干”条,池田四郎次郎《日本诗话丛书》卷八,东京:文会堂书店,1920 年,第 461～462 页。

[14] [日]木下顺庵:《锦里文集》卷一二《次成学士韵并序》,东都书肆,天明七年(1787 年)本。

[15] [日]木下顺庵:《锦里文集》卷一六《早春会集冷泉公亭诗序》,东都书肆,天明七年(1787 年)本。

[16] [日]木下顺庵:《书诗仙图后》,《锦里文集》卷一七,东都书肆,天明七年(1787 年)本。

[17] [日]木下顺庵:《奉和常府相公驴马尊韵》,《锦里文集》卷六,东都书肆,天明七年(1787 年)本。

[18] [日]木下顺庵:《吴李盘谷》,《锦里文集》卷一二,东都书肆,天明七年(1787 年)本。

[19] [日]木下顺庵:《呈李副使》,《锦里文集》卷一二,东都书肆,天明七年(1787 年)本。

[20] [日]木下顺庵:《三体诗绝句跋》,《锦里文集》卷一七,东都书肆,天明七年(1787 年)本。

[21] [日]木下顺庵:《李白观瀑图》,《锦里文集》卷五,东都书肆,天明七年(1787 年)本。

[22] [日]木下顺庵:《李白醉像》,《锦里文集》卷五,东都书肆,天明七年(1787 年)本。

[23] [日]木下顺庵:《寄石征君三首》其三,《锦里文集》卷一,东都书肆,天明七年(1787 年)本。

[24] [日]木下顺庵:《读〈杜律集解〉寄石征君》,《锦里文集》卷二,东都书肆,天明七年

(1787年)本。

[25] [日]木下顺庵:《读〈杜律〉》,《锦里文集》卷三,东都书肆,天明七年(1787年)本。

[26] [日]木下顺庵:《用前韵谢洪沧浪》,《锦里文集》卷一二,东都书肆等,天明七年(1787年)本。

[27] [日]原念斋:《先哲丛谈》卷五"源君美"条,文化十三年(1816年)刊本。

[28] [日]原念斋:《先哲丛谈》卷五"源君美"条,文化十三年(1816年)刊本。

[29] [日]原念斋:《先哲丛谈》卷五"源君美"条,文化十三年(1816年)刊本。

[30] [日]江村北海:《日本诗史》卷四"新井白石"条,平安书肆,明和八年(1771年)刊本。

[31] [日]原念斋:《先哲丛谈》卷五"源君美"条,文化十三年(1816年)刊本。

[32] [日]友野霞舟:《锦天山房诗话》卷三十"新井君美"条引室鸠巢语。池田四郎次郎《日本诗话丛书》卷八,东京:文会堂书店,1920年,第464页。

[33] [朝鲜]李礥:《白石诗集序》,《白石诗草》卷首,江户:唐本屋清兵卫,正德二年(1712年)本。

[34] [朝鲜]赵泰亿:《白石诗集序》,《白石诗草》卷首,江户:唐本屋清兵卫,正德二年(1712年)本。

[35] [日]龙草庐:《白石先生诗范序》,池田四郎次郎编《日本诗话丛书》卷一,东京:文会堂书店,1920年,第35页。

[36] [日]室鸠巢:《鹤楼诗稿序》,《后编鸠巢先生文集》卷十二,东都书肆崇文堂,宝历十四年(1764年)本。

[37] [日]新井白石:《白石先生诗范》,池田四郎次郎编《日本诗话丛书》卷一,东京:文会堂书店,1920年,第39页。

[38] [日]新井白石:《白石先生诗范》,池田四郎次郎编《日本诗话丛书》卷一,东京:文会堂书店,1920年,第39页。

[39] [日]新井白石:《白石先生诗范》,池田四郎次郎编《日本诗话丛书》卷一,东京:文会堂书店,1920年,第40页。

[40] [日]新井白石:《白石先生诗范》,池田四郎次郎编《日本诗话丛书》卷一,东京:文会堂书店,1920年,第40页。

[41] [日]新井白石:《白石先生诗范》,池田四郎次郎编《日本诗话丛书》卷一,东京:文会堂书店,1920年,第41～42页。

[42] [日]新井白石:《白石先生诗范》,池田四郎次郎编《日本诗话丛书》卷一,东京:文会堂书店,1920年,第40页。

[43] [日]新井白石:《答安觉》,《白石先生遗稿》第五卷。写本,日本内阁文库本。

[44] [日]新井白石:《和藤由言》,《白石先生余稿》卷二,正德五年(1715年)刊本。

[45] [日]江村北海:《日本诗史》卷四"服子迁"条,平安书肆,明和八年(1771年)刊本。

[46] [日]江村北海:《日本诗史》卷四"物徂徕"条,平安书肆,明和八年(1771年)刊本。

[47] [日]新井白石:《室新诗评》,《新井白石全集》卷六,东京:吉川半七,1907年,第673页。

[48] [日]新井白石:《白石先生诗范》,池田四郎次郎编《日本诗话丛书》卷一,东京:文会堂书店,1920年,第40页。

[49] 指杜甫《秋兴八首·其七》,首句为"昆明池水汉时功"。

[50] [日]新井白石:《室新诗评》,《新井白石全集》卷六,东京:吉川半七,1907年,第673页。

[51] [日]梁田蜕岩:《答左海竹田生》,《答问书》卷上,池田四郎次郎等编《日本艺林丛书》第2卷,东京:六合馆,1928年,第32页。

[52] [日]松下忠:《江户时代的诗风诗论》,范建明译,北京:学苑出版社,第273～274页。

[53] [日]新井白石:《室新诗评》,《新井白石全集》卷六,东京:吉川半七,1907年,第669～

671 页。

[54] [日]新井白石:《室新诗评》,《新井白石全集》卷六,东京:吉川半七,1907 年,第 673 页。

[55] [日]新井白石:《室新诗评》,《新井白石全集》卷六,东京:吉川半七,1907 年,第 673 页。

[56] [朝鲜]任守干:《白石诗集序》,《白石诗草》卷尾,唐本屋清兵卫,正德二年(1712 年)本。

[57] [朝鲜]赵泰亿:《白石诗集序》,《白石诗草》卷首,唐本屋清兵卫,正德二年(1712 年)本。

[58] [日]中井竹山:《答大出子友书》,《诗律兆》卷十一,须原茂兵卫等,安永五年(1776 年)本。

[59] [日]新井白石:《室新诗评》,《新井白石全集》卷六,东京:吉川半七,1907 年,第 670 页。

[60] [朝鲜]李邦彦:《白石诗草跋》,《白石诗草》卷尾,唐本屋清兵卫,正德二年(1712 年)本。

《华中学术》来稿注意事项

《华中学术》为华中师范大学文学院发表学术论文的园地以及开展学科建设和学术交流的平台，由文学研究所主持，欢迎学界同仁赐稿。有关事项说明如下：

一、所有来稿请遵守学术规范和学术道德，请勿一稿两投。因编辑人员全为兼职，人手有限，所有来稿均不退稿，请自留底稿。来稿若两个月内未接到用稿通知，可自行处理。

二、一般稿件篇幅以一万五千字以内为宜，特别约稿可在两万字左右。请将稿件直接发至本刊投稿邮箱：huazhongxueshu@163.com，不必再另寄纸质文本。如果有特殊字符（古文字、国际音标等），请同时附上 PDF 格式文件。

三、稿件首页包括题目、作者、作者单位、论文摘要、关键词；结尾处写明作者通讯处（包括邮编、作者地址、电话号码、电子邮箱等）。

四、来稿采用尾注，具体引文注释格式举例如下：

甲、中文非连续出版物

（一）普通图书

（1）专著

标注顺序：责任者/书名/出版地/出版者/出版年/页码（连续页码之间用波浪线连接）。注意：注释中的中文字体一般使用宋体，下同，例如：

[1] 张舜徽：《中国古代史籍校读法》，武汉：华中师范大学出版社，2004 年，第 52 页。

[2] 张三夕主编：《中国古典文献学》，武汉：华中师范大学出版社，2003 年，第 25～26 页。

外国人的中译本著作标注顺序：[国籍]/责任者/书名/译者/出版地/出版者/出版年/页码，例如：

[3] [德]黑格尔：《逻辑学》上卷，杨一之译，北京：商务印书馆，1976 年，第 30～35 页。

[4] 参见[德]恩格斯：《自然辩证法》，北京：人民出版社，1971 年，第 21 页。

（2）专著中析出文献

标注顺序：析出责任者/析出文献题名（或篇名）/原文献责任者（与析出责任者同为一人的，可不写）/原文献题名/出版地/出版者/出版年/页码，例如：

[1] [荷]杜威・佛克马：《走向新世界主义》，王宁、薛晓源编：《全球化与后殖民批评》，北京：中央编译出版社，1998 年，第 247～266 页。

[2] 范文澜：《论中国封建社会长期延续的原因》，《范文澜历史论文选集》，北京：中国社会科学出版社，1979 年，第 41 页。

[3] 章太炎：《俱分进化论》，《章太炎全集》四，上海：上海人民出版社，1985 年，第 391 页。

(二)古籍

(1) 古代出版的古籍

一般应标注朝代名/责任者/书名/卷次/版本,或责任者/篇名/书名/卷次/版本,例如:

[1] (晋)慧远:《沙门不敬王者论》,《弘明集》卷五,碛砂藏本。

[2] (宋)杨时:《陆少卿墓志铭》,《龟山集》卷三十四,《四库全书》本。

[3] (宋)王应麟:《考史》,《困学纪闻》卷十一,清嘉庆十八年扫叶山房刊本。

(2) 现代出版的标点本或校注本古籍

应标注责任者/篇名/书名/全集名/卷次/出版地/出版者/出版年/页码,例如:

[1] (清)钱大昕:《汉书王子侯误字》,《十驾斋养新余录》卷中,《钱大昕全集》第 7 册,南京:江苏古籍出版社,1997 年,第 574 页。

[2] (清)张廷玉,等:《明史·艺文志序》,《明史》卷九十六,北京:中华书局,1974 年,第 2344 页。

(3) 地方志

地方志前一般应标明编修或刊刻年代,例如:

[1] (明)正德《建昌府志》卷十五,上海:上海古籍书店,据天一阁明正德刻本影印,1964 年。

乙、中文连续出版物

(一)期刊

标注顺序:责任者/篇名/期刊名/年期/页码,例如:

[1] 李炳海:《〈离骚〉抒情主人公的配饰意象》,《华中师范大学学报》2008 年第 5 期,第 94~99 页。

(二)报纸

标注顺序:责任者/篇名/报纸名/出版年月日/版面数,例如:

[1] 邢宇浩:《文津阁〈四库全书〉刊行》,《光明日报》2005 年 12 月 23 日,第 1 版。

[2] 孙钦善:《魏建功先生与古典文献学专业》,《中华读书报》2001 年 6 月 20 日,第 11 版。

丙、外文文献

(一)专著

标注顺序:责任者/书名(斜体,实词首字母大写)/出版地/出版者/出版年/页码(单页码标注如:p. 6;连续页码标注如:pp. 123-126)。注意:注释中的外文一般使用 Times New Roman 字体,下同,例如:

[1] J. J. Phillips, *Handbook of Training Evaluation and Measurement Methods*, Houston, TX: Gulf Publishing, 1991, p. 10.

[2] R. J. Montgomery, *Examinations: An Account of Their Evolution as Administrative Devices in England*, London: Longmans Press, 1965, pp. 17-43.

(二)期刊

标注顺序:责任者/篇名(加引号,正体,实词首字母大写)/期刊名(斜体,实词首字

母大写)/年期(期在前,年在后),例如:

[1] J. H. Greehaus,"Sources of Conflict between Work and Family Roles", *Academy of Management Review*,10,1985.

(三)专著中析出文献

标注顺序:析出责任者/析出文献题名(或篇名,加引号,正体,实词首字母大写)/In/原文献责任者/原文献题名(斜体,实词首字母大写)/出版地/出版者/出版年/页码,例如:

[1] L. Weinstein, M. N. Swertz,"Pathogenic Properties of Invading Microorganism", in W. A. Sodeman,Jr. W. A. Sodeman, *Pathologic Physiology: Mechanisms of Disease*,Philadelphia: Saunders,1974,pp. 745-772.

丁、参考文献及带有说明意思的注释体例

例如:

[1] 参见《上海总商会概况》,上海总商会1928年编印本。

[2] 参见陈晋:《文人毛泽东》,上海:上海人民出版社,2005年。这些"读报诗"主要是有感而发的政论,如:"遍找全球侵略者,仅余此地一孤家。""人人尽说西方好,独惜神州出蠢虫。""新闻多多寻常出,独有今年出得殊。"主题与同时期写作且公开发表的《七律·和郭沫若同志》《卜算子·咏梅》《七律·冬云》等一致,但情露意粗,毛本人不愿正式公开发表。

戊、电子文献

除注明上述要求的各项内容外,还应加引用日期、获取和访问路径,例如:

[1]王建辉:《出版业的文化诉求:呼唤编辑大师》,《编辑之友》2007年第4期。[2008年9月29日] http://www.pubhistory.com/img/text/2/2272.htm。

[2] 聂震宁:《文化软实力与文化硬实力》。[2008年10月14日] http://www.sinobook.com.cn/press/newsdetail.cfm?iCntno=6967。

己、专利文献

有通过纸质文本获取和通过其他路径获取两种。应写明专利申请者或所有者、专利题名、专利号、公告日期或公开日期、引用日期、获取和访问路径,例如:

[1] 姜锡洲:《一种温热外敷药制备方案》,中国,88105607.3,1989年7月26日。

[2] 西安电子科技大学:《光折变自适应光外差探测方法》,中国,01128777.2,2002年3月6日。[2002年5月28日]http://211.152.9.47/sipoasp/zljs/hyjs-ys-new.asp?recid=01128777.2&leixin=0。

庚、转引文献及其他注意事项

凡引文不是出自原文献,或找不到原文献而是通过他人论著转引,均须注明转引出处,不能把转引文献当作原始文献来引用,例如:

[1]《中国古籍善本书总目》收录善本标准,转引自程千帆、徐有富:《校雠广义》(版本编)第2版,济南:齐鲁书社,1998年,第289~290页。

凡只通过中文译文来引用的外文文献,须注明中文译文的出处,不得直接注明引自外文文献。

［2］丁韪良：《古代中国的外交》，转引自汪晖：《现代中国思想的兴起》上卷第二部《帝国与国家》，北京：生活·读书·新知三联书店，2015 年，第 711～712 页。

凡同一文献在一篇文章中不同地方引用，不采用合注，例如：

［1］、［5］张舜徽：《中国古代史籍校读法》，武汉：华中师范大学出版社，2004 年，第 52 页；第 43 页；

应采用分注，以便校对，例如：

［1］张舜徽：《中国古代史籍校读法》，武汉：华中师范大学出版社，2004 年，第 52 页。

…………

［5］张舜徽：《中国古代史籍校读法》，武汉：华中师范大学出版社，2004 年，第 43 页。

《华中学术》编辑部

2021 年 10 月